宗教經驗之種種

人性的探究

美國心理學之父威廉・詹姆斯的《宗教經驗之種種》自 1902 年出版以來，旋即登上暢銷書榜。當時的《今日心理學》提到：「它是宗教心理學領域最著名的一本書，或許也將成爲二十世紀宗教論著中最有影響力的一本書。」藉著對許多宗教經驗主題的探討，如皈依、悔改、密契主義等等，並舉許多思想家——如伏爾泰、惠特曼、愛默生、路德等人的宗教經驗爲例，本書作者主張構成宗教生活骨幹的並不是宗教教義，而是個人的宗教經驗。

本書討論的是嚴肅的宗教哲學論題，作者藉著對大量傳記資料的引用與分析，使得本書充滿小說的趣味，相當具有可讀性。無論讀者有沒有宗教信仰，本書都可以爲讀者提供豐富的啓發與挑戰。

國內心理學、宗教學、哲學界學者
聯合推薦（依姓氏筆劃排序）

余德慧（東華大學族群關係與文化研究所教授）

林鴻信（台灣神學院教授）

陸達誠（輔仁大學宗教系所教授）

陳德光（輔仁大學宗教系所主任）

黃光國（台灣大學心理系教授）

傅佩榮（台灣大學哲學系教授）

楊國樞（中央研究院院士）

鄭仰恩（台灣神學院副教授）

劉述先（中央研究院中國文學與哲學研究所特聘講座研究員）

蔡彥仁（政治大學宗研所所長）

[illegible]（南華大學生死所教授）

[illegible]（南華大學生死所教授）

關永中（台灣大學哲學系教授）

新世紀叢書

當代重要思潮・人文心靈・宗教
社會文化關懷

宗教經驗之種種
The Varieties of Religious Experience

人性的探究

William James ◎著
蔡怡佳・劉宏信◎譯

宗教經驗之種種

【目錄】 全書總頁數688頁

〈譯者導讀〉宗教與心理學對話的開端◎**蔡怡佳・劉宏信**

〈前言〉◎**威廉・詹姆斯**

1 宗教與神經學 1

緒論：本講座的性質不是人類學，而是處理個人的經驗——事實的問題與價值的問題——事實上，宗教人常常是精神病態的——醫學唯物論以此貶低宗教，對醫學唯物論的批判——對宗教起源於性慾之主張的反駁——所有的心理狀態都以神經的作用爲中介——現象的意義不能由其來源做爲檢驗的標準，而應該由它帶來的結果判斷——三個價值的標準；起源並不能做爲一個標準——精神病氣質伴隨著優秀智力的好處——對宗教生活來說尤其如此

2 主題界說 29

爲宗教下簡單的定義是徒勞無用的——並沒有一種特定的「宗教情懷」——制度的宗教與個人的宗教——我們只限於對個人宗教的討論——爲了這些演講的目的對宗教所下的定義——「神聖」一詞的意義——神聖就是喚起個人

莊嚴的反應——我們不可能做出可以明確劃清界限的定義——我們必須研究較爲極端的案例——兩種接受世界的方式——宗教比哲學更熱情——它的特徵是嚴肅情感的熱情——它克服不幸的能力——從生物學的觀點來看，需要這樣的官能

3 不可見的實在 63

知覺概念與抽象概念的對比——後者對宗教的影響——康德的神學觀念——除了特定知覺讓我們感受到的眞實以外，我們還可以感受到另一種眞實——「臨在感」(sense of presence)的例子——對不存在之物的感覺——對神聖臨在的覺知與舉例——對神聖臨在之覺知的其他例子——對非理性經驗的確信——理性主義在建立信仰時的劣勢——在個人的宗教態度佔優勢的可能是熱情或是莊嚴

4・5 健全心態的宗教經驗 95

幸福是人生的主要關懷——「一度降生」與「二度降生」的性格——瓦特・惠特曼——古希臘人情感的混合性——有系統的健全心態——它的合理——自由派的基督教表現出這樣的心態——大衆科學所鼓勵的樂觀——「心靈醫治」運動——信念——案例——對惡的見解——與路德神學類似——以放鬆得救——以暗示做爲方法——冥想——「凝想」——證明——適應世界之可能系統的多樣性——附錄：兩則心靈醫治的案例

6·7 病態的靈魂 157

健全心態與悔罪——健全心態的哲學基本上是多元論的——病態心境以及它的兩種程度——每人的痛覺閾限不同——自然所給予的好處是不安穩的——每個人生命中的失敗和虛幻的成功——所有純粹自然主義的悲觀——古希臘及羅馬絕望的人生觀——病態的不快樂——「快感喪失」——抱怨的憂鬱——令人振奮的趣味純粹是一種賜贈——失去它就會讓外在世界變得不一樣——托爾斯泰——布楊——阿萊因——病態的恐懼——這些案例需要超自然的信仰來解救——健全心態與病態的對抗——惡的問題無法避免

8 自我分裂與統合 203

歧異的性格——性格逐漸獲得統一——分裂自我的例子——獲得的合一不一定有宗教的性質——「反皈依」的例子——其他例子——逐漸的皈依與突然的皈依——托爾斯泰的復原——布楊的復原

9 皈依 233

布雷德利的例子——性格改變的心理學——情緒的激動產生新的個人能量核心——說明此現象的架構——斯塔伯克將皈依比擬爲正常道德的成熟——羅拔教授的觀點——似乎無法使之皈依的人——兩種皈依的型態——下意識對於動機的孵育——自我臣服——在宗教史上的重要性——案例

10 皈依（結論） 265

突然皈依的案例——這種突發性是根本的嗎？——不，它源於個人的獨特性——已經證實存在的超越意識邊緣(transmarginal)的意識或閾下意識(subliminal consciousness)——「自動作用」——頃刻的皈依似乎是由於個人有個活潑的下意識自我——皈依的價值不在於過程，而是在於結果——突然的皈依其結果未必較好——寇伊教授的觀點——聖化是皈依的結果——我們的心理學解釋並不否定神的直接臨在——爲更高力量所支配的感覺——情緒的「信仰狀態」與理智的信念二者的關係——引述羅拔的意見——信仰狀態的特徵：對於眞理的領悟，世界顯得煥然一新——知覺與動作的自動作用——皈依的持久性

11・12・13 聖徒性的特質 315

聖伯弗對蒙受神恩的看法——性格的類型是衝動與抑制平衡的結果——支配的情緒激動——暴躁——較高級的情緒激動之一般效果——聖徒的生活由精神的激動所支配——這可能永遠取消肉慾的衝動——也許與下意識影響有關——說明性格永久改變的機制架構——聖徒性的特徵——感受到更高力量的存在——心靈的平安，慈悲——平靜，堅毅，等等——與放鬆的關聯——生活的純淨——苦行主義——服從——淸貧——民主情懷與人道情懷——較高級的情緒激動之一般效果

14・15 聖徒性的價值 399

聖人性質的結果必須由人類的價值來檢驗——然而，上帝的實在性也必須加以判斷——「不合宜」的宗教爲經驗所取消——經驗論並非懷疑論——個人宗教與部落宗教——宗教創始者的孤單——成功之後的腐敗——過度——過度的奉獻，例如狂熱主義——例如全神灌注於與神交感(theopathic absorption)——過度的純淨——過度的慈悲——完美的人只能適應完美的環境——聖人是世界的酵母——過度的苦行主義——苦行主義象徵性地代表英勇的生活——尚武精神與自願的清貧是可能的當量(equivalents)——對聖徒性格的正反評論——聖徒與「強者」的對照——必須考慮其社會功能——抽象地說，聖徒是最高的型態，但在當前的環境裡，任何讓自己成聖的人是要承擔風險的——神學眞理的問題

16・17 密契主義 455

密契主義的定義——密契狀態的四種標記——他們形成一種獨特的意識領域——較低層次之密契經驗的例子——密契主義與酒——「麻醉藥品所引發的啓示」——宗教的密契主義——自然界的向度——對於神的意識——「宇宙意識」——瑜珈——佛教密契主義——蘇菲主義——基督宗教密契主義——他們的啓示之感——密契狀態的滋補效果——以否定詞來描述密契經驗——與絕對者的合一之感——密契主義與音樂——三個結論——⑴密契狀態對於擁有這些經驗的人具有權威——⑵但對其他人則否——⑶然而，他們打破純

然理性意識的權威——他們強化了一元論與樂觀主義的假設

18 宗教哲學 521

感覺對宗教而言是首要的，哲學是次要的功能——理智主義(intellectualims)宣稱要在其神學建構中避免主觀的標準——「信理神學」——批判它對於上帝屬性的說法——「實用主義」做爲對於概念之價值的檢驗——上帝的形上學屬性沒有實際的重要性——用來證明上帝之道德屬性的那些論證很差；系統神學的崩潰——超驗觀念論的結果比較好嗎？它的原理——引述約翰・開爾德的話——他的話用來覆述宗教經驗是好的，但做爲合理的證明則無法令人信服——哲學能夠爲宗教做的，就是將自己變爲「宗教學」(science of religions)

19 宗教經驗的其他特徵 553

宗教的美學元素——天主教與新教的比較——犧牲與懺悔——祈禱——宗教主張在祈禱中眞的完成了精神的工作——祈禱的功效所完成的內容有三種程度的意見——第一種程度——第二種程度——第三種程度——自動現象；在宗教領袖身上發生的頻率——猶太教的例子——穆罕默德——約瑟夫・史密斯——宗教與一般的下意識領域

20 結論 587

宗教特徵的總結——每個人的宗教不需要一樣——「宗教學」只能建議，而不能宣稱一種宗教信條——宗教是原始思想的「殘餘」嗎？現代科學排除了性格的概念——神人同形論與對個人力量的信仰構成了前科學思想的特徵——雖然如此，個人的力量是眞實的——科學的對象是抽象的，只有個人的經驗是具體的——宗教依靠具體的經驗——原初的宗教是一種生物反應——它最簡單的說法就是一種不安以及一種解救；對於此種解救的描述——更高力量之眞實性的問題——作者的假設：1.下意識自我是自然與更高領域的媒介——2.更高的領域，或是「神」——3.祂對大自然帶來眞實的影響

〈後記〉

名詞索引

人名索引

〈譯者導讀〉

宗教與心理學對話的開端

蔡怡佳
劉宏信

關於威廉・詹姆斯

威廉・詹姆斯(William James, 1842-1910)出生於美國紐約市，有三個弟弟與一個妹妹。他的祖父由愛爾蘭移民到美國，多年經商後成爲鉅富，也是長老教會的重要人物。他的父親愛好讀書與寫作，經常舉家到美國與西歐各大城市旅行，並有意地培養孩子認識各種西方文化與公衆事物，因此詹姆斯家的小孩從小就深刻地經歷了西方社會文化的洗禮。

詹姆斯從小就有藝術與科學兩方面的天份。他在十八歲時想當藝術家，因此到紐波特(Newport)師從威廉・杭特(William Hunt)學習繪畫，但不到一年卻轉到哈佛勞倫斯科學學院(Lawrence Scientific School)研讀化學與生理學。在一八六三年與一八六九年間就讀醫科，期間他深爲眼疾、消化不良、失眠、背痛以及憂鬱所苦，因此他於一八六七年到德國休養，並在柏林大學旁聽生理學與心理學的課程，有機會大量閱讀神經學、心理學、哲學以及文學的作品。一八六九年他完成醫科考試後，回到家一邊繼續養病，一邊廣泛閱讀，但在精神與肉體上卻數度瀕臨崩潰，只能靠閱讀《聖經》章節來維持意志力。雖沒有完全恢復健康，但他於一八七二年回到哈佛大學教授生理學，開始思考哲學與宗教領域裡的重要問題。他懷疑科學的研究方法無法研究心靈狀態，而由其生活經驗體會到唯有直接自我觀察才能深入了解心靈，因此逐漸轉向心理學與哲學的領域。

可能是源於長期受病痛的折磨，詹姆斯一直非常關注宗教的問題，尤其對個人的宗教經驗懷有高度的興趣。由於幼年經常搬家，他並沒有固定參加教會活動，也沒有基督徒的信仰生活習慣，但他喜好宗教音樂，也對於別人的宗教生活充滿同情與理解。這與他在科學或醫學上的權威有時產生衝突，但也使得他爲人知曉。一八九八年，他接到愛丁堡大學(University of Edinburg)基佛講座(Gifford Lectures)的邀請，講授自然宗教，但因爲健康的因素到一九〇〇年才履職。爲該講座所進行的演講，便成爲《宗教經驗之種種》的主要內容。《宗教經驗之種種》最早於一九〇二年出版。本書譯自一九六一年的版本，由倫敦的 Crowell-Collier 公司出版。

對個人經驗的重視

詹姆斯對於宗教的研究並不從宗教的起源與歷史下手，也不重視制度性宗教所扮演的角色，因爲他認爲制度性宗教所陶養出來的虔信通常只是一種因循的習慣。他強調個人經驗的重要性，尤其是那些較爲強烈而特殊的宗教經驗。他非常注重個別的差異與感受，重視生動的事實猶勝抽象的公式陳述，這個特色在後來的心理學家中已經越來越少見到。他大量引述不同宗教傳統之皈依者、聖徒和密契者的自傳或傳記資料，以及開放式問卷的回答，藉以探索人類心靈深處的種種樣貌。他對於不同層次的實在界保持開放的態度，也對於非日常知覺狀態的哲學考察懷有高度的興趣。《宗教經驗之種種》於是成爲一本包含豐富的描述資料與精采的哲學—心理學分析的經典作品。

詹姆斯在基佛講座中所面對的聽衆是一群對宗教經驗可能多所質疑的知識分子，因此他的首要工作便是爲這些「如人飲水，冷暖自知」的宗教經驗辯護，尤其是他特別有興趣但卻沒有親身體驗的那些較爲強烈的宗教經驗——例如密契經驗——更是辯護的焦點。這樣，他隨後的心理學分析與哲學判斷才不會顯得是建立在癡人夢語上，成爲沒有價值的探究。詹姆斯以系列研究(serial study)的方法來對聽衆進行「減敏」(desensitization)的工作，也就是逐步將焦點現象與旁系現象的經驗資料一一加以呈現與分析，例如他在分析密契經驗時，先把比較不具宗教性、但讓人突然深刻體會某事物的經驗陳列出來，然後逐步往宇宙意識(cosmic consciousness)或密契意識(mystical consciousness)進行敘述與說明，並分析其中之異同，讓充滿神秘感的密契經驗與一般日常經驗有所關聯，也否定密契經驗爲某種妄覺或幻想的狀態。他將這些經驗置於敘述者個人與歷史的脈絡中，再加上自己犀利但充滿同情的分析，是希望藉著所收集的這些經驗的見證，可以揭露宗教經驗之內在意義、邏輯與價值，好爲沒有親身體會的門外漢開啓一道了解的門窗，進而給予宗教一個較爲客觀而公允的判斷。

基本分析概念與實用判斷取向

在分析宗教經驗時，詹姆斯採用了類型論的觀點。他先將人天生的氣質傾向區分爲**健全心態**(healthy-mindedness)與**病態靈魂**(sick soul)兩類。健全心態的人傾向將世上的每一件事情視爲美好，在宗教的表現上充滿讚美、感謝，並渴望與神聖合而爲一。相對地，病態靈魂的人對不和諧的事情格外敏感，容易受到存在的不確定性、普遍存在的痛苦以及不可避免的死亡所影響，因此世界的惡被視爲發現意義的線索；一旦痛苦具有不朽的重要性，靈魂就能破除憂鬱，進行強烈的追求。詹姆斯認爲這兩類人需要不同的宗教；健全心態的人是**一度降生**(once-born)的人，對世界的認識比較單一，忽視世界的**惡**而充滿樂觀。其實每個人在某種程度上都有這種態度，像在美國一直很流行的心靈醫治運動(mind-cure movement)，就是一直在鼓吹樂觀、希望、勇氣以及信任，要破除所有負面的態度與情緒。而病態靈魂的人總是見到這世界比較深層的那一面，必須透過皈依達到**二度降生**(twice-born)，將痛苦與分裂的自我轉化爲圓滿，獲得新的生命意義。而皈依歷程的發生，有賴於**下意識**(subconscious)過程的運作，讓人從自我的分裂狀態突然得到整合。

詹姆斯對下意識歷程的描述，類似他對神經發展歷程的理解。這個概念與心理分析所主張的**潛意識**(unconscious)有所不同，威廉・詹姆斯在他的另一本著作《心理學原則》

(*The Principles of Psychology*) 中非常反對充滿慾力能量的潛意識這個概念，但是他同意在日常生活清醒的意識狀態之下，有另外一個「閾下意識的自我」(subliminal self)之意識層次的存在。閾下意識的自我有許多層次，其較低層次的表現包括遺忘的記憶、夢境、根深柢固的知覺習慣，以及帶來心理疾病的扭曲認知。但閾下意識的自我的較高層次卻是創造力與洞察的來源，天才的靈感、特異的感通能力，或是密契者合一經驗所帶來的超越認知功能的知識，都是這個意識狀態的表現。在說明突然的皈依現象與密契經驗時，下意識的孵育(incubation)過程是重要關鍵。當人活在分裂、絕望的狀態中，閾下意識的自我會不斷醞釀一種趨向成熟與統合的狀態，時機成熟時，立刻產生一種新的、明朗的體會，而有更寬廣的自我意識。這個過程宛如神經系統漸漸成熟的過程，一旦成熟了，會有突然、戲劇性的效果。詹姆斯認爲宗教是**個體在孤獨的狀態中，當他認爲自身與其所認定的神聖對象有某種關係時的感覺、行動與經驗**。這種與「更高者」(the "more")的聯繫就是透過閾下意識的自我的運作而發生。

由上述之基本概念出發，詹姆斯結合了同情式的描述以及解釋性的分析做爲整個研究的主要進路，奠定了宗教心理學描述取向的基礎。包括：⑴對宗教經驗、觀念與實踐系統性的描述，⑵就個人來說，以及對人類整體而言，宗教內容與表達之來源與意義，⑶種種宗教經驗對於個人以及社會所帶來的結果。詹姆斯對於宗教經驗的判斷採取一種實用主義的態度，他由人的情感、與原有信念相符合的程度以及道德上的助益這三方面來考察宗教的價值，注重宗教對人生活的效果。他將這種判斷稱之爲**精神判斷**(spiritual judgment)，以別於**存在判斷**(existential judgment)。存在判斷考察一個對象的來源、構成與歷史，精神判斷探究的卻是經驗的意義與重要性。這樣的研究取向像是企圖爲宗教取得科學研究的合法地位，使得宗教不在進化論盛行的時代，被視爲因應自然變化的落伍技術與觀念，而遭到完全唾棄的地步。

對皈依研究的啓發

綜覽宗教心理學的發展，皈依(conversion)歷程一直是這門學問裡頭不變的焦點問題。但是由詹姆斯的時代至今，對皈依的探討已經有巨大的改變；我們可以由皈依研究的改變來看自詹姆斯以來宗教心理學研究的改變。首先，基督宗教的皈依歷程已經不被視爲典範，不同的宗教文化很可能有不一樣的皈依心理歷程。人類學與社會學在研究不同文化的現象上領先心理學甚多，這方面的研究也受人類學與社會學的影響很多，例如在《宗教科學研究期刊》(*The Journal for the Scientific Studies of Religion*)裡頭，研究皈依現象的學者很多是社會學家，他們在六〇年代就開始以新興宗教爲研究對象，也因此提出許多與基督宗教不同的概念。而人類學家在研究部落宗教或是民族宗教時，提出很多關於自我透過文化的影響而有所轉化的觀點，這也是心理學家應當參考的①。其次，威廉・詹姆斯的心理學不考慮宗教制度與組織對於宗教經驗的重要性，但在社會心理學裡頭，剛好扭轉了這樣的觀念。宗教制度、組織以及歷史對於個人宗教體驗，不但不能被忽視，相反地，正是由於宗教體系所使用的語言與觀點，提供個人看待自己生命經驗的角度，也提供個人自我轉化的基礎。當宗教越來越多元，我們就必須越正視不同宗教經驗之差異。第三，當前對皈依的研究已經不再只專注於特殊人物與特殊經驗。詹姆斯的研究容易被批評的地方就是他的理論無法推論到一般人的虔信，令人誤解只有強烈、非比尋常的情緒經驗才是深刻的宗教體驗。詹姆斯在哈佛所指導的學生普瑞特(James B. Pratt)的研究就以平常的虔信做爲考察的對象，彌補了詹姆斯對這個向度的忽略。

對宗教心理學之影響

從威廉・詹姆斯在愛丁堡大學演講至今已經一個世紀，當我們重新閱讀這本書時，會發現它仍然相當具有魅力。詳細地描述、分析文獻資料的心理學研究，目前已經幾近絕跡，這是因爲當代心理學追求因果關係理論，對於主體經驗反思的資料多所懷疑的後果。當代心理學家想要以物理科學客觀測量的方式，來取得對研究者而言較可靠的資料，客觀量化的研究透過精巧設計的測量工具與謹慎的施測程序，較容易取得具有可比較性的資料，而且量化的分析技術越來越成熟，要較迅速地得到有意義的結果比較快速，研究者在先定好的理論範圍與嚴謹的研究程序下也較容易覺得心安；但是這類研究必須冒著過度簡化人實際經驗的危險，也往往是研究者的盲點所在。詹姆斯對於個人經驗的重視以及所採用的描述分析取向，在一九二〇年代由於種種因素的影響（行爲學派的興起，第一次世界大戰的爆發對於進步主義的不信任，基要主義[fundamentalism]的重新崛起，繼起神學對於宗教意識的忽視）而逐漸沒落。等到一九五〇年代，心理學對主觀經驗之實徵研究(empirical study)重新興起，宗教已經成爲社會心理學或性格心理學實徵研究中的一個研究變項(variable)，或者只是心理學理論（例如歸因理論、依附理論或因應理論）中的一部分。

宗教心理學的發展可以說是宗教與心理學這兩門學科互動的歷程。②從其發展來看，詹姆斯的宗教心理學屬於一八八〇到一九三〇年，這兩門學科互動的發軔階段，稱之爲「宗教**的**心理學」(psychology "of" religion)階段。在這個階段，心理學與宗教的互動是一種方法（心理學）與探究對象（宗教）的互動。前者是思考分析的工具，後者則是有待考察的對象；前者是客觀、價值中立的科學概念工具，後者則是主觀、充斥著種種價值取向的文化心理現象。在這個脈絡下，宗教心理學成爲對於宗教觀念與實踐之心理意義、起源與型態的分析，包括弗洛依德與榮格的深層心理學、詹姆斯的描述分析與實用判斷、馮特(Wilhelm Wundt)的民俗心理學(folk psychology)，以及其他歐洲與北美學者的研究。研究的主題涵括祈禱、皈依、超自然現象、密契主義，以及宗教與社會的關係。隨著心理學理論——例如心理學的實徵研究，自我心理學(ego-psychology)、客體關係理論(object-relation theories)、現象學心理學(phenomenological psychology)、存在主義(existentialism)、人本心理學

(humanistic psychology)以及超個人心理學(transpersonal psychology)——的發展，宗教心理學的面貌也越來越豐富。另外，與其他社會科學——例如社會學、人類學與政治——的整合，也使得宗教心理學跨學科取向的色彩越來越鮮明。最後，隨著心理學理論後設思考的深化，心理學反省到自身的理論建構並不是純然客觀、不落言詮的過程。此時，心理學與宗教的互動也就不再是研究工具與研究對象的關係。既然二者的建構同樣牽涉到繁複的詮釋歷程，「對話」於是成爲描述二者關係較爲貼切的用詞。

宗教與心理學的對話(religion in dialogue with psychology)又包括：⑴心理學與神學的對話(psychology-theology dialogue)、⑵心理學與比較研究的對話(psychology-comparativist dialogue)，以及⑶心理學自身的宗教化(psychology as a religion)。這些對話都有其支持者，也分別蓬勃發展中，其中詹姆斯的影響依稀可見。詹姆斯在本書中引用了佛教與印度教密契經驗的文獻，討論佛教的「禪那」(dhyana)與印度教的「三摩地」(samadhi)的密契狀態。從今日的眼光來看，詹姆斯的引述與分析或有「東方主義」(orientalism)之嫌，亦即把西方的理解範疇（尤其是基督新教）以及重視個體直接經驗甚於傳統影響的傾向套在東方宗教上。從心理學與比較研究的對話來看，詹姆斯的作品代表了這個對話生澀的開端。

就心理學自身的宗教化來說，詹姆斯的著作也有一定的影響。詹姆斯對於密契經驗的理解，是將密契經驗心理學化；這其實是承襲了西方自十七世紀開始對於宗教性(religiosity)之理解的轉變。密契主義(la mystique)一詞的出現標示著某種經驗的誕生，某種論述的發端，以及某種知識的誕生。③換言之，隨著心理空間的被認出，密契經驗成爲某種被客體化的經驗與論述的對象。詹姆斯忽視制式宗教而強調個人直接體驗，將宗教視爲發生於個人心靈的內在事件，影響了後來人本心理學與超個人心理學對於心靈統合與個體化(individuation)的追求；換句話說，產生了像宗教一樣強調靈魂與崇高價值的心理學。在這個範疇下，心理學有了宗教模樣，同時宗教有了科學色彩。這種心理學的宗教化其實是一個文化事件，是心理學與宗教對話過程的社會結果與歷史結果，目的是調停科學與宗教的矛盾本質。

結語

在當代科學心理學中淪爲變項的宗教心理學，反而在隸屬人文學科的宗教研究中逐漸開花結果，與當代的詮釋學、敘說研究、文化研究、性別研究、比較研究，以及現代與後現代學說多所碰觸，互相激盪，重塑自己的種種可能樣貌。在這個意義之下，詹姆斯百年前的耆老說書，不但不應該走入歷史，還可以讓我們一窺那已被當代科學心理學判爲鬼魂而避之唯恐不及，卻在擅長招魂引魄的宗教研究中得體還陽的「宗教心理學」之初始面貌。那是「宗教」與「心理學」往後漫漫對話歷程的開端，對未來仍充滿不確定，卻在每一個過於遲疑或踏得太快的腳步中，讓我們得以看見思考的光亮與黑影。

註釋

①參見 Malony & Southard 於一九九二年所編之 *Handbook of Religious Conversion*（Birmingham, Alabama: Religious Education Press 出版）。

②關於宗教心理學的發展，可以參考 Diane Jonte-Pace 與 William B. Parsons 於二〇〇一年合編的 *Religion and Psychology: Mapping the Terrain*（London and New York: Routledge 出版）。

③參見 Michel de Certeau (1992) "Mysticism," Diacritics 22:11-25。

本書作者／威廉・詹姆斯(Williams James)

前言

如果我沒有這份榮幸被愛丁堡大學(University of Edinburg)基佛講座(Gifford Lectures)（譯註①）聘爲講授自然宗教(Natural Religion)的講師，也不會有這本書的面世。我必須負責兩個課程，每個課程各有十講。原先我認爲第一個課程應該是描述性的「人類的宗教嗜好」(Man's Religious Appetites)，另一個課程則是形上學的「透過哲學的滿足」(Their Satisfaction through Philosophy)，但是當我在寫課程內容時，心理學方面的素材卻出乎意外地多，因此第二個課程就完全被延宕了，全部二十講的內容就都屬於描述人的宗教構成。在第二十講中，我提示了個人在哲學上的結論，想要立刻知道的讀者請直接翻到該講的最後兩大段與本書的後記，我希望在日後可以用更明白的方式來表達。

我個人相信熟識特例通常比僅知抽象公式，要讓我們更爲明智。我在我的演講中加入很多具體的例子，這些是表達宗教性情中比較極端的例子。有些讀者很可能在他們閱讀本書尚未過半時，就以爲我提供的不過是一些拙劣的模仿，他們會說這種到了抽搐地步的虔誠，根本是愚蠢的。可是如果他們有耐心讀到最後，我相信這種印象會消失，因爲我會將宗教衝動與一些能矯正誇張的常識結合起來，讓每個讀者可以按照自己的意願，下個比較溫和的結論。

我能夠寫下這些演講，要感謝史丹佛大學的斯塔伯克(Edwin D. Starbuck)（譯註②），他將所蒐羅到的大量手寫材料提供給我；還要感謝東諾斯斐(East Northfield)的藍金(Henry W. Rankin)，我們是從未謀面的朋友，他提供了我相當寶貴的訊息；並要感謝日內瓦的佛盧挪(Theodore Flournoy)、牛津的席勒(Canning Schiller)，以及我的同事藍德(Benjamin Rand)，諸位提供我很多文件；我的同事米勒(Dickson S. Miller)、紐約的瓦德(Thomas Wren Ward)，以及不久之前在克雷寇(Cracow)的魯托斯拉斯基(Wincenty Lutoslawski)，都給我重要的建議；最後，我在啓音谷(Keene Valley)上方的格侖摩(Glenmore)與已不幸去世的大衛遜(Thomas Davidson)的談話並使用他的書，使我受賜良多，超過了我所能表達的。

哈佛大學

一九〇二年三月

譯註

①法學家基佛(Lord Adam Gifford)在一八八八年捐贈成立一個講座，給位於蘇格蘭的四所大學 Edinburgh、Glasgow、Aberdeen 以及 St. Andrew 輪流聘請講師講授自然宗教，這便是基佛講座的由來。

②斯塔伯克(Edwin D. Starbuck, 1866-1947)，宗教心理學先驅。

宗教與神經學

Religion and Neurology

・一本書還是可以成爲一部啓示，
雖然含有錯誤、感情以及人爲刻意的創作，
只要它是一個偉大的靈魂與其命運的危機搏鬥之內在經驗的真實記錄，
我們就可以對它做出較爲有利的判斷。

・「總有人應該做這件事，可是爲什麼要我做？」
是軟弱的人不斷回應的話語。
「總有人應該做這件事，所以爲什麼不讓我來做？」
這是誠摯爲人服務，並急切地面對危險任務的人的吶喊。
在這兩句話之間，隔著好幾個世紀的道德進化。

——安妮・碧森(Annie Besant)

站在這張講桌的後面，面對諸位博學的聽眾，我實在有很大的惶恐。我們美國人非常習慣由歐洲學者的聲音或書籍得到教誨。我所屬的哈佛大學，每個冬天都有各種大大小小來自蘇格蘭、英國、法國或德國的科學或文學的專家演講，我們或是設法說服他們渡洋來美，或是在他們來旅遊時藉機邀請。歐洲人說話，我們聽，看起來是很自然的事，而我們還不習慣讓歐洲人聽我們說話。第一個冒這種險的人，免不了想要爲自己的放肆道歉，尤其是在美國人認爲神聖如愛丁堡(Edinburgh)這樣的地方。愛丁堡大學哲學講座的光榮，在我童年時就已經深深印在我的想像之中。佛雷澤(Fraser)（譯註①）教授的著作《哲學論文》(*Essays in Philosophy*)，在剛出版的當時是我所閱讀的第一本哲學書籍，我還深深地記得其中關於威廉・漢彌爾頓爵士(Sir William Hamilton)（譯註②）的課堂記述，引起我一種肅然起敬的心情。漢彌爾頓的演講是我強迫自己研讀的第一篇哲學文章，之後我就沉浸於度加・斯圖渥特(Dugald Stewart)（譯註③）與湯瑪斯・布朗(Thomas Brown)（譯註④）的作品中。我這種少年的情懷並未因爲成長而失去，我也承認我由出生的鄉野，變成這個大學的一員，成爲這些名人的同事，是個事實，也好像一場夢。

不過，既然我已經接受了這榮幸的邀請，就不能再退縮，學術生涯也有它英勇的任務，所以我不再說任何歉意的話。讓我再加上這一句，目前在亞柏丁(Aberdeen)這裡，潮流已經開始由西向東移動，我希望這可以繼續下去。我希望將來年復一年有我的同胞被邀請到蘇格蘭的各大學演講，以交換蘇格蘭人到美國演講，我希望我們的人民可以在這些高層的事業上成爲一個族群，而且我們的英文所連帶的特種哲學氣質與政治氣質，可以四處瀰漫並影響這個世界。

談到我進行這個講座的方式，我不是神學家，也不是宗教史學家，更不是人類學家，我特別熟悉的只有心理學這個學門。由心理學家的角度來看，人的宗教傾向與其他人類心性中的現象同樣有趣。因此，對我這樣一個心理學家而言，最自然的莫過於邀請你們一同來對人類的宗教傾向進行描述性的審視。

如果這個研究是屬於心理學的，而不是探討宗教制度，那麼，宗教情感與宗教衝動就應該是其主要的課題。我將把我的研究範圍限制在那些能夠清楚表達並充滿自覺的人，在其自傳或信仰作品中所寫下來的、比較有所發展的主觀現象。固然一個主題的起源與其早期階段的狀態很有趣，但如果熱切地想要獲得全部的意義，就必須注意到更進化而完整的形式。因此，我們最關切的文件，是屬於那些在宗教生活上最有成就，而且最能將其想法與動機加以睿智說明的人。當然，這些人是比較現代的作者，或是已經成爲宗教經典中的古代人物。因此，最有啓發性的**人類文獻**(documents humains)，並不需要到特別廣博收藏的庫所去求索——它們就在已被踏平的公路上；這個由我們的問題性質自然發生的情況，與做爲演講者的我缺乏專門的神學知識這件事，也恰好相得益彰。我可能會從你們大部分人都讀過的書中找到那些個人告白的引文、字句與段落，但這並不會減低我結論的價值。固然，未來在這裡演講，比我更肯冒險的學者與研究者，可能可以從圖書館的書架上挖掘到一些文件，進而提供比我更可喜、更有奇特興味的演講。可是我懷疑，只是因爲他能掌握這麼多偏僻的素材，他就必然能對我將要處理的題目有更精要的掌握嗎？

從邏輯的觀點來看，「宗教傾向是什麼？」以及「宗教傾向的哲學意義爲何？」這兩個問題屬於完全不同的層次；而且，如果疏於認清這個事實，就會帶來混淆。所以在討論我所指的文件與素材之前，我要對此點稍作說明。

在最近的邏輯作品中，對於任何事物的探詢都分爲兩部分。首先，這個事物的性質爲何？它怎麼來的？它的組成、來源與歷史爲何？其次，既然這個事物存在，它的重要性、涵義與意蘊爲何？第一個問題的答案是以**存在判斷**(existential judgment)或命題的方式來表示，第二個問題的答案則由**價值命題**(proposition of value)的方式來表示，也就是德國人稱之爲Werthurtheil，或是假如我們喜歡，可以稱之爲**精神判斷**(spiritual judgment)。這兩種判斷都無法由彼此演繹出對方。它們是由不同的心智狀態所產生，我們的心思只能先把二者分開，再用彼此相加的方式把它們合成起來。

就宗教來說，要區分這兩個層次的問題尤其簡單。每個宗教現象都有它的歷史，以及從自然的前因發生的過程。現在我們稱爲《聖經》高等批判(higher criticism of the Bible)的，只是從存在判斷的觀點來加以研究，這個研究被早期教會嚴重地忽略。那些《聖經》

的作者，是在怎樣的個人情形下對這部聖書加進自己的貢獻呢？當他們陳述時，每個人心中實際上想的又是什麼？這些很清楚是屬於歷史事實的問題，而且我們看不出來這些問題的答案如何及時地決定更進一步的問題，也就是這樣的一本書，當它的來歷被如此判定，而做爲我們生活的指導與神的啓示時，究竟有什麼用處的問題。要回答這個問題，我們心中必須有某個普遍的理論，來決定一個事物要具備什麼樣的特性才能被賦予帶著啓示目的的價值；這個理論也就是我剛剛所說的精神判斷。把它和存在判斷連在一起，我們也許眞的可以演繹出另一個關於《聖經》價值的精神判斷。因此，假如我們的啓示價值論(theory of revelation-value)主張，任何書要擁有這種價值的話，必須是在不自主，即不出於作者之自由意志的情況下編撰成，或是主張這種書不能有任何科學或歷史的錯誤，也不能表達任何區域性或個人的情感，否則，《聖經》也許就會在我們手中得到不適當的對待。相反地，如果我們的理論承認：一本書還是可以成爲一部啓示，雖然含有錯誤、感情以及人爲刻意的創作，只要它是一個偉大的靈魂與其命運的危機搏鬥之內在經驗的眞實記錄，我們就可以對它做出較爲有利的判斷。你可以看見，他們自身存在的事實並不足以決定其價值；高等批判最優秀的專家也不會把存在判斷與精神判斷混淆。面對一個同樣事實的結論，有人對於《聖經》的啓示價值採取這樣的觀點，有人採取那樣的觀點，隨著價值基礎的不同，他們的精神判斷也跟著不一樣。

我對這兩種判斷做了這些一般的說明，是因爲有許多宗教人士——可能也包含在座其中的一些人——還沒有實際應用這個區別，因此可能會對我接下來的演講中對宗教現象所採取的純粹存在判斷觀點感到詫異。當我把這些現象以生物學與心理學的眼光處理，就像他們只是個人歷史中奇怪的事實時，你們當中有些人可能會覺得這簡直是輕視如此崇高的一個主題。甚至當我的目的未完全表達淸楚前，還會懷疑我在故意破壞人生的宗教面。

這樣的結果當然不是我的意圖。如果你有這種偏見的話，將會對我所提出的許多觀點之效果造成嚴重的妨礙，所以，關於此點，我還要再補充一些話。

無疑，全然追求宗教的生活事實，有可能使人傾向於變得異常而古怪。我現在所說的並不是一般的宗教信徒，那些因循國家的習俗而遵守宗教儀式的人，無論他們是佛教徒、基督徒，或是伊斯蘭教徒。這種人的宗教是由別人爲他製作好的，經由傳統傳遞給他，透過模仿而確定其固定的形式，並且由習慣保存下來。研究這種二手的宗教生活，對我們沒有多少益處。我們要尋找的毋寧是那些原創的經驗，這些經驗爲一大堆暗示的情感與模仿的行爲樹立模範。這些經驗只能在宗教對其而言不是沉悶的習慣，而是像猛烈熱火的人身上找到。但這種在宗教方面的「天才」，就像許多其他的天才一樣，帶來有效的果實，爲傳記提供許多值得紀念的篇章。這些宗教天才也常常表現出神經過敏的症狀。比起其他天才，宗教的領導者也許更容易罹患病態的心理疾病。他們常常是天生善感的人，往往過著不協調的內在生活，他們生涯的某個階段還活在憂鬱之中。他們不知節度，容易有強迫觀念與僵固的想法；而且他們常常陷入出神狀態(trances)，有幻聽、幻視，表現出所有通常被稱之為病態的特殊行為。而且，這些在他們生涯中出現的病態表現，往往能夠幫助他們提高自己的宗教權威與影響力。

如果你要我給你一個具體的例子，最好的例子莫過於喬治・佛克斯(George Fox)（譯註⑤）。他所創立的貴格會(Quaker)怎麼褒揚都不為過。在偽詐的時代裡，它是一個植根於內在靈性的誠實教會，回歸到原始福音的眞理，在英格蘭無人能出其右。在今日各基督教派朝著日漸寬容的方向發展時，他們只是回到佛克斯與早期貴格會許久以前抱持的主張。就精神的睿智與能力而言，沒有人可以假定佛克斯的心靈是不健全的。每一個直接認識他的人，從奧立佛・克倫威爾(Oliver Cromwell)到地方官吏及獄卒，都承認他有過人的力量。但是從其神經構成來看，佛克斯是一個罹患最深度之精神疾病或精神失調(détraqué)的人。他的《日記》(*Journal*)充滿這一類的記載：

當我和幾個朋友一起行走時，我舉頭看見三個尖塔高樓的尖塔，讓我極為震撼。我問他們那是什麼地方，他們說那是立屈菲爾(Lichfield)。我立刻聽到上主的話，命令我一定要到那裡去。到了我們目的地的房子之後，我請朋友進去裡面，沒有跟他們說我要去哪裡。當他們進去之後我就走開，小心一路上的籬笆和水溝，一直到距離立屈菲爾不到一哩遠的地方。在那裡有一大片野地，一群牧羊人在牧羊。那時候，上主就命令我把鞋子脫下來。我還是站著，因為正值冬天：但上主的話就像一把火在我心裡燃燒。於是我把鞋子脫掉，留給牧羊人。這些可憐的牧羊人都發顫，還感到很驚訝。接著我又走了一哩，一進到立屈菲爾城，上主的話又來到我心中，說：「禍哉！立屈菲爾這沾滿血腥的城市！」於是我在街上走來走去，大聲呼喊：「禍哉！立屈菲爾這沾滿血腥的城市！」這一天剛好是趕集的日子，我就走到市場，在市場內的幾個地方來來去去，停下來跟剛才一樣大喊：「禍哉！立屈菲爾這沾滿血腥的城市！」但是沒有人來逮捕我。當我這樣在街道上走來走去、大聲喊叫時，我覺得彷彿有一道血流向街頭，使整個市場看起來就像個血池。當我宣告了臨於我身上的訊息，覺得自己清淨了以後，就平安地離開這個城市，回到牧羊人身邊，給他們一些錢，把我的鞋拿回來。但上主的火還在我腳上，遍佈我全身，所以我不想再把鞋子穿上，並且停頓了一下，想說自己應不應該這樣做。一直到我覺得上主給我自由這樣做；然後，等我洗淨雙腳，我再把鞋子穿上。之後我開始深思，為什麼上主要派遣我到那個城市大聲呼喊，並叫它沾滿血腥的城市。雖然國會時而擁護國務總理，時而擁護國王，在兩邊發生戰役時，許多鮮血曾經灑在這個城市裡，但在這裡的鮮血並不會比其他地方多。然而，後來我開始了解，在帝奧克雷廷大帝(Emperor Diocletian)時期，曾經有一千個基督徒在立屈菲爾殉難。所以，我應該赤腳走過他們流血的路線，進入市集內聚集他們鮮血的池泊，才能為這些一千年前的殉道者所流的，在街上變冷了的鮮血立下一個紀念。所以，我感受到這個鮮血的意象，並且遵守了上主的命令。

雖然我們研究的是宗教的存在條件，但我們也不能忽略宗教的這些病態面向。我們必須對之加以描述，爲其命名，就像它們發生在非宗教人士身上一樣。的確，我們情緒與感情投注的對象被理智拿來與其他事物等量齊觀時，會引起我們的反彈。理智對一個對象所做的第一件事就是把它與其他事物歸爲一類。但任何對我們來說具有無限的重要性，並喚起我們奉獻情感的對象，都會讓我們覺得它是獨一無二、自成一類(sui generis)的。假如螃蟹可以聽懂我們說話，知道我們將牠歸爲甲殼類，就不再費神，也不感到有什麼不對，大概會深感受侮辱，並抗議：「我不是這種東西，我只是我自己，我自己！」理智所要進行的第二件事就是發現事物發生的起源。史賓諾莎(Spinoza)（譯註⑥）說過：「我要分析人的行爲與慾望，把他們當作像線條、平面，與立體的問題一樣。」在另一個地方他也提到，他會以看待其他自然事物的方式來思考我們的情感及其性質，因爲我們情感的結果是由其性質而來，就像三角形的性質是其內角的總和必定等於兩個直角一樣。同樣地，泰納(M. Taine)（譯註⑦）在他《英國文學史》的導論裡寫道：「無論事實是道德事實或物質事實都不重要，它們總是有原因。野心、勇氣、誠實有原因，就如同消化、肌肉運動與體溫有原因一樣。邪惡與美德也和礬與糖這些產物一樣。」當我們聽到理智下決心把每一件事物的存在條件揭露時所做的這些宣稱（暫且不論這些人實際上能夠做到的很有限，因此我們對於他們可笑的大言不慚感到理所當然的不耐），我們覺得自己最內在的生活泉源受到威脅與否定。我們認爲這種冷血的歸類會破壞我們靈魂中心的秘密，彷彿能夠解釋其源頭的那道氣息同時會將它的意義消解，也使它們看起來不比泰納所提到的有用雜貨更爲寶貴。

如果精神價值的來源被斷定爲低下的，那麼它的價值就被取消了；這樣的一個假設，最常見於那些感情較爲冷淡的人對他們感情豐富的相識者所做的批評。例如：阿佛列如此相信永生，是因爲他的性情過於情緒化；芬妮如此正直謹愼，只是神經過度被刺激的表現；威廉對於宇宙的悲觀是由於消化不良——也許他的肝臟痲痺了；依莉莎對其教會的喜愛是她歇斯底里體質的症候；如果彼得能夠多在戶外運動，他的靈魂就不會這麼憂愁；諸如此類的話。這種推理方式更進一步的例子就是流行把宗教情緒與性生活連結，以批評宗教，很常見於今日的某些作家。例如皈依(Conversion)是青春期與青少年危機的表現。聖徒的禁食與傳教士的奉獻，只是父母自我犧牲本能走岔了的表現。就歇斯底里、渴望自然生活的修女而言，基督只是她們世俗之情感對象的一個想像替代品。①

一般而言，我們都很熟悉這種對於我們反感的心理狀態加以詆毀的方式。就某種程度來說，我們都曾經用這個方式來批評那些我們覺得心態過於緊張的人。但是，當別人批評我們自己激昂的宗教情緒，說他們只不過是身體狀態的表現時，我們就會覺得受到侮辱與傷害。因爲我們知道，無論我們的生理器官獨特的狀態如何，就生命眞理的啓示而言，我們的心理狀態還是有其獨立的價値；而且我們希望所有的醫學唯物論(medical materialism)可以保持沉默。

醫學唯物論似乎是我們所討論的這種幼稚思想的一個好名稱。醫學唯物論把聖保羅(Saint Paul)在大馬士革路上所見的異象，認爲是大腦後葉皮質的損傷發射作用，因爲保羅是個癲癇患者。它嗅出聖德勒莎(Saint Teresa)（譯註⑧）是歇斯底里病患，亞西西的聖方濟(Saint Francis of Assisi)（譯註⑨）是個遺傳性的退化者。喬治・佛克斯對當時僞詐的不滿和他對精神誠實的渴求，被認爲是大腸失調的症候。卡萊爾(Carlyle)（譯註⑩）抒發其悲苦的高亢，被認爲是胃與十二指腸發炎。醫學唯物論說，所有這些心理的過度緊張，追根究柢只是體質的緣故（極有可能是自體中毒），源於生理學尚未發現的各種腺體的作用失常。

而且，醫學唯物論認爲這樣一來，這些人在精神方面的權威就成功地被取消了。②

讓我們將這議題由其最大的可能性來看。現代心理學發現生理與心理的某些特定關聯，就權宜地假設了心理狀態對於生理情況的依賴是徹底而完全的。假如我們接受這個假設，那麼醫學唯物論的主張——就一般而言，不論細節的話——便必然是對的：即使聖保羅的確不是眞的患有癲癇症，他也一度發作過癲癇；佛克斯是遺傳性的退化者；卡萊爾無疑罹患自體器官中毒，無論那是什麼器官——其他依此類推。但現在，我問你，這種精神事實的存在敘述，如何決定這些事實的精神意義是這樣，或是那樣呢？依據剛才所說的心理學的一般假設，所有的心理狀態，無論是高是低，健全或病態，沒有一個不是依賴生理過程的。科學理論依賴生理情況的程度與宗教情緒一樣；而且，如果我們對事實認識得夠清楚，我們無疑會看到：「肝臟」決定頑固的無神論者的信念，就像它決定衛理公會信徒(Methodist)對其靈魂的憂慮一樣。如果肝臟把滲流過它的血液變成這樣，就成爲衛理公會信徒，變成那樣，就成爲無神論者的心態。所以，我們所有的狂喜與乾枯，我們的渴望與悸懼，我們的疑問與信仰，無論它們是宗教或非宗教的，都同樣源於生理作用。

除非我們事先對於一般精神價值與特定生理變化的連結，有生理心理的理論來說明，否則，以主張宗教心態有其生理原因來駁斥其較高的精神價值，是非常偏頗而不合邏輯的。果眞如此，我們的思想、感情，甚至科學主張，甚至我們的「不信」(*dis*-beliefs)，也都不能保持揭示眞理的價值了，因爲這一切都毫無例外地源於個人當時的生理狀態。

不用說，醫學唯物論事實上並不提出這麼廣泛的懷疑論。它就像平常人所確信的那樣，相信有些心態在本質上高於其他心態，能夠啓示我們更多的眞理，就此而言，它也只是運用一些普通的精神判斷。它並沒有對於自己給予較高評價的心理狀態以生理理論來說明其起源，藉此提高其價值；所以，它嘗試將自己所不喜歡的心理狀態模糊地與神經和肝臟連結，與代表身體病痛的名目相連，來詆毀這些心態，是全然不合邏輯而自相矛盾的。

讓我們公平地處理這件事，並對自己與這些事實採取完全坦白的態度。當我們認爲某些心態高於其他心態時，幾時是因爲我們知道它們生理上的前置因素呢？不！我們是因爲與此截然不同的兩個理由：或是因爲這種心態帶給我們直接的愉快，或是因爲我們相信它會爲我們帶來生活上好的結果。當我們對「發燒的幻想」(feverish fancies)有所貶抑時，我們並不是貶抑發燒的過程本身——因爲無論如何，我們所知的恰恰相反，華氏一〇三度或一〇四度或許是眞理發生與萌芽的合宜溫度，甚於九十七度或九十八度這平常的體溫。我們所貶抑的只是因爲幻想本身的不適宜，或是他們禁不起恢復之後的批判。當我們讚美健康所帶來的思想時，健康的特定化學新陳代謝與我們的判斷並沒有什麼關聯。事實上，我們對這些代謝一無所知。我們認爲這些思想很好，是因爲這些思想內涵的愉悅，我們認爲它是眞理而尊敬它，是因爲它與我們其他思想一致，並且對我們需要的滿足很有用處。

這些標準之中，較內在的與較外在的標準並不一定同時出現。內在的快樂與用處不一定相合。直接覺得最「好」的，以其餘的經驗來衡量裁決的話，不一定是最「眞」的。酒醉的菲利與淸醒的菲利之間的差異，是最典型的例證。如果只要「感覺很好」就可以決定，那麼酒醉就會成爲最確實的人生經驗了。然而，酒醉所得到的啓示，無論它在當時多麼令人滿意，這些啓示所介入的環境一刻也無法支持他們。這兩個標準的不一致所帶來的結果，就是充塞於精神判斷中許多不必要的不確定。有一些善感與密契經驗(mystical experience)的時刻——以後我們還會常常提到它，當它們來臨時，給人一種深刻的內在權威與啓蒙之感。但它們很少降臨，也不是降臨到每個人身上；生命中其餘的時光也許跟這些時刻都不發生關聯，或是與之牴觸，更甚於肯定他們。有些人較遵從這些時刻的聲音，有些人寧願以平均的結果做爲引導。因此，人類的精神判斷才有這麼多令人感傷的衝突。在我們這些演講結束之前，將會帶領大家深刻地體會這些衝突。

然而，這種衝突永遠無法以任何純粹醫學的檢驗來得到解決。有一個很好的例子可以說明嚴格守住醫學檢驗的不可能，也就是最近一些作者所宣稱的，天才是由病態所導致的這個理論。摩洛(Moreau)博士說：「天才只不過是諸多精神病態分支當中的一支。」朗步索(Lombroso)博士說：「天才是癲癇類疾病的遺傳性退化的一種症候，並且與道德的瘋狂同類。」涅斯貝(Nisbet)先生說：「任何時候當一個人的生活既有名，又被記載得夠詳細，足以成爲被研究的主題時，他總是不可避免地落入病態的範疇……值得注意的是，大體說來，天才的才情越高，病態就越嚴重。」③

當這些作者滿意自己成功地證明了天才的作品都是疾病的結果時，是不是就進而抨擊這些結果的價值呢？他們是否由其新的存在判斷的主張，就演繹出一個新的**價值**判斷呢？他們是不是坦白地從此不准我們讚嘆這些天才的作品呢？並且坦率地宣稱沒有一個精神病患可以成爲啓示新眞理的人？

不！他們直接的精神本能太強了，所以抑制他們做出反對的論斷；如果醫學唯物論只是喜愛邏輯的一致性，應該會很高興地做出這種論斷。固然，這個學派的一支曾企圖以醫學論證的方式把天才作品的價值全面推翻（所指的是那些他們所無法欣賞的當代藝術作品，而這些作品很多）。④但是，大藝術家的傑作大部分沒有受到挑戰，這種出於醫學觀點的批評所攻擊的只限於每個人都覺得眞是怪異的作品，或是完全只表現宗教主題的作品。但這也是因爲這個批評者源於內在或精神的理由不喜歡這些宗教的表現，它們才受到批評。

在自然科學與工業技術的範疇內，從來沒有發生這種以作者神經病之體質來推翻其意見的事情。在這裡，無論作者的神經類型是哪一種，意見總是以邏輯與實驗的方式來驗證。宗教的意見也應該這樣被看待，不應有例外。他們的價值只能由針對他們直接的精神判斷來肯定；而這種判斷主要是根據我們直接的情感，其次是根據他們與我們的道德需要，以及我們認定爲眞理的其他部分彼此之間的經驗關係而定。

簡言之，只有**直接的啓悟程度**、**哲學的合理程度**，以及**道德上的益處**是我們可用的標準。即使聖德勒莎的神經系統像最鎭靜的母牛，假如她的神學由上述標準來看是可鄙的，那麼她的神學就不會流存至今。相反地，如果她的神學經得起這些檢驗，那麼，當她在世時無論歇斯底里的情形如何，或是她的神經系統多麼不平衡，都不重要。

你可以看到，實際上我們又回到經驗哲學不斷主張的一般原則，也就是在我們追求眞理的過程中，必須受這些原則導引。各種獨斷哲學曾經尋求可以不用訴諸於未來的眞理標準。他們所鍾愛的夢想是一些直接的標記，藉此我們可以立即而絕對地免於所有的錯誤，從現在到永遠。顯然，眞理的**起源**是一個很好的標準，只要眞理的各種起源可以鑑別出來；從獨斷哲學的歷史顯示，起源一直是他們所喜歡的標準。起源於立即的直覺；起源於教皇的權威；起源於超自然的啓示，像是幻覺、幻聽，以及不可思議的印象；起源於高靈(higher spirit)的直接附身，以預言和警告的方式表達；起源於一般的自動發言——這些起源都曾用來證明宗教史上種種意見的眞理性。因此，醫學唯物論者只是許多後來的獨斷哲學家，靈活地翻轉他們的前輩創造出來的局面，以起源做爲標準來破壞宗教，而不是認可宗教。

這些病態起源論的主張只有當對方提出以超自然起源做爲論證，並只討論起源這個論證時，才成爲有效的。但以起源爲基礎的論證很少單獨使用，因爲它的不充分太明顯了。墨德斯黎(Maudsley)（譯註⑪）博士也許是以起源論來駁斥超自然宗教最犀利的一位，但他也不得不說：

我們有什麼權利相信大自然有這個義務，只能以完善的心靈才能執行它的工作呢？它也許發現一顆不完善的心靈更適合完成某個特定的目的。重要的只是所完成的工作，以及工作者藉以完成工作的素質；從宇宙的觀點來看，如果工作者的其他人格素質有所缺陷——如果他的確是偽君子、犯姦者、怪人，或是瘋子——也許並不是大礙……因此，我們又回到真理古老而最後的屏障，也就是人類共同的認可，或是人類中經由教育和訓練培育出來的能者之認可。⑤

換言之，墨德斯黎博士認爲檢驗信仰的最佳標準不是它的起源，而是**這個信仰的整體效能**。這就是我們經驗主義者的標準；這個標準連最主張宗教起源於超自然界的人也不得不採納。宗教的意象與訊息有些明顯是愚妄的，在出神與強烈的著魔狀態中，有些不能對行爲與性格帶來什麼結果，沒有什麼意義，更不能說是神聖。在基督宗教密契主義(Christian mysticism)的歷史裡，分辨這些訊息與經驗究竟是眞的神聖奇蹟，或是在魔鬼惡意下的假冒，致使宗教人比從前更像地獄之子，始終是一個難以解決的難題；這個難題需要最有良心的人所有的智慧與經驗才能分辨。最後總是要運用我們經驗主義的標準：藉著他們所結的果實，而不是他們的**根源**來認識他們。強納生•愛德華茲(Jonathan Edwards)（譯註⑫）的《論宗教情感》(*Treatise of Religious Affections*)在這個論點上極力發揮。一個人美德的根源是我們接觸不到的。任何表象都不能成爲上帝恩寵絕對無誤的證明。我們的實踐才是唯一確切的證據，證明我們是眞實的基督徒，對我們自己來說也是這樣。愛德華茲寫道：

當我們現在對自己進行判斷時，當然應該採用那些當我們於末日站在上帝面前時，這位大法官拿來判斷我們的證據……在所有公開信徒身上，聖神的恩寵莫不以基督徒的實踐做為最具決定性的證據……我們的經驗**越是**源於實踐，就**越**顯示**它的神聖與精神**。

天主教的作家也一樣強調此點。任何幻象、幻聲或其他清楚的天降神恩所帶來的良善性情，是這些經驗的唯一標記，好讓我們確定它們不來自試探者的欺騙。聖德勒莎說：

就像品質不佳的睡眠不但不能給頭腦更大的力量，反而讓它更疲累，純粹想像的活動也只能讓靈魂萎弱。靈魂缺乏營養與精力，只能領受懶散和厭惡。然而，真正來自上主的意象使靈魂得到不可言説的靈性財產，還使身體的力量煥然一新。對於那些經常指控我的意象是人類公敵的產物、是我自己所想像的消遣的人，我舉出這些理由……我向他們顯示上主神聖的手賜給我的珍寶：就是我實在的性情。所有認識我的人看見我的轉變；我的告解師可以為此事實作證；這些改進絕沒有隱藏起來，在各方面都很明顯，所有人都可以清楚地看見。對我而言，絕對無法相信如果這些意象來自魔鬼，如果他是要讓我迷失，引我入地獄，會用這種和他的利益恰好相反的方式來拔除我的罪惡，使我充滿大丈夫的勇氣以及其他美德，因為我看得清楚，這些意象的任何一個都足以讓我擁有那些財富。⑥

我擔心我的附加說明顯得不必要地長，其實只要更少的說明，就可以除去你們當中一些人在聽到我的病理學計劃時所引發的不自在。無論如何，你們現在應該已經準備好，完全以宗教生活的結果做爲判斷其價值的標準，而且我假設，病理起源的這個怪論已經不再能侮辱你的虔敬。

可是，也許你會問我，如果宗教的結果是我們判斷宗教現象最終精神價值的基礎，爲什麼還要以這許多對其存在狀況的研究來恫嚇我們呢？爲什麼不乾脆不理會病理的問題呢？

對於這個問題，我有幾個答覆：首先，我要說有一種無法抑遏的好奇心迫切地推人前進；其次，我要說的是，對一件事的誇張、顚倒，以及其他方面相當的替代物與最近的相關物的研究，總是可以讓我們對這件事的意義有更多的了解。這並不是說，我們因此就可以把加諸其同類的所有詆毀一古腦地加到它身上；相反地，由於我們對它可能陷入的特定危險與墮落有所了解，才更能精確地肯定它所包含的好處。

瘋狂的狀態就有這樣的好處，因爲它把心理生活的某些元素獨立出來，讓我們得以在它不被普通環境遮掩的情形下檢視它。它在心理解剖所扮演的角色與解剖刀和顯微鏡在生理解剖所扮演的角色一樣。要正確地認識一件事物，我們必須觀察它內在和外在的環境，也必須熟悉它變異的整個範圍。對心理學家來說，幻覺研究是他們了解正常知覺的鎖鑰，錯覺研究是了解一般知覺的鎖鑰。病態的衝動、強迫概念，以及所謂的「僵固觀念」(fixed ideas)，對於正常意志之心理學的了解提供了很大的啓發；強迫症和妄想也爲信仰常態的理解提供了相同的啓發。

同樣地，對天才之本質的了解也因爲將它歸類於我所提過的心理病態現象，而受到諸多啓發。邊緣性(Borderland)瘋狂、怪癖、瘋狂的氣質、喪失心理平衡，與精神病的退化（我只用了許多同義詞中的幾個）等現象都有其特性與傾向，如果這些特質與優秀的智力同時集中在一個人身上，這個人就會比一個氣質較不那麼神經質的人有更大的機會成名，並影響他的世代。怪癖與優秀的智力當然沒有特別的關聯，⑦因爲大部分的精神病患者的智力都比較低，優秀的智力也比較常發生在正常的神經系統。但是，無論精神病之氣質與怎樣的智力程度相連，這種氣質往往帶有熱情與容易激動的性格。古怪的人有非常善感的情緒，很容易有僵固觀念與強迫觀念。他的想法很容易立刻變成信仰與行動；當他獲得一個新觀念時，除非他宣揚了這個觀念，或是以某種方式將它「發洩」出來，否則就無法安寧。一般人碰到一個棘手的問題時，會對自己說：「對這件事，我應該怎麼思考呢？」但如果是一個怪人，他就會說：「對這件事，我應該做什麼呢？」我在安妮・碧森(Annie Besant)（譯註⑬）這位具有高尚靈魂的女士的自傳裡讀到這樣一段話：「許多人都希望做好事，但只有很少人願意費力去幫忙好事的完成，更少人會願意犧牲任何事來支持好事。『總有人應該做這件事，可是爲什麼要我做？』是軟弱的人不斷回應的話語。『總有人應該做這件事，所以爲什麼不讓我來做？』這是誠摯爲人服務，並急切地面對危險任務的人的吶喊。在這兩句話之間，隔著好幾個世紀的道德進化。」的確！在這兩句話之間也隔著一般游手好閒者與精神病態者相異的命運。因此，當優秀智力與精神病態氣質同時聚集在一個人身上時——在人類才能性情的無數排列組合中，這兩個特性總是會碰在一起——就形成了製造那些名列辭典之天才的最佳條件。這些人不單單以自己的智力來做批評者與了解者。他們的觀念攫獲他們，無論是好是壞，他都要把這些觀念施加於同代人身上。當朗步索、涅斯貝等人以統計學的方式爲自己矛盾的主張辯護時，我們就可以把他們算作這種人。

現在我們再來談宗教現象，以憂鬱症爲例，我們將會提到，它是所有具備完整宗教演化過程之宗教的主要因素。例如宗教信仰所給予的快樂，以及宗教密契者所說的那些啓發眞理的出神狀態。⑧這些都是較廣大之人類經驗的特殊例子。宗教的憂鬱，無論就其宗教性而言有怎樣的特性，無論如何還是一種憂鬱。宗教的快樂也是一種快樂。宗教的出神狀態也是一種出神狀態。當我們放棄了「一件事與其他事被歸為同類，或其起源被揭露時，就被推翻了」這個荒謬的觀念，當我們同意以經驗結果與內在素質來做為價值判斷的依據時，誰看不出來這樣光明正大地將宗教憂鬱、宗教快樂、宗教出神狀態與其他種種憂鬱、快樂和出神狀態做比較，比起拒絕將它們放在比較普遍的系列中，而把它們當作全然超出自然秩序之外的現象，更能肯定這些宗教現象的特殊意義？

我希望這一系列的演講會證實我們的假設。關於這許多宗教現象的病態起源，即使這些現象由上帝證明，是所有人類經驗中最寶貴的，也絲毫不會讓我們感到驚訝或困擾。沒有一個生物體可以讓它的所有者了解所有的眞理。我們當中很少人不是在哪方面有點虛弱，就是有病；但正是我們的虛弱會出乎意外地對我們有所助益。在精神病的氣質當中，正包含著做為道德感必要條件的情緒，它那強烈而強調的傾向，也包含實踐道德活力的要素；它還包含對形上學與密契主義(mysticism)的熱愛，能夠使個人的關心超出感官世界的表面之外。因此，還有什麼比這種氣質更能帶領人進入宗教眞理的所在，進入那強健而庸俗的神經系統——永遠伸出其二頭肌來讓人感受，老是重擊自己的胸膛，並謝謝老天自己全身上下沒有一段病態的纖維——永遠無法帶領它那志得意滿的主人踏入宇宙的角落？

假如眞有來自上界的靈感，那麼，很有可能精神病的氣質是提供所需之感受力的主要條件。說了這麼多，我想關於宗教與精神病態的關係這個議題我們就此打住。

我們必須把各種宗教現象與許多並行的現象，無論是病態的或是健康的現象做比較，才能更好地了解它們。這一堆並行的現象以教育學的術語來說，就是我們用來了解宗教現象的「統覺群」(the apperceiving mass)。關於這一系列的演講我可以想像得到的新穎之處，也就是這個統覺群範圍的寬廣。也許我可以成功地把宗教經驗放在比一般大學課程更寬廣的脈絡來討論。

註釋

①就像流行於我們時代的許多觀念一樣，這個觀念也避開獨斷論的一般論調，只以部分與諷刺的方式表達自己的觀點。在我看來，很少有其他的概念像這種把宗教重新解釋爲變態的性慾一樣缺少啓發性。這使人想起有名的天主教對基督新教的嘲弄（通常表達得很粗俗），亦即認爲了解宗教改革最好的方式，就是記得它起源於馬丁路德想要與一位修女結婚的慾望。實際上，宗教改革的結果比這個宣稱的原因廣大許多，而且大部分與之相反。誠然，在許多宗教現象中，有些赤裸裸的與色慾有關，例如與性有關的神祇，多神教中淫穢的儀式，以及某些基督宗教密契者與救主合而爲一的狂喜之感。然而，如果是這樣的話，爲什麼不也一樣地宣稱宗教是消化功能的錯亂，並且以酒神與司穀

女神的崇拜，或是其他聖徒對於聖體的狂喜之感來證明這樣的觀點？宗教語言只能以我們生活所提供的貧乏象徵來表達，而且，當心靈強烈渴望表達自身時，整個身體都會發出做為註腳的弦外之音。宗教文獻中借自飲食的語言與借自性生活的語言大概一樣常見。例如，我們「飢渴慕義」，我們「覺得上主是甜蜜的救主」，我們「親嘗並看見祂的良善」，「從新舊約的乳房汲取，餵養美國嬰孩的靈性乳汁」是一部很有名的新英格蘭教義入門書的副標題。基督宗教的信仰文學的確是漂浮於乳汁之中，雖然不是從母親的觀點，而是從渴想乳汁的嬰孩出發。

例如，沙雷的聖方濟(Saint Francois de Sales)（譯註⑭）這樣描述「寂靜的祈禱」：「在這樣的狀態中，靈魂就像是還在餵乳的嬰孩，他的母親一面抱著他，一面愛撫他，讓乳汁流到他的嘴裡，他的雙唇甚至不需要動一下。祈禱也是如此……我們的上主渴望我們的意志能滿足吸吮他傾倒於我們口中的乳汁，而且我們應該享受這美味，甚至不知道它是從上主而來。」他還說：「想想小嬰兒，與授乳的母親的乳房連結在一起，你會看到他們因爲吸吮的樂趣而不時藉著小小的驚動向前擠，以靠近母親。在祈禱中，與上主相連的心也常常以動作嘗試著與主做更緊密的連合，這樣心就更接近神聖的美味。」參見 *Chemin de la Perfection,* ch. xxxi; *Amour de Dieu,* vii. ch. i。

事實上，我們也可以把宗教理解爲呼吸功能的錯亂。《聖經》裡面充滿呼吸窘迫的話語：「爾的耳朵不要避開我的喘息；我的呻吟，爾可以聽見；我的心急喘，我的力氣喪失；我的骨頭由於整夜的怒吼而發熱；就像麋鹿喘息著尋找溪水，我的靈魂也同樣喘息著尋找爾，喔，我的上帝。」「上帝在人裡面的氣息」是美國最有名的密契者哈睿斯(Thomas Lake Harris)主要作品的名稱。在某些非基督宗教的國家，所有宗教修練的基礎就在於呼吸的調節。

這些論點與我們所知的主張宗教源於性慾的理論一樣好。但是，性慾說的擁護者會認為他們的主張在別處找不到可比擬的例子。他們說，憂鬱症和皈依這兩個主要的宗教現象常出現在青少年時期，因此，它們與性慾的發展同時發生。要反駁這個論點也容易。即使他們所主張的同時性是一個絕對眞確的事實（其實不是），那麼不只性慾，還有整個高級的精神生活都在青少年時期開始發動。這樣，我們也可以主張對於機械學、物理學、化學、邏輯、哲學以及社會學的興趣，這些在青少年時期與對詩歌和宗教的興趣一起發展起來的興趣，也源於性本能的倒錯——果眞如此，就太荒謬了。而且，如果同時性可以成為決定的準則，那麼最出色的宗教年齡似乎是性生活的喧囂已經過去的老年時期，這又要怎麼說呢？

簡單的事實就是，要解釋宗教，我們終究必須考察宗教意識的直接內容。一旦這樣做，我們就會看到宗教意識的大部分與性意識全然無關。這兩件事的任何面向，包括對象、心境、所牽涉的官能，以及所驅動的行為都不同。在兩者之間找到**一般**的類比完全不可能：我們最常看到的是全然的敵對與相反。假設性慾理論的辯護者認為這對他們的論點不產生什麼影響，是因為如果沒有性器官輸送到血液的那些化學成分，大腦就不會得到提供宗教活動的養分。這個最後的命題也許對，也許不對，但無論如何它是極無益的廢話，我們無法從這個論點得到任何結果，它也無法幫助我們理解宗教的意義與價值。如果照那個意思來講，宗教生活依賴脾臟、胰臟與腎臟的程度與依賴性器官的程度沒有兩樣，這樣的理論已經散發成一個模糊而普遍的主張，認為心理在各方面都依賴生理，而失卻了它的焦點。

②請參考"les Variétés du Type dévot," by Dr. Binet-Sanglé, in the *Revue de l'Hypnotisme*, xiv. 161. 上面的一篇文章，可以看見醫學唯物論的理論最棒的例子。

③ J. F. Nisbet: *The Insanity of Genius*, 3d ed., London, 1893, pp. Xvi, xxiv.

④參見 Max Nordau 的巨册，*Degeneration*。

⑤ H. Maudsley: *Natural Causes and Supernatural Seemings*, 1886, pp. 257, 256.

⑥ *Autobiography*, ch. xxviii.

⑦貝因(Bain)教授很透徹地指出，優秀智力似乎只是類似聯想能力的高度發展。

⑧請參考 *Psychological Review*, ii. 287(1895)裡面那篇對於天才之瘋狂說的批評。

譯註

①佛雷澤(Alexander Campbell Fraser, 1819-1914)，蘇格蘭哲學家，曾爲愛丁堡大學邏輯與形上學之教授。

②威廉・漢彌爾頓爵士(Sir William Hamilton, 1788-1856)，蘇格蘭哲學家。

③度加・斯圖渥特(Dugald Stewart, 1753-1828)，蘇格蘭數學家、神學家及哲學家。

④湯瑪斯・布朗(Thomas Brown, 1778-1820)，蘇格蘭哲學家。

⑤喬治・佛克斯(George Fox, 1624-1691)，貴格會創始人，曾多次因他的信仰入獄。

⑥史賓諾莎(Baruch Spinoza, 1632-1677)，西班牙猶太裔之荷蘭哲學家，最有名的作品為其《倫理學》(*The Ethics*)。

⑦泰納(M. Taine, 1828-1893)，法國批評家與歷史學家。深受法國實證論者孔德(Auguste Comte)影響，認為藝術與宗教都可以用心理與環境的驅力來說明。

⑧聖德勒莎(Saint Teresa of Avila, 1515-1582)，出生於西班牙的亞維拉，為聖衣會修女。以個人的神修經驗撰寫許多靈修生活的書籍，對密契主義有很大的影響。另，天主教中文譯名為「大德蘭」，但為了合於英文原著發音，在此仍譯為「德勒莎」。

⑨亞西西的聖方濟(Saint Francis of Assisi, 1181-1226)，義大利修士，方濟會(Franciscan Order)創始人，也是整個方濟運動的開創者和推動者，一般僅稱「聖方濟」。

⑩湯瑪斯・卡萊爾(Thomas Carlyle, 1795-1881)，英國歷史學家、散文家。

⑪墨德斯黎(Sir Henry Maudsley, 1835-1918)，英國精神科醫師與改革家。

⑫強納生・愛德華茲(Jonathan Edwards, 1703-1758)，美國信仰復興運動著名神學家，其宣講強調地獄懲罰。

⑬安妮・碧森(Annie Besant, 1847-1933)，英國社會改革者，認同神智學運動(Theosophist movement)。

⑭沙雷的聖方濟(Saint Francis de Sales, 1567-1622)，日內瓦主教、作家、神學家。

主題界說

Circumscription of the Topic

・宗教是指個體在其孤獨的狀態中，
當他認爲自身與其所認定的神聖對象
有某種關係時的感覺、行動與經驗。

・一個人的生活剛強、克己、道德或是哲學化的程度，
要看它多麼不被瑣屑的個人私利所左右，
而由那些需要努力的客觀目標所影響的程度，
縱使這些努力會帶來個人的損失和痛苦。

・莊嚴的心境從來不會是簡單或是粗糙的，
在其中似乎包含了某些與自身對立的成分。
莊嚴的喜悅在其甘甜中仍留有一種苦澀；
莊嚴的悲哀經由我們親切的默許而存在。

大部分宗教哲學的書籍，都試著在一開始就爲宗教的本質提出一個明確的定義。我們在接下來的講程中可能會碰到若干這些假設的定義，但我現在並不打算旁徵博引地將這些定義一一列舉出來。目前我們只需要了解，如此多元而歧異的定義已經足夠證明「宗教」一詞並沒有單一的法則或本質，它毋寧是一個集合的稱名。建立此理論的心態總是容易過度簡化其研究的素材，這是所有戕害宗教與哲學的絕對主義與偏頗的教條主義之根源。在這裡，不要把我們的對象立刻推入一種片面的觀點。先讓我們在一開始就自在地承認：我們可能找不到宗教的本質，但可以發現許多彼此相異，但同樣重要的特徵。舉例來說，如果我們要追問「政府」的本質，某些人可能會說是權威，不同的人也可能會說是服從、治安、軍隊、議會，或是一套法律的系統等答案；然而，眞實的情況是，一個具體的「政府」不能沒有上述所有的特徵而存在，某一個特徵的重要性可能在某個時候凌駕其他的特徵。最懂得政府的意義的人，並不會麻煩自己去追求關於政府的本質定義。輪番地沉吟這些個別的特徵，並與之建立起親密的熟識關係，他自然會知道，一個將這些特徵整合起來的抽象概念，其結果往往是誤導大於啓發。爲什麼「宗教」就不能像「政府」一樣，是個同等複雜的概念？①

我們也可以想一想在許多書籍都提到的「宗教情懷」(religious sentiment)，彷彿它是種單一的心靈實體。

在心理學與宗教哲學中，我們發現許多作者嘗試將之界定爲某種實體。有人可能會把它與依賴感做連結，有人把它當作懼怕的延伸，還有人把它與性生活連結，或是將之等同於無限感等等。這些不同的理解方式應該會帶來是否只存在一種特定情懷的疑問。當我們把「宗教情懷」視爲由不同的宗教對象所交替引發的諸多情懷的集合稱名時，我們會發現，也許並不存在一個心理上的特定本質。這其中存在著宗教的恐懼、宗教的愛、宗教的敬畏感、宗教的喜悅等等。但宗教的愛只是人類將其自身愛的情緒導向一個宗教對象的結果；宗教的恐懼是面對例如神聖的報應(divine retribution)這樣的想法時，所引發的一般對交易的懼怕，也就是人類胸懷的一種平常的顫慄；宗教的敬畏感是當我們在黃昏的森林中或是山中的峽谷時，所有相同的生理悸動，只有在這樣的時刻，我們會想到自身與超自然界的關係。同樣地，其他的種種情懷也會在宗教人士的生活中發揮作用。就心靈的具體狀態而言，由一種感覺**加上**一個特定的對象所組成，宗教情緒當然是一種可以與其他具體情緒區分開來的心理實體。但是，我們沒有理由因此假設有一種抽象的「宗教情懷」，如同獨特而根本的心理情感，而且沒有例外地遍存於每個宗教經驗之中。

看來並不存在一種單一的基本宗教情緒，而是有個情緒的儲藏室，任由宗教對象加以取用。同理，也不存在一種特定且根本的宗教對象，或一種特定且根本的宗教行爲。

宗教的範疇如此龐大，很明顯地，我並不能假裝有能力全部討論；我的講程必須限定於這個主題的一個部分。而且，雖然設定一個宗教本質的定義，然後再爲該定義向大家進行辯護，看起來是一個愚蠢的工作，但這並不阻止我**爲了演講的緣故**而提出我對於宗教包含哪些特徵的狹隘理解，也不需要因此就阻止我從這個辭彙的諸多意義中，選擇我希望能夠引起諸位特別感興趣的一個意義，然後霸道地宣稱，當我說到「宗教」一詞時，我所指的就是**那個意思**。事實上，我不得不如此。接下來，我就爲我所選擇的領域做一個初步的勾勒與描繪。

一個簡單的勾勒方式是將該主題中不予考慮的向度先說明清楚。一開始我們就想到在宗教的領域裡有一個巨大的分野，一方面是制度的宗教，另一方面則是個人的宗教。如同撒巴提耶(M. P. Sabatier)所言，一個保持了宗教的神聖性，另一個則把大部分的眼光投向人身上。對制度性宗教而言，崇拜與犧牲、界定神之屬性的步驟、神學、儀式與教會組織等是其構成要素。若將眼光限定於此，我們將必須把宗教界定爲一種外在的藝術，一種贏得神之眷顧的藝術。相對地，就宗教中較爲個人的部分而言，令人感到興趣的是個人自身的內在傾向，例如他的良心、內心的荒涼、無助感或是不完美感等等。並且，雖然喪失或贏得神的眷顧仍然是這個故事的核心，神學也在其中扮演重要的角色，激發這一類宗教的卻是個人的行動，而非儀式性的行動。個人獨自地處理他的問題，而教會組織中的司祭、聖禮以及其他的媒介等，都一起隱沒，居於次要的地位。這是個人與其創造者之間一種心對心、靈魂對靈魂的直接關係。

在接下來的講程中，我將會完全不考慮制度性宗教的部分，不牽涉到教會組織，也盡可能不討論系統神學以及關於神的一些概念，而盡我所能純粹地將討論限定於個人宗教的範圍內。對你們其中一些人而言，如此赤裸裸地討論個人宗教，就一個一般性的主題來說，無疑顯得太不完整。你會說：「那只是宗教的一部分，而且是毫無組織的原始部分，如果我們要就其性質為它命名，與其說那是宗教，我們最好說那是一個人的良心或是道德。『宗教』一詞應該保留給組織完全的感覺、思想，和制度系統，保留給教會。簡言之，所謂的個人宗教只是一個片面而微小的元素。」

然而，如果你這樣認為，這只是明白地表現了關於定義的問題如何被轉變為稱名的爭論。我並不想延長此爭論，而願意接受對於我將要進行討論的個人宗教的所有命名。如果你喜歡的話，就稱它為良心或是道德，而不用叫它宗教；無論它被冠上什麼名稱，對我們的研究都具有同樣的價值。對我而言，我想這個主題可以被證明，它包含一些純粹的道德並無法涵括的元素。接下來，我將很快地說明這些元素，所以我會繼續使用「宗教」這個辭彙。在最後一個講程，我會將神學與教會等議題帶進來，說明它們之間的關係。

就某方面的意義而言，個人宗教至少可以證明，它比神學或是教會來得根本。教會一旦建立，就在變成二手貨的傳統中維持下去；但每一個教會的創始者是因為與神聖的直接溝通才擁有其魅力。不只是超過凡人的耶穌、佛陀或是穆罕默德，所有基督宗教教派的創始者都一樣。因此，個人宗教應該被視爲更根本的事物，即使是對那些認爲它不夠完備的人而言也同樣如此。

沒錯，就時間的發展而言，是存在著比個人道德上的虔誠更爲根本的東西。就歷史進程來說，物神崇拜(Fetishism)與魔術的發生先於個人內在的虔敬——至少我們關於內在虔敬感的記載無法追溯到那麼久遠。如果物神崇拜與魔術可以被視爲宗教的發展階段，那麼我們可以說，具有內在意義的個人宗教，與以其爲基礎所建立的眞實的性靈教會只是第二或是第三階序的現象。但是，迥異於許多人類學家，例如傑孟(Jevons)與佛雷澤，公開地將宗教與魔術對立起來的立場，可以確定的是，整個引導至魔術、物神崇拜以及低層次的迷信之思想體系，既可以稱爲原始的科學，也可以稱爲原始的宗教。這又是辭彙的問題了，然而，我們對於這些思想與感覺的早期階段的了解充滿臆測與缺陷，進一步的討論沒有太大的價值。

因此，我現在所要求你們片面接受的「宗教」這個辭彙，它的意思是指**個體在其孤獨的狀態中，當他認爲自身與其所認定的神聖對象有某種關係時的感覺、行動與經驗**。既然這個關係可以是道德的、生理的或是儀式的，很明顯地，在此意義下的宗教，可以產生神學、哲學以及教會組織。然而，如同我說過的，在我們以下的講程裡，所要討論的主要是直接的個人經驗，神學或是教會組織將很少被觸及。

由於對此主題下了片面定義，我們規避了許多爭議。但是，如果我們將此定義看得過於狹隘，「神聖」(divine)這個辭彙仍有可能帶來爭議。在被稱爲宗教的思想體系中，有的並未必然地假設有一個神存在。佛教即是一例；按通俗的說法，佛陀當然可以被視爲居於神明的地位，但嚴格說來，佛學思想體系是無神論的。又例如，當代的超驗觀念論(transcendental idealism)，或是愛默生主義(Emersonianism)，看起來也都是把神這個概念消散於抽象的理念之中。超驗主義教派(Transcendentalist cult)（譯註①）所崇拜的對象並不是一個具體的神，也不是一個超人，而是內在於事物之中的神聖性，以及宇宙的基本靈性結構。一八三八年，愛默生（譯註②）對神學院(Divinity College)的畢業生發表一篇演講，他也因爲這場演講而出名，他在演講中露骨地陳述這種只針對抽象法則的崇拜，使得他的演講後來招致外界的中傷。愛默生說：

這些法則自行執行。它們超越時間、空間與環境；因此，在人的靈魂中存在著一個恆常報償的正義。行善者總是因其善行而變得崇高。作惡者總是會為其惡行所礙。將不潔脫掉，就如同穿上了聖潔。如果一個人的心是正義的，他就是神；神的安全、不朽與崇高都將隨著正義進入此人心中。如果一個人欺瞞、掩飾自身，他就欺騙了自己，也遠離了他自身的存在。品格總是為人所知曉。竊賊永遠不會成為富有；施捨永遠不會貧乏；若有謀殺，連石牆也會道出這樣的惡行。即使是摻雜最少謊言的行為，例如虛榮的跡象、予人以好印象的嘗試，一個討人喜愛的外表等，也會立即引起反效果。但是只要訴說的是真理，所有的生物或是獸類都可以做其保人，即使是根莖深植於地的草木也會起來為你見證。因為，所有的事物都因同樣的精神前進，儘管它們因不同的情況有愛、正義或是節制等等不同的名稱，就如同海洋在不同的海岸有不同的名稱。倘若一個人飄盪遠離這些終極的精神，他將會喪失力量與協助。他的存在會日益渺小，逐漸變得微不足道，像是一粒微塵、一顆小點，直到那清況最壞的絕對的死亡。對此道理的知覺，在那我們稱之為宗教情懷的心靈中被喚起，它給予我們至高的喜樂。它有吸引與召喚的絕妙力量。猶如山中清新的空氣，賦予此世銘記的清香。它使得天空與山嶺崇高，星星所吟唱的寂靜之聲也是它。它是人類最美的那一部分，使得人成為不朽。當他說「我應該如何如何」、當愛溫暖他的心胸、當他聆聽來自高處的提醒，選擇良善與高貴的行為，這全是至高的智慧從他的靈魂奏出深邃的樂曲。然後，他有崇拜的能力，並因此崇拜而變得偉大，因為他無法窮究這情懷自身。為了與其純潔相稱，所有關於這個情懷的表達都是神聖而恆常的。比起其他的事物，它更能影響我們。從這個聖潔中發射出來的古老文句，仍然新鮮而芬芳。基督刻印於人心中的特殊形象，與其說祂名留青史，不如說祂的名字已深植於世界的歷史中，即是此妙德沁注的最好證明。②

這就是愛默生的宗教。他認爲宇宙有一個有序的神聖靈魂，這靈魂是道德的，也是存在於人靈魂之內的那個靈魂。可是，到底這個宇宙的靈魂是像眼睛的明亮或皮膚的柔軟，或者它如同眼睛的視覺與皮膚的觸覺一樣具有自我意識的生命，愛默生的文句中始終沒有給予人明確到不會產生誤會的斷定。他在這些事物的邊界上搖擺，爲了文學行文的需要，而非哲學的目的，時而倚向一邊，時而靠向另一邊。但無論如何，它總是活動不息的。就像說，如果那是神，它就足以護衛所有理想的利益，也可以維持世界的平衡。在演說的最後，愛默生爲此信仰道出絕不亞於其他文學最好的說明：「如果你愛人並且服事人，你無法經由躲藏或是其他方式躲避其報酬。當神聖的正義被破壞時，神秘的報償總是能夠使其恢復平衡。秤桿不可能傾斜。所有此世的君王、獨佔者與擁有者徒勞地想要用他們的肩膀挺起槓桿。沉重的赤道既已永遠地設下，人與微塵，星星與太陽就必須依其範圍遊走，否則就會爲報應所粉碎。」③

現在，如果要說在這些信仰表達的背後，促使作者寫下這些宣言所蘊含的內在經驗並不足以稱之爲宗教經驗，是很荒謬的。愛默生式的樂觀主義與佛教的悲觀主義所帶來的吸引力，以及他們對於人的生活所帶來的影響與回應，在許多方面其實與最好的基督徒所帶來的吸引力和回應是很難區分的。所以，從經驗的觀點來說，我們應該將這些無神論或看似無神論的教義視爲「宗教」。並且，如果我們把宗教定義爲個人與其認定爲神聖之對象的關係，我們必須將「神聖」一詞解釋得很廣，把它理解爲任何與神**相似**(god *like*)的對象，無論它是不是指向一個具體的神。

但我們若把「與神相似」一詞視爲一個飄浮不定的泛稱，它將會變得異常模糊，因爲在宗教歷史裡的神多得不勝枚舉，其屬性也大相逕庭。無論指向一個具體的神與否，我們與之建立關係、具有與神相似的基本性質，並因而使我們可以被認定爲宗教人的東西究竟是什麼？在我們進行下面的討論之前，值得爲這個問題找一些答案。

首先，神被理解爲存有(being)與力量之首，祂們高高在上並包圍人世，使得萬事萬物無所遁形。與其聯繫的眞理之道是最初與最終的話語。從此觀點來看，任何最原初、最廣邈與最深刻的眞理都可以被視爲與神相似。一個人的宗教也就可以被理解爲他對此原初眞理的態度，無論那是什麼。

這樣的定義從某方面來說是合理的。無論宗教是什麼，它是個人對其生命的整體回應，所以，爲什麼不把一個人對其生命的整體回應就叫作宗教？整體回應與偶然的反應不同，整體的態度也與一般或是專業的態度不同。爲了搆著它，你必須移至存有前景的背後，並且觸及那每個人多少都有的，覺得宇宙整體爲一永恆的臨在——親密或疏遠、可怕或有趣、可愛或可憎——的奇異感受。這種對宇宙臨在的感受，由於它對個人氣質不同的影響，使得我們對生活的整體抱持奮發或輕忽、虔敬或褻瀆、沮喪或雀躍等不同的態度。我們那不由自主、無法言說、處於半潛意識狀態的回應，即是我們對於「我們所居住的這個宇宙，其性質究竟爲何？」這個問題最完全的回答，它表達了我們個人最確定的理解方式。無論其特殊的性質爲何，爲什麼不把這些反應稱爲我們的宗教？這些反應之中有些看來也許無關宗教，就「宗教」一詞的某個意義來說，它們卻是屬於**宗教生活的一般面向**，所以應該被歸類爲「宗教反應」。我有一個同事談到其無神論的學生顯示出對於無神論的熱情時，說：「他不信神，但崇拜此態度。」並且，從心理學的角度而言，一些基督宗教教理的熱烈反對者，常常表現出一種與宗教熱忱無法區分的性情。

然而，無論在邏輯上它顯得多麼合理，將「宗教」這一詞使用得如此寬廣將會造成不便。對於生活整體亦有人抱著輕浮蔑視的態度，對一些人而言，這些態度甚至是終極而條理分明的。即使由不懷偏見的批判哲學觀點來看，它們可以被視爲一種完全合理的看待生命的方式，把這樣的態度視爲具有宗教性的話，就是對「宗教」一詞過度的濫用了。舉例來說，伏爾泰(Voltaire)在七十三歲時曾經寫信給友人表達如此的態度，他說：「說到我，雖然衰弱，但我在戰場上奮鬥，直到最後一刻。我承受了槍矛一百次的刺傷而回擊了兩百次，我歡笑。我看見靠近我門口，日內瓦爲無謂的爭論而著火，我又笑了。感謝神，我能夠將這個世界視爲一場鬧劇，即使有時候它看起來像是一場悲劇。即使每一日的結束，一切都得到解決，當一切日子都結束時，一切更是眞相大白。」

無論我們多麼讚嘆這種在虛弱的病人身上強韌如老鬥鷄的精神，將它稱爲「宗教精神」卻顯得格格不入；然而，它卻是伏爾泰在那個時刻對其生命整體的回應。Je m'en fiche 是一句粗俗的法文，相當於英文 Who cares?（誰在乎？）的感嘆。最近在法語又造出 je m'en fichisme 這樣一個歡悅的辭彙，用來指稱一種有系統地不把生命中的任何事物看得過於嚴肅的決心。對這種思考模式而言，在一切困難的關頭，「一切都是空」這句話可以爲人帶來紓解。雷南(Renan)（譯註③），那位絕妙的文學天才，在其晚年愉快的衰微中，以其賣弄誇示的褻瀆形式將愉悅的心情表達出來，直到今天仍然是「一切成空」這種心境最好的表達。以下面這段話爲例，他說我們無論如何也要恪守本分，即使事實證明這並不明智。但接下來他又說：

很有可能這個世界只是一個小精靈的啞劇，神根本不在乎。我們必須妥善安排自身，這樣，無論哪一個假設是對的，我們都不會全盤皆輸。我們必須聆聽至高者的聲音，但又必須以第二個假設萬一無誤的方式聽從，免得完全上當。如果事實上這個世界並不怎麼值得嚴肅對待，那些教條主義者就成為膚淺的人，而那些神學家現在認為是輕率的世俗人，就反而是真正明智的人。

那麼，要預備好一切(In utrumque paratus)。為一切做好預備或許就是智慧。依隨該時刻而交付自身，或者自信滿滿，或者陷入懷疑，或者充滿樂觀，或者嘲弄諷刺。那麼，至少在某些時刻我們也許能夠確定自己是與真理同在……具備良好的幽默感是一種哲學的心境，這種態度就像是對著大自然說：我們對她不會比她對我們更為認真。我堅持主張人們在談論哲學時總是應該帶著笑容。我們對那恆在的神確有修德的義務，但我們也有權利在這個貢品上施加一些嘲諷，做為某種個人的報復。這樣，我們就是以嘲弄的態度報答那將嘲弄施加於我們的來處，並玩弄地施之於我們身上的那些把戲。聖奧古斯丁(Saint Augustine)（譯註④）說：「**主啊，若是我們被騙，那就是爲你所騙！**」這句話仍然不朽，適於我們當前的處境。我們只希望那永恆的神知道，如果我們接受欺騙，也是在已知並情願的狀態下接受。我們已預備好損失自已在美德上的投資將會獲得的利息，但我們希望不要因為看來過於倚重這種投資的穩當性而顯得可笑。④

假如這種有系統的嘲諷態度也可以稱爲宗教，那麼所有與宗教有關的聯想就必須被剝除了。無論它所指涉的是多麼特別的意義，對平常人來說，宗教總是意味著一種**嚴肅**(serious)的心境。如果有任何一句話可以傳達「宗教」一詞的普遍涵義，那句話會是：「無論表面看來如何，在這個世界上的一切，都**不**是空虛的。」如果宗教可以制止什麼，那由平常人所理解的宗教可以制止的就是像雷南這種嘲諷式的言論。這種意義下的宗教重視的是莊重嚴肅而非孟浪無禮，它對所有虛浮之談與尖刻的雋語說：「請保持緘默！」

但是，如果宗教對於輕浮的嘲諷有敵意，那麼它對沉重的哀號與埋怨也同樣不欣賞。對某些宗教而言，這個世界有如一齣悲劇，但他們將這悲劇視爲洗滌淨化的途徑，並且認爲解脫之道的確存在。我們在下面的演講裡會談到許多這種宗教式的憂鬱。但是一般用語意義之下的憂鬱，如果像馬可思・奧勒留(Marcus Aurelius)（譯註⑤）生動的形容，只是像一頭做爲獻祭的小豬，躺在那裡亂踢大叫，它就喪失了被賦予宗教涵義的權利。像叔本華(Schopenhauer)或是尼采(Nietzsche)之流的心境——就較輕微的程度而言，或許也可以用來說明我們悲傷的卡萊爾，雖然常帶一種令人看來高貴的哀傷，但它通常只是一種由齒間迸發出來的悻悻然。這兩位德國作家的譏諷，有一半的時間看來就像是兩隻垂死老鼠的悲鳴。他們的悲嘆缺乏那種由宗教的哀傷所生發的淨化意味。

那我們名之爲宗教的，一定有一些莊重、嚴肅與慈柔的成分。如果覺得喜悅，絕不會露齒大笑或是竊笑；如果覺得哀傷，也不會哭號或是詛咒。我所要引起你興趣的宗教經驗，就是這種**莊嚴神聖**的宗教經驗。所以，我要再一次片面地縮小「神聖」一詞的界定範圍，當我使用這個辭彙時，所指的不只是那原初的、廣被的、眞實的意義，因爲這些意義如果不加以限制的話，會顯得過於寬廣。神聖對我們而言，指的只是個人覺得被驅迫要以莊嚴認眞，而非以詛咒或譏諷的方式回應的那一個原初的實在。

然而，莊嚴、認眞這種情緒素質，可能有各式各樣的意義，所以無論我們如何定義，我們必須面對的實情是：在我們將討論的這個經驗範圍內，並不存在一個可以劃定清楚界線的概念。在這樣的情形下，假裝我們所用的詞有一種嚴格的科學或精確的意義，只會讓人覺得我們對於自己的工作缺乏了解。對象的神聖意味可多可少，心境的宗教性也可多可少，回應亦然，但這多少之間的界線總是模糊的，也都有與數量、程度不同的問題。然而，在其發展至極端時，並不存在什麼經驗是宗教這樣的問題。對象的神聖性與回應的莊重程度表現得如此清楚，因此無庸置疑。懷疑某種心境究竟是宗教的、非宗教的、道德的或是哲學的，只有在這種心境的性質並不清楚時才會浮現，但這樣的例子都不值得我們探索。對於那只因爲客氣而被稱爲宗教的經驗與我們無關，對我們有益的探索，是去理解那些除了是宗教之外別無他法可以名之的經驗。在上一場演講裡，我曾經提到了解事物最徹底的方式之一就是透過顯微鏡，或是以其最誇張的形式來觀察。對任何事物或是宗教現象而言，這確實是眞的。因此，值得我們花費心思探究的是宗教精神無可懷疑而極端的例子。那些較不明顯的表現，我們可以安心地略過。例如，這裡有一個對生命的整體給予回應的例子，就是佛立德瑞克・洛克・藍普生(Frederick Locker Lampson)（譯註⑥）。他在命名爲《秘密》(*My Confidences*)的自傳中顯示出敦厚可親的氣質。

> 截至目前為止，我順從命運給我的一切，想到有一天要離開這被稱為喜悅的存在以及甜美的幻象人生，我只有稍稍的難過。我並不想重演一次自己虛度的人生，因此不會想要延長自己的壽限。這樣說來有些奇怪，但我並不怎麼想重新回到年輕時的狀態。我冷淡地順受。我這樣謙卑地順受，因為這是神聖的旨意，也是我注定的命運。我害怕那日漸嚴重的病痛成為身邊我所愛的人的重擔。不！就讓我盡可能安靜而舒服地離去。如果平靜隨著生命的結束到來，那就結束吧。

我不知道這個世界或是我們此世的旅程，是否有很多可稱道之處；但如果神為將我們置於此世而滿足，我也應該感到滿足。我問你，究竟人生是什麼？那不是一種有缺陷的幸福嗎？那不是關切與厭倦、厭倦與關切，毫無根據地期望一個更光明的明日的離奇騙局嗎？人生充其量不過像個鹵莽的孩子，需要哄哄他，陪他玩玩，讓他安靜，直到他睡著，我們就不用再為他掛心了。⑤

這是一種複雜、溫柔、順服以及優雅的心靈狀態。對我來說，我不反對就其整體而言把它稱爲一種宗教的心境，雖然我敢說對你們之中大部分的人而言它顯得太冷淡、太不熱誠，不配賦予這麼好的名稱。然而，要不要把它稱爲具有宗教性究竟有什麼關係呢？無論如何，對我們所要探討的知識而言它太末微了，況且這個擁有此種心境而將它寫下來的人，除非他當時想到其他更爲激烈的宗教心境，而發現自己無法與之匹敵，否則他不會用這種口吻來描述自己的心境。那些更爲激烈的宗教心境，才是我們所要去探究的對象，所以，我們可以放心地不理會那些比較微弱與界線模糊的心境。

我先前說到個人宗教時，所指的就是這些比較極端的例子。儘管不是神學或儀式，但它們包含了一些純粹道德性所無法涵括的元素。你可能記得我先前答應不久就會指出這些元素是什麼。大體上，我現在可以說明自己的想法。

「我接受這個世界」據說是新英格蘭超驗主義者瑪格麗特・富樂(Margaret Fuller)（譯註⑦）最喜歡說的一句話。當有人把這句話複述給湯瑪斯・卡萊爾聽時，聽說他譏諷地批評說：「天哪！她最好如此！」道德與宗教所關心的全部，根本說來就是我們對於世界接受的態度。我們是勉強地只接受這個世界的一部分呢，還是誠心地接受其全部呢？我們對於某些事物的抗議應該無可妥協而不容寬恕，還是我們應該認爲，雖然這世界有惡的存在，總有一些生活方式會導向善的結果？如果我們接受世界的全部，我們接受的態度應該像被驚嚇而屈服，如同卡萊爾所說的：「天哪！我們最好如此！」還是我們應該以熱烈同意的方式來接受？只要他承認並遵從，持有純粹道德心態的人接受一切他所接受統治世界的法則，但他可能以最沉重與冷淡的心來接受，並始終覺得這是一個枷鎖。但是，對宗教而言，在它最強烈而完善的表現中，對至高者的服事從來不會是個枷鎖。遲鈍的順從被遠遠拋諸腦後，所擁有的是一種介於歡心的恬靜到熱烈的歡愉之間程度不等的欣喜情緒。

一個人對於世界究竟是像斯多噶學派(Stoic)一般以死氣沉沉的方式來接受，或是如同基督宗教的聖人一般以熱情的歡愉來接受，會帶來情緒上與實踐上極爲不同的表現。這種差異如同主動與被動，或是攻擊與防衛之間的差別那樣巨大。無論一個人能夠以多麼漸進的方式從一種心態發展到另一種心態，或是在不同個體的表現上可以有多少階段的差別，當你把兩個極端的代表放在一起比較時，你會覺得呈現在眼前的是兩種截然不同、並不相連的心理世界；從一端要過渡到另一端的話，必須越過一個「臨界點」。

如果我們把斯多噶學派與基督宗教的表現拿來比較，我們會發現它們之間的差異不只是在教義的層次，情緒心態的差別尤甚。當奧勒留思考那支配宇宙萬物的永恆理性時，他的話語有一種冷若冰霜的氣息，這種氣息你很少在猶太教的宗教作品中看見，在基督宗教的作品中更是沒有。所有的這些作者都「接受」這個世界，但這位羅馬皇帝的接受方式如此缺少熱情與歡愉！把他精妙的話語「如果神不眷顧我和我的子女，他總是有他的理由」和約伯(Job)的呼喊「就算祂殺我，我還是信賴祂！」拿來比較，你可以立即體會到我所說的不同。對斯多噶主義的順服者來說，他交付自己命運的世界之神(anima mundi)是他尊崇與順服的對象，但對基督徒而言，神是他所親愛的對象，雖然兩者都是無怨無悔地接受現實情況的結果，從抽象層次來看也許很像，但其情緒所表現的不同氛圍，卻有如北極與熱帶氣候的差別。奧勒留說：

> 人的義務就是要安慰自己，靜候自然的消滅，不要焦躁，並單從下面的想法得到休養：首先，凡我所遭遇的沒有一樣不合乎這個世界的本質；其次，我無須做任何違背上帝與內在之神的事，因為沒有人可以強迫我越軌。⑥假如一個人由於對所發生的事物不滿，自身從人類共同本質所擁有的理性退縮，並且與之分離，他就是這個世界的膿瘡。因為這些事物是由同樣的本質創造，你也是由

此本質而造。接受所有發生的一切，儘管它們令人不快。因為事物都導向宇宙的健全和天帝(Zeus)的昌盛與幸福。若不是對全體有益，祂不會讓人遭受所遭受的一切。如果你切斷任何一節，事物的整體性就會遭到破壞。當你覺得不滿意而嘗試運用自己的力量來破壞任何事，你就真的切斷了這個世界的整體性。⑦

試著將上面這段話的心境與下面這個老基督徒，也是《德意志神學》(*Theologia Germanica*)的作者相比：

當人由真光所啟發時，他們會放棄所有的慾望與抉擇，將其自身與所有的事物交付給永恆的善，所以，每個已被啟發的人可以說：「至善之神的手如何對待人，我就渴望如何相同地對待祂。」這樣的人擁有自由的心境，因為他已經去除了對於苦痛或是地獄的恐懼，以及對於報酬與天堂的期待，他只活在對那永恆善神純然的順服之中，也就是活於那由熾愛所帶來的完美自由中。當一個人真正地認識並考察自身之所是，並了解自己全然的粗賤、惡毒與卑鄙時，他就彷若降至地底的深處，即使天上和地下所有的生物都起而反對他，他也覺得合理。所以，他不會也不敢冀求任何安慰或是釋放；他寧願沒有安慰、沒有釋放，對於自己的受苦他不自傷，因為在他眼中這些受苦都是應當的，他沒有什麼可以反駁之處。這就是悔罪的真義。在此刻進到這個地獄的人，沒有一人可以安慰他。現在，上帝並不摒棄任何一個活在此種地獄的人，祂正把祂的手覆蓋在他身上，所以這個人可以不把自己的冀求與期待放在其他事物上，而只放在永恆之善(the eternal Good)。直到這個人不冀求與期待其他事物，只冀求永恆之善，並且不尋求自身以及自己所擁有的事物，只尋求上帝的光榮時，上帝就使他同享一切的喜悅、福樂、和平、安寧與寬慰，這個人也就是居於天國了。對人而言，這個地獄和這個天堂是兩條安全的道路，誰若尋著了，誰就擁有幸福。⑧

這個基督徒作者在接受自己居於世界的地位時，其話語的脈動與奧勒留相比，顯得多麼積極，多麼主動！奧勒留「同意」(agree to)計劃的安排，而這個德國的神學家卻是與此計劃「**相**應和」(agree *with*)；正確地說，他滿心**洋溢著**應和之情，耗盡所有的力氣來擁抱神聖的旨意。

誠然，有時候這個斯多噶主義者也會表現出如同基督徒般熱烈的情緒高度，例如奧勒留下面這段常被引述的話：

> 喔！宇宙(Universe)！所有與祢調和的事物也都與我相合。對祢而言合時之事，對我來說也都不會顯得太早或是太遲。凡祢四季所帶來的，對我而言都是果實。

> 自然啊！萬事萬物由禰而來，一切在禰內，一切事物都歸於禰。詩人說，親愛的西客辣(Cecrops)城；難道你不說，親愛的宙斯之城嗎？⑨

可是，像這樣虔敬的話語，如果把它拿來與一位眞正的基督徒的情感流露相比，還是顯得冰冷。例如，我們可以看看《基督模仿者》(*Imitation of Christ*)所說的：

> 主，禰知道什麼最好，就讓這件事或那件事都照禰的旨意成行。照禰的意願賜予，禰願意賜予什麼就賜予什麼，願意賜予多少就賜予多少，願意何時賜予就何時賜予。按照禰所知道最好的，並且最能光榮禰的方式處置我。按照禰的意願將我置於任何禰所願意的地方，並在一切事物上經由我自由地行使禰的意願……當禰靠近時，邪惡哪還能存在呢？我寧願為禰而貧，甚於沒有禰而富。我願意做為一個大地的行腳者而伴隨禰，甚於坐擁天堂而失去禰。禰在哪裡，哪裡就是天堂；哪裡沒有禰，所見就遍是死亡與地獄。⑩

當我們探究一個器官的意義時，在生理學中有一個好原則，就是去詢問什麼是這個器官最特別、最具代表性的表現，什麼是除了這個器官之外，別的器官無法行使的功能。當然，對我們目前的探究而言，這樣的法則也是適用的。宗教經驗的本質，這個我終究要去判斷的對象，必須是那些蘊含其中，除此之外在別處我們無法遇到的元素或是性質。這樣的性質還必然是那些最偏頗、誇張而強烈的宗教經驗中最顯著而易於辨認的。

現在，當我們把這些較爲強烈的經驗與那些較爲平靜心靈所擁有的經驗——它們是如此冷淡與理性，與其稱之爲宗教的，不如說那是哲學的——相比，我們發現前者有一個截然不同的特徵；從我們的目的看來，那個特徵應該被視爲宗教在實際上有別於其他事物的重要**差異點**。而這個特徵是什麼，我們可以抽象地設想一個基督徒的心靈與一個道德家的心靈，把兩種心態對照，就可以輕易地看出來。

一個人的生活剛強、克己、道德或是哲學化的程度，要看它多麼不被瑣屑的個人私利所左右，而由那些需要努力的客觀目標所影響的程度，縱使這些努力會帶來個人的損失和痛苦。就召喚志願軍的層面而言，這是戰爭好的一面。道德生活本身就是一場戰爭，對至高者的服事也是一種像需要召喚志願軍的宇宙愛。即使是生病而無法外出征戰的人，也可以參與道德的戰場。他可以自願地把注意力從自己對於未來的關注移開，無論那是現世的未來或是來世的未來。他能鍛鍊自身，對於當前的障礙保持平心的態度，並將自身投入那容易得到的客觀利益。他能留心時事，並對他人的遭遇給予同情。他能培養愉快的舉止，並對自身的不幸保持緘默。他能對自己的哲學所提出的生活理念存思默想，並實踐這些理念所要求的義務，例如忍耐、順受、信賴等這些由他的倫理體系所提出的要求。這樣的一個人是生活在生命最崇高與廣大的層次上。他是一個淸高的自由人，而不是憔悴的奴隸。儘管如此，他仍然缺乏出類拔萃的基督徒，例如密契主義或是禁慾主義的聖徒所賦有的一些素質，這些素質可使他成爲與他人完全不同的人。

基督徒對於那種彷彿臥病者般、因受盡折磨而鬧情緒的態度也是嗤之以鼻，聖徒的生活也是充滿他們漠視疾病的記載，這些記載在其他的人類活動記錄上可能都付之闕如。然而，純粹的道德家對於疾病的藐視是意志努力的結果，而基督徒的輕視則是一種更高昂的情緒激動的結果；在這種情緒的驅使下，並不需要意志的努力。道德家必須屏住呼吸縮緊肌肉，當他的運動家精神可以維持時，一切都好，只要有道德便足夠。然而，運動家精神總有鬆懈的傾向，即使是最頑強的人，隨著器官的衰老，或是當病態的懼怕佔據心靈時，就不得不崩潰。要一個體弱多病、覺得自己的無能已到了無可救藥程度的人努力施展意志力，是一件最不可能的任務。他所渴望的是自己的軟弱得到安慰，使他覺得宇宙之神在他的衰敗中仍紀念他與護衛他。在我們生命的最後一站，我們也都是這樣一群無助的失敗者。在我們當中最清醒、最好的人也與瘋子、囚犯無異，即使是最頑健的人，死亡還是會將他打敗。當我們對此有眞實的感受時，我們就感到自己立志所行的事業都是虛空與暫時的，我們的道德也只是像一個石膏殼，永遠無法治癒傷痛，只能對其加以掩飾。我們所有的善行(well-doing)只是那應該紮根在生活中的善良**本質**(well-*being*)的空洞替代品。但是，我們從來不將生活植根於那良善的本質，唉！

然而，也就是在此處，宗教成爲我們的救援，並將我們的命運交到神手中。有一種心境，對於宗教人士而言很熟悉，但對其他人則否。在這種心境中，維護自身與掌握自身的意志已經讓渡給另一種決心，決定保持緘默，只在神的波濤與巨浪中做一個無關緊要的人。在這種心境中，原來最懼怕的反倒成了我們的庇護所，而那必臨的死亡時刻也成爲我們靈性的誕生日。我們靈魂緊張的時期已經過去，歡悅的輕鬆與平靜的深呼吸永遠臨在，不用再爲坎坷的未來憂慮。懼怕不再只是由道德感所抑制，它已被積極地排開與滌淨了。

在之後的演講中，我們還會看到很多這種幸福心境的例子。我們將會看到宗教在其最高處時，可以表現出多麼無限的熱情。如同愛情、盛怒、希望、野心、嫉妒，如同發自本能的熱望與衝動，宗教爲生活添加了一種迷醉的力量，它無法以理性或是邏輯的方式從任何事物中演繹出來。這種迷醉的力量如果來臨，就以賜贈的方式前來；生理學家會說那是我們生理組織的贈與，而神學家會說那是來自神之恩寵的贈與。這樣的賜贈我們或者擁有，或者沒有。有的人無法擁有這樣的賜贈，就像他無法遵照命令而愛上某個女人。宗教情感對於個體的生命範圍有絕對的擴大作用，給予人一種新的力量。當個人對外的戰役失敗，而世界也否認他時，宗教爲他贖回且活化一個內在的世界，若不是如此，這個內在的世界只會變成一塊空虛的荒地。

如果宗教對我們而言意味著什麼明確的意義，以我來說，我們應該把它理解爲使情緒擴展的意義，以及一種信仰的熱情；在其領域內，嚴格意義下的道德只能對其臣服與聽從。宗教不能不是這樣的經驗：它使我們接觸到新的自由，掙扎已經結束，世界的基調正在我們的耳邊高唱，永恆的財寶正展現在我們眼前。⑪

這種存在於絕對與永恆之內的幸福，除了在宗教之內，別處無可覓得。它與純粹獸性的快樂，以及眼前的享樂之所以不同，在於我已經討論了許多那種莊嚴的部分。我們很難給予莊嚴一個抽象的定義，但它有些標記是明顯可見的。莊嚴的心境從來不會是簡單或是粗糙的，在其中似乎包含了某些與自身對立的成分。莊嚴的喜悅在其甘甜中仍留有一種苦澀；莊嚴的悲哀經由我們親切的默許而存在。然而，有些作者忘卻了這種複雜性，他了解到快樂是宗教至高的特權，因此把所有像那樣的快樂稱之爲宗教。例如哈維洛克•愛立思(Havelock Ellis)（譯註⑧）先生，他就把宗教理解爲包含一切靈魂從壓抑的情緒中釋放出來的那些心境。他寫道：

> 生理最簡單的功能也會引起宗教心境。每個對波斯密契主義者稍有涉獵的人都知道，酒可以被用來做為宗教的工具。事實上，在所有的國家與所有的年代裡，某些生理舒張的形式，例如歌唱、舞蹈、飲酒、性的刺激等都與崇拜有深刻的關係。即使是從歡笑中靈魂暫時獲得的舒張，無論其程度多麼輕微，也都是一種宗教修行。任何時刻，某種從世界而來的刺激衝撞我們的生理構造，當它帶來的不是痛苦或不安，也不是如成年男子肌肉鍛鍊後的緊縮，而是一種歡悅的

舒張或是整個靈魂的熱望時，這就是宗教。它就是我們所渴望的無限，而我們快樂地乘著每個可以帶我們到達的小波浪，向它前進。⑫

但是，這種把宗教等同於任何形式的快樂的說法，卻忽略了宗教幸福的獨特性。我們所有較爲平常的快樂是一種「輕鬆」，是當我們從經驗到或是受到威脅的邪惡逃開時的那種感受。然而，就其最具代表性的特徵而言，宗教的幸福感並不只是一種逃避的感覺。它不再對逃避邪惡感到憂心忡忡。表面上，它承認邪惡的存在，視之爲一種犧牲；但在其心底，它知道邪惡已經永久地被征服了。如果你問我宗教**如何**落於荊棘中而遭逢死亡，並且從此行動中解除了死亡，我無法解釋，因爲這是宗教的秘密，要了解這個奧秘，你必須先成爲一個擁有激烈宗教情懷的教徒。在未來會提到的例子中，即使是最單純與最健全的宗教意識，我們都會從中發現這種複雜的犧牲的特徵，也就是低級的快樂由高級的快樂所抑制。在羅浮宮有一幅雷尼(Guido Reni)（譯註⑨）的作品，畫中天使彌額爾(St. Michael)把撒旦的頸項踩在他的腳底。這幅畫的興味大部分是來自於畫中那個魔鬼的形象。畫中豐富的寓意也多半來自於它，也就是說，這世界因爲魔鬼的存在而顯得更豐富，**只要我們把它的頸項踩在我們的腳底**。在宗教意識中，這正是魔鬼法則，或者說是負性法則(negative principle)與悲劇法則所被賦予的位置；也正因爲如此，從情緒的觀點來看，宗教意識顯得十分精采。⑬我們將會看到某些男性與女性如何採取一種魔鬼式的禁慾形式。有些聖徒的確依靠著這種負性法則而活，從屈辱與匱乏，以及痛苦與死亡的思慮中，他們的靈魂隨著外界環境不可忍受的程度加劇而快樂地成長。除了宗教情緒之外，沒有其他的情緒可以將人領到這種特殊的境況。也就是這個理由，當我們問及宗教對人生的價值時，我們應該從這些較爲猛烈極端的例子中尋找答案，而不是從那些淡而無味的例子中找答案。

我們的研究既然從可能的情況中最劇烈的宗教現象著手，在以後的討論中，我們就可以隨自己的意思將這種激烈的色彩逐漸減弱。儘管這些極端的例子可能會被平常世俗的判斷所排拒，但如果我們能夠從探究中發現自己不得不承認宗教的價值，並予以尊重，我們便證明了就某方面來說，宗教對生活的整體有其價值。當我們把這些誇張例子的色彩化濃爲淡時，我們也可以進一步描繪出它合理的支配範圍。

當然，由於要分析許許多多極端而古怪的例子，我們的工作會變得很困難。你也許會問：「如果宗教的種種個別表現都要加以修剪刪除，使之清醒冷冽，那麼，就整體而言，宗教如何能成爲人類功能中最重要的一環呢？」這樣的命題看來充滿矛盾，難以言之成理，但我相信我們最終所尋求的就是像這樣的一個命題。個人對其理解爲神聖的對象所持的不得不然的態度——如果你還記得的話，這是我們對宗教的定義——終究會顯示那是一個既無助，又含有犧牲意味的態度。也就是說，我們將不得不承認，至少就某種程度而言，我們必須依靠純然的慈悲，以及要做或多或少的捨棄，以拯救我們的靈魂。

我們居住的這個世界如此要求著：

你應該要捨棄！應該捨棄！
這是永恆之歌
在每人的耳邊響起
在我們的一生中，這支歌曲
時時刻刻都對著我們嘎嘎而唱。

畢竟，我們終究要完全地依賴這個世界。我們被吸引、被迫在深思熟慮後決定接受犧牲與交付，而認定那是我們唯一的永恆安歇之處。在那些缺乏宗教感的心境中，交付者因爲必然的強制而投降，他的犧牲最多是不發出怨言。相反地，在宗教生活中，人的交付與犧牲是源於積極的奉獻，有時甚至加上非必要的捨棄，以求取更大的快樂。**因此，宗教使得那無論如何必須承受的成爲輕易而幸福的事；**而且，如果它是促成此結果唯一的途徑，它做爲一種非常重要的人類功能這個事實就不容爭辯了。它成爲我們生活主要的器官，行使我們其他本性無法如此成功達成的功能。這是就我所知，由純粹生物學的觀點來看，我們不得不獲得的一個結論，從我在第一講中所勾勒的純粹經驗法來說，尤其如此。此外，就宗教做爲一種形上學的啓示而言，也是如此。關於這另一個功能，我暫且擱置不談。

　　但是，對一個人研究的終點做預告是一回事，是否能夠順利地抵達這個終點又是另一回事。在下一講中，我要放下到目前為止全心討論的那些極端的概論，而把注意力放到具體事實，來做為我們討論的起點。

註釋

①在這裡，我所能做到最好的事，就是引介我的讀者參閱羅拔(Leuba)（譯註⑩）教授的文章，這篇文章寫於我的文章之後，它有更詳盡、更精采的觀點，說明所有宗教定義的徒勞無用；一九〇一年一月發表於《一元論者》*(Monist)*。

②節錄自 *Miscellanies*, 1868, p.120。

③ *Lectures and Biographical Sketches*, 1868, p.186.

④節錄自 *Feuilles détachées faisant suite aux souvenirs d'enfance et de jeunesse* [ed.1892], pp. 394-398。

⑤見上書，pp. 314, 313。

⑥節錄自 Book V., § 10。

⑦節錄自 Book IV., § 29, Book V, § 8。

⑧節錄自 Chaps. 10, 11. Winkworth's translation。

⑨ Book IV., § 23.

⑩ Benham's translation: Book III., chaps, xv, lix. 參見瑪麗・慕笛・愛默生(Mary Moody Emerson)的話：「讓我做這個美好世界的一個污痕，做那最黯淡、最孤單的受苦者，只要我知道這是上帝的旨意，我就願意。縱使祂在我的每條道路灑上冰霜與黑暗，我也仍然愛祂。」參見R.W. Emerson: *Lectures and Biographical Sketches*, p.188。

⑪再說明一次，世界上有許多性情憂鬱的人，他們的宗教生活缺乏這種狂喜的狀態。就廣義而言，他們是宗教的，但就宗教最尖銳的表現來說，他們不是。撇開字面的爭議不說，我首先要研究的，正是那些表現形式最激烈的宗教，以發現宗教現象與其他現象的代表性**差別**(differentia)。

⑫ *The New Spirit* [ed.1892], p.232.

⑬這個充滿象徵意義的例子，我是從我那值得被悼念的朋友愛佛勒(Charles Carroll Everett)之處得來。

譯註

①超驗主義(transcendentalism)是十九世紀初期至中期（約一八三六～一八六〇年）風行於美國的一場哲學與文學的運動。它源於唯一神教派(Unitarian church)，主張一元論，強調世界與神的合一，以及神的內在於世。對超驗主義者而言，每個個體的靈魂都和世界的靈魂相同，也包含世界所包含的一切。章寧(William Ellery Channing, 1810-1844)、愛默生（見譯註②）與梭羅(Henry David Thoreau,

1817-1862)都是此運動的重要人物。

②愛默生(Ralph Waldo Emerson, 1803-1882)是美國思想家、散文家兼詩人，是超驗主義運動的主導人物之一。愛默生思想的基本出發點是反對權威，崇尚直覺，強調個人的神聖，主張人能超越感覺和理性而直接認識眞理。重要作品有《論文集》與《詩集》等。

③雷南(Ernest Renan, 1823-1892)，法國作家。

④聖奧古斯丁(St. Augustine, 354-430)，出生於北非的努米迪(Numidia)，曾爲摩尼教徒，在羅馬受洗成爲基督徒，後擔任北非希波(Hippo)主教。其作品對於中世紀及以後的基督教神學造成重大的影響。

⑤馬可思・奧勒留 (Marcus Aurelius, 121-180)，古羅馬皇帝，亦是著名斯多噶派哲學家，著有《沉思錄》(*Meditations*)。

⑥佛立德瑞克・洛克・藍普生(Frederick Locker-Lampson, 1821-1895)，英國詩人。

⑦瑪格麗特・富樂 (Margaret Fuller, 1810-1850)，美國作家、文學批評家與超驗主義者，也是早期的女性主義者，著有《十九世紀之婦女》(*Woman in the Nineteenth Century*)，是倡議兩性平等最重要的論著之一。

⑧哈維洛克・愛立思(Havelock Ellis, 1897-1928)，英國醫師，是首度公開討論人類性行爲的作者之一。著有七冊關於性心理研究的叢書。

⑨雷尼(Guido Reni, 1575-1642)，義大利巴洛克時期之畫家。

⑩羅拔(James Henry Leuba, 1867-1946)，宗教學教授，最著名的研究是他於一九一六年對於科學家之

宗教信仰所做的報告。在這個研究中，他詢問受訪者是否相信神的存在，大約有百分之四十答是，百分之三十答否，其餘則稱自己爲不可知論者。

不可見的實在

The Reality of the Unseen

·如果你擁有直覺，它是來自你本性中更深的存在，
比那理性主義所居存的善變層次還要深刻，
你整個下意識的生活、你的衝動、你的信念、你的需要、你的預感，
已經預備好前提，
所以你的意識可以感覺到結論的力量……

·有一個古老的說法認爲最初產生神祇的是恐懼之情，
這個說法從宗教史的每個年代都能得到大量的證實。
但是，宗教史也一樣指出喜樂在其中經常扮演的角色。
有時候喜樂是主要的；
有時是次要的，做爲一種從恐懼中解脫出來的快樂。
後面這一種情緒比較複雜，也比較完全。

當我們被要求對宗教生活以最廣泛、最普通的方式來勾繪其特性時，我們可能會說那是一種對於不可見的秩序的信仰，而人的至善就在於將自身與此秩序調整至互相和諧的狀態。這種信仰與調整是在我們靈魂內的宗教態度。以下，我要請各位注意這樣的態度——對不可見之對象的信仰所擁有的心理特性。我們所有的態度，無論是道德的、實用的、情緒的或是宗教的，都源於我們意識的「對象」，也就是那個我們相信與我們共同存在的對象，無論它是眞實的或是理念上的。這樣的對象可能呈現於我們的知覺當中，也可能只存在我們的思考中。不管是哪一種情形，他們都會從我們身上引起**反應**；而且，在許多情形下，思考的對象所引起的反應明顯與知覺對象所引起的反應一樣強烈，還可能更強。某段被羞辱的記憶可能比受到羞辱的當下更讓我們憤怒。我們常常在事後對於所犯的錯誤覺得懊惱，更甚於錯誤剛犯下的那一刻。一般而言，我們謹愼道德的崇高生活是建立於下面這個事實：源於物質而實際存在的感覺(sensations)對我們行為所造成的影響，可能比那關於遙遠事實的思想(ideas)更為微小。

大多數人對於宗教上較為具體的對象，即他們崇拜的神祇，是透過觀念來認識的。例如，以視覺的方式感知救世主的存在，是特賜給極少數基督徒的恩惠，關於此類源於特殊神蹟的經驗的記載已經很多，值得我們注意。雖然基督徒的普遍態度是由其對神聖人物的信仰決定，基督宗教的整體力量卻是藉著純粹理念這個工具來運作，而這些模範者的個人過去經驗並不直接成為這些理念的模型。

但是，除了這些較具體的宗教對象之外，宗教還充滿其他具有同樣力量的抽象對象。就上帝的屬性而言，祂的神聖、慈悲、絕對、無限、全知、三位一體、救贖過程的種種奧秘以及聖餐的作用等，已經成爲激發基督徒默想的豐饒之泉。①接下來我們會看到，所有宗教的密契主義權威人士都認爲：缺乏特定的、可感知的形象是一種正面的價值；它是成功的祈禱以及對崇高、神聖的眞理之默想的必要條件。這樣的默想是希望能對信徒未來的態度有強大而良好的影響（我們往後會看到，這種默想也在大量地確認這些期待）。

康德(Immanuel Kant)對於神、創世的設計、靈魂、其自由以及死後的生命等這些信仰的對象，抱持著一種奇怪的學說。他認爲這些對象並不是知識適宜的對象。我們的概念總是需要在某種知覺內容上運作。既然「靈魂」、「神」、「永生」這一類辭彙並不包含特定的知覺內容，就理論上來講，它們是缺乏意義的。但奇怪的是，**對我們實際上來說**，它們卻有特定的意義。它們的行爲可以表現得**好像**(as if)神眞的存在；我們覺得自己**好像**是自由的；我們將自然視爲**好像**是被特殊設計過的；我們設定計劃，好像我們已得到永生；於是我們發現，這些字眼的確使我們的道德生活變得不一樣。對於這些無法觸知的對象，相信它確實存在，就康德所謂實用的角度(praktischer Hinsicht)而言，就我們行動的角度而言，或就它們可能有的知識內容而言，已經成爲我們可正面感知之事物的同義詞。所以，我們看到一個奇怪的現象，如同康德向我們保證的，心靈會傾其全力相信一些事物的眞實存在，而這些事物卻無法形成任何淸楚的概念。

我在這裡提起康德的學說，並不是要針對他學說中這個奇怪的部分表達任何準確的意見，只是想藉著一個誇張的古典例證來說明我們正在討論的人類特性。事實上，現實的情懷可以如此強烈地依附於我們信仰的對象上，因此，我們的整個生活被相信此信仰對象存在的意識不斷地磁化(polarized)；但是，如果想給那個對象一個特定的描述，又很難說它眞的呈顯在我們的心靈中。它就如同一根被強烈賦予內在力量而散發出磁力的鐵棒，雖然這磁力摸不到、看不到，也沒有任何呈現的感官。而且，假如在鐵棒的鄰近以其他的磁鐵來來回回激發其磁力，它就可能有意識地被造就出不同的態勢與傾向。這樣的一根鐵棒，永遠無法對那激發它力量的媒介一個外在的描述，但它存在的每一部分都可以深切地感知這個媒介的存在，以及這個媒介對其生命的意義。

不只康德所提出的這個純粹理念(Ideas of pure Reason)，擁有使我們生動地感知其存在、但無法描述的力量，所有更高層次的抽象存在都具備這種無法觸知的吸引力。還記得我在上個演講所朗讀愛默生的文章嗎？就我們所知，不只是對那位超驗主義的作家來說，對我們所有人都一樣，具體對象所構成的世界飄浮徜徉於抽象理念所構成的更寬闊、更高遠的世界，因此有了意義。如同時間、空間與大氣浸潤在一切事物中，所以（我們覺得）那些抽象而根本的美、善、力量、意義、正義也浸潤於一切美、善、力量、充滿意義與正義的事物中。

這些理念以及其他同樣抽象的理念，構成所有事實的背景以及我們一切想像的源頭。它們將所謂的「本質」賦予每樣個別的事物。每個我們所知道的事物之所以爲其所是，也是因爲分享了這些理念的本質。我們無法直接看到這些理念，因爲它們沒有形體，也沒有雙足，但藉由它們，我們才能掌握萬事萬物的意義。如果有一天，我們失去了這些心靈的事物、這些形容詞、副詞、述語以及分類與概念的標題，我們將在面對眞實世界時充滿痛苦的無助感。

我們的心靈完全由抽象事物決定，這個事實是構成人類最重要的事實之一。由於它們對我們產生極化與磁化的作用，我們朝向它們或是背離它們，我們尋覓它們、握住它們、怨恨它們或是祝福它們，就如同它們是形形色色的存在物一樣。而且它們是實有(beings)，在其所居之地眞實的存有，如同空間中知覺所感受到變化的事物一樣眞實。

柏拉圖(Plato)曾爲這種人類普通的感覺做過絕妙而動人的辯護，這種抽象的對象如同實在的學說，從此就被稱爲柏拉圖的理念說。例如，對柏拉圖來說，抽象的美(Abstract Beauty)是一個完美的、獨特的存有，超越世界所有會衰萎的美麗事物之上，智性(intellect)知曉其存在。在他的《饗宴》(*Banquet*)中，有一段經常被引用的話，他說：「眞正前進的秩序是以世上美麗的事物做爲階梯，順其前行，爲了攀升至另一種更絕對的美，從一進到二，再從二進到所有美的形式，從美的形式進到美的行動，從美的行動進到美的理念，一直到美的理念引導他至美的絕對理念時，他就會知道絕對的美其本質爲何。」②在上一場演講中，我們已經瞥見像愛默生這樣一位柏拉圖主義的作家如何將事物抽象的神聖性，以及世界的道德結構當作一個值得崇拜的事實。現在我們有各式各樣沒有上帝的教會，以倫理社會之名遍佈世界，這些教會也崇拜抽象的神聖性，並將道德法則視爲終極的信仰對象。對許多人而言，「科學」已經眞正地取代了宗教。在這種情況下，科學家把「自然的法則」視爲值得尊敬的客觀事實。希臘神話有一個精采的詮釋學派，他們認爲在起初，希臘衆神只是將那些包含著抽象法則與秩序的自然界區分的不同領域——天空、海洋、地球等等，以半隱喻方式擬人化的結果；如同我們現在說淸晨的微笑、微風的親吻或是寒冷的嚙咬時，並不眞的認爲這些自然現象擁有人的面貌。③

就希臘神祇的起源來說，我們現在不必尋找解答。但我們所舉的例子全部可以歸結到下面的結論：在人的意識內，好像有一種對於我們可稱爲「某個在那裡的東西」的**實在的感知**、**客觀臨在的感受，以及一種知覺**，這些感知比起我們對於當前心理學所假設的、那個最初存在的現實所擁有的特定「知覺」，都還要來得深刻與普遍。如果是這樣，我們可以假設那慣常喚起我們態度與行動的知覺，是藉著激發我們對現實的知覺而來。然而其他事物，例如那些有相同激發力量的觀念，與一般知覺眞實呈顯的對象相比，也能享有被視爲眞實的同樣特權。既然宗教觀念也可以觸及這種現實感，即使受到批評，它們也能成爲信仰的對象，雖然它們可能因爲過於模糊與遙遠，變得幾乎無法想像，雖然從**是什麼**(whatness)的觀點——如同康德爲其道德神學所設定的對象——來看，它們可能只是一種非實體(non-entities)。

關於這種模糊的現實感之存在，最奇怪的證明來自於幻覺的經驗。它通常發生於幻覺尚未完全發展的階段：感知到的人覺得房間裡有一個東西在那裡，有確切的位置，臉孔也朝著固定方向，照「眞實」最顯著的意義來說，它就是眞的，它通常突然出現，突然消失，但從來不是以視覺、聽覺、觸覺或是任何平常知覺的方式被感知到。在我們討論宗教所特別關注的那種臨在對象之前，我們先來看一個例子。

我的一位密友，也是我所知道最敏銳的知識分子之一，曾經有過一些像這樣的經驗。我問他時，他給我如下的答覆：

> 過去這幾年我有數次感受到所謂「對某種臨在的感知」。這種經驗與我其他的經驗相比——我想許多人也會把它稱為「對某種臨在的感知」——截然不同。對我而言，它們之間的差異就像對某個不知其來源的微溫的感覺，與站在大火中而全身感官都變得異常敏銳的感覺之間的差異那麼巨大。
>
> 在一八八四年大約九月的時候，我有了第一次這樣的經驗。那發生在我大學的宿舍，前一晚，我就寢之後，有一種胳臂被握住的強烈接觸幻覺，這個感覺使我爬起來，在房內四處搜尋闖入者。真正對於某種臨在的感知發生於隔天晚上，當我就寢而吹熄蠟燭後，我仍然醒著，思考前一晚所發生的經驗。忽然間，我

覺得某種東西進來房間，並靠近我的床邊，停留了大約一兩分鐘。我並不是由平常的知覺認出它的存在，但這種知覺為我帶來一種很不舒服的、恐怖的「感覺」。它比任何平常的知覺還要震撼人，彷彿我存在的根源都被動搖。這種感覺就像一種大規模的、扯裂似的、要命的疼痛，主要分布於胸口。但在身體之內，與其說這是一種**疼痛**，不如說這是一種**厭惡感**。無論如何，有個東西在我身旁，而我知道它存在，比起我知道其他肉體的生物存在還要來得真切。我感覺到它的離去就如同它的來臨一樣，幾乎是一瞬間就從門口出去，而這種「恐怖的感覺」也隨即消失。

第三夜，在我入睡前，心神仍然貫注於幾個正在準備的演講；當我開始意識到那個前一天晚上出現的東西的存在（雖然它還沒真的**來臨**），以及它所帶來的「恐怖的感覺」時，心中仍貫注在演講稿上。於是，我用所有的力量集中心力來命令這個「東西」，如果它是邪惡的，要它離開；如果它不是邪惡的，要它告訴我它是誰，或者它是什麼，如果它不能給我什麼說明，就要它離開，否則我也會強迫它離開。它像前一夜一樣地離開了，而我的身體也很快地恢復正常的狀態。

在我的生命中，另有兩次這種「恐怖的感覺」。其中一次持續了整整一刻鐘之久。在這三次經驗中，我對於確確切切站在那裡的**那個東西**的感覺，遠比一般時候有個普通人鄰近我們身旁的感覺來得**強烈**。這種強烈無法以言語描述。這個東西好像近在身旁，並且比任何普通的知覺都要真實許多。雖然我覺得它與我是同類的，也就是說，是有限的、渺小的、不幸的，但我並不認為它是任何物體或是個人。

當然，這些經驗並不涉及宗教的範圍，但有時它會牽涉到宗教。同一個與我通信的人又告訴我，不只一次，他同樣深刻而強烈地感受到某個東西的臨在，只是這些經驗充滿歡樂的性質。他說：

我不只感覺到某種東西在那裡，與這種心中的快樂相混合的是對那無法言說的美善所有的一種驚奇的知覺。那不是一種模糊的知覺，也不像由詩歌、美景、花朵或是音樂所帶來的情緒感受。那是一種更確切的知道，有某個非常偉大的人就在近旁，當它離開後，記憶仍然持續著，如同知覺到這個實在一般。其他的事物也許只是一場夢，但那個經驗絕對不是夢。

雖然這是奇怪的經驗，我的朋友並不從有神論的觀點將他們理解成上帝的臨在。但假如我們要將這經驗解釋成神的存在之揭露，也不能算是不自然的看法。當我們談到密契主義時，對於這個主題我們還會有更多的討論。

爲了避免這些奇怪的現象擾亂你們，我再引兩段短得多的類似敘述，只是爲了顯示我們所討論的是一個明顯而自然的事實。第一個例子我引自《靈學研究協會期刊》(*Journal of the Society for Psychical Research*)。在這個例子中，某物臨近的感知很快就發展爲一個明確而具象的幻覺，但我把那個部分刪去了。這位敘述者說：

> 我看書看了大約二十分鐘，全神貫注於書中，我的心靈變得很平靜，暫時把朋友都拋到腦後了。突然間，沒有任何預兆地，我整個人好像進入一種最高的緊張程度或是活躍的狀態，我有一種非常強烈的感覺，是未曾有過這種經驗的人難以想像的，覺得有另一個存在就在這個房間裡，它不但在這裡，而且十分靠近我。我將書放下，雖然非常激動，但十分鎮定，並不覺得害怕。我沒有改變姿勢，直視壁爐中的火焰，不知道為什麼，我知道我的朋友A. H.就站在我的左肘邊，但他站在我後頭的遠處，被我所靠的搖椅遮住了。我稍微移動眼球，沒有改變姿勢，就看見他一隻腳的下半部，我馬上認出他常穿的那條灰藍布長褲，但布料看起來是半透明的，讓我想起因點燃煙草的濃密煙霧。④接著視覺的幻象就出現了。

另一位報導人這樣說：

> 夜還深的時候我就醒了……覺得自己好像是被人故意叫醒一樣，我第一個念頭是是否有人闖進屋子裡來了……我翻翻身想要再睡，但馬上覺得好像有什麼東西在房間裡，奇怪的是，我知覺到的不是一個活生生的人，而比較像是一種靈性的存在。這或許會令你發笑，但我只能就發生於我身上的事實講給你聽。我不知道如何更好地描述我的感覺，只能說那是一個靈性的存在。……在當時我還有一種強烈的、出於迷信的恐怖感，好像什麼奇怪而可怕的事情就要發生了一樣。⑤

日內瓦的伏勞諾(Flournoy)教授給我一個他朋友的例證，那是一位女士，有自動書寫(automatic writing)或說不隨意書寫(involuntary writing)的能力，她說：

> 任何時候，當我進行自動書寫的活動時，我覺得那並不是出於下意識的自我，而是源於一個外在於我，與我相異的存在。有時它的特徵很清楚，我可以指出它明確的所在位置。對於這種臨在的感受真的是非筆墨所能形容。它隨著前來的書寫者不同的性格而有不同的強度和清晰度。假如正在書寫的是我所親愛的

人，我可以立刻感受到，在任何書寫開始前就可以感受到。我的心似乎可以認得它。

在我以前的著作中，曾經詳述一個奇怪的例子，那是一位盲人對於這種臨在的感知經驗。他所感受到的臨在是一個有灰白鬍子的人，穿著一套黑白相間的衣服，從門縫下擠進來，穿過房間的地板，走到沙發。擁有這個疑似幻覺經驗的盲人是一位非常聰明的報導人。他完全缺乏內在的視覺形象，無法想像光或色彩，而且他很確定自己其他的官能，例如聽覺，並不牽涉到這個妄覺中。這個知覺好像是一種抽象的概念，伴隨著實在的感覺以及外在空間的感覺，換言之，它是一個完全被客體化(objectified)與表現於外(exteriorized)的**觀念**。

這些例證，以及其他不勝枚舉的例證，似乎已經足夠證明，我們的心靈機制內存在著一種對於當前某種實在的知覺，這種知覺比我們特定的感官所能感受到的更廣泛、更普遍。對心理學家而言，追究這種感覺存在於身體的哪個部位，會是一個很有趣的問題。最自然的假設，就是認爲它與肌肉的感覺有關，而把它與肌肉因受神經支配而動作的感覺連結在一起。無論激發我們行動，或是「令人全身顫慄」的是什麼（通常那是我們的感官），縱然它只是一個抽象的觀念，我們也會覺得是眞實而實際存在的。但此刻我們對於這種模糊的臆測並不關心，因爲我們的興趣在於其功能，而非其作用於器官的部位。

就像所有意識的正向情感一樣，這種對實在的感知也有其相對消極的部分。它以煩擾人們的虛幻感來表現，有時我們可以聽到爲此所苦的人的怨嘆。愛克曼夫人(Madame Ackermann)說道：

> 當我想到自己不過是偶然出現在這個地球，這個地球在太空中旋轉，彷彿是天空大變動時的遊戲；當我看見自己被一群與我一樣短暫、一樣費解的人所包圍，而我們都還興奮地追求純粹的虛幻，我興起一種置身於夢中的奇異感覺。就好像我曾經愛過、苦過，不久即將死去，而這一切都是在夢中。我的最後一句話將會是：「我一直在作夢。」⑥

在另一個演講中，我們將看到這種病態的憂鬱症如何從事物感知到這種虛幻感，這種感知可能會帶來惱人的痛苦，甚至到自殺的地步。

我們現在可以確定，對特定宗教領域的經驗來說，許多人（很難說究竟有多少）信仰的對象並不是他們理智接受爲眞的那些概念，而是他們直接感受到的類知覺性(quasi-sensible)的實在。當這些對象的實在感在他心中起起伏伏時，他的信仰也在熱切與冷淡中變化。我將再舉一些例子，這些例子會比抽象的敘述更讓你們了解我的意思。第一個例子是消極的，爲自己失去這種感受而悲悼。這是我認識的一位科學家所提供，由他宗教生活的自述中摘錄出來。對我來說，這個例子明白地顯示，對實在的感知比較像是一種知覺，而不像所謂的理智活動。

在我二十歲到三十歲之間，我漸漸成為一個不可知論者以及無信仰者，但我不能說我已經失去赫伯特・史賓塞(Herbert Spencer)精采描述過的那種存在現象背後，對絶對實在的「模糊意識」(indefinite consciousness)。對我而言，這個實在不是史賓塞哲學中那個純粹的不可知者(Unknowable)，因為雖然我早已不對神作孩子式的祈禱，也從來不向**祂**(It)以正式的形式祈禱，但我近來的經驗告訴我，我和**祂**之間曾經有過實際上與祈禱沒有兩樣的關係。當我在困難中，尤其是與他人有衝突時，無論發生於家庭中或是工作上，或是當我的精神困頓為事情愁慮時，我現在知道我常後退，向這個自己感到有一種奇特的關係的祂求助，而這個祂是世界的基礎。當我在困難中，祂總是祖護我，或者說我總是祖護祂，隨你喜歡怎麼說都可以。並且，我覺得祂總是給我力量，讓我堅強，好像賦予我無限的活力，來感受祂潛在的、充滿支持的臨在。事實上，祂是一個生命的正義、真理與力量永不枯竭的泉源，當我在軟弱的時候，我總是本能地投向祂，而祂也總是帶我離開苦難。我現在知道，我和祂之間的關係是一種個人的關係，因為在後來的歲月中，這種與祂溝通的能力已經離我而去，我也感受到一種非常明確的失落感。在以前，當我轉向祂時，總是可以尋得祂。接下來的那些歲月我有時找得著祂，然後又會完全無法和祂聯繫。我記得許多因憂愁而輾轉難眠的夜晚，黑暗中，我翻來覆去，在心中摸索，希望求得我心中更高的部分所熟悉的那種感覺，那種過去總是近在手邊的感覺。這種感覺可以接上電路，給我支持，然而，並沒有電流。祂不在，在的只是空虛。我什麼都找不到。現在，我已將近五十，與祂連結的能力完全離我遠去。我必須承認，自己的生命已經失掉一個很大的幫手。生活變得死氣沉沉，非常冷淡。而我現在知道，自己過去的經驗可能就與正宗教徒的祈禱沒有兩樣，只是在當時我沒有把它們叫作「祈禱」。我所說的「祂」實際上並不是史賓塞所謂的不可知者，而是屬於我天性中個人的上帝，我仰賴祂以得到更高的同情，但現在我已經失去祂了。

在宗教人的傳記中，最常見的記載就是信仰如何在活躍與困頓二者之間互相交替。也許每一個宗教人都記得自己曾經經歷過特別的難關，在當時，一個對於眞理的洞察，亦或一個對於神的存在直接的知覺，掃除、淹沒了平常信仰中的那種沉悶無力。在詹姆斯・羅素・洛維爾(James Russell Lowell)（譯註①）的通信中，就有一段關於這種經驗短短的記載：

上星期五晚上我有一個獲得啟示的經驗。我在瑪麗那裡，剛好說到一些關於神靈臨在的事情（我說，自己常常隱約地感到它們的存在）。普南先生和我在這個關於神靈的議題上有一些爭論。當我正在說話時，忽然覺得全世界在我面前飛升，好像一個模糊的命運從深淵中隱隱出現。我從來沒有像此刻如此清楚地感受到神的靈就在我內，也在我身旁。整個房間好像為神所充滿。空氣裡好像有一個我不知道的東西揮舞來揮舞去。我說話時就像先知那樣鎮靜而清晰。我無法告訴你這個啟示究竟是什麼，我還沒有充分地研究它。但有一天我終究會把它完成，到時候你就會聽到它，並且承認它的偉大。⑦

接下來是一段較長也較為詳盡的經驗，出自一位教士的手稿，我從斯塔伯克所收集的手稿中摘錄出來：

我記得那一夜，在山頂上的那一個地點，在那裡，我的靈魂彷彿向無限開啟，而兩個世界——內在與外在——也突然契合在一起。那是一種深處向著深處的呼喊，由我的掙扎所開啟的深處，而得到那深不可測、超出於星空之外深處的回答。我獨自與祂站在一起，那位創造我的神，以及這個世界所有的美麗、慈愛、悲傷，甚至試探。我並沒有尋找祂，但可以感到我的靈魂與祂完全地結合。

對於周圍事物的一般知覺消褪無踪。在這個時刻留存的只有那無法言喻的喜悅與歡騰。要完全地描述這樣的經驗是不可能的。它就像雄偉的交響樂所演奏的效果，當個別的音符融合成一個偉大的和諧，使得聆聽者什麼都感受不到，只覺得自己的靈魂昇揚，高昂的情緒充脹。那一夜完全的寂靜為一種更莊嚴的靜默而悸動。那樣的黑暗守護著一種因為看不見，而令人更覺親近的臨在。我無法懷疑**祂**的存在，這比懷疑自己的存在更難。事實上，如果可能的話，我還覺得自己是兩者之中較不真實的那一位。

我對靈最高的信仰以及對於祂最真確的觀念，就是從那時開始誕生。從那時起我就站在靈視之山(the Mount of Vision)，覺得永恆的神包圍著我。但之後我再也沒有經歷過同樣震懾心魂的經驗。如果有的話，我相信自己就在那時與神面對面，並且在祂的靈內重生。我記得，我的思想或信仰並沒有產生突然的變化，只是我早年粗陋的概念開成一朵花。舊的觀念沒有被摧毀，但以一種快速而令人驚奇的方式重新開展。從那時起，我所聽到關於證明神存在的討論從來沒有動搖過我的信仰。自從我經驗過上帝之靈的臨在，我不曾長時間失去過它。對於神的存在，我最確切的證據已經深深地植根於那個靈視的時刻，那個至高經驗的記憶，以及由閱讀與沉思而得的堅信，堅信所有已經尋得上帝的人都有相同的經驗。我很清楚這樣的經驗可以被稱為一種密契經驗。我的哲學知識並不足以讓我為它辯護，使它不受這個稱名或是其他的攻擊。當我把這樣的經驗寫下來的時候，我覺得自己好像在它上面覆蓋一層語言，而沒有將它清楚地呈現給你的思緒。但按照目前的情況，我已經小心地盡我的能力來描述它。

下面還有另一個記錄，就其性質而言，比上一個例子還要明確。作者是瑞士人，我把它從法文翻譯過來：⑧

我當時很健康。我們一行人正在長途旅行跋涉的第六天，每個人都有很好的訓練。前一天我們由西斯(Sixt)經過普椰(Buet)而到達泰恩(Trient)，我並不覺得疲累、飢餓或是口渴，我當時的心智也很健康。在伏拉(Forclaz)我剛接到來自家裡的好消息；我無憂無慮，沒有什麼近慮或遠憂，因為我們有個好嚮導，對於我們該走的路很有把握。當時對我的狀況最好的形容，可以說是處於一種平衡的狀態。突然間，我覺得整個人被舉起，在我的上方我感受到神的臨在——我只能就我所知覺到的來描述——好像整個人被神的良善與力量浸透。這情緒的悸動來得如此猛烈，直到我無法承受的地步，因此我要其他人先走，不用等我。然後，因為無法再繼續站著，我坐在一塊石頭上，眼裡充滿淚水。我感謝神，在我生命的旅途中教導我認識祂，祂維持我的生命，並垂憐我這樣一個不起眼的受造物與罪人。我熱切地懇求祂允許我奉獻生命來承行祂的旨意。我感受到祂的答覆，說我應該日復一日，以謙卑和神貧（神貧〔poverty〕是天主教的習慣譯詞，以下譯爲較常用的「清貧」）的態度承行祂的旨意，而讓全能的祂來判斷，是否應該在未來為祂做更有力的見證。慢慢地，這種心醉神迷的狀態(ecstasy)離開心坎，我覺得神已經收回祂賜給我的與祂感通(communion)的能力。我恢復了行走的能力，但是走得很慢，內在的情緒仍強烈地佔有我。除此之外，我已經連續哭泣了好幾分鐘，眼睛都腫起來了，不想被同伴看見。這種心醉神迷的狀態大約維持了四、五分鐘，雖然對我來說當時它顯得更久。同伴在巴林(Barine)的交叉口等了我十分鐘，但我大概花了二十五到三十分鐘才追上他們，因為就我記憶所及，他們說我耽誤了大家差不多半小時之久。這個印象如此深刻，所以當我慢慢地爬上斜坡時，我問自己，難道當初摩西(Moses)在西奈山(Sinai)時與神的溝通會比我所經驗的來得更親密嗎？我想我還可以做這樣的補充，在我心醉神迷的狀態中，神是無形、無色、無臭、無味的；而且，在對祂的感知中，我並不覺得祂是臨在於某個特定的方位。比較接近的說法是我整個人都被一種**靈性的存在**(spiritual spirit)所轉化。我越想尋求語言來表達這種親密的交流，就越覺得不可能以任何我們常見的意象來描述它。實際上，最能夠適切表達我的感覺的話是：儘管看不見，但神確實是存在的：我沒有任何感官可以感受到祂，但我的意識知覺到祂的存在。

「密契」(mystical)一詞的專門用法最常指涉的是一種短暫持續的狀態。當然，像最後這兩個人所描述的狂喜狀態就是一種密契經驗，在後面的演講中我還有許多要討論的。現在我們再節錄另一段可稱之爲密契經驗或是半密契經驗的記錄，是一個明顯具備熱切虔敬心靈的人所擁有的經驗。我由斯塔伯克收集的材料中取出。敘述的女士是一位在當時有名的反基督教作者。她突然的皈依清楚地顯示，對某些特定的心靈而言，感受到神的臨在是多麼自然的一件事。她說，自己在一個純然忽視基督教義的環境長大，但是，當她到了德國，與基督徒的朋友談話之後，她開始研讀《聖經》與祈禱，最後，救贖的計劃如同一道光，照耀在她心中。她寫道：

直到今天，我都無法了解人為何視宗教與神的命令為兒戲。在我聽到天父對我呼喊的那一刻，我的心立刻跳起來，認出祂。張開我的手臂，我奔向祂，並大聲地說：「這裡，我在這裡，我的天父。」喔，我是一個多麼快樂的孩子，我該做什麼？我的神回答我說：「愛我。」我熱情地呼喊：「我愛禰，我愛禰。」我的天父說：「到我這裡，稱我為父。」「我一定會的。」心裡充滿悸動。我始終沒有問，自己是否夠好，或是對自己的不配感到遲疑，或是去思考祂的教會究竟如何，或是……直到我覺得滿足。滿足！我實在滿足。我不是已經找著了自己的神與天父嗎？祂不愛我嗎？祂沒有召喚我嗎？我不是可能會進入一個教會嗎？……從那時起，我的祈禱有直接的答覆……那麼充滿意義，好像直接與神交談，聆聽祂的答覆。從此，神是實在的這個觀念從沒有片刻離開我心中。

我們還有另一個例子，作者是一位二十七歲的男性，對於那可能較具代表性的經驗沒有描述得太生動：

我曾經好幾次感受到與神親密溝通的喜悅時刻。這些交會的經驗不請自來，也毫無預警，而且似乎只在那平常圍繞並淹沒我生活的習氣暫時消抹時來臨……有一次，我由一座高山的峰頂俯瞰一片深長波狀的大地，這片大地伸展至一面高至天際、寬闊圓凸的海洋。從同一個地點再往下看，我只能看見腳下一片無邊無際的白雲，從那有風吹過的表面，可以看到一些突出的高峰，包括我所站立的這一個，彷彿拖著錨似地上下顛簸。我在這個時刻暫時忘了自己是誰，並得到一個啟悟，向我揭露一個比我那慣於依附於生活的自己所能得到的更深刻的意義。就是在這個經驗中使得我可以說，自己已經享受過與神溝通的喜樂。當然，假如沒有這樣一個神，世界會是一團混亂。我無法想像一個沒有神臨在的生命。

對於那所謂逐漸地(chronic)發展出神的臨在感，而慢慢變成一種習慣的情形，可以由下面斯塔伯克教授收集的手稿中摘選出來的例子說明之。描述者是一位四十九歲的男子——也許有好幾千個謙卑的基督徒會寫下幾乎同樣的敘述：

神對我而言比其他任何思想、事物或人都來得真實。我實實在在地感到祂的臨在，尤其是當我的生活越接近那銘刻於我肉體與心靈的祂的律法時。在陽光或是雨水中我都可以感受到祂，用最能描述我感覺的話語來說，那是一種敬畏與甜美的安寧互相交雜的感覺。在祈禱和讚美中，我與他像夥伴一樣交談，我們的溝通如此令人欣喜。祂一再地答覆我，常常以清楚的話語，好像餘音環繞著我的耳朵；但一般而言，祂是以強烈的心像(mental impressions)來答覆我。通常一段經文就會揭露一些關於祂的新的想法、祂對我的愛，以及祂對我安全的關懷。我可以舉出幾百個例子，例如學校裡的事務、社會上的問題，或是經濟困境等等。這種祂屬於我而我也屬於祂的感覺從未離開我。沒有這些對祂臨在的感受的話，生命對我而言會是一片空白、一片沙漠、一片無邊無際且沒有路徑的荒原。

我再舉一些不同性別和年齡的作者的例子，都是取自斯塔伯克教授收集的資料，這類的例子還有很多。第一個例子來自一位二十七歲的男子：

神對我而言非常真實。我與祂談話，而且經常得到回答。向神祈求祂的指引之後，那些有別於日常生活的念頭就會突然來到我心中。大約一年多以前，有幾個星期我處於極度混亂的狀態。當困難剛出現在我眼前時，我簡直嚇昏了，但不久之後（大約兩三個小時）我清楚地聽到一段從《聖經》來的話：「我的恩寵對你足夠了。」每一次當我想到這個困難，這句話就會跑出來。我從來沒有懷疑過神的存在，或是曾經不把祂放在心上。神常常以我非常能夠感知的方式介入我的生活，並且我覺得祂總是為我生活的許多小細節做出導引。但有兩三次祂指示給我的道路迥異於我的野心與計劃。

另一段描述來自一個十七歲的男孩（雖然顯得有些孩子氣，但不影響它在心理學上的價值）：

有時候，當我到教堂的時候，我坐下，參加崇拜，在我離開之前我覺得神好像在我內，在我右側，與我一同吟唱或是閱讀詩篇(Psalms)……然後，再度地，我覺得自己好像可以坐在祂身旁，將我的手臂環繞著祂，親吻祂，等等。當我在祭台前領聖體時，我嘗試著接近祂，並且常常覺得祂就在身旁。

我再隨便引幾個例子：

神圍繞著我，就像空氣一般。它比我自己的氣息更接近我。我確實在祂內生活、行動，並存在……

有時候，當我彷彿站立於祂的臨在之中時，我與祂交談。祂答覆了我的祈禱，有時候以一種直接而令人震撼的方式，對我揭露祂的臨在和力量。有時候神似乎遠離了我，但那都是我的錯……

有一種時而強烈、時而撫慰的臨在感盤桓在我身邊。有時候祂彷彿以支持的手臂環抱著我……

這些都是人們對世界本體的想像，讓我們看到這種想像所帶來的力量多麼強大。那不可描繪的存有成爲實在，並以一種如幻覺般的強度實現。它們堅定我們有力的心意，正如戀人們在其日常生活中，由縈繞於彼此心中的影像來堅定他們充滿活力的心意。很清楚地，一個戀人對於他所愛慕的對象，感覺從不間斷，即使他的注意力移到別的事物上而不再想到她的影像。他無法忘記她，她徹頭徹尾不斷地左右他。

我剛才說到這些令人產生信心的實在感，必須再花點時間來說明。對有這種實在感的人而言，它們與任何一種直接的感官經驗一樣可靠，一般說來，它們也比那僅僅由邏輯關係所得到的結果更令人信服。誠然，有的人可能完全沒有這種經驗；也許在你們中間缺乏這種顯著的實在感的人還不少；然而，一旦你有過這種經驗，而且是強烈的經驗，大概你就很難不得不承認，那是一種對於眞理的感知，一種對於某種實在的揭顯，沒有與之對立的論點可以反駁它，無論這些對立的論點令人多麼難以用言語駁回，你的堅信感都不會改變。哲學上與密契主義相對立的觀點有時候稱之爲**理性主義**(rationalism)。理性主義堅持我們的一切信仰終究應該建立在可清楚表達的理由上。對理性主義而言，這些理由包含四點內容：(1)可以明確說明的抽象法則；(2)確定的感官事實；(3)建立於這些事實的明確假設；(4)依照邏輯法則推論出來的明確推論。在理性主義的世界裡，那些無法明確說明對象的模糊印象沒有容身之地。就其優點而言，理性主義當然是一個卓越的理智傾向，因爲不僅我們的哲學是它的結果，物理科學（以及其他許多事情）也是因它而生。

然而，假如我們如其所是地注意人的整體心靈生活，尤其是那學習與科學之外，在其內在與私底下所遵循的生活，我們必須承認理性主義可以說明的那個部分實在是比較表淺的。無疑地，理性主義有其**優勢**，因爲它的善辯，它可以用證據推翻你，擺弄邏輯，並以言語讓你屈服。但是，如果你那沉默的直覺反對它的結論，它還是無法說服你或是讓你改變。如果你擁有直覺，它是來自你本性中更深的存在，比理性主義所居存的善變層次還要深刻，你整個下意識的生活、你的衝動、你的信念、你的需要、你的預感，已經預備好前提，所以你的意識可以感覺到結論的力量；而且你內在的某個部分絕對**知道**，那個結論比起任何反對它的、擺弄邏輯的理性主義者的談論——無論他們顯得多麼巧妙——都還來得眞實。理性主義對於信仰的建立影響力薄弱，無論他們爲信仰辯護或是反對信仰，這種無能都同樣明顯。那一大堆從自然秩序引申，以證明上帝存在的著作，在一個世紀以前好像極爲可信，在今日只能成爲圖書館內累積塵埃的文獻，理由很簡單，正因爲我們這一代已經不再相信這種方式所論證出來的上帝。無論上帝是什麼性質的存有，在今天，我們**知道**祂不再只是一個外在的「發明家」，想要藉由這些發明來彰顯其榮耀，而這樣的一種性質曾經能滿足我們曾祖父那一輩人。雖然我們無法以言語淸楚地表達出來，但我們就是知道。我向在座的每一位提出挑戰，請你完全說明，如果神存在，祂一定是比那個發明家更具世界性與悲劇性的人物。

事實是，在形上學與宗教的領域可淸楚說明的理由，只有在我們說不出的實在感已經傾向於這個結論時才能使人信服。此時，我們的直覺與理性的確一起合作，於是偉大的世界主要學說可以應之而生，例如佛教或是天主教哲學。原初眞理永遠是建立於出自衝動的信仰；可以用言語道出的哲學，只是把它轉化爲華麗的公式而已。那非理性而直接的確信是我們內心較爲深刻的部分，可以用理性來辯駁的部分只是一種表面的展示。直覺引導，理智跟隨其後。如果有人照我所引述的那樣感受到一位活生生的神的存在，無論你的批判與辯駁多麼高明，都不可能讓他們改變信仰。

然而，請注意，我並沒有說讓下意識(subconscious)與非理性(non-rational)在宗教領域扮演首要的角色是**更好的**，我只是指出它們角色舉足輕重的這個事實。

關於宗教對象的實在感，我們就討論這麼多了。現在讓我對這些實在感所喚起的典型態度做一個簡短的說明。

我們已經同意那是一種**莊嚴崇高**的態度，而且我們已經看到其中最特殊的是那種表現在極端的例子中，由全然的自我交付(Self-surrender)所帶來的喜樂。對於所交付對象的感覺，很大程度決定了這種喜樂的性質；並且，這種現象的複雜性遠超過一個簡單公式所能涵蓋的表達。在關於這類主題的文獻中，悲哀與欣喜交替地被強調。有一個古老的說法認爲最初產生神祇的是恐懼之情，這個說法從宗教史的每個年代都能得到大量的證實。但是，宗教史也一樣指出喜樂在其中經常扮演的角色。有時候喜樂是主要的；有時是次要的，做爲一種從恐懼中解脫出來的快樂。後面這一種情緒比較複雜，也比較完全。在我們以下的討論中，如果我們依照宗教所要求的廣闊視角來探討它，我想我們會有足夠的理由來拒絕忽略悲哀或欣喜當中任何一種感受。用盡量最完全的方式來說，一個人的宗教牽連著對其存有(being)抑縮(contraction)與擴展(expansion)這兩種心境。然而，這些心境在數量上的混合與安排，隨著世界不同的世代、不同的思想體系，以及不同人之間，可以出現巨大的差異。你可以堅持恐怖敬畏與順服是宗教的核心，你也可以堅信平安與自由才是它的精髓，二者其實都沒有離開眞理的範圍。性情憂鬱與天生樂觀的旁觀者一定會各自強調自己眼前所見的、互爲對立的那個面向。

性情憂鬱的宗教人即使是面對他宗教內的平安，也是以清醒肅穆的態度來看待。他覺得空氣中仍然徘徊著危險不安，戰戰兢兢的姿態仍然不能放鬆。如果在危險離開之後就爆發出興奮的大笑並且歡騰雀躍，完全忘記枝頭虎視眈眈的鷹，這就像麻雀一樣地孩子氣。把姿態放低，寧可把姿態放低，因爲你處於一位活生生的神手中。例如，在〈約伯記〉(the Book of Job)中，人的無能與神的全能這個主旨完全盤據作者心中。「它如同天一樣高，你能做什麼呢？——它比地獄還深，你能知道什麼呢？」這種有些人可以感受到的眞理的信念帶著一種苦澀嚴酷的味道，並且對他們而言，這是最接近宗教喜樂感的一種情感。《馬可・路史佛》(*Mark Rutherford*)的作者，那位冷淡而誠實的作家說：

> 在〈約伯記〉中，上帝提醒我們，人並非祂創世時所依憑丈量的尺度。世界如此巨大，並不依照人的理智可以領會的計劃或理論來建造。在各方面它都是**超越**於人的。這是每首詩歌的要旨，也是這個詩篇的秘密，假如它有個秘密的話。足夠也好，不足也好，此外就別無他物了……上帝是偉大的，我們不知道祂的

方式。祂將我們所有的一切奪去，然而，假如我們的靈魂有足夠的耐心，我們也許**可以**通過幽谷，再進到日光之中。我們也許會，也許不會！……除了兩千五百年以前上帝從旋風中對我們說的這些話之外，我們還有什麼可說的呢？⑨

另一方面，如果我們轉向那些樂觀的旁觀者，我們發現，除非負擔完全被克服，危險也被忘卻，否則救贖就不能完全被感知。這些旁觀者所給予的定義，對我們剛剛討論的那些憂鬱悲觀的心靈而言，似乎忽略了使宗教的平安與獸性的歡樂有所不同的莊嚴崇高的部分。對某些作者而言，某種心態可能可以稱之爲宗教的，縱然它沒有任何犧牲或是順服的意味、沒有屈折的傾向，也沒有垂首之姿。西禮(J. R. Seeley)教授說⑩：「任何一種已成爲習慣與規律的崇拜都值得被稱爲宗教。」因此，他認爲我們的音樂、科學以及所謂的「文明」都可以稱之爲宗教，因爲這些事物現在都已被組織化，並且尊崇地信仰，而成爲現代更爲眞實的宗教。當然，我們那種毫不遲疑、毫不考慮地認爲自己應該將自己的文明強加於那些較「低等」的民族的心態，例如以槍砲的方式，使我們想起古代伊斯蘭教以刀劍傳播其宗教的精神，與此最爲類似。

在我上一場演講裡，曾經引用愛立思先生極端激進的意見，他認爲任何一種笑都可以視爲宗教的修行，因爲它見證了靈魂的解放。我引用他的意見，是爲了反駁其適確性。現在，我們必須對所有這些樂觀的思考方式做更謹慎的審視。它過於複雜，不能對它做一個隨便的判斷。因此，我將以樂觀主義做爲下面兩個講程的主題。

註釋

①例如：「我最近在沉思關於聖神(Holy Ghost)性格的一些篇章，以及祂與聖父、聖子的分別，覺得很愉快。這是一個需要尋找才會發現的主題。然而，一旦了悟了，比起單單思考聖神對我們的果效果，它會使人對於神性的存在，以及神性在我們之內、對我們所做的工作有一種更爲眞實與活潑的感受。」參見 Augustus Hare: *Memorials*, i. 244, Maria Hare to Lucy H. Hare。

② *Symposium*, Jowett, 1871, i. 527.

③例如：「無論它顯示自己的哪一個面向，大自然總是如此有趣；當它下雨時，我彷彿看見一位美麗的女子在哭泣。她看來越美麗，也就顯得越悲痛。」參見 B. de St. Pierre。

④ *Journal of the S. P. R.*, February, 1895, p. 26.

⑤ E. Gurney: *Phantasms of the Living,* i. 384.

⑥ *Pensées d'un Solitaire*, p. 66.

⑦ *Letters of Lowell*, i. 75.

⑧我得到伕勞諾(Flournoy)教授的准許，從他豐富的心理學資料收集中借用這個資料。

⑨ *Mark Rutherford's Deliverance, London*, 1885, pp. 196,198.

⑩參見他的著作（恐怕很少人讀過），*Natural Religion*, 3d edition, Boston, 1886, pp. 91, 122。

譯註

①詹姆斯・羅素・洛維爾(James Russell Lowell, 1819-1891），美國詩人、散文家、雜誌編輯，曾任哈佛大學教授二十多年，退休後出使西班牙及英國。與愛默生、梭羅同屬新英格蘭文學傳統，爲美國早期智識和經濟貴族階級之代表，也是建立美國思想和文學的經典作家。

4 · 5 宗教經驗之種種

健全心態的宗教經驗

The Religion of Healthy-Mindedness

・平常的懲罰不能制止愛國志士，
一般的戒慎也被戀人拋到風中去。
當熱情到達頂點，受苦實際上可以變成一種光榮；
假如是爲了理想的緣故，
死亡可以失去它所帶來的苦，墳墓也不會是它的歸宿。

・除了神之外，什麼都不存在，
我由祂所造，全然地依賴祂；
心靈是賜給我使用的；
我要將正確行動的思想灌輸給身體，
這樣我將可以從無知、懼怕與過去經驗的束縛中超脫出來。

——一個心靈治療者

如果有人問：「什麼是人類生活的主要關懷？」我們得到的答案之一可能是：「幸福。」如何獲得幸福、如何保有幸福、如何恢復幸福，事實上是在任何一個時代，大部分人情願做的、情願忍受一切事物的神秘動機。倫理學的唯樂學派(hedonistic school)，完全由不同的行為所帶來的幸福經驗或不幸經驗來演繹出道德生活。尤其在宗教生活中，幸福與不幸福似乎成為其興趣所環繞的兩極。我們不需如之前引述的作者（愛立思）一樣，認為任何持久的熱忱都是宗教，我們也無須把僅僅發笑就稱為一種宗教的修行。但我們必須承認，任何持續的喜樂都可能**產生**一種宗教，這種宗教出於感恩的讚頌，因為它將幸福的生命視為一種饋贈。當自然生活的第一個饋贈是不幸，而實際經驗也通常是這樣的時候，我們必須承認，以較為複雜的方式體驗宗教是產生幸福的新方法，它同時也是一條奇妙的內在途徑，引人到達一種超越自然的幸福。

既然宗教與幸福有這樣的關係，那麼，人們將一個宗教信仰所能提供的幸福做為這個信仰眞實的證據，也就不會讓人感到訝異。如果某個宗教信條讓人覺得幸福，人們幾乎不可避免地會接受它。這樣的信仰應該是眞的，因此它確實是眞的；這種邏輯，無論對錯，是普通人宗教邏輯中「直接推論」的例子之一。一個德國的作者①說：

> 神靈的臨在可以實在地經驗到——其實也**只能**被經驗到。神靈存在與接近的清楚印記，對那些有過此種經驗的人來說，就是那無可言喻的**幸福感覺**，這種感

覺與神靈的接近相連，因此對生活於此世的人而言，它不只是一個可能的、全然適宜的感覺，也是對於神的存在最不可缺少的證明。沒有其他同樣令人信服的證據，因此理所當然地，這種幸福感是一切有效的、新的神學的起點。

接下來的時間，我要邀請你們想一想比較簡單的宗教幸福感的形式，改天我們再來討論那些較爲複雜的種類。

對許多人而言，幸福感是與生俱來且不可收回的。存在於這些人身上的「宇宙情感」(Cosmic emotion)，不可避免地以熱切與自由的形式表達出來。我所指的不只是那些像動物般的快樂，而是那些當有人把不幸展現在他眼前時，會積極地拒絕感受這些不幸，彷彿這些不幸是什麼卑鄙與錯誤的那些人。我們在每一個世代都會發現這樣的人，儘管自身的境況艱苦，儘管他們從小就在兇惡的神學教育中受薰陶，仍然熱情地將自己投身於生命的美好之中。從一開始，他們的宗教就是與神聖相結合的宗教。宗教改革以前的異教徒被教會內主張廢棄道德律(antinomian)（譯註①）的作者毫不保留地指控，正如初期教會被羅馬人認爲縱情逸樂一樣。很可能自古以來，總有許多人將這種對消極生命觀的刻意拒絕理想化，而形成公開或是秘密的教派，他們認爲所有自然的事物都是被允許的。聖奧古斯丁的名言——愛（神），然後做你想做的一切——就道德而言是最深刻的觀察之一；然而，對這些人而言，這句話卻可能成爲使得他們踰越世俗道德界線的護照。他們的性格也許優雅，也許粗俗，但他們的信念在任何時代都有足夠的系統性來構成一個明確的宗教態度。神對他們而言是自由的給予者，邪惡的毒刺已被拔除。聖方濟和他當時的門徒可以算是擁有類似精神的人，當然他們之中也存在無數的差別。盧梭(Rousseau)的早期作品、狄得羅(Diderot)、聖皮耶(B. de Saint Pierre)，以及許多十八世紀反基督宗教運動中的領導者，也都屬於這種樂觀派。他們相信：如果你願意充分信賴大自然，它就是絕對的善，這個信念有某種程度的權威，以至於有其影響力。

我們都希望有些朋友擁有這種「天藍色」的靈魂（通常他們比較年輕、女性化，而不是年老、男性化），與幽暗的人類情感相比，花朵、鳥類，以及所有迷人的、天真無邪的事物更是他們的同類，他們無法對神或是人起反感，他們從一開始就擁有宗教上的喜樂，並不需要從任何先前的負擔中解放出來後才產生。

法蘭西斯・紐曼(Francis W. Newman)②說：「上帝在這個世上有兩類兒女，**一度降生**(the once-born)與**二度降生**(the twice-born)。」他對一度降生的描述如下：

他們不將神視為嚴格的判官，或是尊榮的統治者，而是把神視為賦予這個美麗和諧世界的生氣與活力者，祂是位慈善、親切、慈悲與純潔的神。這些人通常沒有形上學的傾向，他們不回頭檢視自身，因此不為自己的缺點困擾。然而，把他們稱作「自以為是」是很荒謬的，因為他們幾乎從來沒有想到自己。他們本性中像孩子一般的特質，使得宗教的開展對他們而言是很快樂的事，因為他們再也不會從神的面前退縮，正如一個孩童不會在大人看了都覺得顫慄的皇帝面前退縮一樣。事實上，他們對於神比較威嚴那一面所包含的**任何**特質沒有什麼清楚的概念③。神對他們而言是仁慈與美麗的化身。他們從浪漫、和諧的大自然中認出神的屬性，而不是從人類紊亂的世界中認識祂。他們從自己心裡所認得的人類罪惡也許很少，從世上認識到的也不多；人類的苦難只有使他們的心變得更柔軟。因此，當他們接近神時，並不會發生任何內心的騷動不安；雖然還不是完全的神聖，他們對神的單純崇拜中有一種滿足，也許還有一種浪漫的興奮之情。

比起新教(Protestantism)，這種性格在羅馬天主教會(Romish Church)中可以找到更適合其發育的土壤。因爲新教的感覺形式已經由一個確然悲觀的心靈狀態建立。然而，即使是在新教內，具有這種性格的人也很多。近年來，在唯一神教派(Unitarianism)（譯註②）與自由主義的廣義教派(latitudinarianism)的「自由」發展過程中，此種心靈狀態曾經、而且持續扮演著引導及富於建設性的角色。愛默生就是一個極好的例子。希歐多爾・帕克(Theodore Parker)是另一個例子，接下來我們就有一些從他信件中選出來的內容，用以表達這種性格。④

正統的基督宗教學者說：「在異教徒的經典中你找不到關於罪的意識。」這是很正確的，為此，我們應該感謝上帝。他們可以意識到憤怒、殘酷、貪婪、酒醉、慾念、懶惰、怯懦及其他的惡行，並且努力奮鬥以擺脫這些缺陷；但他們不曾感到「對神的憎恨」，而且他們並不會坐下來，對那並不存在的邪惡發出牢騷與呻吟。在我的生命中，錯事已經做得夠多，且還在犯錯之中；我偏離目標、引弓、再射。但我並不覺得自己憎恨上帝或人類、或善、或愛，而且我知道自己內在很健康。即使是現在，我的身體仍然留有許多好東西，儘管有肺病和聖保羅。

在另一封信裡，帕克寫道：

我一生都在清淨甜美的河水裡悠游，即使有時候河水有點冷，河水逆流，遇到一些阻礙，這些困難從來不至於到必須與之搏鬥才能穿越過去的地步。從我還是個小男孩，顛顛簸簸走過草地的日子起，一直到此時鬍子灰白的年紀，沒有一件事在我記憶的蜂房裡沒有留下甜蜜的回憶，成為我現在快樂的泉源。當我回想這些經過的時光，想到這些小事情竟然能夠使一個凡人如此富足，心中就充滿甜美與奇妙的感受。但是，我必須承認，我生命中最大的快樂，還是從信仰宗教得來的快樂。

下面是另一個此種「一度降生」的意識狀態很好的描述，它直接、自然地發展，沒有病態的悔恨或是危機感的成分。這是著名的唯一神教派牧師愛德華・伊佛芮・黑勒博士(Edward Everett Hale)（譯註③）對斯塔伯克的一封公開信的答覆。我摘錄一部分如下：

我觀察到在許多傳記裡所出現的宗教掙扎，彷彿這就是英雄形成的要素，對此點我感到很遺憾。我應該要說，任何一個像我這樣出生於簡單而理性的宗教家庭背景的人，因為受此種宗教理論的薰陶，得以享有一種優勢，就是不需要這樣被衡量，所以我們也從來不知道，這些宗教或是非宗教的掙扎是什麼。我一直知道神愛我，我也總是為這個祂將我安置於其中的世界感謝祂。我始終喜歡告訴祂這些，而且一直很高興能夠領受祂所給我的建議……我記得相當清楚，當自己快要成人時，一些半哲學式的小說常常提到年輕男子與女子面對「生命問題」的這個主題。我從來不知道所謂生命的問題是什麼。傾全力而活對我而言似乎很容易；去學習那許多有待學習的事物，對我來說也是愉快而幾乎是理所當然的；在有機會時對人伸出援手也是很自然的事。假如有人這樣做了，他不得不對人生感到喜悅，而且他不需向自己證明自己必須覺得喜悅……一個孩子如果從小就被教導說他是神的孩子，他就可能在神之內生活、行動、存在。因此，他也有無窮的力量來克服任何困難，他可以更從容地面對生活，比起那被教導自己生為義怒之子(child of wrath)，而且永遠不能行善變好的孩子，也許更能從人生中受益。⑤

從這些作者身上我們可以認出他們有一種性情，傾向看重歡樂的那一面，命定不會在那些與他們擁有相反性情的人所徘徊的世界的幽暗面徘徊。對某些人而言，樂觀主義可能變成一種類似病態(quasi-pathological)的狀態。即使是片刻的悲傷或是暫時的卑屈感，都好像某種天生的麻痺一樣，從此人身上切斷了。⑥

當代這種對惡完全無能感受的最佳例子當然是瓦特・惠特曼(Walt Whitman)。他的門生巴克(Bucke)博士寫道：

他最喜歡做的事似乎是獨自在戶外漫步閒逛，看看花、草、樹木、光線的景象、天空中的千變萬化，聆聽鳥鳴、蟋蟀聲、樹蛙的叫嚷，以及幾百種自然的聲音。這些事情所帶給他的喜悅，很明顯比平常人所能感受到的多得多。在我認識這個人以前，並不知道有人像他這樣，竟然能夠從這些事上獲得這麼多絕對的喜樂。他非常喜歡花朵，無論是野生的或是自己種植的，他喜歡所有種類的花。

我想他喜愛紫丁香和向日葵的程度，就如同他喜愛玫瑰一樣。真的，也許沒有人像瓦特・惠特曼一樣喜愛這麼多事物，而不喜歡的事物那麼少。所有自然中的事物對他來說好像都有一種吸引力。所有的景象和聲音都令他覺得欣喜。他看起來很像喜歡（我相信他真的是這樣）所有他看見的男人、女人和小孩（雖然我從來不知道他說過自己喜歡誰），可是每個認識他的人都覺得惠特曼喜歡他或她，也喜歡別人。我從來不知道他曾與人辯論或爭執，他也從來不說關於金錢的事。對於那些對他或是他的作品提出嚴苛批評的人，他總是為他們辯護，有時候以玩笑的態度，有時候又很正經。我常常認為他甚至喜歡與他敵對的立場。當我剛認識他時，曾經以為他在監視自己，不讓自己說出惱怒、反感、埋怨與抗議的話。我並沒有想到原來他可以沒有這些心態。但是，經過長期的觀察，我確信他真的缺乏或是沒有感受到這些感覺。他從來不對任何民族、某個階級的人、世界歷史中的任何時代說出輕視的話語，也從不反對任何技藝和職業。他甚至從來不貶抑任何動物、昆蟲、無生物，以及自然的法則，或是這些法則所帶來的後果，例如疾病、殘缺與死亡。他從來不對天氣、痛苦、疾病或是其他事物發出呻吟或埋怨。他從不詛咒，他真的沒有辦法，因為他從來不說氣話，且似乎從來不生氣。他從來不表現害怕的樣子，我也不相信他曾經覺得害怕。⑦

惠特曼在文學上的重要性，是由於他在作品中有系統地將所有縮束(contractible)的成分排除掉。他只容許自己表達寬闊舒張的情懷，而且以第一人稱的方式來表達，但不像那些狂妄自負的人，他是以代替別人同感而發的方式表達，所以有一種熱情而神秘的本體式的情緒(ontological emotion)遍佈於字裡行間，最後他可以說服讀者，無論是男人、女人、生命、死亡，以及所有的事物，都具備神聖的善性。

因此，現在有很多人把惠特曼視爲永恆的自然宗教的恢復者。他把自己對於同伴的愛，以及對自己與他人存在的喜悅傳染給他們。實際上，已有崇拜他的社團成立；也有一份期刊爲宣揚他的思想而成立，其中還分出正統與非正統的不同路線。⑧也有人運用他獨特的作詩法來作成聖歌；甚至明明白白把他與基督宗教的創始者相較，結果對後者並不是完全有利。

惠特曼常被稱爲「樸獷者」(pagan)（或譯「異教徒」，譯註④）。這個詞在當代的意義，有時候是指那些沒有罪惡意識的自然動物，有時候指的是希臘人或羅馬人獨特的宗教意識。這兩種意義的任何一種都無法適當地定義惠特曼這個詩人。他並不像那些沒有嘗過善惡樹（譯註⑤）之果實，而只有單純動物性的人。他對罪惡有足夠的意識，使得他對罪惡的冷淡顯示出一種瀟灑；對從屈折與抑縮中解放出來的自由，他也有一種自覺的驕傲。這些都是第一個意義下眞正的樸獷者永遠不會表現出來的特質。惠特曼有一首詩說：

> 我可以轉而與動物同住，牠們是如此沉靜，如此自足。
> 我站著，望著牠們，良久良久，
> 牠們對自己的境況既不焦慮不安，也不哀鳴。
> 牠們不在黑暗中清醒地躺著，為自己的罪惡哭泣，
> 沒有一個感到不滿足，也沒有一個因為對物質的佔有慾而精神錯亂，
> 沒有一個向另一個，或是向活於幾千年以前的同類屈膝跪拜，
> 全世界沒有任何地位特別崇高，或是感到不快樂的動物。⑨

沒有一個自然的樸獷者可以寫下這些著名的詩句。但另一方面，惠特曼也不是希臘人或羅馬人；因爲後者的意識狀態，即使是在荷馬的(Homeric)時代，也幾乎充溢著一種在日光照耀的世界中悲哀的必死感。惠特曼是絕對拒絕接受這樣的意識的。例如，當阿契利(Achilles)快要殺普萊姆(Priam)的幼子禮卡恩(Lycaon)時，聽見他哀求憐憫，於是他停下來，對他說道：

> 啊，朋友，你也是一定要死的，為什麼你如此悲嘆呢？佩特克羅(Patroclos)也死了，他可是比你好得多的人……在我頭上也是拴著死亡與強力的命運。在某個清晨、夜晚，或是正午，有人會在戰鬥中取走我的性命，或者以長槍射我，或

是以弦上的箭射我。⑩

然後，阿契利就用他的劍殘忍地將這個可憐男孩的脖子切斷，提起他的腳，把他扔進斯克曼德河(Scamander)裡去，並且召喚河裡的魚來吃禮卡恩白嫩的脂肪。在這裡，殘酷與同情都眞實地被表達，但二者並不互相混淆或是互相干涉。同樣地，羅馬人與希臘人也將他們一切的悲愁與喜悅完全分開。出於本能的美好，並不算是罪惡；他們也沒有任何慾望想要保存世界的名譽，去堅持那**我們**當中許多人所堅持的，認爲那些立即被知曉的邪惡一定是「正在形成中的善」，或是同樣巧妙的東西。對早期的希臘人而言，善就是善，壞就是壞。他們既不否認自然的邪惡——在此，惠特曼的詩句：「那被稱爲善的是好的，那被稱爲壞的也同樣是好的」對他們來說是一種傻話——也不會發明出一個想像的「另一個更好的世界」來逃避這些邪惡，因爲在這樣的世界中，隨著邪惡的消失，天眞無邪的善也會跟著不見。這種出於本能反應的正直，這種從所有道德的詭辯與張力中解放出來的自由感，使得古代樸獷者的情懷染有一種感傷的尊嚴。這種情懷是惠特曼流露不出來的。他的樂觀顯得過於自發與大膽；他所宣揚的福音顯得有點虛張聲勢，矯揉造作⑪，因此減低了他對許多讀者造成的影響力，這些讀者還不是很傾向樂觀主義的主張，但大致上相當願意承認，就許多重要的面向而言，惠特曼的確是先知的傳人。

如果我們把這種看見所有的事物，並認爲它們都好的這種傾向，命名爲健全心態，那麼我們還必須把一種較不自主的健全心態，與一種較爲自發而有系統的健全心態區分開來。就較不自主的健全心態而言，它對事物可以立即感受到喜悅。對有系統的健全心態而言，它是將事物視爲美好的一種抽象態度。每一種看待事情的抽象方式，都暫時選擇事物的一個面向來當作其本質，而忽略其他向度。有系統的健全心態將善當作事物本質而普遍的向度，有意把惡從其視域排開。雖然，坦白說，這對一個理智上對自己誠實，也對事實抱持誠實態度的人而言，是一個艱難的絕技，我們只要再想一想，就知道整個情況非常複雜，很難用一個簡單的批評來攻擊它。

首先，幸福感如同其他的情緒狀態一樣，對於與之相對的事實也有其盲點與遲鈍處，這是一種爲了避免受干擾，而用來防衛自身的本能武器。當人眞的擁有幸福的感覺時，禍害的念頭無法像美好的念頭一樣具有眞實感，如同一個人被憂鬱的情緒支配時，美好的念頭也敵不過禍害的念頭。對一個處於積極幸福中的人而言，無論如何他就是無法相信禍害的存在。他必須忽略它；對旁觀者而言，他就像固執地閉著眼睛，要災禍噤聲。

但不只如此，對一個完全正直而誠實的心靈而言，這種隱瞞可能會發展爲一種刻意的宗教方針或是成見(parti pris)。許多我們稱之爲邪惡的，端賴人們看待它的方式來決定其結果。只要受害者的態度由懼怕轉變爲反抗，邪惡通常可被轉變爲一種振奮心神的福利；在尋求逃避禍害而徒勞無功後，我們轉而面對它，並歡欣地承受它，對於許多在一開始擾亂平安的這些事實，由於榮譽感使然，覺得應該採取這種方式逃開，此時災禍的刺痛通常可以解除，變成一種有興味的東西。拒絕承認這些災禍的害處，輕視它們的力量；忽視它們的存在，轉移你的注意力；雖然事實仍然存在，但至少對你而言，其邪惡的性質已經不存在了。因爲你可以憑自己的思想把它們變好或變壞，所以，你的主要任務應該是如何駕馭自己的思想。

因此，刻意採取一種樂觀主義的心態成爲進入哲學的入口。而且一旦進入，就難以追索其合法的界線。不只人的本能會尋求幸福，它藉著忽略的方式下定決心自我保護，持續努力贏得幸福，就連那較高的內在理想都以夠份量的話語來爲這種追求辯護。不幸的態度不只帶來痛苦，也是殘酷與醜陋的。不管它是由什麼外顯的禍害引來，有什麼比哀傷憔悴、嚎嚎哀鳴與惱怒的心境更爲卑賤與不值？有什麼比這些對別人帶來更多的傷害？要解決困難，有什麼方法會比這些更無用？這種心境只能拴緊當前的痲煩，使它持續下去，只會增加整個情況的害處。所以，無論如何，我們都應該縮小這種心境的勢力範圍；我們應該偵測這種可能存在於我們或是別人身上的態度，並且絕不容許它的存在。但是，我們不可能只是主觀地維持這種訓練，而不同時熱切地強調客觀事實的光明面，並輕視其黑暗面。所以，我們那不願意陷入悲慘境地的決心，從我們內在一個微小的部分開始，可以不斷前進，直到整個事實的框架都合於一個有系統的概念，其樂觀的程度足以適合它的需要爲止。

到目前爲止，我並沒有討論到一種神秘性的徹悟或是信心，這種信心認爲事物的整體結構絕對是善且必然爲善。此種神秘的堅信在宗教意識的歷史中扮演相當重要的角色，我們在後面必須仔細地考察它。但現在我們不需要討論到那麼遠。那些平常的、非神秘性的狂喜狀態在我目前的討論中已經足夠。所有激烈的道德狀態與深切的熱忱，都會在某方面讓人對災禍毫無感覺。平常的懲罰不能制止愛國志士，一般的戒愼也被戀人拋到風中去。當熱情到達頂點，受苦實際上可以變成一種光榮；假如是爲了理想的緣故，死亡可以失去它所帶來的苦，墳墓也不會是它的歸宿。在這些心靈狀態中，福與禍的一般對立都被一個更高的名稱所淹沒，就是那吞噬禍害、無所不能的鼓舞之情，這種鼓舞之情爲人歡迎，彷彿這是生命中最圓滿光榮的時刻。他會說，這才是眞正活著，我感到歡欣雀躍，因爲這是英雄才可獲得的機會和冒險。

因此，有系統地養成這種宗教的健全心態與人類本質重要的流向是互相協調的，絕不荒謬。事實上，我們多多少少都在培養這樣的心態，儘管所宣稱的神學一貫地禁止它。我們將注意力盡可能從死亡與疾病身上移開；生活所依靠的牲宰場與無止境的卑劣被我們擠出眼界，絕口不提，所以，我們在文學和社會中正式承認的世界是一部充滿詩意的虛構小說，比起眞實的世界顯得更爲美麗、純潔與善良。⑫

過去五十年以來，在基督宗教中所謂自由主義的進展，可以說是教會內健全心態的勝利，它戰勝那與古老的地獄之火神學(hell-fire theology)互相協調的病態。現在有一些教派，其中的傳道人不但不再強調罪惡意識，似乎還想辦法使它的影響力縮小。他們忽視、甚至否認死後的永罰，堅信人的尊嚴甚於人的邪惡與墮落。他們不但不尊崇老式的基督徒對於其靈魂救贖的持續關切，反而認爲那是病態而應該指責的；那種前人視爲絕對異端的滿懷希望、充滿活力的態度，在他們眼中已成爲基督徒的理想特徵。我並不是在判斷此種態度的對錯，只是要指出這樣的一種轉變。

我所指的這些人大部分都還維持他們與基督宗教名義上的關係，雖然他們已經揚棄了其神學中較爲悲觀的部分。但是，在風行了一世紀之久，過去二十五年來橫掃歐洲與美洲的「進化論」中，我們看見它如何爲一種新的自然宗教奠下基礎，而在我們這一代的大部分人心中完全取代了基督宗教。全宇宙的進化這個觀念帶來一種普遍改良論與進步論的學說，它如此符合健全心態者的需要，就好像是專門創造來給他們使用的一樣。於是，我們發現進化論被當代許多人以樂觀的方式解釋，並把它當作是原來宗教的替代品般來擁護，這些人受過科學訓練，或者喜歡閱讀科普(popular science)書籍，或是已經開始從內心對正統基督宗教的圖像所包含的嚴厲和非理性感到不滿。既然例子往往比描述來得生動，我將引用一份答覆斯塔伯克教授公開信的文獻。這位發言者的心境，可以客氣地稱爲是宗教的，因爲它對於事物的整體性質進行一種回應，很有系統，具反思性，也忠誠地把自己與某種內在的理想相連結。從他這個粗獷、難以受傷的精神中，我想你們可以認出一種很熟悉的當代人的特徵。

問：**宗教對你而言有什麼意義？**

答：沒有什麼意義。就我所知的，它似乎對其他人也沒什麼用處。我現在六十七歲，已經住在X地五十年，做了四十五年的生意，終於對人生、男人，和某些女人有些小小的經驗。而我發現信教最虔誠的人多是最缺乏道德感的人。不到教會去或是沒有任何宗教信仰的人是最好的人。祈禱、唱聖歌、宣講都是有害的，當我們應該倚賴自身時，他們卻教導我們依賴一些超自然的力量。我完全不信神。神是由無知、懼怕，以及對於大自然普遍缺乏知識所產生的觀念。在我這個年齡來說，心靈和身體都算健康的時候，如果我現在就死去，是的，我將會高興地、衷心地在享受音樂、運動或是其他合理的消遣中死去。我們死去，就像時鐘停止走動一樣，二者都沒有永生這回事。

問：**在你心中與神、天堂、天使等這些名詞相當的觀念是什麼？**

答：什麼都沒有。我是一個沒有宗教信仰的人。這些名詞只是一些神秘的胡言亂語。

問：**你有任何覺得被神所護佑的經驗嗎？**

答：從來沒有。世界上並沒有管理者這回事。只要一點點頭腦清醒的觀察和科學法則的常識，就會知道這個事實。

問：**什麼事情對你情緒的影響最大？**

答：生動的歌曲和音樂。我喜歡碧那佛歌劇(Pinafore)，而不是宗教的清唱劇。我喜歡史考特(Scott)、伯恩(Burns)、拜倫(Byron)、郎斐羅(Longfellow)，尤其是莎士比亞(Shakespeare)等等。至於歌曲，我喜歡星旗歌、美國國歌、法國國歌，以及所有能夠激起德性與振奮性靈的歌，最討厭淡薄無聊的聖歌。我非常喜歡大自然，尤其是好天氣時，一直到幾年前，我都還常常在星期天到鄉間散步，通常走個十二哩，也不覺得疲累，如果是騎腳踏車的話，可以達四十到五十哩。但我現在已經不騎腳踏車了。我從來不去教堂，但如果教堂有舉辦什麼好的演講的話，我會去參加。我所有的思慮與想法都屬於比較健康、喜悅的那一類，因為我如其所是地看待一切事物，而不懷疑或是懼怕，因為我努力讓自己適應環境。我將這一點視為最深刻的法則。人類是一種尋求進步的動物，我相信一千年後，比起現狀會有很大的進步。

問：**你對罪的看法爲何？**

答：對我來說，罪像是一種境況、一種疾病，由於人類尚未發展完全，而偶然發生於人的發展歷程中。如果對罪惡懷有病態的想法，則會使這個疾病更加嚴重。我們應該這樣想，一百萬年以後，平等、正義以及身體與心靈善的本質都會變得很穩固、有組織，再也沒有人會持有邪惡或是罪的概念。

問：你的性情是怎樣的？

答：我的心靈和身體都是容易興奮、積極、警醒的，對於自然律強迫我們要睡覺這件事覺得遺憾。

如果我們要尋找一顆破碎而充滿悔意的心，很清楚地，我們不需要查看這位弟兄。他對於有限世界已經覺得滿意，這使得他猶如穿戴上龍蝦殼，保護他不至於因爲與「無限」(the infinite)隔離而產生病態的抱怨。他是一個最好的例子，從他身上我們看到由於大衆科學的鼓舞所產生的樂觀態度。

比起這類由自然科學所啓發的健全心態，我想到一個更加重要、更爲有趣的宗教潮流，這個潮流在最近席捲美國，並且日益茁壯（我不知道在英國這個潮流是否已取得什麼據點）。爲了給這個潮流一個簡短的稱名，我將稱它爲「心靈醫治運動」(Mind-cure movement)。這種「新思潮」(New Thought)——這是它給自己的名稱——已有好幾個分支；但因爲它們之間的相同點很多，所以爲了我現在討論的方便，可以忽略其相異點。現在，我將把此運動視爲單純的事件來討論。

從理論與實用的角度來說，這個運動對於生命藍圖刻意保持一種樂觀的態度。在經過十九世紀最後二十五年的發展，它吸收了一些其他成分，現在我們應該把它視爲一個眞正的宗教勢力。舉例來說，（大衆）對其相關文獻的需求已經到達一個很大的階段，大到連一些不誠實的出版品都可以爲了市場的需求而被機械化地發行。我想像，除非一個宗教的發展已經越過其初始階段，否則這種現象是不會發生的。

心靈醫治運動的教義來源包括《新約》中的四部福音、愛默生主義或是新英格蘭的超驗學派、柏克萊的觀念論，以及招魂論(spiritism)，採取這些學說中關於「法則」、「進步」以及「發展」等訊息，另有一個來源，就是我剛才提到的大衆科學樂觀主義的進化論；最後，它也受了印度教(Hinduism)的一些影響。可是，心靈醫治運動最主要的特色是一種更爲直接的靈感。這個信仰的領導者對於健全心態的萬靈效力，對於勇氣、希望、信賴等心態的征服效力，以及對於懷疑、恐懼、憂慮與所有警戒不安之心態的蔑視，有一個直覺的信仰⑬。一般而言，他們的信仰已經由其追隨者的實際經驗得到確證，這些經驗到目前爲止已累積了相當的數量。

他們曾經使盲者重新看見，使跛子重新走路，使一生患病的人恢復健康。在道德上的成果也一樣顯著。許多從不認爲自己可以擁有健全心態的人，發現自己也可以刻意採取這樣的態度；品格再造大規模地實現，無數的家庭重新得到歡樂。心靈醫治運動間接的影響力也很巨大。心靈醫治的原則開始風行，人們間接受其影響。我們聽說過「不憂愁運動」的「放鬆福音」，每天早上穿衣服時對著自己重複誦念「年輕、健康、活力！」格言的人。許多家庭已經禁止其成員抱怨天氣；越來越多的人將說出討厭的感覺，或是強調日常生活的不便與疾病爲不好的事。一些較爲聳動的結果即使不是眞的，對大衆也會產生一種振奮的、好的效果。但因爲聳動的結果太多了，我們可以忽略其中無數失敗與自我欺瞞的例子（因爲就一切事來說失敗都是有可能的），我們也可以忽略許多心靈醫治文獻的過度冗長，當中有的充滿瘋狂的樂觀主義，有的含糊不清，使得受過學術訓練的頭腦幾乎無法閱讀。

實際上，這個運動之可以廣爲傳佈是由於其實際的效果。這個運動與實際的治療技術有很密切的結合，再沒有其他事情可以把美國人民之極端傾向於實用的性格表達得更好，這是美國人對於系統的生命哲學唯一明確、具有創舉的貢獻。在美國，醫療專家和教會執事剛剛開始注意到心靈醫治運動的重要性，雖然他們在張眼注意之時，仍持著頑強反抗的態度。很清楚地，這個運動在理論上與實際上都會持續發展，而且這個團體近年來的作者無疑都是當中最有才幹的人⑭。如同有許多人無法祈禱，也有許多人絕對不會被心靈醫治運動的觀念所影響，這沒有什麼關係。對我們討論的目的而言，重要的是**會**受其影響的人數還是很多。他們已經形成一種值得被探究的心理類型。⑮

現在就讓我們仔細探討他們的信念。他們信念的基本主幹與所有宗教經驗所依賴的根據並沒有什麼不同。也就是說，人有雙重本質，這雙重本質與兩種思想層次有關，一種較爲膚淺，一種較爲深刻，人可能在其中一種層次中逐漸習慣其生活。較爲膚淺與低級的層次就是肉體感覺、本能、慾望、自私、懷疑，以及低層次的個人利益。然而，當基督宗教認爲**逞能**(forwardness)是人類這一部分本質中主要的缺點，心靈醫治運動者卻認爲人類獸性部分的標記在於**恐懼**，這也是使得這個運動的信仰有一種嶄新的宗教轉向的原因。

讓我們引述一個此學派作者的話：

「恐懼」在演化過程中有其效用，似乎也構成大部分動物的全部先意(fore-thought)；但是，如果認為在人類文明的生活中仍應該將它保留於心理機制中，則是很荒謬的想法。我發現先意中恐懼的成分對於那些較為文明的心靈並不發生激勵的作用，反而使他們軟弱退縮，因為對這些人來說，義務與吸引力才是自然的動機。當恐懼變得不必要，它就成為一種阻礙，應該完全去除，如同將死細胞從活組織身上移開一樣。為了幫助我們對於恐懼的分析，也為了聲討它的表現，我創造了**懼意**(fearthought)這個辭彙，用來代表先意中沒有用處的那部分，並且將「憂慮」這個詞定義為**懼意，以與先意區別開來**。我將懼意定義為一種**自我施加**或**自我容許**的**卑劣**的暗示，目的是將它安置在適合它的位置，也就是有害的、不必要的，因此不值得看重的那一個範疇裡面。⑯

由盛行的懼意所生出的「受苦習癖」(misery-habit)與「殉難習癖」(martyr-habit)，受到心靈醫治運動的作者尖銳的批評：

想一想我們與生俱來的生活習慣。有一些是特定的社會風俗、習慣與要求，有一些是神學上的偏見，還有一些是一般的世界觀。關於我們的兒時訓練、教育、婚姻與謀生職業等也都有一些保守的觀念，跟著這些觀念而來的是一連串的預期；例如，我們一定要得到某種兒童期的疾病、中年疾病以及老年疾病；又如我們一定會變老，失去器官的功能，然後再度變得孩子氣；所有這些預期的頂點，即是對死亡的恐懼。然後，又有一長串特定的恐懼和困難來臨的預期，例如，與某些食物項目相連的觀念、對於東風的懼怕、熱天的恐怖、與寒冷相連的痠痛、坐在風口會著涼的恐懼、每年八月十四日的中午枯草熱病會來臨等等。還有一長串的害怕、恐懼、憂愁、焦慮、預想、期待、悲觀、病態，以及我們的同伴，尤其是醫生，隨時準備好要幫我們想像的那些充滿鬼氣、不祥的情況。這些讓人恐懼的名單可以形成一個隊伍，足以與布雷德利(Bradley)那「冷酷的恐怖芭蕾舞團」並列。

然而，這還不是全部。這個大隊還有許多來自日常生活中無數的自願軍加入，而使它變得更為龐大：對意外的恐懼、災難的發生、失去財產、怕被搶劫、失火或是戰爭的爆發。對自己擔心還不夠，當朋友生病了，我們立刻害怕最糟糕的情況發生，馬上就想到了死亡。如果一個人遇到可悲的事……同情就意味著要進入對方的苦痛中，並加強它。⑰

另一個作者說：

在人出世之前，恐懼通常已經銘刻在他的心頭了。他在恐懼中被養大；畢生都在疾病與死亡恐懼的桎梏下過活。因此他全部的心靈狀態變得拘束、充滿限制與抑鬱，他的身體也隨之變得瘦縮。想一想我們祖先中數百萬敏銳而易感的靈魂，都被這種不斷的惡夢所支配。如果世界上還有健康的人，不是很奇怪嗎？只有當我們被無限神聖的愛、歡悅與活力傾注，即使我們並不自覺，才有可能多多少少消解這病態之洋所帶來的害處。⑱

雖然心靈醫治運動的追隨者常使用基督宗教的專有名詞，我們可以從這些引述中看到，他們對於人類墮落(the fall of man)的理解與一般的基督徒有很大的差距。⑲就人更高的本質而言，二者之間看法的差距也很大。心靈醫治運動者的看法是明確的泛神論(pantheistic)。心靈醫治哲學認爲人內在的性靈有一部分位於意識層面，但主要是屬於下意識層面的。不需要奇蹟、神的恩寵，或是一個內在新人的突然創生，而透過這個下意識層面，我們已經和神聖合而爲一。這樣的觀點已經由不同的作者以各式各樣的方式表達出來，在這些作品中，我們可以看到基督宗教密契主義、超驗觀念論、吠陀學說(Vedantism)，以及當代心理學下意識自我的痕跡。我們可以引述一兩段論述來了解它們觀點的核心部分：

關於世界最偉大、最核心的事實，就是那個在一切背後、在一切之中，並經由一切來顯示自身、具有無限生命與力量的神靈(spirit)。我將這個在一切背後、具有無限生命與力量的神靈稱為「上帝」。只要我們對這個中心事實有一致的看法，我不管你要如何稱呼祂，無論祂是仁慈的光、天佑、至高靈、全能者，或是其他你覺得方便的名稱。上帝是唯一充滿全宇宙的，所有一切都來自於祂，也在祂之內，沒有一樣事物在祂之外。祂是我們生命的生命，是生命自身。我們是祂生命的參與者，雖然我們不同於祂，我們是個別的神，而祂是那永恆的、涵括我們以及一切其他事物的神，然而，**在本質上，上帝的生命和人的生命是一樣的，因此也是一體的**。他們在本質或是性質上並沒有不同，他們只有程度上的差別。

人類生命中最偉大、最核心的事實，也就是自覺地、活潑地感悟我們與這個永恆生命的一體性，並且全然地開放自己，讓這個神聖之流傾注在我們身上。我們對自身與此永恆生命原為一體的了悟有多少，開放自己讓神聖之流傾注在我們身上的程度有多大，我們實現自身永恆生命的力量就有多大，我們讓自己成為那永恆的智慧與權能工作的管道也就有多大。隨著你越來越能體悟自身與永恆神性的一體性，你也就越來越能將疾病轉化為安適，將衝突變為和諧，將災禍和痛苦轉變為旺盛的健康與活力。認出我們自身的神聖，以及我們與宇宙的親密關係，就是要將我們生命機器運轉的皮帶和宇宙的發電廠相連。人不需要待在地獄超過他所願意的時間，我們可以上升到自己所選擇的任何天堂；而且，當我們的選擇是上升時，一切世界中較高的力量都會聯合起來，幫助我們朝向天國。⑳

現在讓我們從這些較爲抽象的論述離開，來看看一些心靈醫治宗教的信徒具體的經驗。我有許多從通信得到的回答，唯一的難題就是如何從其中挑選。我要引述的前兩個敘述得自於我的朋友。其中一個如下，是一位女性的經驗，她將自己與永恆力量連接的感受表達得很好，這種力量也激勵了所有心靈醫治的信徒。她說：

所有疾病、軟弱和憂鬱的首要原因，是因為**人們感受到**與那一位我們稱之為神的神聖力量的**分離**。這個靈的力量可以被感知，也可以在安詳但充滿喜悅的信心中得到肯定，如同拿撒勒人耶穌所說的：「我和我父原為一體」，再也不需要其他的醫治者或是治療。這是所有真理的概括，沒有人能在這個堅固的神聖合一的事實之外，找到其他做為事物整體的基礎。當一個人將自己的雙足紮根於這個堅固如磐石的基礎上，疾病就再也不能侵擾他，因為他時時刻刻都感受到神聖氣息的流入。如果一個人與全能者同在，疲倦如何能進入他的意識？疾病如何攻擊這無法被熄滅的火焰？

這種疲憊法則可以有永遠被消除的可能，已經在我自己身上得到許多證明。由於脊椎和下肢麻痺的緣故，我的早年生活有很長一段時間臥病在床。我當時的思想不會比現在更不純潔，雖然我對疾病的必然性有頑強而執迷不悟的相信。然而，自從我的肉體復活之後，我從事醫療的工作已經十四年，從不間斷，沒有休假。我還可以誠實地說，雖然這中間我不斷地與大量的軟弱、不適和各式各樣的疾病接觸，但我從來不覺得疲累或是痛苦。既然「與我們同在的比那一切反抗我們的勢力都偉大」，那麼，一個自覺到自身為神的一部分的個體，怎麼能夠生病呢？

我的第二個通信者也是一位女性，她寄給我以下的內容：

有一個時期我覺得人生很艱苦。我的身體總是出毛病，好幾次為神經衰弱所苦，有嚴重失眠，幾乎到達瘋狂的邊緣；除此之外，還有許多其他的問題，特別是消化器官的問題。我曾經離開家，到醫院讓醫生照顧，服用各種麻醉藥，停止所有的工作，吃營養的食物，看遍所有的醫生。但我從來沒有完全康復，一直到「新思潮」把我佔據為止。

我想讓我最感動的一件事是了解下面這個事實：我們必須絕對地與那滲透一切，我們稱之為神的生命本質常常保持聯繫，或是維持心靈的接觸（接觸這個字眼對我來說很有意義）。這幾乎是很難實現的，除非我們自己**眞正地**活在其中，也就是說，常常回到自己真實的自我，或是我們內在之神最深奧、最深刻的意識，就像我們轉向太陽，而得到外部的光明、溫暖與活力。當你自覺地這樣做，了解到向內轉向你內在的光，就是生活於神，或是你神聖的自我的臨在當中，你很快就會發現，自己以前所朝向的從外部吸引你的事物都是虛幻的。

我已經能夠忽略那種把身體健康視為目的本身而追求健康的態度，因為它只是由我們的心態所帶來的一個附帶結果；除了我剛才所提的那種心態之外，它無法在任何特定的心靈活動或是想要得到它的慾望中被找到。那些我們視為人生目標的事物，那些我們曾經狂熱追求的外在事物，那些我們常常可以為之生且為之死，但從來沒有給過我們平安與幸福的事物，他們都應該是隨之而來的附屬品；他們只是更為崇高的生命，深深沉浸於神的胸懷中所帶來的後果或是自然的結果。這種生活是真正的尋求神的國度，渴望祂成為我們心中的至尊，所以其他的自會「加給你們」——也許既驚訝又意外。然而，它是完美的平衡居於我們存在中心的實在明證。

當我說，我們常常追求那些不應該成為首要追求對象的生活目標，我所指的是世人認為值得讚許而優秀的事情，例如事業上的成功，作家、藝術家、醫生或是律師的名氣，或是慈善事業所帶來的聲名。這些事應該只是結果，而非目的。此外還包括一些當時看來無害而有好處，因為大部分的人接受就加以追求的事物，我指的是習俗、社交，以及不同階段風行的事物，他們被大眾深深稱許，儘管他們可能是虛幻的，甚至是不健康的奢侈品。

接下來還有一個更具體的例子，也是一位女性。我不帶評論地讓你們知道這些內容，他們表達出我們所要研究的心態豐富的多樣性。她說：

從我幼年到四十幾歲為止，一直承受疾病的痛苦（我省略掉她描述其疾病的細節）。我在佛蒙特(Vermont)住了幾個月，希望換換空氣能使我的健康好轉，但我的身體仍然持續地變弱，直到十月末的一天，當我午休時，突然聽到彷佛下面的這些話：「你會被治癒，並且完成一個你從沒夢想過的工作。」我的心被這些話感動，我馬上說，只有上帝能夠說出這麼有力量的話。當我回到波士頓，雖然病痛和虛弱一直持續到聖誕節，但我仍然相信這些話。兩天內，有一個朋友帶我到一個心靈治療者那裡，當時是一八八一年一月七日。這個治療者說：「除了心靈(Mind)之外，什麼都不存在；我們是這一個心靈的表現；身體只是一個會腐朽的信念；一個人怎樣思考，他就成為那樣。」我無法完全接受她所說的，但我把它翻譯為適合**我**的情況的話：「除了神之外，什麼都不存在，我由祂所造，全然地依賴祂；心靈是賜給我使用的；我要將正確行動的思想灌輸給身體，這樣我將可以從無知、懼怕與過去經驗的束縛中超脫出來。」那天，我將準備給家人的食物每樣都吃一點，不斷地對自己說：「創造我的胃的那個力量一定會照料我所吃下的東西。」整個晚上到上床前我都一直持著這樣的想法，睡覺前，我說：「我是靈魂、精神，與上帝對我的思念合為一體。」我一覺醒來，沒有間斷，這是好幾年來的第一次（我通常在半夜兩點醒來，苦惱地翻來覆去）。第二天，我覺得自己像一個逃離監獄的犯人，我相信自己已經發現遲早可以完全恢復健康的秘密。十天之內，我已經可以吃那些為別人準備的食物，兩週後我開始有了關於真理、正向心靈的暗示，對我來說，它們就像踏腳石一樣。我將寫下一部分，它們大概兩星期來一次。

第一，我是靈(Soul)，所以它跟我在一起很好。

第二，我是靈，所以我很好。

第三，某個關於自己的內在影像出現，我成為四腳動物，每一個有病痛的地方都長著瘤。還看到自己的臉，要求我將它認定為我自己。我決定把自己的注意力轉到健康的那一面，甚至拒絕以此形象出現的舊自我。

第四，我又看到這個動物的形象，但那是在遥遠的背景中，發出微弱的聲音。再一次，我拒絕承認它。

第五，我又看到這個意象，但只看到我帶著渴望的雙眼；我又拒絕了它。接著我開始堅信，並從內心自覺到：我過去十分健康，而且一直是這樣，因為我是靈，神之完美意念的表達。對我來說，我的本來面目與表象在那個時刻完全分開來了。從此之後，我再也不曾忘記這個真實的自我，藉由對此真理不斷地確認，逐漸地（雖然它花了我兩年的努力才達到），**我整個身體恢復了健康**。

在我接下來十九年的生命裡，當我運用這個真理時，從來沒有失敗過，雖然由於我的忽略常常忘了使用它。然而，經由我的失敗，我學到了孩子般的簡樸和信賴。

我擔心這麼多的例子會讓你們覺得厭煩，因此，我必須再回到哲學的通則上面來討論。從這些經驗的記錄，你可以看到不把心靈醫治運動視爲一種宗教是多麼不可能的事。

它的教義認爲我們的生命與神的生命實爲一體的這個說法，事實上與某個對於基督訊息的解釋很難區分開來，在基佛的演講系列裡，一些你們當中最優秀的蘇格蘭宗教哲學家已經爲這個解釋辯護過。㉑

哲學家通常對惡的存在提出一種半邏輯式的解釋，但是，對於世界上存在著惡的這個普遍事實，自私、痛苦、膽怯而有限的意識的存在，就我所認識的心靈醫治哲學家而言，並不主張對惡提出一種理論性的解釋。對每個人和他們來說都一樣，惡是一個經驗上的存在，但實用的觀點更重要；要他們花時間把惡視爲一種「奧秘」或是「問題」來愁慮，或像福音派(Evangelicals)的人一樣從經驗中衷心記取教訓，都與他們學說系統的精神相違背。如同但丁(Dante)說的，不要與它爭論，只需看它一眼，就讓它過去！它是無明(Avidhya)、無知！只是一個應該丟棄而置於背後的東西，超越它，並且忘記它。所謂的基督科學(Christian Science)，也就是愛狄夫人(Mrs. Eddy)的宗派，是心靈醫治運動中對惡的處理最爲極端的一個支派。對這個支派來說，惡只是一個**謊言**，任何提到它的人都在撒謊。我們的任務中，樂觀的理想禁止我們公然地注意它，因爲那就像對惡致意一般。當然，在我們下一段演講中會看到，這種說法存在著理論上不當的疏漏，但它的確與此學說系統中實用性的優點親密地連結。心靈醫治者會問我們：如果我能使你得到一種幸福的生活，爲什麼要爲一個惡的哲學感到惋惜呢？

畢竟，實際發生影響的是生活本身；而且，心靈醫治已經發展出一套心理衛生的生活系統，使得過去的「靈魂營養學」(Diätetik der Seele)相形見絀。這套系統完全由樂觀主義所組成：「悲觀使人軟弱，樂觀帶來力量。」就像最有活力之一的心靈醫治作者，在他文章每一頁的最下面以粗體字印上：「思想即事物。」如果你的思想充滿健康、年輕、活力及健全這些事物，在你察覺之前，他們就會成爲你外在的一部分。假如耐心地追求，每個人都可以被樂觀思考的新生力量影響。每個人都可以通往這個神聖的入口，這是不能被取消的。相反地，恐懼以及其他退縮與自私的思考方式只會通往毀滅。大部分心靈醫治都主張思想即「力量」，而且經由類似同類相吸的法則，一個人的思想會吸引世界上其他同類人的思想。經由思想，一個人從其他地方得到強化，以實現他的願望；人生行爲的要點就在於敞開自己的心靈，讓神的力量傾注。

就整體而言，我們會對心靈醫治運動和路德(Lutheran)運動與衛斯理(Wesleyan)運動在心理上的相似點感到驚訝。對於相信德性的培養與善功，和焦慮地詢問「我要做什麼才能得救？」的人而言，路德和衛斯理教派答覆說：「只要你信，你已得救。」而心靈醫治者也會給出幾乎一樣充滿解放的訊息。他們的話語是針對那些認爲救贖的概念已失去古老神學意義，但仍然爲同樣恆久的生命困境奮鬥的人。**這些人出了問題**，問道：「我要做什麼才能得以潔淨、正直、健全、完整而安好？」回答是：「如果你還不知道，你已經**是**安好、健全以及潔淨了。」而我引述過的一位作家說：「所有的事情可以總結爲一句話，**神很好，因此你也很好**。你必須對自己的**眞性**有所醒悟。」

早期的福音之所以有力量，是因爲它所帶來的訊息適切於許多人心靈的需求。就心靈醫治所帶來的訊息而言，也許從其表面上聽來顯得有些愚蠢，但它也有同樣的適切性。看到其影響力急速地成長，以及它在治療上發揮的效果，我們不禁要問，是否它注定（也許正由於它許多誇張與粗糙的表現㉒）要在大衆宗教未來的演化史上，扮演一個與早期宗教運動一樣重要的角色。

說到這裡，我恐怕已經開始讓某些學術界的聽衆感到不快。你也許會說，這些當代的奇特現象不應該在高尙的基佛演講系列裡佔據這麼重要的角色。對於此點，我只能央求你忍耐。我想像，這些演講的整體結果，將讓你感受到不同個體所顯示出來多采多姿的性靈生活。他們的需要、感受性以及能力都不相同，所以也需要被歸在不同的類型。結果是，我們眞的看到不同類型的宗教經驗；在這些演講中，爲了對健全心態的宗教型態有更深的認識，我們必須在可以找到的最極端例子中尋求這些經驗。關於個體性格型態的心理學，到現在連一個輪廓都還沒勾勒出來，我們的演講對於這個目的也許可以有少許的貢獻。首先要記住的（尤其是當我們自己屬於教士、學術界或是科學家那一類人，或官方與傳統上認定爲思想正確的那一類人，或是「極爲可敬」的那一類人時，因爲這些人經常被忽略他人這個誘惑所包圍）就是，只因爲自己沒有能力經驗到的一些現象，就把這些現象驅逐出我們的注意範圍之外，是最愚蠢的事。

現在，路德所主張的因信得救，衛理公會的皈依者，以及我稱之爲心靈醫治運動的歷史，似乎已經證明，許多人在其發展過程的某一階段，爲了更好的緣故而改變自己的性格，激發他們改變的並不是由官方認可的道學家所立下的規則，如果這些規則剛好相反，他們的改變反而更容易成功。道學家建議我們始終不要鬆懈努力，還告誡我們：「日夜都要警醒，抑制你的被動傾向；要努力，永遠不退縮；堅持你的意志，像一把撐開的弓一樣。」然而，那些我討論過的人都發現，這種有意的努力，在他們手中只會導向失敗與苦惱，並使得他們比過去的自己還要糟糕。對他們而言，緊張與刻意的態度成爲一種荒謬的狂熱與折磨。猶如機器，當機器的支座過熱、皮帶過緊時，它們就完全拒絕運作。

在這些情況下，如同無數眞實的個人描述所證明的，獲致成功的方法只有採取反道學(anti-moralistic)的方式，也就是我在第二講裡所提到「交付」的方式。現在，應該要遵循的法則是被動，而非主動；放鬆，而非緊張。放棄那種自己必須承擔責任的感覺，放掉那緊握不放的，將自己的命運交給更高的力量，對那將要成爲的樣子保持一種眞誠的淡漠，你將會發現，自己不只得到一種完全的內在解放，還得到那誠心捨棄的特別好處。這是經由自我斷絕(self-despair)所得到的救贖，路德神學中所說的爲了眞實再生所經歷的死亡，雅各伯・畢門(Jacob Behmen)所指的通往**空無**(nothing)之途。要達到這個地步，通常要經過一個關卡，完成一個內在的轉向。有些事物必須捨棄，那天生的僵固也必須打破、融化；這樣的過程（我們在下面會看到很多這樣的例子）是突然而自發的，使得當事者覺得自己彷彿由一個外在的力量所鍛鍊與模塑。

無論這些經驗的終極意義爲何，它們必然是人類經驗中一種基本的形式。有人說具備得到此種經驗的能力與否，是教徒與純粹的道德家的區別。對那些有過此種深刻經驗的人來說，沒有任何批評可以讓他懷疑其經驗的眞實。他們**知道**，因爲在放棄個人意志所帶來的緊張之後，確實**感受**到那更高的力量。

一個常被信仰復興運動(revivalism)的宣教士所提到的故事說，有一個人在夜裡失足，從懸崖邊滑落，因爲抓到一根樹枝所以停止滑落，他苦苦地攀附著樹枝好幾個鐘頭，終於，他的手指頭因爲撐不住而必須鬆開，於是他對生命做一個絕望的道別，然後讓自己掉下去。但他只滑落了六吋就到達地面。如果早一點放棄掙扎，他就不會痛苦這麼久。所以，說故事的宣教士告訴我們，如同我們的地球母親會接住這個滑落的人，如果我們全然信賴神，並放棄那根深柢固、依靠自己個人力量的習慣，放棄那並不能提供保護的警戒狀態，也不依賴那不能救人的保障，這樣，那隻永遠伸出救援的手也會接住我們。

心靈醫治運動者已經給予這種經驗一種最寬廣的視野。他們的經驗顯示，這種藉由鬆弛與放手所獲致的再生（從心理學的角度而言，這與路德教派因信稱義的道理以及衛斯理教派對於自由恩寵的領受並沒有什麼不同），可以被那些不相信罪惡也不理會路德神學的人獲得。它不過是給予你那小小的、私人的、抽搐的自我一個休息，並且發現那更大的自我(Self)的存在。或快或慢、或大或小，這種結合樂觀與期待的結果，與隨著捨棄努力而來的再生現象，仍然是人類本性中牢不可破的事實，而無論我們採取有神論、泛神—觀念論，或是醫學唯物論來對這些經驗做出終極的因果解釋。㉓

當我們以信仰復興運動的皈依現象做爲例子時，對這種種的現象就會有更進一步的理解。現在，我將簡短地說明心靈醫治運動的**方法**。

當然，他們有一大部分都是暗示性的。在性靈教育中，環境的暗示效力扮演很重要的角色。但是，「暗示」這個已經獲得正式承認的字眼，不幸地在探究過程的許多方向上開始扮演令人掃興的角色，用來避開所有對於不同個案感受性的探討。只要證明它對信仰與行動的影響力，「暗示」只是觀念之力量的另一種說法。**對某些人來說，證明有影響力的觀念對其他人來說並不然**。在某些時刻與情境下能夠發揮影響力的觀念，在其他的時刻與環境中又不然。無論基督教會的觀念在早先幾個世紀中在治療上的影響力如何，它已不再具備這樣的力量。當所有的問題是，爲何鹽在這裡失了它的味道，卻在那裡重新恢復它的味道時，僅僅把「暗示」一詞當作標旗來揮舞，是無法增進我們的理解的。歌達(Goddard)博士那篇關於信心治療(Faith Cures)露骨的心理學論文中，將這種醫療當成純粹的普通暗示。他的結論認爲：「宗教（在這裡他指的似乎是通俗的基督宗教）所有的，在心理治療裡都有，並且宗教擁有心理治療最佳的一種形式。依照（宗教）理念而活，將會使我們完成一切可以被完成的事。」雖然實際上通俗基督宗教**什麼也沒有做**，

或者說直到心靈醫治運動來拯救它以前並沒有做任何事。㉔

一個觀念要具備暗示性，必須讓人覺得它有一種啓示的力量。心靈醫治運動挾其健全心態的福音，已經爲許多被基督宗教變硬的心靈帶來啓示的力量。它恢復這些心靈追求更高生活的活力。假如任何宗教運動的原創力不在於找到一個原先被封住的管道，經由它而重新釋放人類某些團體的活力，那它還會是什麼呢？

個人信仰、熱忱、模範以及最重要的創新力量，永遠都是促成這種經驗發生的首要暗示媒介。如果有一天心靈醫治變成官方的、有地位的、固守疆界的，它暗示的效力就會喪失。在宗教最急進的階段，它都應該像流浪在沙漠中無家可歸的阿拉伯人。教會對此點知道得很清楚，因爲它永恆的內在鬥爭就是少數人的急進(acute)宗教對抗多數人的慣性(chronic)宗教。這種慣性宗教硬化成一種比無宗教(irreligion)反對聖神作用(the movings of the Spirit)還要糟糕的阻礙。強納生•愛德華茲說：「如果眞像現在有些人所說的，那些冰冷的、已經逝去的聖徒比起沒有信仰的人帶來更多的傷害，帶領更多人到地獄去，如果他們不存在，對人類還好些。那麼，我們可以祈禱，但願這些已經不再活著的基督聖徒，要嘛再度復活，要嘛就此消失。」㉕

暗示發生作用的第二個條件是：世上大多數的心靈都兼具健全心態與經由放鬆的方式來得到精神再生的預備。對那些具備其中一樣特質，或是對這兩種特質的混合所吸引的人而言，新教(Protestantism)比起沒有信仰的人來說顯得太悲觀，天主教(Catholicism)又顯得過於墨守法規、道學氣太重。無論我們在場的人中只有多少的人屬於這種型態，很明顯地，它已經形成一種特殊德性的組合，在世界上佔有相當的比例。

最後，心靈醫治對於下意識生活的廣泛運用，在我們這個基督新教的國家是空前的。除了從理性出發的告誡和教條式的主張之外，它的發起人們還加上包括被動放鬆(passive relaxation)、專注(concentration)、冥想(meditation)等有系統的訓練，甚至應用像催眠一樣的練習。我隨意引用幾段話：

> 理想的價值與力量是「新思潮」最強力堅持的實際真理，意即由內而外、從小到大的發展㉖。因此，一個人的思慮要集中於理想所結的果實上，即要有在黑暗中邁步一樣的信賴㉗。為了獲得能夠有效導引心靈的能力，「新思潮」教導我們做專注的練習，或者，換句話說，是如何獲得自我控制。一個人要學習如何整頓自己心靈的傾向，這樣心靈才能被選擇的理想整合為一體。為了達到這樣的目標，一個人應該自己設定一些時間來做靜默冥想的練習，最好是在一個整體環境有利於靈性思考的空間進行。用「新思潮」的話來說，這叫作「入靜」(entering the silence)。㉘
>
> 會有一天，即使你身處忙碌的辦公室或是嘈雜的街上，你也能夠入靜，你只需召喚自己的思想之神，並意識到：在那個地方與每個地方，無限生命、愛、智

慧、平安、權柄以及豐饒之神一直在指引、維持、保護和引導你。這是不斷祈禱的精神㉙。我們所認識的人當中最有直覺的人之一在一個城市裡的辦公室辦公，同一間辦公室裡還有其他幾位男士，而且常常大聲地討論。完全不被周圍各式各樣的聲音干擾，這個以自我為導向且忠信的男士，當他覺得混亂的時候，可以在自己周圍完全拉上一張私密的簾幕，彷彿自己完全被包圍在自身的心理氛圍內。因此他可以有效地從所有的干擾中離開，就像獨自處於原始林當中。將他的困難以直接詢問的方式帶入此奧秘的靜默中，他期待一個特定的答案。在得到答覆之前，他全然保持被動的心態。根據他多年以來的經驗，這個方法從來沒有讓他失望，或是給予他錯誤的導引。㉚

我很想知道，這樣的方法和天主教靈修中扮演重要角色的「凝想」(recollection)在**本質上**有哪一點不同？凝想又被稱爲天主臨在的修練(the practice of the presence of God)（我們也都是這樣了解，例如傑勒米・泰勒[Jeremy Taylor]的作品）。著名的阿瓦拉・德帕茲(Alvarez de Paz)老師在其關於默想的著作中，爲凝想下了這樣的定義：

正是那對於神的凝想，對神的思念，使得我們在任何時刻、任何境況看到祂的臨在，使我們以尊敬之心和愛情與祂溝通，並且，使我們滿溢對祂的渴望與情感……你能夠逃離所有的禍害嗎？無論在順境、逆境，或是其他任何時候，都不要失去此種對神的凝想。不要因為事物的困難或是重要而規避此義務，因為你永遠記得神看見你，你總在祂的眼底。如果有一千回你忘了祂一小時，你就要再凝想祂一千遍。如果你不能持續地實行此種凝想，至少讓自己盡可能對它熟悉。而且，就像在嚴冬不斷想要靠近火爐的那些人，你也要盡可能地常常接近那熱烈的火焰，因為它可以溫暖你的靈魂。㉛

當然，所有天主教靈修的外部連結與心靈醫治的思想截然不同，但此修行方法中純粹靈性的部分在兩者的感通狀態中都相同，並且兩種感通狀態中，推動此方法的人都以權威的口吻把它寫下來，因爲很明顯地，他們曾經體驗過自己寫下來的情形。我們再參考一些心靈醫治者的說法：

崇高、健康、純粹的思想可以被鼓勵、促進和強化。它的激流可以轉化成為大的理想，直到它形成一種習慣，並且鑿出一條通道。經由這樣的鍛鍊，心靈的地平線將會充滿美麗、完整而和諧的陽光。要開始純潔而高尚的思想在最初可能看來很難，甚至如機械般不自然，但假如持之以恆，久而久之就會變得容易，接著會感到愉快，最後將會感到喜樂。

靈魂的真實世界是它所建立起來的思考、心靈狀態與想像。如果我們**下定決心**，就可以遠離低級的感官階層，將自己提升至靈性與真理的領域，並在那裡安居。採取期待與接受的態度將能吸引靈性的陽光，這個陽光會流入，如同空氣趨向真空那樣自然……當思考不再為日常責任與職務所盤據時，它就會升至這個靈性的領域。在白天有些靜謐閒暇的時光，在夜晚也有清醒的時刻，此時，可以從事這種有益健康、充滿喜樂的修練，並得到很大的益處。如果一個人從來沒有系統地做過這種提高並控制思想意志的努力，只要一個月的時間，願意誠心地實行這個修練，他就會對結果感到驚訝與快樂，而且再也沒有任何事情可以引他回到那種膚淺、漫不經心與毫無目標的思想。在這個適意的季節，外在世界與其日常生活瑣事都被隔開，人也走進靈魂的內在殿宇寧靜的聖所中，交流感通、熱切尋求。性靈的聽覺變得異常敏銳，因此連「寂靜、微小之音」都可以聽見。外部感官的喧擾也停止了，只存在巨大的靜寂。自我逐漸意識到自己正與神聖的臨在(Divine Presence)面對面，那個強壯的、治療的、慈愛的、充滿父性的生命，甚至比我們還靠近自己。這是靈魂與其元靈(Parent-Soul)的相遇，而且是從永不枯竭的泉源所流溢出的生命、愛情、美德、健康和幸福。㉜

當我們談到密契主義這個主題時，你會彷彿全身濕透一般，深深地沉浸在這些深遠的意識狀態中；而那小小的水花所帶給你的懷疑的冷顫也早已遠去。所謂懷疑，是說這些被寫下來的經驗只是一種抽象的談論與修辭，爲了激勵他人而作。我相信，屆時你將會深信，這些經驗到「合一」的意識狀態已形成一種非常明確的經驗種類。靈魂可以不時地參與其中；比起他們熟悉的任何可以依靠的事物，有些人也會在更深的意義上依靠此種經驗而活。這使我想到，我將要跳過健全心態這個主題，結束這個恐怕已經討論得太多的主題。我要做一個更普遍的哲學反省，它關心的是系統化的健全心態和心靈醫治與科學方法、科學生活的關係。

在後面的講程中，一方面我將要闡明宗教與科學的關係，另一方面討論宗教與原始心靈(primeval savage thought)的關係。現在有許多人——他們喜歡自稱爲「科學家」或是「實證主義者」——會告訴你宗教思想只是一種殘存(survival)、一種回返祖式(atavistic)的意識，這種意識早已被更文明的人類拋之腦後而超越了。如果你要他們解釋得完整一些，他們也許會說，對原始心靈而言，所有的事物都被認爲具備某種人格。原始人認爲一切事物都是由人爲的力量所驅動，並以個人目標爲目的。對原始人而言，即使是外在的自然都遵循人的需求和要求，就像許多基本力量一樣。另一方面，這些實證主義者會說，現在的科學已經證實，人格非但不是自然中的基本力量，而且只是那些眞正的基本力量——如物理、化學、生理、心理—生理力量——所帶來的結果，這些基本力量的性質上都是非人格的(impersonal)、具有普遍性的。只有在遵守某些宇宙的法則時，個人才能對宇宙發生作用。如果你問他們，科學如何取代原始思想，使得原始思想以人格看待萬物的方式被質疑，他們會說那是由於嚴格地運用了實驗證明的方法。他們會說，如果實際遵循科學全然忽略人格的概念，你就會得到證明。那些你用來推論的事項，只有當他們保持非人格與普遍的性質時，你的期待才能得到經驗的證明。

然而，在這裡我們有心靈醫治這種東西，它根據完全相反的哲學，而作了同樣的聲明：你先假定它是眞的，再按照那樣的方式生活，你的每個日子將會證明它果然是眞的。自然的能量控制是有人格的，你的個人思考具有力量，宇宙的能力也會直接對你的懇求與需要做出直接的答覆，這些命題都可經由你的身體與心靈之經驗得到證實。人的經驗能證實原始宗教的這些想法，可由心靈醫治運動的擴展不單靠其聲明與主張，而是靠可感知的經驗結果這個事實得到證明。在這個科學權威高張的時代，它對科學哲學發動了一場猛烈的攻擊，並且以科學本身的特殊方法和武器得到成功。這個運動發現以下的信念，就是：只要我們眞誠地將自身交付給那個更高的力量，並同意運用這個力量，它將以特定的方式照顧我們，比我們自己照顧自己還要好。這個信念不但沒有被推翻，反而經由觀察得到證實。

心靈醫治運動如何造成人的皈依，又如何堅定其皈依者，從我前面引述的例子中已經看得相當清楚。我要再引兩個簡短的自述，好更具體地說明這件事。以下是一例：

運用所學到的最初經驗，發生在我去見心靈醫治的治療者兩個月之後。我跌倒，扭傷了右腳踝，四年前也發生過同樣的情形，所以有好幾個月的時間，我需要使用枴杖和彈性腳環，並且小心翼翼地保護它。當我可以試走時，給了自己一個正面的暗示（我整個人的存在都感受到了這個暗示）：「除了神之外，別無其他，所有的生命完全來自於祂。我不會挫扭受傷，我要讓祂照顧一切。」然後，我就再也沒有感到任何不適，在那天還走了兩哩。

下一個例子不只說明其所進行的實驗與其驗證，還涉及我不久前討論過的被動與交付的部分。

一天早晨，我到城裡買一些東西。沒有走太久，我就開始覺得不舒服。不舒服的感覺急劇上升，一直到我全身的骨頭都覺得很痛，還覺得想要嘔吐、暈眩、頭痛。總而言之，所有流行性感冒的前兆我都有了。我以為自己得了當時流行於波士頓的流行性感冒，或是什麼更嚴重的病。這時，整個冬天我所聆聽的心靈醫治的教導來到我心中，我想剛好可利用這個機會試驗自己。在我回家的路上遇到一個朋友，我花了一些功夫才忍住，沒有跟她說自己當時不舒服，那是我做到的第一步。回家後我馬上躺在床上，先生想要送我到醫生那裡，但我跟他說我寧願等到明天早上，看看到時候覺得怎樣再說。接著我經歷了自己這一生最美好的經驗之一。

我無法以其他的方式來描述，除了說那是：「躺臥於生命之流中，讓它從我身上流過。」我捨棄一切會脅迫人的疾病的恐懼；我完全接受目前的處境，服從它。不存在任何理智上的努力，或是思考的訓練。我主要的意念只有：「看，上主的婢女，願照祢的旨意成全於我。」我還有一種完全的信心，知道一切終將很好，一切本來都很好。創造的生命在每一刻流入我身上，我覺得自己與永恆在和諧中結為一體，並充滿不可思議的平安。我的心靈沒有一點衝突。我失去了對時間、空間以及人的意識，只存有愛情、幸福與信賴。

我不知道這樣的狀態維持了多久，也不知道自己何時睡著，但當我隔天醒來時，**我已經好了**。

這些都是非常瑣碎的例子㉝，其中如果有什麼東西的話，就是試驗和驗證的方法。對於我現在所指的，不管你認爲這些病人是被自己只要的想像力所欺矇的受害者，或者你沒有這樣認爲，都無關緊要。**對他們而言，**只好覺得自己是由所嘗試的試驗治癒，就已足夠讓他們皈依至心靈醫治的系統。雖然一個人必須具備特定的心理模型，才能得到這種結果（因爲並不是每個人都能這樣滿意地醫好自己，就像不是每個人都可以被第一個請到的醫生醫好一樣），但是，假如要那些藉此實驗方式證實其心靈治療之原始哲學的人，採用更科學的治療而放棄這些方式，那就顯得太過道學、太過謹慎了。對於這一切，我們要如何思考呢？科學提出的聲明是否太誇大了呢？

至少，我相信偏狹的科學家所提出的主張是不成熟的。在我們這個鐘頭內討論的這些經驗（還有許多其他類似的宗教經驗）明白地顯示，世界面向之繁多，超過任何宗派，即使是科學的宗派所能允許的範圍。終究，我們一切的證實，不就是來自於與那些由心靈組成的個別觀念系統（概念系統）多多少少應和的經驗嗎？但為何以常識之名，我們要假定只有一個觀念的系統是眞的呢？我們的整體經驗很明顯的結果是，這個世界可以由許多不同的觀念系統來運作，也因此可以由不同的人操作，在每個時刻，這些運作者可以得到自己所關心的利益，同時，其他的利益就必須被抹煞或是延宕。科學給予所有的人電報、電光和診斷法，成功地預防與治療了某些疾病。就心靈醫治者來說，宗教給我們當中的一些人平靜、精神的平衡與快樂，還像科學一樣預防了某些疾病，對某些人而言它甚至比科學有效。那麼，很明顯地，對那些懂得實際運用的人而言，科學與宗教都是開啓世界寶庫的眞鑰。同樣明顯的是，二者之中沒有一個是包羅一切，或是不容另一方共存的。畢竟，為何世界不可以這麼複雜，因此涵括許多互相滲透的眞實面向？我們可以輪流使用不同的概念，並採取不同的態度來接近它，正如數學家以幾何學、解析幾何、代數、微積分或是四元聯立方程式等方式來處理相同的數與空間的事實，而結果都一樣不會錯。從這個觀點來看，宗教與科學，二者以各自的方法在一個個不同的時刻和不同人身上，分別得到驗證，可以說是同爲永恆(co-eternal)的。原始思想相信個別的人格勢力，無論如何，似乎沒有被科學排斥出去，從以前到現在都是這樣。許多受過教育的人，仍然覺得這種思想是他們與現實交流最直接的實驗管道。㉞

心靈醫治運動有這麼多現成的個案，所以我忍不住想要使用這些資料來讓你們了解這些最後的眞理。今天，我應該對這樣一個短短的介紹感到滿足了。在接下來的講程中，我還會對宗教和科學以及原始思想的關係作更多清楚的討論。

附錄

個案一

我的經驗是這樣子的：我已經病了很久，十二年前，這個病剛開始爲我帶來的結果是複視(**diplopia**)，使得我幾乎無法閱讀和寫作。另一個後果是我再也無法做任何運動，假如我運動，馬上就會感到巨大的衰竭感。我被歐洲和美國最有水準的醫生照顧，一向對他們幫助我的能力極有信心，他們也從來沒有爲我帶來什麼不好的後果。接著，當我的病況急速惡化時，我聽到一些關於心靈治療的事，覺得有興趣，也想試一試。我對於從其中能得到什麼好處並沒有抱太大的希望，那只是一個讓我去嘗試的**機緣**，部分原因是我對它所開展的新契機感興趣，另一部分的原因是它乃我唯一看得見的機會。我到波士頓找X，我有一些朋友已經（或說他們自己認為）從X身上得到很大的幫助。整個治療過程很安靜，沒有說什麼話，而那說的少許話也沒有讓我信服。如果說有發生什麼影響力的話，就是當我們坐在一起時，另一個人的思想或是感覺靜靜地傳達到我下意識的心靈中，進入我的神經系統。從一開始我就相信這種行動所帶來的**可能性**(possibility)，因為我知道心靈具有模塑、幫助或是妨礙身體神經活動的力量。雖然沒有經過證實，但我相信心電感應(telepathy)是可能的。但我只是相信它的可能性而已，對它並不是十分強烈的堅信，或者以任何神秘的、宗教的信心與它連結，使得想像力可以強烈地發揮。

每天我花半個鐘頭的時間，和心靈醫治的治療者靜靜地坐在一起，一開始沒有什麼結果，大約十天以後，我突然很快地意識到一個新能量的浪潮在我裡面湧起，我感到一股力量通過舊日躊躇不前的地方，這個地方在我生命中築起一道眞實的圍牆，我多次努力，仍然無法跨越它的高度，但這股力量打破了圍牆圈定的範圍。我開始能夠閱讀、走路，這是我多年來無法做到的事。而這個改變來得如此突然、顯著、無誤。這股浪潮持續了三、四個星期，當夏天來臨時，我就離開了，幾個月後再繼續進行治療。我得到的幫忙後來證明是永久的，使得我的病況慢慢地有進展，而不是惡化。但是就某方面來說，這個幫助所帶來的影響好像變弱了，雖然我從最初的經驗得到對此實際力量很大的信心。而且，如果我的信心是幫助我的最重要因素，那這信心也應該為我帶來進一步的健康和強壯。自從那次的經驗之後，我再也沒有得到同樣驚人而顯著的效果，雖然一開始我沒有什麼信心，對可能的結果也感到懷疑。把這件事所有的證據以言語表達出來，再把結論所根據的一切組織成一段清楚的話，是不容易的。但我總是覺得，自己有許多證據來印證（至少，對我而言）我當時得到，後來也一直主張的結論。我的結論是，首先，我生理上的變化是心靈狀態的變化在我內部所引起的結果，其次，這種心靈狀態的變化，除了那些比較次要的方式，並不是經由活潑的想像力所獲致，也不是像催眠**有意地**接受暗示的結果。最後，我相信這個變化是自己所接受到心電感應的結果，那是在直接意識之下更底層的心靈層次接收到更健康、更有活力的態度，這種態度由另一個人傳給我，他將其思想導向我，刻意要將此種態度銘刻於我身上。我的病很清楚地被歸類為神經緊張，而非器官的問題；但經由我有機會所觀察到的，我認為兩者之間區分的界線其實是任意的。神經控制整個身體內在的活動和營養，並且，我相信中樞神經系統，經由激發或抑制局部中樞的作用，可以對任何疾病產生很大的影響，如果它可以發揮效力的話。就我的判斷，問題只是如何讓它發揮效力。我認為，心靈醫治結果的不確定與顯著的差別是在告訴我們，我們對於發生作用的力量與方式是多麼無知。經由對自己和別人經驗的觀察，我確信這些結果不是偶然的巧合。在許多案例中，有意識的心靈與想像力無疑也參與了整個過程，但在許多其他的例子中，有時候是那些非常特別的例子，它們卻沒有發生什麼作用。就整體而言，我傾向於認為既然治療行動如同疾病的發生，是源於正常的下意識心靈的那個層次，所以最強烈、最有效的銘印，是藉那些仍然未知但最幽微的方式，**直接地**從一個更爲健康的心靈所接收到的訊息，藉一種隱藏的交感(sympathy)法則，這個**潛**意識(*un*conscious)心靈會複製那個健康心靈的狀態。

個案二

在一個朋友力勸的要求下，以及近乎絕望的狀態下（也許是源於前一次被一個基督教科學家治療的失敗經驗），我將我的小女兒送到一位心靈醫治的治療者那裡接受治療，醫生覺得束手無策的疾病竟然被治癒了。這使得我對心靈治療感興趣，我開始熱切地研究這種治療的哲學與方式。漸漸地，一種內在的平安與寧靜降臨到我身上，它帶來正面的影響，使我的舉止有了很大的轉變。我的孩子和朋友都意識到我的這種改變，還告訴我他們所看到的。所有煩躁的感覺都消失了，甚至我的臉部表情也有明顯的變化。

從前我和別人討論事情時，不論公開或私下，總是很固執、富攻擊性，而且缺乏包容力。我現在對於別人的觀點已經很能包容與接納。從前我很緊張、易怒，一個星期中總有兩三天回到家時就會頭痛，當時我以爲是消化不良或是鼻炎的問題。我現在變得恬靜、溫和，那些生理上的病痛也都不見了。以前我一想到要和別人進行商務會談，就會陷入一種近乎病態的恐懼，現在我與別人會面時，都充滿信心以及內在的平靜。

我可以說，所有的成長都是朝向自私心態的消泯。我指的不只是那些較粗糙、比較屬於感官的自私形式，而是更幽微、更難以察覺的型態，例如表現爲難過、悲嘆、後悔、嫉妒等形式的自私。成長的方向在於實際地、有效地實現神的內在性(immanence)，以及人內在自我眞實的神聖性。

註釋

① C. Hilty: Glück, dritter Theil, 1900, p. 18.

② *The Soul: its Sorrows and its Aspirations*, 3d edition, 1852, pp. 89, 91.

③我曾經聽到一位女士形容，當她想到自己「可以永遠緊傍著神」時的快樂。

④ John Weiss: *Life of Theodore Parker*, i. 152, 32.

⑤ Starbuck: *Psychology of Religion*, pp. 305, 306.

⑥聖皮耶(Saint Pierre)寫道：「我不知道有一天哲學家會對憂鬱歸納出什麼物理法則。對我而言，它是所有感覺中最爲肉慾的。」於是，他在其關於自然(Nature)的作品中花了好幾個段落討論廢墟之樂、墳墓之樂、自然界中的廢墟和孤獨之樂，而每一段的筆調都比前一段更樂觀。

這種從苦惱中看見華美的樣態常見於青少年。瑪麗・芭許可瑟(Marie Bashkirtseff)（譯註⑥）眞實地把這種情狀表達得很好：

「在這個憂鬱和可怕的持續痛苦中，我並不抱怨生命。相反地，我喜歡生命，並覺得活著很好。你能相信嗎？我發現每一樣事物都很好，令人感到愉快，即使是我的眼淚和我的悲傷。我享受哭泣，我享受自己的絕望。我享受憤怒與悲哀。我感覺這些彷彿是遊戲，雖然它們存在，我仍熱愛生命。我要繼續活下去。當我對生命如此順應時，如果要我死掉，那會是很殘忍的一件事。我哭泣，我悲傷，同時又覺得高興——不，不完全是這樣——我不知道如何表達。但生命中的每一件事都令我覺得高興。我得每一件事都是愉快的，而且在我祈禱快樂的同時，我發現即使遭遇不幸，我也感到快樂。並不是我在承受這一切——我的身體悲嘆哭泣，但在我內，某個高於我自身的那個東西卻對一切感到喜悅。」參見 *Journal de Marie Bashkirtseff*, i. 67。

⑦節錄自 R. M. Bucke: *Comic Consciousness*, pp. 182-186。

⑧我是指《保護者》(*The Conservator*)，由楚貝(Horace Traubel)編輯，每月在費城發行。

⑨節錄自"Song of Myself", 32。

⑩《伊里亞德》(*Iliad*), XXI., E. Myers's translation。

⑪我有一個極樂觀的朋友，有一天，他感到胃口特別好，一副要吃人的樣子，在我面前說道：「上帝怕我！」這句話挑戰的口氣顯示了基督宗教對於謙遜的教導還在他胸口作痛。

⑫「當我一天又一天，在生命之路前行時，越來越感到自己成爲一個迷惘的小孩。我無法對這個世界、對所聞所見、對繁殖和遺傳感到習慣；最平常的事對我來說也變成一種負擔。生命表面上的呆板、健忘與有禮，以及底層中的寬鬆、猥褻與狂放，甚至淫蕩，形成一個我怎樣也無法與之妥協的

景象。」參見 R. L. Stevenson: *Letters,* ii, 355。

⑬《給兒童的警句》(*Cautionary Verses for Children*)是一部很常用的書，於十九世紀早年出版。它顯示了英國新教福音傳道的思考，由於關注險惡這個概念，與最初福音中呈顯出來的自由距離多麼遙遠。大致說來，心靈醫治可以視爲對十九世紀初特別流行於英美的教士團體內，那種慢性愁慮的一種反動。

⑭我是指 Mr. Horatio W. Dresser 與 Mr. Henry Wood，尤其是前者。前者的作品由 G. P. Putnam's Sons, New York and London 出版。後者的作品由 Lee & Shepard, Boston 出版。

⑮避免我的證據被懷疑，我再引述另一位報導人，歌達博士的話（Dr. H. H. Goddard, Clark University, "The Effects of Mind on Body as evidenced by Faith Cures", in *American Journal of Psychology*, 1899, vol. x）。這個評論者，對相關事實做了廣泛的研究後，斷定心靈醫治所帶來的療效的確存在，但與現在醫學所承認的暗示(suggestion)療法沒有什麼不同。在他論文的最後，有一個有趣的、關於暗示爲何生效的生理學的推測（見再版，p.67）。關於心靈醫治的一般現象，歌達博士寫道：「雖然我們對於心靈醫治的報告曾經給予嚴苛的批評，但仍然有很多材料顯示心靈對於疾病的強大影響力。許多案例都由本國最好的醫生診斷與治療，或是由著名的醫院嘗試醫治，但沒有成功。受過教育或是有教養的人也曾經試過這種療法，並得到滿意的結果。長年生病的病患也有改善，甚至治癒。……我們曾考察當代的原始醫術、民俗醫術、專賣藥品與巫術的心理因素。我們相信如果這些方法不曾治好疾病，就不能解釋爲何這些方法存在；如果他們眞的能治癒疾病，那一定是心理因素在發生作

用。同樣的論點也適用於當代心靈治療的學派——神聖治療(Divine Healing)與基督科學(Christian Science)。假如整件事都是一種錯覺，很難相信爲什麼由一大批聰明人所組成的，稱爲心靈科學家(Mental Scientist)的團體還會繼續存在。這不是一個暫時的現象，不限於少數人，也不是某個地方的現象。的確有許多失敗的案例被記錄下來，但這只是增加前述論點的力量。因爲一定有很多驚人的成功與這些失敗相抵，否則這些失敗的結果一定會打破這些錯覺……基督科學、神聖治療，或是心靈科學無法醫治所有的疾病，就事物的本質來說也不可能；然而，最廣義的心靈科學其一般原則的實際應用似乎可以預防疾病……我們的確發現足夠的證據，可以相信：心靈的態度如果經過適當的改變，可以幫助許多醫生無法治癒的病患得到紓解，甚至可以延遲許多絕症患者的死期。忠實信守一種更眞實的人生哲學，可以使得許多人健康，並可以使醫生把時間奉獻於減輕不可預防之疾病上面。」（再版，pp.33, 34.）

⑯ Horace Fletcher: *Happiness as found in forethoght minus Fearthought Menticulture Series,* ii. Chicago and New York, Stone, 1897, pp. 21-25.

⑰ H.W. Dresser: *Voices of Freedom,* New York, 1899, p. 38.

⑱ Henry Wood: *Ideal Suggestion through Mental Photography,* Boston, 1899, p. 54.

⑲ 到底這與基督本人的概念是否如此不同，要由釋經學家來決定。按照哈那克(Harnack)的說法，耶穌對於惡和疾病的看法與現代的心靈醫治家很像。哈那克問道：「耶穌給施洗者約翰(John the Baptist)的答覆是什麼？」就是「『使盲人看見，跛子行走，痲瘋病得以潔淨，聾子聽見，死人復活，並且

傳報福音給窮人。』這就是『天國的來臨』，更好說在這些救贖的工程中，天國已經來臨。經由對悲慘、匱乏、疾病的克服與移除，經由這些實際的效果，施洗者約翰看到新時代已經來臨。驅魔只是這個救贖工程的一部分，**但耶穌指出這是他使命的意義和保證**。因此，他針對悲慘、生病和貧窮的人說話，但不以道德家的姿態出現，也不以感情用事的方式。他從來不對疾病分門別類，不問病人是否『值得』被治癒，也從來不對痛苦和死亡表示同理心。他從來沒有說疾病是一種有益的災難，或是惡有促進健康的用途。不，他把病叫作病，健康就叫作健康。所有的惡與悲慘對他來說都是可怕的東西，屬於撒旦的國度；但他可以感受到救主的力量在他內。他知道只有當衰弱被克服，疾病被治癒，進步才會來臨。」參見 *Das Wesen des Christenthums*, 1900, p. 39。

⑳ R.W. Trine: *In Tune with the Infinite*, 26th thousand, N.Y., 1899. 我將散見各處的段落串在一起。

㉑ 例如 The Cairds。見 Edward Gaird's Glasgow Lectures of 1890-92，充滿像下文的這些段落：「耶穌在宣教初期宣稱『時期已滿，天國臨近了』，又幾乎緊接著宣稱『天主的國就在你們中間』。有人認爲後來這個宣稱的重要性，在於它的**性質**與前面時代偉大的聖人、先知所提出的『天國中最小的』截然不同。最高遠的理想現在被帶近人的身旁，並宣告可以被觸及，人們被激勵要『像他們在天之父一樣完善』。在以色列對上帝虔敬的人，逐漸學習到不只把神視爲民族之神，祂還是一位正義之神，要懲罰以色列的罪，如同祂懲罰伊頓(Edom)和莫柏(Moab)一樣，他們越持這樣的看法，就越生出與神疏遠之情，現在這種看法已經不合時宜了。現在典型的基督宗教祈禱文：『在人間，如同在天上』，是消除那貫穿猶太人歷史，並不斷擴大，把現世和死後世界相對照的這種觀念。事

實上，人與上帝之間的區分，有限存有與無限者的區分，軟弱、罪惡與全能美善的區分並沒有消失，只是他們不能再繼續侵壓合一之感。『父』與『子』這兩個詞一方面指出其對立，一方面也標示出其限制。他們顯示二者並非絕對地對立，而是預設了一種無法摧毀的統一原則，可以而且必須成爲一個彼此和解的原則。」參見 *The Evolution of Religion*, ii. pp. 146,147。

㉒杜列塞(Dresser)學派把心靈醫治的經驗與學院的哲學互相滲透的做法，究竟能否在實際上戰勝那些不重視理論與批判的宗派，要將來才會知道。

㉓有神論的解釋認爲由於神的恩典，當舊的本性誠心地被捨棄，新的本性就在人的內心創造出來了。泛神論的解釋（也是大部分心靈醫治者的解釋）則認爲經由將狹隘自私的自我融入寬廣無私的自我，亦即宇宙的精神（也就是你「下意識」的自我），此時不信賴和焦慮的藩籬就會撤除。醫學唯物論的解釋認爲，較高的大腦活動對於較簡單大腦活動的控制只能以抑制的方式作用；當生理上較高的（雖然在這裡不是指精神上較高的）大腦活動被抑制住時，較簡單的大腦活動可以比較自主地活動，因此變得較爲自由。從心理—物理學對世界的解釋來看，到底這第三種解釋可否與其他兩種解釋的任何一種合併，是個尚未解決的問題。

㉔基督教會內一直流行著一種傾向，把疾病當成一種天惠或是天譴；是爲了我們的好處，由上帝所降，做爲責罰、警告、修德的機會，或是在天主教會中，贏得「善功」(merit)的機會。有一位天主教的優秀作家(P. Lejeune: *Introd. à la Vie Mystique*, 1899, p. 218)說道：「疾病是一種最佳的身體苦行，這種苦行並非由自己選擇，而是由天主直接施加於人身上，是天主意志的直接表達。」葛耶閣下

(Mgr. Gay)說：「假如其他苦行是銀的，這個就是金的，因爲雖然它來自我們自己，來自我們的原罪，但從較高遠的眼光來看，（就像所有發生的事一樣）它是從天主的護佑而來，所以它是一種神聖的創造。它的打擊多麼公正！又多麼有效！……我毫不遲疑地說，對於長期病痛的忍耐是苦行的傑作，因此它是受苦靈魂的勝利。」依照這個看法，在任何情況下對於疾病都要順受，甚至在有些情境下，如果希望祛除疾病，反而是一種瀆神的行爲。

當然還有一些例外的看法，在所有時代，教會都承認奇蹟治病的事，幾乎所有偉大的聖人或多或少行過這樣的奇蹟。歐文(Edward Irving)的異端說法之一，就是主張神蹟治病仍舊可能。一位德國牧師約安・克里斯多・布倫哈(Joh. Christoph Blumhardt)，在一八四〇年代早期曾自發地發展一種可以在病人悔罪和皈依，以及牧師祈禱之後治癒其疾病的本事，這種方法施行了幾乎三十年。Zündel的《布倫哈傳》(Zündel: *Blümhardt's Life,* 5th edition, Zurich, 1887)在第九、十、十一、十七章中曾詳述他的治療活動，布倫哈始終認爲他的療效是來自上帝的干涉。布倫哈是個非常純潔、簡樸，並不狂熱的人。他這部分的工作並沒有一個先行的模範可以跟隨。在芝加哥也有這樣的例子，是蘇格蘭浸信會(Scottish Baptist)的傳教士道威博士(Dr. J. A. Dowie)，在他每星期發行的 *Leaves of Healing* 中的一九〇〇年第六卷呈現。雖然他排斥其他教派的治療，認爲他們是魔鬼冒充他本人專有的「神聖治療」，但整體而言，他應該算是心靈醫治運動的一派。心靈醫治運動的基本信條就是永遠不要接受疾病。疾病完全屬於地獄。上帝要我們絕對健康，我們不應該忍受自己過較低境界的生活。

㉕我從愛德華茲那本論新英格蘭之復興的書中引述這段話。他不要別人做這樣的祈禱；但又很容易看

出來，當他攻擊那些冷淡無生氣的教會人士時，覺得樂在其中。

㉖ H.W. Dresser: *Voices of Freedom,* 46.

㉗ Dresser: *Living by the Spirit,* 58.

㉘ Dresser: *Voices of Freedom,* 33.

㉙ Trine: *In Tune with the Infinite,* p. 214.

㉚同上引，Trine: p.117。

㉛引述自 Lejeune: *Introd. à la Vie Mystique,* 1899, p. 66。

㉜節錄自 Henry Wood: *Ideal Suggestion through Mental Photography,* pp. 51, 70。

㉝請參見這一講的附錄，由朋友提供給我的另外兩例。

㉞究竟不同的面向或系統是否如大多數哲學家所假定，必須整合成一個絕對的概念，如果是的話，什麼又是達到那個概念的最佳途徑，這些問題只有在未來才能回答。現在我們所確知的就是，實際上，個別的概念有個別的方面，各自對應到世界眞理的某一部分，每個面向都可得到某種程度的證實，每個面向也都排除了眞實經驗的某一部分。

譯註

①廢棄道德律(antinomian)原文意指一種宗教態度，認爲宗教上的忠誠可以使人免於服從世俗法律。世俗法律也被認爲是邪惡的，當個人的宗教發展成熟，應當謹愼地打破世俗的法律。參見一九九五年

出版之 *The Harper Collins Dictionary of Religion*, p. 53。

②唯一神教派反對上帝、耶穌和聖靈的三位一體說（Trinity），認爲耶穌是人，是愛與犧牲的典範，不具神性（deity），但尊崇其神聖性（divinity）。在現代被稱爲是自由派，接受宗教多元論，自視爲宗教的人道主義者。

③愛德華・伊佛芮・黑勒(Edward Everett Hale, 1822-1909)，唯一神教派牧師、作家。

④**Pagan** 是指由猶太教、基督宗教與伊斯蘭教從自己的信仰觀點所看到自己宗教以外的信徒，將他們視爲未開化的偶像崇拜者。亦指猶太教以前希臘或羅馬的多神教信徒。**Pagan** 在中文一般多翻譯爲「異教徒」，但吳鈜的翻譯（民國三十五年，萬年青書店）將其譯爲「樸獷者」，譯者認爲後者保留了文中上下文所要強調的意涵，故循此譯法。

⑤指《聖經》〈創世記〉中樂園的那棵「知善惡樹」，亞當與夏娃由於吃了樹上的果實，於是「眼睛開了」，知曉善惡，從此進入失去樂園的狀態。

⑥瑪麗・芭許可瑟(Marie Bashkirtseff, 1858-1884)爲俄國畫家與著名的日記作者，其作品於十九世紀末在美國受到廣大的歡迎。二十六歲時死於肺結核。

病態的靈魂

The Sick Soul

・我今天所做的，其結果將是如何呢？
明天我該做什麼？我一生的結果會是什麼？
爲什麼我該活著？爲什麼我該做任何事？
生命有什麼目的，是那等待著我、無可逃避的死亡無法取消或是摧毀的？
這些問題都是世界上最簡單的問題。
從最天真的孩子到最有智慧的老人，人人的靈魂都存在這些問題。
根據我的經驗，如果得不到這些問題的答案，
生活是無法繼續下去的。

——托爾斯泰(Leo Tolstory)

・人必須死於虛妄的生活，
才能降生於真正的生命中。

在上一講，我們討論到健全心態，那是一種在體質上不會長期受苦的性情，這種樂觀看待事物的傾向，彷彿水晶一樣在這種人的性格中定型。我們也看到了這種性情可能成爲某種型態宗教的基礎，在這種宗教中，一律將美好，甚至是此世的美好，視爲一個有理性的人應該要關注的核心。這種宗教引導人對於世界較爲邪惡的部分，以有系統的方式置諸腦後、不予強調，或者在反省思維中對其忽略，有時候甚至直接否認這些邪惡的存在。邪惡是一種疾病，對此種疾病的憂慮是另一種病，只會使原來的病加重。即使是懺悔與悔恨，這些被認爲是良善之導師的特質，也可能只是一種病態與怠惰的衝動罷了。最好的懺悔是自我振作、行正直之事，並且忘記自己曾經與罪惡有過的牽連。

史賓諾莎把這種健全心態交織於其哲學的核心，這也是他的哲學動人的秘密。對史賓諾莎而言，受理性引導的人全然地受心靈的美好所影響。對於邪惡的知是一種「不恰當」的知，只適合奴者的心靈。因此，史賓諾莎斷然地譴責懺悔，當人犯錯時，他說道：

人也許會預期良心的苛責和痛悔幫助他們走上正道，因此下結論（就像人人都這樣下結論），認為這些情懷都是好事。然而，如果我們對此事更仔細地檢視，會發現他們不僅不是什麼好事，相反地，還是有害與邪惡的激情。因為很清楚地，我們總是因為理性與對真理的愛好而有更好的進展，並非因為良心的憂慮與悔恨。由於他們養成某種悲哀，這些情懷都是有害而邪惡的。我已經證明了悲哀的壞處，並且指明我們應該努力將悲哀排出生活之外。正因為良心的不安與悔恨也是這種性質，我們更應該努力逃離與躲避這些心態。①

對基督宗教而言，罪的痛悔從起初就是其宗教行動中最關鍵的部分，而健全心態總是對悔罪提出較溫和的解釋。對健全心態的基督徒而言，悔罪意味著**從**罪惡**逃脫**，而不是因爲罪而呻吟苦惱。天主教對罪的告解與赦免，就其某方面來看，可以被視爲一種有系統地保持健全心態的方法。經由這樣的聖事，人的惡帳可以按期清查結算，因而重新開始，沒有舊帳記在身上。任何一個天主教徒在進行贖罪儀式之後，都會告訴我們他覺得多麼乾淨、清爽與自由。就我們討論過極端健全心態而言，馬丁・路德(Martin Luther)絕不屬於這種心態，而且他拒絕神父的赦罪儀式。但是，關於悔罪這件事，他有一些非常健康的想法，這是由於他對上帝有一個很廣大的觀念。他說：

在我還是一個僧侶的時候，如果任何時刻我感受到肉體的情慾，也就是說，如果我察覺到自己任何邪惡的行為、肉體的情慾、憤怒、恨意或是對於其他僧侶兄弟嫉妒，我就覺得自己全然地被拋棄。我嘗試過許多方法要幫助自己把良心安定下來，但沒有辦法，因為性慾和肉體的情慾總是一再回到我身上，因此我不得安寧，不斷地為下面這些念頭感到生氣悲哀：你已經犯了這個罪或是那個罪；你被嫉妒、缺乏耐心及其他的罪所感染，因此你即使選擇聖職這條路也是枉然，所有你所行的善功都是無效的。但是，假如當時我正確地了解保羅下面這番話：「本性的私慾與聖神的導引相反，聖神的導引與本性的私慾相反；二者互相敵對，致使你們不能行你們所願意的事。」我就不會那麼淒慘地折磨自己，而是應該想到、並對自己說（如同我現在常常做的）：「馬丁，你將不會完全沒有罪，因為你有肉體；所以，你要開始感覺到這場戰鬥。」我記得史淘俾茲(Staupitz)常說：「我向上帝起誓數千遍，我要成為更好的人，但我從來沒有做到。之後我再也不這樣起誓了，因為我從經驗中知道，自己無法做到。因此，除非上帝因為基督的緣故給我幫助與慈悲，但憑我自己的誓願與善行，是無法站立在上帝面前的。」史淘俾茲所說的不僅是一種真實的絕望，還是一種敬神的、神聖的絕望。這是所有將被拯救的人，從嘴裡、心裡都必須承認的。因為敬天者不相信自己的正義，他們仰賴那為了世人的罪而交付自己性命的基督為調解者。並且，他們知道自己肉體內殘存的罪惡不歸在他們身上，而是無條件地被赦免。然而，同時他們在精神上與肉體對抗，以免他們會**滿足**自己的肉慾。雖然他們感受到肉體的憤怒與反抗，而自己有時候也因為軟弱而犯罪，但他們並不因此氣餒，也不因此就認為他們生命的狀態和生活方式，以及根據自己受到的呼召所行的工作會得罪上帝，相反地，他們以信心振作自己。②

墨林諾司(Molinos)是寂靜主義(Quietism)（譯註①）的創始者，也是一位被耶穌會士(the Jesuits)嚴重譴責的宗教天才，他被認為是異端的原因之一，即源自對於悔罪所提出的健康觀點：

當你犯錯時，無論是關於什麼事，都不要自擾自苦。因為這些過失是我們脆弱的本性為原罪(Original Sin)所玷污的結果。當你犯任何過失時，我們的公敵（譯註②）就會要我們相信，由於你走在邪惡中，會失去上帝的協助與寵愛，這樣一來，它就會讓你不相信上帝的恩典，而讓你知道你有多麼悲慘，並予以誇大。因為常常強調這些過失，每天它都讓你覺得自己的靈魂沒有變好，而是變得更壞。喔，被祝福的靈魂啊，睜開你的眼睛，躲開這些魔鬼的暗示，明白自己的苦楚而信賴上帝的慈悲。如果一個人與別人賽跑，在跑得最好的時候跌了一跤，就躺在地上啼哭，為自己跌倒而苦惱，它不就是個傻子嗎？他們會告訴他，喂，不要浪費時間了，趕快爬起來再跑，因為如果你跌倒之後趕快爬起來，繼續比賽，就會像沒有跌倒過的人一樣。假如你看見自己跌了一回，甚至一千回，你應該利用我告訴你的這些補救辦法，即親愛地信賴上帝的慈悲。這些是你必須用來對抗的武器，也是征服怯懦、空想的武器。這是你應該使用的方法，不要浪費時間，不要庸人自擾，那樣領受不到什麼好處。③

現在，與這些健全心態——假如我們將此種心態理解爲一種刻意縮小邪惡之力量的方式——截然相反，如果你喜歡，可以稱之爲盡量誇大邪惡力量的方式。這個方式相信邪惡的那一面是人生的本質，如果我們眞的把這一面放在心上，就會確實了解世界的意義。現在我們將討論這種看待世界較爲病態的方式。但由於我在上一講以健全心態看待生活的普遍哲學反思來結束，我將在這裡對這種人生觀作另一個哲學反思，再轉到更沉重的任務去。希望你們能原諒這短暫的延擱。

如果我們承認惡是我們生活的主要部分，而且是解釋人生的關鍵，那麼，我們就是把困難施加於自己身上，這個困難對所有的宗教哲學都是一個重擔。每當有神論(Theism)把自己提高成一種關於世界的系統哲學，就表現出一種抗拒，不願意讓上帝成爲比「一切中的一切」(All-in-All)還少一丁點的東西。換句話說，哲學的有神論總是傾向成爲泛神論(pantheistic)與一元論(monistic)，並把世界視爲一個絕對事實的整體。哲學的有神論與通俗或是實用的有神論不同，後者或多或少坦白地把自己表現爲多元論，更不用說是多神論(polytheistic)。在承認神聖法則之至高性，並把其他法則置於其下的情形下，通俗或是實用的有神論滿足於一個由許多不同的原始原則所構成的世界。對這種有神論而言，上帝不一定要爲惡的存在負責，只有當邪惡沒有在最後被克服時，祂才需要負責。但是，對一元論或是泛神論而言，邪惡與其他所有的事物一樣，必須植根於上帝之上。因此，如果上帝是絕對的善，要了解爲何世界存在著邪惡就有困難了。無論是哪一種哲學，只要它將世界視爲一個完美無瑕的事實整體，就會碰到這樣的困難。這種整體是一個**個體**(Individual)，在他之內最壞的部分與最好的部分一樣重要，二者都是使這個個體成爲其所是的必要元素；如果這個個體的任何部分消失或是改變，他就再也不是**那個**個體了。現在盛行於蘇格蘭和美國的絕對觀念論的哲學(absolute idealism)，必須如同當年經院哲學的有神論(scholastic theism)，爲這個難題掙扎奮鬥。雖然說這個難題得不到什麼理論性的解決有點言之過早，但我們可以十分公平地說，將不會有什麼清楚或是簡單的答案，而且從這個難題逃離出來的唯一方法，顯然只有**全然**放棄一元論的假設，並且容許這個世界從最初就擁有多元的性質，如同較高層次的事物與原則和較低層次的事物與原則的聚集，而不是一個絕對單一的事實。這樣一來，惡就不具備根本的性質，惡也許是（或一直是）一個獨立的部分，沒有合理或是絕對的權利與其餘的部分共存。最終，我們可能可以希望把它消滅掉。

現在，我們所描述的這種健全心態的福音，很清楚地對這種多元論的觀點投贊成票。然而，一元論的哲學家發現自己或多或少必須像黑格爾(Hegel)那樣，認爲任何事物的存在都是合理的，因此，惡由於它在辯證過程中是一個必要的元素，所以必須在眞理的最終系統中被確定、保存、尊崇，並授與功能。反之，健全心態者絕不會講這樣的話。④他們認爲，惡是極爲不合理的，**不**應該在任何眞理的最終系統中被確定、保存或是尊崇。對上帝來說，惡是一個純粹可惡的東西，一種異類的幻象，一個必須被脫蛻與否定的糟粕。如果可能的話，所有關於它的記憶都要忘卻、消抹。這個理想只是從現實中萃取和**提煉**而出，不會與整體現實共同擴展，它的標記就是從一切病態、低劣與污穢的東西中解脫出來。

我們看到了這個適當並充分地在眼前表達的有趣思想，它認爲世界上有些部分也許不能與其他部分連結爲一個合理的整體，而且，從其他部分的眼光來看，有些部分只能被視爲無關的與偶然的——如此污穢，並且不合時宜。我要請求你們不要忘了這個觀點，因爲雖然許多哲學家不是忘了它，就是因爲輕視它而拒絕提到它，我相信終究要承認它仍然含有一部分的眞理。心靈醫治的福音因此再一次向我們顯示了它的尊嚴與重要。我們已經將它看待爲一個眞正的宗教，而不是愚蠢地訴諸想像力來治療疾病；我們已經看到它的驗證法與所有的科學並沒有什麼不同；現在我們則發現心靈醫治提倡一種對世界之形上結構全然明確的概念。因爲這些理由，我希望你們不會埋怨我對這個主題花了那麼多時間討論。

現在讓我們暫時擱下這種思考方式，把注意力轉向那些無法把罪惡意識的負擔很快地拋開的人，這些人天生注定要爲自己的罪惡意識受苦。就像在健全心態中可以分爲膚淺與深奧兩種層次，一種是如動物般的快樂，一種是可以帶來更新力量的快樂，病態的心靈也有不同的層次，其中一層比另一層更可怕。對有些人而言，惡僅意味著對於**事物**

的不適應，是個人生活與其環境錯誤的相應。至少就其原理而言，在自然的層次上這種邪惡是可以被補救的，只需要修正個體自身或事物，或是同時修正二者，就可以彼此相合，如琴瑟和鳴般快樂。但是，對另一種人而言，惡不只是個體與特定外在事物的關係，而是一種更極端、更普遍的東西，一種在本性中的錯誤或邪惡，不會因爲環境的改變，或是內在膚淺的重整得到治癒，所需要的是一種超自然的補救。就整體而言，拉丁民族(Latin races)比較傾向第一種看待邪惡的方式，認爲惡是由多樣的(plural)禍害和罪孽構成，可以逐一詳細地去除。日耳曼民族(Germanic races)則傾向以單數(singular)的方式思考罪惡(Sin)，以大寫的方式強調，認爲罪惡是自然本性中無法抹滅的東西，任何膚淺瑣細的手術都無法把它切除。⑤這些民族與民族間的比較，總會有例外，但無疑地，北歐民族的宗教情懷更傾向於一種內在的悲觀信仰，由於它是比較極端的類型，你會發現，對我們的探究而言，它是較具啓發性的。

近年來心理學發現「閾限」(threshold)這個詞，當作從一種心態轉變到另一種心態之象徵指涉，非常管用。因此，當我們說一個人一般意識的閾限時，是指能夠喚起其注意力所需之最低聲音、壓力，或是外在刺激。一個能讓高閾限的人睡著的嘈雜程度，可以讓一個低閾限的人馬上驚醒。同樣地，假如一個人對任何種類的知覺程度之間的細微差異很敏感，我們會說他有低的「差別閾限」(difference-threshold)，也就是說，他的心靈很容易跨越意識的閾限而感受到其差別。同理，我們可以說存在著「痛苦閾限」、「恐懼閾限」或「悲慘閾限」，而發現有些人的意識很快就超過它，因此感受到它們的存在，對有些人來說這些閾限卻太高，無法爲他們的意識觸及。樂觀與健全心態的人慣常居於悲慘界限充滿陽光的那一邊，沮喪憂鬱的人則慣常住在另一邊，在黑暗和憂慮中過活。有些人好像生來在他的性情中就銘刻著香檳般的輕快；有些人則是天生靠近痛苦閾限，稍稍刺激就注定把他們推到這個閾限之上。

慣常住在靠近痛苦閾限這一邊的人，會不會也許需要一種與慣常住在另一邊的人不同的宗教？不同型態的宗教與不同型態的需要相對應的這個問題，自然會在這裡被提出，並且會成爲一個重要的問題。不過，在我們廣泛討論它之前，必須先進行一個不怎麼愉快的工作，那就是聆聽這些病態的靈魂(**sick souls**)（我們這樣稱呼，使得有別於健全心態的靈魂）對於被拘留之處，以及特殊的意識狀態有什麼秘密要說。讓我們斷然離開一度降生的人，以及他們樂觀清朗的福音；讓我們不要不顧世間一切表相而高喊：「世界萬歲！神位於高天，世間的一切都美好。」我們寧可看看，是否遺憾、痛苦、懼怕，與人類無助的情懷會讓我們開展一種更深刻的目光，在我們手中交付一把更複雜的鑰匙，以解開生命處境的意義。

首先，像現世的成功經驗這般不牢靠的東西，如何**能**給予生命穩定的停泊之處呢？一條鎖鏈不會比它最脆弱的部分更堅牢，而生命畢竟是一條鎖鏈。即使是最健康與順利的人生中，不也有許多的疾病、危險和災禍嗎？正如古代詩人說的，每個快樂的泉源總會出期不意地冒出一些苦味：微微的噁心、樂極生悲、一陣憂鬱、喪鐘似的預警，無論它們多快消失，總會給人一種來自深邃之處、歷歷如眞的感受。就像琴弦被制音器一碰就斷了琴聲，人生的嘈雜營營之聲，也在它的一拂之間就黯然無聲。

當然，音樂可以再響起，在一定的間隔內一響再響。但光是這樣，就會讓健全心態留下一種無可救藥的不安定感了。彷彿一口有裂縫的鐘，在忍耐與偶然中喘息。

即使我們假設有那種充滿健全心態的人，以至於他在自己的經驗中從來沒有經歷過這種清醒嚴肅的時刻，假如他是個有反省力的人，仍必須將自己的命運與他人的命運做一個概括與分類的思考。如果這樣做，他就會發現，自己對生命苦痛的逃離不過是一種倖免，其實他與別人並沒有本質上的不同。他也很有可能降生在一個完全不同的命運裡頭。這樣一來，安全其實是一種空幻。如果在一個局勢裡面，你能夠說的最好的事只是「謝天謝地，這一回讓我逃掉了！」那是個怎樣的局勢呢？即使在這樣的情況下得到全面的成功，它的幸福不也只是一種脆弱的幻想嗎？你在其中的歡樂不就只是一種粗俗的快意，與惡棍得意時的竊笑有什麼不同？世界上最快樂、最爲他人所欽羨的人，其中十之八九內心深處覺得自己是失敗的。或者他期待一種遠比自己的成就更高的理想，或者他有一種不爲世界所知的秘密理想，就這個理想而言，打從內心深處他知道自己並沒有達成。

當歌德(Godthe)這樣一個戰勝一切的樂觀者，都會以下面的這種方式表達自己時，那些不及他成功的人又要怎麼說呢？他在一八二四年寫道：

我不會說什麼相反於自己生命歷程的話，但歸根究柢，我生命的底層不過是痛苦與重擔，我很肯定在我七十五年的歲月裡，從來沒有超過四個星期的真正安逸。我這一生只不過像是一塊必須不停地從底處往上推的滾石。

就整體而言，有哪一位獨手奮鬥的人像路德那樣成功？然而當他年老時，回顧自己的生命歷程，卻像是一個徹底失敗的人生。

「我對生命感到完全的厭倦。我祈求主可以馬上前來，將我帶離此世。最重要的是，讓祂帶來最後的審判，我會引頸等待，當天雷乍響，我就可以安息了。」——他拿著一條白瑪瑙的項鏈在手裡，接著說道：「喔，上帝，請准許這最後的審判來到，不要延遲，要是審判明天到來，我很情願在今天把這條項鏈吞下去。」——有一天，路德和王侯夫人同進餐，夫人對他說：「博士，我祝你可以再活四十年。」他回答說：「夫人，我寧可放棄進天堂的機會，也不想再多活四十年。」

失敗，然後又是失敗，世界在每一個轉角把失敗烙印在我們身上。我們在世界散佈我們的大錯、我們的過失、我們失掉的機會，以及所有對於我們不適任的追悼。然後，世界以多麼劇烈的強力將我們消抹！沒有輕鬆的處罰，沒有單純的道歉或是正式的賠罪可以滿足世界的要求，被勒索的每一磅肉都浸滿自己的鮮血。人類所知道的最幽微的痛苦，就是與這些結果附帶相連的、毒害人的屈辱感。

然而，那都是人生中最關鍵的經驗。如此普遍而恆久的過程，顯然是生命的構成要素。羅柏・路易斯・史蒂文生(Robert Louis Stevenson)寫道：「人類命運中的確有一個部分，就是連盲目也不能予以否定。那就是無論我們生來預定要做什麼，我們都預定不會成功；失敗是我們注定的命運。」⑥既然我們的本性根植於失敗中，那麼神學家將失敗視爲本質，並認爲個人只有經過屈辱的經驗，才覺察得到生命深刻的意義，也就不足爲奇了。⑦

但這只是厭世病的第一個階段。如果一個人的感覺再敏銳一點，再把他往悲慘閾限推近一點，那麼，就連勝利剛發生時的優質心情也會被破壞、弄糟。所有自然的好處都會毀滅。財富會飛走，名聲不過是一口氣，愛情是欺騙人的東西，年輕、健康與歡樂終會消逝。難道結局總是佈滿灰塵與失望，這會是我們靈魂所需要的眞正好事嗎？在一切事情背後的，是全盤死亡的巨大幽靈，是吞沒一切的黑暗：

一個人在白日之下所付出的努力，對他有什麼益處呢？我看著雙手所完成的一切作品，看啊，一切**都是**虛榮和精神的苦惱。因為那降臨於人子身上的，也會降臨到獸類身上；因為這個人會死，所以另一人也會死；一切都是由塵土所造，最後又要歸於塵土……已死的不知曉任何事，他們也不會得到什麼報酬，因為對他們的記憶均已遺忘。他們的愛情、他們的怨恨以及他們的嫉妒現在都消亡了；對於在白日之下所完成的**一切**，他們也永遠沒有份了……誠然，陽光**是**甜美的，讓眼睛望著白日**也是**一件愉快的**事**；但如果一個人活了許多年**並**為這一切感到歡悅，就讓他記得黑暗的日子，因為將來這種黑暗的日子會越來越多。

總之，人生，以及對於人生的否定是糾結難分的。但如果生命是美好的，對於生命的否定就是不好的。然而，這兩者都是生命中的基本事實，因此，所有自然的快樂就沾染著一種矛盾的味道。墳墓的氣息圍繞著它。

對於一個關注這種事物狀態的心靈，他很容易感受到此種觀想帶來破壞歡樂的掃興。健全心態所能給予他唯一的慰藉只是告訴他：「荒唐，無聊，到外面去吸點新鮮空氣！」或是「老兄，振作點，只要你丟掉這種病態的想法，一下子就沒事了！」但是，嚴肅說來，像這種毫無掩飾、像動物般的談話可以被當成理性的答案嗎？將個人短暫享受自然美好的機會所獲得的偶然滿足感賦予一種宗教的價值，就像把膚淺與不經心視為神聖一樣。對於**那樣的**解藥而言，我們的困難實在是深刻得太多了。我們終究**會**死、**會**病倒的這個事實是使人苦惱的原因，而我們在這一刻健康地活著的這個事實與這個苦惱卻無關。我們想要的是一個與死亡無干的生命，一種不會罹病的健康，一種不會消逝的美好，一種實際上超越自然所能給予的美好。

這完全要看個體的靈魂對於不協調敏感的程度。我有一個擁有這種意識狀態的朋友，他說：「我的問題是自己過於相信普通的快樂與美好，對於它們稍縱即逝的這個事實，始終無法接受。這些事物竟然無法長存，讓我覺得膽寒而迷亂。」我們當中大多數的人也是這樣，只要動物性的反應與本能稍微冷卻，動物性的頑強稍微失去，性急的缺點來一點，痛苦閾限稍微降低一點，就會把那像蟲一般、人們所不願逼視的東西，以全景的方式展現於平日為我們帶來歡樂泉源的中心，讓我們變爲憂鬱的形上學家。生命的驕傲與世界的光榮衰滅了。畢竟，這只是熱血青年與白髮老人之間長期的爭執，而老者是那個下定論的人：無論純粹的自然主義在一開始以多大的熱情看待生命，它終究要以悲哀爲結束。

在不可知論者、自然論者，和單純的實證論者的哲學系統核心中，都藏著這種悲哀。即使讓充滿希望的健全心態發揮最大的力量，努力活在此刻，忘記一切，忽略一切，惡的背景仍然存在，令人不能不想到，就好像歡宴中骷髏的冷笑。在實際的生活中，我們知道個人對於眼前事實的悲喜，會因與這些事實有關的遠觀計劃和希望而改變。眼前事實的價值主要取決於其意義與框架。如果我們知道這件事不會帶來什麼結果，無論它現在看來多麼適意，它的光輝與閃耀也都會立即消失。罹患潛藏疾病的老人，也許在一開始會像從前一樣飲酒作樂，但當他從醫生那兒得知自己的命運，就會把一切樂事所帶來的滿足全部推翻。這些樂事都是死亡的夥伴、腐蟲的兄弟，現在已變得索然無味。

眼前事物的光輝，依靠的始終是在其背後可能的背景。讓我們的平常經驗包含在一個永恆的道德秩序中；讓我們的受苦承載一種不朽的意義；讓蒼天對著大地微笑，諸神降臨；讓信心與希望成爲人們吸入的空氣，這樣，人的生活就會過得津津有味，他們因展望而鼓舞，因高遠的價值而感動。相反地，如果把純粹自然主義和當代通俗科學的進化論最終唯一看到的，那種蒼涼的寒冷、陰慘、缺乏恆久意義的目光加到生活中，感動就會斷然消失，或是變成一種焦慮的顫慄感。

對那些把近代宇宙論之思想當作養料的自然主義而言，人類的地位就像是一群住在冰湖上，四面淨是懸崖，無處可逃的人。他們知道冰正一點一點地融化，總有一天會融化殆盡，而那無可避免的一天正日益逼近，這種可恥的溺死結局將會是人類的命運。溜冰溜得越開懷，白天的太陽越是溫暖燦爛，夜裡的營火越是熾烈，這些人對於整個局勢的意義所透露出的悲哀就感受得越尖銳。

在文學作品中，古代希臘人不斷被視爲自然宗教(the religion of nature)可能帶來健全心態的歡悅的模範。的確，在希臘人身上可以看到許多歡悅的表現——荷馬對日光之下的事物所流露出來的熱情是那麼堅定。但是，在荷馬具省思性的文句中，也表現出陰鬱孤淒的味道。⑧一旦希臘人開始發展系統性的沉思與基本原理的思考，他們就變成純然的悲觀者。⑨諸神間的嫉妒，快樂之後的報應，吞沒一切的死亡，命運幽暗的曖昧，最終不可解的殘酷，都是他們想像時不變的背景。他們的多神信仰所表現出的美麗歡悅只不過是當代詩意的虛構。他們並不知道歡悅是什麼，如果他們體驗到什麼歡悅的話，其難得的性質就如同婆羅門教徒、佛教徒、基督徒、伊斯蘭教徒，以及那些信仰非自然宗教二度降生的人，從其密契主義與關於捨棄的教義中所獲得的歡悅。這些人所表現的歡悅，我們不久就會討論到。

斯多噶學派的麻木與伊比鳩魯學派(Epicurean)的順受，是希臘心靈在這個方向上發展到最遠的階段。伊比鳩魯學派說：「不要尋求快樂，寧可逃避不快樂；強烈的快樂始終連結著痛苦；因此要倚靠穩定的那一邊，而不要企圖嘗試較深的狂喜。期待越少、目標設得越低，就越不容易失望。最重要的是，不要焦急。」斯多噶學派說道：「生活能夠給予一個人唯一真正的好處，就是自由地保有自己的靈魂；其餘的好處都是虛假的。」這些哲學在不同程度上對於自然的恩惠都感到絕望。信賴地委身於自由與快樂的這種態度，在斯多噶學派與伊比鳩魯學派都付之闕如；二者所提倡的，只是如何擺脫這種如塵土般心境的方法。伊比鳩魯學派還期待著從放縱的節制與慾望的捨棄中獲得的結果。斯多噶學派則不期待什麼結果，連自然給予的好處都全部放棄了。這兩種順受的態度自有其尊嚴，它們代表人類最初沉醉於感官快樂之後必須經歷的清醒過程中的不同階段。對其中之一而言，熱血已經降溫，對另一個而言，熱血則已經變得冰冷。雖然我是以過去式的方式談論它們，就好像它們只屬於歷史，但這兩個學派對在所有時代可能都代表兩種典型的態度，標示了厭世的靈魂在其進化過程中的某個特定階段。⑩它們標示了我們稱之爲一度降生時期的結束，而代表二度降生的宗教所謂純粹自然人最高的表現，伊比鳩魯學派（只有在極客氣的情況下才會稱爲宗教）表現其高尚優雅，斯多噶學派則顯示了道德的意志。這兩派將世界置於一不可妥協的矛盾狀態中，而且不尋求更高的統一。把二者與在超自然中新生的基督徒所能夠享受到，或是東方泛神主義者沉醉於其中的複雜狂喜狀態相比，它們追求平靜的權宜處方好像簡單到幾乎粗略的地步。

但是，請注意，我還沒有要對這些態度做最後的**判斷**。我只是在描述它們的多樣性。

如同歷史的事實告訴我們，要獲得二度降生的人所描述的那種狂喜般的快樂，最靠得住的方式是經由一種比我們所描述過的悲觀還要激烈的悲觀心態。我們已經看到自然美好的光彩和魔力可以如何被磨滅，但還存在一種不快樂的深淵，它是如此巨大，以至於可能使人完全忘卻自然的美好，其存在也從人的心田完全消失。要達到這種悲觀心境的極致，除了觀照生命與沉思死亡以外，還需要一些別的東西。這個人必須親自爲病態的憂鬱所捕獵。如同健全心態的熱誠者成功地忽視每一個惡的存在，無論自己如何努力，憂鬱的個體也強制地忽略所有的美好，對此人而言，美好的事物已不再眞實。對神經構造完全正常的人而言，這種對於心靈痛苦的敏感與易感很罕見。我們很少在健康的個體身上發現這樣的心境，即使這個人遭受了極爲惡毒殘酷的命運。所以在這裡我們看到，在第一講中我已討論許多精神病態的體質(neurotic constitution)，現在正要積極進入我們討論的場景，並確定在接下來的討論中扮演某種角色。由於這些憂鬱的經驗首先是絕對私密的、個人的，所以我現在可以援引私人的文件來進行討論。聆聽這些文件實在令人痛苦，在公開場合討論他們也幾乎顯得無禮。然而，他們已經存在我們探究路途的中間，如果我們要認眞地碰觸宗教心理學，必須忘記這些禮俗，而潛到圓滑、充滿掩飾的官式對話的表面之下。

我們可以區辨不同種類的病態憂鬱。有時那只是消極的不高興、陰鬱、沮喪、灰心、缺乏興致、熱情和活力。李伯(Ribot)教授會以**快感喪失**(anhedonia)一詞來指稱這樣的狀態。他說：

> **快感喪失**的狀態（假如我可以創造一個新名詞，以與**痛覺喪失症**[analgesia]相對應）很少被研究，但的確存在。有一位年輕女子罹患一種肝病，這個病有時候會改變她的性情。她對自己的父母不再有感情。她會和自己的娃娃玩偶玩，但做這件事一點兒也得不到快樂。從前令她大笑不止的事物，現在再也引不起她的興趣。愛思基羅(Esquirol)觀察到一個案例，一位同樣罹患肝病的縣官，在他心

中好像每一種情緒都死掉了。他既不乖僻也不殘暴，但完全失去情緒的反應。如果他去看戲，那是他從前就有的習慣，他也從其中得不到任何樂趣。他說，想到他的房子、他的家、他的妻子以及他離家的兒女，就像想到歐幾里得(Euclid)的幾何定理一樣無法激發他的情感。⑪

長期的暈船會引起大多數人暫時的快感喪失。在這個狀態中，即使是對每一種地上或天上美好事物的想像，都會令人心生厭惡而棄絕。這種暫時狀態，與宗教進化過程中，一種在智識與道德上都發展得特別高超的情狀有關。這種情狀由一位天主教哲學家，葛列特黎(Gratry)神父在其自傳中描述得很好。年輕的葛列特黎因爲在技術學校(Polytechnic school)時心靈孤絕與過分用功，陷入一種神經耗弱的狀態，他描述自己當時的症狀：

我有一種普遍的恐懼，因此我在半夜驚醒，以為萬神殿倒塌了，壓在技術學校上面，或是學校著火，或是塞納河(the Seine)傾洩到地下墓穴(Catacombs)，把整個巴黎吞沒。當這些意象過去，我整天不停地承受一種無可救藥、無法忍受的荒蕪寂寞之苦，在絕望的邊緣徘徊。事實上，我認為自己已被神拋棄，迷失、被詛咒。我感受到那種有如身處地獄的痛苦。在那之前，我從來沒有想過地獄這件事。我的心從來沒有朝向那個方向，也沒有任何言談或是反思以那樣的方式

> 在我心中留下印象。現在，忽然間，我卻受到某種程度的地獄之苦。但或許更為可怕的是，所有與天堂有關的想法都與我遠離，我再也不能設想任何有關天堂的事物。對我而言，天堂再也不是一個值得奔赴之地。它就像是一個空境：一個神話的樂園，一個比地球還不真實，由暗影居住的地方。我無法想像居住在那裡會有什麼歡樂和愉快可言。快樂、歡欣、輕鬆、親愛、愛情，所有這些辭彙對我都失去了意義。無疑地，我還是可以談論這些事，但我已失去感覺它們、了解它們、從其中期待什麼，或是相信它們存在的能力。它們是我最大的悲哀，永遠得不到平撫。我再也無法知覺或是想像幸福與完美的存在。赤裸的岩石上一個抽象的天堂，那就是我現在的永恆居所。⑫

喪失歡樂感的這種憂鬱症，我們就談到這裡。還有另一種更糟的形式，是更積極與活躍的痛苦，一種對健康的人來說完全陌生的「心理神經痛」(psychical neuralgia)。這種痛苦可以各式各樣的形式出現，有時它比較帶有嫌惡憎惡的性質，有時它是一種煩躁和憤怒，或一種對自我的不信任和絕望感，或是懷疑、焦慮、疑懼、害怕。患者可能對這樣的狀態反抗或順受，他可能責怪自己，或埋怨外力；他也許會爲自己爲何要遭遇苦痛這種理論上的奧秘而受折磨，也許不會。大部分的病例都是混雜的情況，所以我們不要太執著於這些分類。而且，畢竟只有一小部分的案例會將自己的經驗與宗教層面連結。例如，憤怒型的案例大多與宗教經驗無關。我現在要引述手邊的資料中第一個憂鬱症案例的話。這封信由一個住在法國的精神病院的患者所寫：

不管在肉體上或是精神上，我都在這個醫院受了太多的苦。除了發高燒、無眠（自從我被關在這裡開始，我再也沒有安睡過。我能獲得的少數休息也都被惡夢破壞，我會在夢魘、可怕的景象、打雷、閃電等情況中驚醒）之外，恐懼和可怖的憂慮也將我壓倒，無時無刻地緊抓著我，從來不給我一刻的喘息。哪裡有公道呢！我做了什麼，以至於必須承受這些嚴酷的責罰？這種恐懼要以怎樣的形式將我壓碎呢？如果有人可以取走我的性命，我將多麼感謝他啊。吃、喝、終夜失眠、不間斷的煎熬——這是我從母親那裡得到的好遺產！我所不明白的是這種蠻力的虐待。每件事都該有個限度，也該有其中庸之道。但上帝既不知道中道也不知道限度，我說上帝啊，為什麼？到目前為止，我所知道的都是魔鬼。畢竟，我懼怕上帝猶如懼怕魔鬼，因此我一直飄流，所想到的只是了卻殘生，在這裡，我卻缺乏勇氣和工具來完成這個舉動。當你看到這裡，一定會覺得我瘋了。我的想法和思考的方式都是那麼混亂——這我自己也知道。但我無法使得自己看起來不像個瘋子或是傻子；而且，事情就是這樣，我能向誰要求憐憫呢？面對那個將繩索緊緊纏繞著我的無形的敵人，我毫無招架之力。即使我看見他，或是曾經見過他，我也不會有更好的武器來對付他。喔！只要他殺了我，這可惡的東西！死吧！死吧！一了百了！但我停住。我已經對你咆哮太久了。我說咆哮，因為我再也寫不出其他的東西，已經沒有剩下什麼腦筋或思想了。神啊，出生是一個多大的不幸！就像蕈類注定朝生暮死。我在大學研讀哲學的那一年，反覆思索悲觀主義者的悲苦，那是多麼真實、多麼正確啊！是的，生活中的痛苦的確多於快樂，一直到人進墳墓之前，生命只是一段長長的苦惱。想想看我會感到多麼愉快，當我想起自己身上這些可怕的慘痛經驗，再加上這種無言的恐懼，可能會持續個五十年，甚至一百年，誰知道還要多久！⑬

這封信告訴我們兩件事，首先，你看到這個可憐的人全部的意識狀態都被邪惡的感覺所窒息，世上還存在著什麼美好的想法對他而言都已消失殆盡。他的意識排除這些想法，無法承認它們的存在，太陽已經離開了他的天空。其次，你看到他對悲慘的抱怨性情，如何使他背向宗教的方向。事實上，心靈的埋怨比較容易將人帶到無宗教的方向去。就我所知，在宗教建構的系統中，它並不扮演什麼角色。

宗教性的憂鬱必須是在比較柔軟的心境中鑄造。托爾斯泰(Tolstoy)在他的作品《懺悔錄》(*My Confession*)中留給我們一個很好的描述，關於他的憂鬱如何在最後帶領他歸向宗教。從某方面來講，他的例子很特別，但他的憂鬱呈顯出兩個特徵，使得他的描述成爲方便我們現在討論的代表資料。首先，他的憂鬱明顯地是一種快感喪失症，一種消極地對所有生命價值失去興味的狀態。其次，它顯現出由快感喪失症的眼光所看到的世界，其扭曲、疏離的面貌如何刺激托爾斯泰的理智，使他發出苦惱煩人的疑問，並尋求哲學式的慰藉。我想長段地引述托爾斯泰的話，但在引述之前，我要對以上這兩點做一個大致的說明。

首先，關於我們的精神判斷，以及普遍的價值感。

很明顯地，因爲同樣的事實對不同的人，或是對同一個人在不同的時間，可以引發完全不同的情緒，所以，同一種事實可以與完全相反之情緒有所關聯；並且，任何外在事實與偶然引起這些事實的情感之間，不必然存在可以合理演繹的關係。情感的來源完全源於另一個層次，亦即個體存在的動物性與精神性的那個區域。如果可以，想像現在世界在你心中引動的情感忽然剝落，並試著想像這個世界**如其所是**(as it exists)的樣子，純然地依其原來面貌存在，不加上你個人的好惡、期待或憂慮的評斷。要你體會到這種消極、死寂的狀態幾乎是不可能的。如果你可以體會，宇宙中就沒有哪一部分比其他部分來得重要，並且，所有事物的集合和事件發生的序列失去了意義、特性、神情，或是觀照的角度。因此，每個人的世界被賦予的相對價值、興趣或是意義，純粹是來自這個觀照者的心靈本身。戀愛的熱情是此種事實最熟悉也最極端的例子。當愛情來臨時，它就來了；如果它不來，沒有任何理智的過程可以逼迫它前來。然而，愛情改變了戀人的價值，其激烈的程度如同日出把勃朗峰(Mont Blanc)從死屍般的灰白轉化爲令人迷醉的瑰麗；愛情還爲戀人的世界換上新調，使其生命有了新的意義。恐懼、憤慨、嫉妒、野心與崇拜這些情緒也是如此。當它們來臨時，生命就改變了。它們來臨與否，幾乎總是依靠非邏輯的條件，通常是感官的條件。就如同這些情緒賦予世界一種令人振奮的趣味，它們源於我們對於世界的**賜贈**(gifts)，這些情緒本身就是一種賜贈，從或高或低的來源所給我們的賜贈，無論如何，這些來源幾乎總是超乎邏輯以及我們的控制。垂死的老人如何以理性的方式再度領略年輕健康時的浪漫、神秘，以及古老的地球在其耳邊低鳴偉大事物即將迫近的那種情懷呢？賜贈，或是精神的，或是肉體的；精神的賜贈任意地吹送；世界的物質將它們的表面給予所有的賜贈，如同舞台的布幕平心地接受任何由包廂的放射器投射進來的彩光。

同時，實際的世界對我們每一個人來說，是一個合成的世界，對個人來說，有效的世界也是如此。物理事實和情緒價值難以區分彼此地合在一起。只要這個合成的任一元素被抽開或是扭曲，我們稱爲病態的經驗就會隨之而來。

在托爾斯泰的例子中，人生有任何意義的感覺在某個時候完全消失了。其結果是現實樣貌的全然改變。當我們研究到皈依或是宗教新生的現象時，我們會看到在當事人身上這種並不罕見的變化，亦即自然的面貌在他眼中的變化，彷彿一個全新的天空照耀著全新的大地。憂鬱症患者身上通常也有類似的變化，只不過這種變化是朝著反方向進行。

世界現在變得遙遠、陌生、險惡、古怪。它的色彩褪盡，氣息變得冰冷，在它閃爍的眼中已經失去深思的表情。一個住在療養院中的病人說：「就好像我住在另一個世紀裡，我看到的每一件事，都蒙上一層陰影。」另一位說：「事情再也不是原來的樣子，而且我變了。」第三個病患說：「我看見，我觸摸，但事物不向我走近，有一塊厚幕改變了所有事物的色彩和形態。」「人們像暗影般移動，聲音彷彿由遙遠的世界傳來。」「過去再也不存在；人們看起來如此陌生；就好像我在戲院中，再也看不見任何實在的東西；人們好像演員，而一切東西都是佈景；我再也找不到自己；我走著，但爲了什麼？每件事在我眼前飄浮，但不留下任何印象。」「我的眼淚是假的，我的雙手也不是眞的，眼底所見之物都是虛假。」這些都是憂鬱症患者在描述其心境的變化時自然流露的話語。⑭

對某些人而言，這些情緒狀態使他陷入一種最深的驚駭。他們認爲這種陌生感是不對的，這種不實在也不能存在。某種奧秘被遮蔽了，一定存在著形上學的解答。如果自然的世界都如此多面而陌生，還有什麼世界、什麼事物是眞實的？一種迫切的驚異和疑問隨之而起，細密的理論活動也開始進行，在這種拚命尋求一個合適出路的過程中，受苦者通常會有一個令自己滿意的宗教解決方式。

托爾斯泰自述，約莫五十歲時，他開始有困惑、混亂以及他稱之爲被「逮捕」的經驗，彷彿自己不知道「怎麼活」，或是該做什麼。很明顯地，在這些時刻，自然機能所給予我們的那些興奮和興味都停止了。生活曾經令人迷醉，現在則變得平淡清醒，不但清醒，還是一片死寂。從前那些不言而喻的東西都失去了意義。「爲什麼？」以及「接下來又是什麼？」這些問題開始將他包圍，越來越頻繁。一開始這些問題好像可以獲得解答，假以時日他好像也有辦法找到答案；但當這些問題變得越來越迫切需要解決，他開始意識到它們就像病人所經歷的最初的不舒服，剛開始不加以留心，最後成爲持續的痛苦，然後他了解到，他視爲即將過去的疾病，其實是發生於他的世界最重大的事情，也就是他的死亡。

這些「爲什麼？」「何以如此？」「爲何如此？」的問題，找不到任何答案。托爾斯泰說：

> 我覺得，自己生命一直倚靠的那個東西在心裡碎掉了。我再也沒有可以抓住的東西，就精神上而言，我的生命已經停止了。有一種無形的力量驅迫我消滅自己的生命，用這種方式或是別的方式。實際上，我不能說我**想要**毀滅自己，因為那驅迫我離開生命的力量比其他僅僅是慾望的東西來得更飽滿、有力，而且普遍。它就像過去激發我生活的那個力量，只是現在它把我推向另一個方向。這是我整個存有想要逃離生命的渴望。
>
> 看看我，從前那麼快樂健康的一個人。把繩索藏起來吧，免得我把它掛在那個每夜獨睡的房間裡的橫樑，自縊而死。看看我，再也不去打獵，免得我臣服於

那容易上鉤的誘惑，開槍結束自己的生命。

我不知道我要什麼。我對生命感到懼怕，我想要離開，雖然如此，我還是希冀從其中得到些什麼。

所有的一切都發生於外在環境應該使人覺得適意的時候，我有一個愛我的好妻子，我也愛她；我有好的兒女，還有一大筆財產，不需我費力，即可日益增多。我從同儕與朋友身上得到前所未有的敬重，從陌生人身上得到許多讚美；不用誇張，我相信自己已經是個出名的人。尤有甚者，我既不瘋狂，也無病痛。相反地，我擁有同齡的人少見的強壯身體與良好精神。我可以像農夫一樣地耕種，我可以持續用腦八個鐘頭而不感到疲倦。

然而，我卻無法賦予自己生命的活動任何合理的意義。我很驚訝，自己竟然不是從一開始就了解到這一點。我的心境猶如某人給我開了一個惡毒而愚蠢的玩笑。一個人只有醉了才能這樣活著，被生活灌醉；然而，當一個人變得清醒，他就不能不看到，生活全是愚蠢的謊言。關於人生最真實的道理就是，它沒有什麼好笑或是天真的事，它只是純粹的殘酷和愚蠢。

東方有一個很古老的寓言，關於一個旅人在沙漠中突然碰到野獸的故事。為了救自己脫離野獸的魔掌，這個旅人跳進一口枯井裡去；但在枯井的底端有隻龍，張大嘴巴，準備把他吞進肚子裡去。這個不幸的人，既不敢出井，怕野獸吃了他，又不敢跳進井底，怕龍要吞他。他於是攀住由井牆縫隙長出來的小樹叢上的樹枝。他的手越來越無力，覺得自己即將面對那既定的命運，但他還是攀著。接著他看見兩隻老鼠，一黑一白，繞著他攀著的樹叢，啃蝕它的樹根。旅人看見這一切，知道他無可避免終將死去的命運。但就在這樣攀住的時候，他四處張望，發現樹叢的枝葉上有幾滴蜂蜜。於是他伸出舌頭，舔著這些蜜，感到一陣狂喜。

就這樣，我攀在生活的枝幹上，知道不可避免的死亡之龍等著將我撕裂，而我也不了解為何我要這樣殉難而死。我試著吸啜那從前給我安慰的蜜，但這蜜再也不能安慰我，日日夜夜，白鼠、黑鼠仍啃著我攀附的枝幹，我什麼也看不見，除了那無可逃避的龍和鼠，我無法將自己的視線從它們身上移開。

這不是寓言，而是人人可以了解，清楚明白，無可爭辯的事實。我今天所做的，其結果將是如何呢？明天我該做什麼？我一生的結果會是什麼？為什麼我該活著？為什麼我該做任何事？生命有什麼目的，是那等待著我、無可逃避的死亡無法取消或是摧毀的？

這些問題都是世界上最簡單的問題。從最天真的孩子到最有智慧的老人，人人的靈魂都存在這些問題。根據我的經驗，如果得不到這些問題的答案，生活是無法繼續下去的。

我常常對自己說：「也許有什麼是自己忽略或是不曾了解的。這種絕望的境地絕不可能是人類自然的狀態。」我從人類所得的一切知識中尋求解釋。我苦心、長期地追問，而不是出自懶散無益的好奇心。我日夜費盡心力、堅持不懈，而非懶散地尋求，就像一個迷路而需自救的人那樣尋求，但我什麼也找不到。並且，我相信那些在我之前，企圖在科學中尋找答案的人也找不到答案。而且，不只如此，他們已經承認了那令我感到絕望的事：生命中無意義的荒謬，正是人類唯一可以得到的，不容爭辯的知識。

爲了證明他的觀點，托爾斯泰引述了佛陀(Buddha)、所羅門(Solomon)與叔本華的話。而且他發現，與他同屬一個階級和社會中的人，只有四種方法來面對這樣的境況。第一種方法是單純動物性的盲目，啜飮著蜂蜜而沒有看到龍或老鼠，托爾斯泰說：「在我知道這些事情後，我知道經由這樣的方法，我什麼也學不到。」第二種方法是反思性的伊比鳩魯式態度，在尙有時日之刻，抓住可以把握的東西——而這只是比第一種方式更爲精巧的愚蠢罷了。第三種方法是大丈夫似的自殺；第四種是雖然看見龍和老鼠，仍然軟弱可憐地攀住生命的枝幹。

從邏輯上來看，自殺自然是前後一致的做法。托爾斯泰說：

然而，當我的理智運作時，我內心其他的東西也在作用著，使我不去這樣做，那是一種生命的意識，我也許可以這樣稱呼它。它像是一個力量，強迫我的心轉向另一個方向，引我離開絕望的處境……這一整年，當我不斷問自己如何結束生命，是要用繩索或是子彈，也就在那些時刻，隨著我想法和觀照的流動，我內心還受另一種渴盼的情緒折磨。除了將這種情緒稱之為對神的渴望外，我不知道還可以說那是什麼。這種對神的渴慕與我觀念的流動無關，事實上，它與這些流動的想法截然相反，這種渴慕是來自我的內心深處。它就像是一種敬畏恐怖的感覺，使我覺得自己像個孤兒，孤絕地處於一個一切事物顯得如此陌生的環境裡。這種敬畏恐怖的感覺，因為我找到救援的希望，所以減輕了。⑮

從神的概念開始，最後使得托爾斯泰整個理智與情緒復原的過程，我將不在這裡討論，留待以後再談。目前需要我們關注的是他對日常生活全然醒悟(disenchantment)的現象，以及對一個像他這樣有力量且官能健全的人來說，所有的慣常價值也可以變成恐怖笑柄的這個事實。

當覺醒發展到這樣的地步，就很少能夠恢復原樣(restitutio ad integrum)。既然已經嘗了善惡樹的果實，伊甸園的快樂就不復可得。假如有什麼快樂（通常它不是以很尖銳的方式來臨，雖然有時候它的確很尖銳），它的來臨也不是遵循某種簡單、不知疾苦的方式，它會以一種複雜，將自然的惡包含爲它的一部分這種方式來臨，但自然的惡已經不再是阻礙或恐怖，因爲它已被超自然的美好吞沒了。這是一種救贖的過程，而不只是返回自然的健康；對受苦者而言，當他被救，是被一種彷佛二度降生的方式所救，被一種過去不曾享受過、更深的意識狀態所救。

我們在約翰・布楊(John Bunyan)的自傳中發現一種銘記於文學中，稍微不同的宗教式的憂鬱。托爾斯泰所關切的大多是客觀的事物，生命的普遍意義與價值是困擾他的主要問題，但可憐的布楊煩惱的則是他私人的自我狀態。他是精神病態氣質的典型案例，對於良心的敏感到了病態的程度，爲懷疑、懼怕和強迫觀念所苦，他還有運動性與感覺性言語自動現象(automatisms)的疾病。這些自發性言語通常是《聖經》中的文句，有時是詛咒，有時是讚美，他們以如同聲音般半幻覺的形式出現，緊緊印在他的心中，像羽毛球一樣在他心中撞擊。除了這些，還有他那可怖的憂鬱帶來的自我鄙視和絕望。

我想，不，我變得越來越糟糕了。我現在距離皈依比以前任何時刻都遠。如果我現在被綁在柱上燒死，無法相信基督會愛我。唉，我聽不到祂，看不到祂，感覺不到祂，也無法嘗到祂的任何東西。有時我將自己的境況告訴那些信神的人，他們聽了我的情況會同情我，並告訴我神的應許(Promises)。但，他們與其要我接受、仰賴神的應許，不如叫我用手指碰到太陽。（然而）在這整個過程，我對罪行從來沒有這麼敏感過，我不敢拿針或棍，即使它們只如乾草稈般大，因為我的良心極為敏感，一碰就疼。我不知道要怎樣用字遣詞，因為我怕把自己的位置安錯。喔，我當時所有的言行多麼小心翼翼啊！自己彷彿處於一個充滿泥濘的沼澤中，只要我動一動，泥沼就會顫動。在那裡，我已被上帝、基督、聖靈，和所有美好的事物遺棄。

可是我最初和最深的污濁，就是我的禍殃和苦惱。因此，在我眼中，自己比癩蛤蟆還可憎，在上帝的眼中，我認為我也是如此。我說，罪惡和腐敗由我心中自然地流溢，就好像水由泉源流出來一樣。我情願與任何人換心。除了魔鬼，我再也想不到還有誰和我一樣內心惡毒，心靈污濁。我想，我一定是被上帝遺棄了，因此這樣的狀況持續很久，甚至好幾年的時間。

現在我覺得悲傷，上帝把我造成一個人。我羨慕鳥類、獸類和魚類，因為牠們沒有惡的本性，也不讓上帝憎惡到發怒的地步，牠們死後無須到地獄的火裡去。如果我和牠們任何之一相同，我會感到歡欣。現在我羨慕狗和癩蛤蟆的情況，是的，如果我處於狗或馬的位置，我會很高興，因為我知道牠們不具有一個將要在永恆地獄或罪惡的重擔下滅亡的靈魂，就像我的靈魂一樣。不，雖然我看到這個情況，感受到這個情況，我的心因而裂成碎片，但使我更加悲傷的是，我再怎麼努力也不盼望得救。有時我的心變得極硬，即使有人要用一千鎊跟我換一滴眼淚，我也流不出一滴淚。不，有時連流一滴淚的慾望也沒有。對我自己來說，我是一個重擔，也是一個可怕的人。我從來沒有像現在這樣明白，一方面厭倦生命，一方面又怕死的心情。如果我不是我，我將會多麼高興！什麼都好，只要不做人！也不要處於像我現在的境況。⑯

如同托爾斯泰，可憐的布楊再度見到光明。但我們也必須把那個部分留待以後討論。在我後面的演講裡，我也會談到亨利・阿萊因(Henry Alline)的經驗的結局。他是一位虔誠的傳教士，一百年前在新蘇格提亞(Nova Scotia)工作。他也曾生動地描述自己一開始所經驗的那種宗教式憂鬱的高潮。他的型態與布楊並沒有太大的不同。

所見之事對我來說都成了一種負擔；世界彷彿因為我而受到詛咒。在這個詛咒的壓力下，所有的樹木、植物、岩石、山嶺和坑谷似乎都穿上弔喪與呻吟的外衣，我周圍的每一件東西好像也共同密謀，要陷我於毀滅。我的罪惡好像被暴露於光天化日之下，因此我覺得自己看到的每一個人都知道我的罪惡。而且，有時候我幾乎預備好要承認許多我認為他們已經知道的事。是的，有時候我覺得好像人人都把我指認出來，說我是世界上罪孽最深重的混蛋。現在我深深覺得世上一切都是虛誇的、空洞的；我也知道世上沒有一件事可以讓我覺得快樂，不，就連被創造出的萬物也不能……當我早晨醒來，第一個念頭就是，喔，我這可憐的靈魂，我該做什麼？我該何去何從？夜晚當我躺下，我會說，在清晨來臨之前，也許我就在地獄裡了。許多時候我羨慕獸類，全心地希望自己處於牠們的位置，這樣我就不會擁有一個可能喪失的靈魂。當我看見鳥兒從我頭上飛過，我心底常常想，喔，如果我就是牠們，我將會多快樂！⑰

羨慕平靜的動物，似乎是這種型態的憂鬱很普遍的一種情感狀態。

最糟糕的一種憂鬱是以令人驚慌的懼怖感之形式表達出來。我要感謝下面這位病患，允許我把他的敘述發表出來。原文以法文寫成，雖然患者寫下經驗時，很明顯地處於糟糕的精神狀態中，但這個例子的優點是它很簡單。我把他的描述翻譯如下：

當我處於這種哲學式的悲觀中，並對自己的前景抱著普遍的抑鬱之情時，有一個黃昏，我走到更衣室裡去拿一樣東西；毫無預警地，好像從黑暗中跳出來一般，一種對自己的生活恐怖的畏懼感忽然降臨到我身上。同時，在我心中出現一個我曾在療養院裡見過的癲癇患者的形象，那是一個黑髮的年輕人，透著青色的皮膚，看起來很傻，整天坐在一條長板凳上，更準確地說是坐在靠牆的架子上，膝蓋彎曲，抵住他的下顎，他那粗陋的灰色襯衣（他只穿這一件）垂過膝蓋，把他全身包住。他坐在那裡，像個雕刻的埃及貓或秘魯木乃伊，全身除了看起來絕不像人的黑眼珠之外，其他部分一動也不動。這個形象和我的恐懼結合。我覺得**那個形象就是我**，只是它隱而未發。如果有一天這個命運降臨到我身上，像降臨到他身上一樣，我沒有任何東西可以抵擋這命運的來臨。我對他的形象非常害怕，知覺到自己只是暫時與他不同，就好像胸膛裡一個到目前為止都牢固的東西破裂了，我變成一堆顫慄的恐懼。經過這次事件，世界對我來說全然改變了。每天清晨醒來，在我胃底我都感到一種恐怖的憂懼，並對生活充滿一種空前絕後的不安全感。⑱它就像某種啟示，雖然直接的感受已經過去，這個經驗使得我對於其他人病態的感受產生同理心。它逐漸消褪，但接下來好幾個月我都無法獨自在夜裡出門。

一般來說，我當時害怕一個人獨處。我記得自己曾好奇其他人如何活下去，我以前曾經如何生活，而對於生命表面之下險惡的深淵如此不察。尤其是我母親，一個總是興高采烈的人，對我來說，她對危險的缺乏知覺可以算是最佳的矛盾例子。你可以相信我很小心地不去披露自己的心境，以免破壞她的和樂。我總是認為我這種憂鬱的經驗帶有一種宗教的意義。

當我要求這位通信的敘述者進一步解釋最後這幾句話的意思時，他的回答如下：

我的意思是說，這個恐懼如此強烈、霸道，如果我不依靠這些《聖經》中的章節，例如「永恆的上帝是我的庇護……」「那勞苦擔重擔的，都到我這裡來……」「我是復活和生命……」我想我真的會發瘋。⑲

我們已經不需要其他的例子，討論過的這些就已足夠。其中一例告訴我們必死之事的空虛，另一例說明罪惡感，其他的例子描述對世界的懼怕。無論是這三個方式的哪一個，所要說的都是人原初的樂觀和自我滿足如何被夷平，而變為灰燼。

這些例子沒有任何一個在理智上陷入瘋狂或是對現實扭曲，但如果我們願意探究眞正瘋狂的、帶有幻覺和錯覺的憂鬱症，我們會看到，那是最糟的情形：絕對、全然的絕望，整個世界凝結於病患身上，成爲一團壓倒人的恐怖，包圍著他，沒有出路，沒有邊際。接近的不是一種對於惡的概念或是理智上的覺知，而是一種對於惡可怕的，使血液凍凝、心臟麻痺的感覺，這種感覺不容其他概念或是知覺與之共存一刻。在極其需要救援的這種情況下，我們平常優雅的樂觀和理智與道德上的慰藉顯得多麼遙遠、多麼不相干啊！這就是宗教問題的眞正核心：救命啊！救命啊！假如一位先知無法說出什麼讓這些受苦者的耳朵覺得實在的東西，他就不能說自己帶來了什麼終極的訊息。救援如果要有效，就必須和痛苦一樣強烈。這似乎可以解釋爲什麼比較粗俗的宗教，比如信仰復興的(revivalistic)、狂歡的(orgiastic)，以鮮血、奇蹟和超自然運作的宗教也許永遠不會被取代。有些人的性情太需要這一類的宗教了。

討論到這裡，我們可以看到，健全心態的人生觀與把惡的經驗視爲本質的人生觀之間，可以自然地產生出多大的對抗。對後者而言（我們或者可以稱之爲病態心境的觀點），純粹而單純的健全心態似乎盲目淺薄到不可言喩的地步。另一方面，對健全心態而言，病態靈魂的觀點看來缺乏男子氣概，也不健康。這些憤怒的產兒和渴望二度降生的人，在鼠洞裡勞苦，而不願生活在日光之下，製造恐懼，專注於種種不健康的悲慘，讓人覺得可憎。如果宗教的偏狹再度興起，絞死、燒死異端的風氣又開始流行，不管以前如何，健全心態的人在今日會是那較不寬容的一群，這是沒有太大疑問的。

做爲一個沒有偏見的旁觀者，這是我們還沒放棄的態度，對於這兩派之間的爭論，我們要說些什麼呢？在我看來，似乎我們不得不說病態心境所涵蓋的經驗範圍較廣，並且，它的範圍有一部分與健全心態重疊。將人的注意力從惡移開，單純地住在美好的光明中，在這個方法仍有效時是很棒的。它可以在許多人身上發揮功效，能發揮效果的範圍，比起我們大多數人所設想的廣博得多。在它可以成功運作的範疇內，沒有任何一個理由可反對說那是一種宗教式的解決。然而，當憂鬱來臨，它就無力地潰散；即使一個人的自我完全與憂鬱無緣，健全心態也不適宜做爲一種哲學式的主張，因爲它拒絕正面理會的惡之事實，是現實中一個眞實的部分。畢竟在後來，這些惡有可能成爲生命意義的最佳鑰匙，也可能是那唯一幫助我們開眼看到最深刻眞理的途徑。

人生的正常過程包括與瘋狂的憂鬱一樣糟糕的時候，那是極端的邪惡上場掌控的時刻。瘋人對於可怕事物的幻象完全由日常事實取材。我們的文明建立於屠宰場上，而每個人都是在無助的痛苦、孤單的抽搐中離開這個世界。朋友，如果你反對這個說法，等你自己到了那個時刻再說。要我們的想像力相信地質時代肉食性爬蟲類的存在是困難的，它們只像是博物館中的標本。然而，這些博物館內任何一顆頭骨上的牙齒，在過去長長的時期內，沒有一顆不是每天緊緊咬住一個在絕望中掙扎的受害者身體。與這些受害者所承受的懼怕一樣的恐怖，也在今日充滿我們的世界，只不過其空間規模可能小了一些。這兒，在我們的家裡，在我們的花園中，兇惡的貓還玩弄著驚悸的老鼠，或是將張惶失措、熱熱的鳥兒握在牠們的爪子中。鱷魚、響尾蛇、巨蟒和我們一樣，此刻也是裝載著生命的容器；牠們令人討厭的存在充塞於推延下去的每個日子的每一分鐘。每當牠們或是其他野獸緊緊抓住活生生的獵物時，一位激動的憂鬱症患者所感受到的驚怖、恐懼，正是此時此刻那些獵物對其境況的反應。⑳

的確，也許與世事的全體達成一種宗教的和解是不可能的。的確，有些惡可以給出更高形式的善；但也許有些惡的形式過於極端，因此無法被納入任何善的系統。而且，就這種惡而言，沉默地順服或忽視也許是唯一實際的解決辦法。未來我們將再度面對這個問題。但暫時來說，並且只把它當作一個計劃和方法來說，既然惡的事實和善一樣，是自然中眞實的部分，哲學的假定應該承認，它們有一些合理的意義。有系統的健全心態，因爲它對悲哀、痛苦與死亡無力給予正面、主動的注意，比起那些嘗試將這些成分涵括進來的系統，在形式上顯得較不完全。

因此，最完備的宗教，似乎會是那些悲觀的成分可以得到最好發展的宗教。當然，佛教與基督宗教是這些宗教當中我們最熟悉的。它們本質上都是救贖性(deliverance)的宗教，人必須死於虛妄的生活，才能降生於眞正的生命中。在下一講，我將試著討論這種二度降生的心理狀態。還好，從現在開始我們將討論一些比較愉快的主題，而不是先前討論的那一些。

註釋

① *Tract on God, Man, and Happiness*, Book ii. ch. x.

② 節錄自 *Commentary on Galatians,* Philadelphia, 1891, pp. 510-514。

③ 節錄自 Molinos: *Spiritual Guide*, Book II., chaps. xvii, xviii。

④儘管有很多心靈醫治的作者提出一元論的主張，我還是這樣認爲。因爲這些主張與他們對於疾病的態度不一致，從邏輯上來說，這些主張也與心靈醫治的經驗中任何一個更高的臨在合一的連結不符。也就是說，這個更高的臨在不一定要是絕對的整體事物，對有宗教經驗的生活而言，只要它是那最理想的部分，將它視爲一個部分就足夠了。

⑤參見 **J. Milsand:** *Luther et le Serf-Arbitre,* (1884)，散見書中各處。

⑥他帶著健全心態的口氣繼續說：「我們的任務就是以昂揚的精神繼續失敗。」

⑦對許多人而言，上帝只不過是當他們被這個世界判爲失敗，心中爲這個該詛咒的判決感到不滿時，所訴諸的法庭。對我們的意識而言，當我們的罪惡與錯誤被斥責後，通常會殘存著一種價值，意即，我們承認並痛悔這些過錯的能力至少**可能**說明，我們還有一個更好的自我的契機。然而，這個世界並非以我們的可能性(**in posse**)來判斷我們，而是以我們確實的(**in actu**)樣貌來判斷我們。那個隱藏起來、無法由外部猜想其樣貌的契機，從來不爲世人所考慮。所以，我們轉向那全知者(**All-knower**)，祂知道我們的壞處，也知道我們內在的好處，祂是公正的。我們帶著懺悔，仰仗祂的慈悲。只有這個全知者最終能夠判斷我們。因此，從這種人生經驗，很明確地發展出對於上帝的需要。

⑧例如《伊里亞德》(*Iliad*)第十七篇第四四六節：「那麼，一切在大地上爬行與呼吸的東西，再也沒有比人更可憐的。」

⑨例如《神譜》(*Theognis*, **425-428**)：「對一切大地上的事物而言，最好的就是不要出生，不見太陽的光輝；次好的就是盡快橫越冥府的大門。」在*Œdipus in Colonus*, 1225 中也有幾乎一樣的句子。這

個選集充滿悲觀的言詞：「我赤裸裸地來到世界，也將赤裸裸地躺在地底，我看見赤裸裸的結局在我眼前，爲什麼我還要枉自勞碌呢？」「我怎麼來到這個世上的？我從哪裡來？爲何我來到這裡？爲的就是死亡消逝罷了。我什麼都不知道，又能夠學習到什麼呢？我來到世界時什麼也沒有，再一次我要恢復什麼也沒有的樣子離開。必死的人是空，是虛無。」「爲了死亡的緣故，我們被珍惜、被填胖，就像一群被任意宰割的豬一樣。」

希臘的悲觀與東方、近代悲觀的不同，在於希臘人還沒有發現悲觀情懷可以被理想化，進而將之化爲一種更高形式的感性。他們的精神基本上來說還是過於陽剛，使得悲觀情懷難以在他們的經典文學作品中發揮或是常駐。他們輕視那種全然以低調進行的人生，而提倡一種將悲哀限制於適當範圍的生活。隨著世界的演變，對於痛苦和失敗與日俱增的發現，屬於那些更爲複雜的民族，以及比古典時期希臘人（所謂的）更爲陰柔的民族。雖然如此，那些古代希臘人的看法仍是陰沉悲觀的。

⑩例如，在我寫下這一頁的那一天，郵差帶給我一位在海德堡的通達世故老友的一些箴言，這些話可以視爲伊比鳩魯學派的當代版本：「每個人對於『快樂』的理解都不同。它是一個只被較爲虛弱的心靈所追逐的幽靈。智者對於『滿足』這一雖簡單但更明確的心境已感到**知足**。教育的主要目的應該是將我們從不知足的生活中救拔出來。健康是一種令人喜愛的狀態，但絕非滿足的生活不可或缺的條件。女人的心靈與愛情是自然精巧的設計，用來捕獲平凡男子的陷阱，用來促使男人爲她做事。但有智慧的男人永遠喜歡自己選擇的工作。」

⑪ Ribot: *Psychologie des sentiments*, p. 54.

⑫節錄自 A. Gratry: *Souvenirs de ma jeunsse*, 1880. pp.119-121. 有些人長期為快感喪失所困，或者，至少喪失對生命的一般興趣。自殺年度報導有以下的實例：一位沒有受教育的女僕，在十九歲時服毒自殺，留下兩封信說明她自殺的動機。在給她父母的信中，她寫道：「對有些人來說，生活或許是甜美的，可是我喜歡那比生活還要甜美的事，也就是死亡。所以，我親愛的雙親，永別了。這不是任何人的錯，只是我自己三、四年來一直想要去完成的強烈願望。我總是希望有一天我可以有機會完成它，現在時刻已經來到……很奇怪，我竟然將這件事拖這麼久，但我想也許我應該高興一點，把這些想法都從腦子裡移開。」她給她的兄弟寫道：「我最親愛的兄弟，永別了。當你讀這封信時，我已經永遠地離開。吾愛，我知道自己將要做的無可寬赦……我已經對活著感到厭倦……對某些人來說，生活或許是甜美的，但對我而言，死亡更加甜美。」摘自S. A. K. Strahan: *Suicide and Insanity*, 2d edition, London, 1894, p.131。

⑬節錄自 Roubinovitch et Toulouse: *La Mélancolie*, 1897, p.170。

⑭這些例子是摘錄自 G. Dumas: *La Tristesse et la Joie*, 1900。

⑮我的摘錄是依據法文版的 ZONIA。摘錄時我任意調換原本的段落。

⑯願上帝的恩寵降於我這個罪人，因為我把好幾段不相連的文字湊在一起。

⑰見 *The Life and Journal of the Rev. Mr. Henry Alline*, Boston, 1806, pp. 25, 26，經由我的同事本雅明・蘭德(Benjamin Rand)博士，我才知道這本書。

⑱與布楊的這段描述比較：「在那裡，我被一種極大的顫慄感襲擊，因為我有時會連續好幾天覺得自

己的身體和心靈都在蹣跚、發抖；這是由於我意識到上帝可怕的審判，要降臨在那些犯了最可怕、最不可饒恕的罪人身上。我感到胃的滯塞和熱氣，弄到有幾次我甚至覺得自己的肋骨就要裂開了。……因此，我在這個重擔下扭曲、糾纏、退縮。這個重擔也使得我在休息或安靜時無法站立、行走或躺臥。」

⑲另一個同樣突如其來的恐懼的例子，見 Henry James: *Society the Redeemed Form of Man*, Boston, 1879, pp. 43 ff。

⑳例如：「大約是夜裡十一點……我還跟這幫人一同閒逛……突然間，在路的左邊，傳出一種清脆的聲音；我們全都變得很驚恐，頃刻間，一隻老虎從叢林中躍出，撲到我們這一幫人最前面的那人身上，轉眼之間就把他叼走了。這隻野獸衝出，這可憐的受害者的骨頭在牠口中嘎嘎作響的聲音，以及受害者最後一聲絕望的呼喊，我們也不由自主地跟著響應：『啊！嘿！』這些全都發生在三秒內。然後我就什麼也不知道了，直到我恢復意識，發現我自己和同伴都倒在地上，彷彿預備要給我們的仇敵森林之王吞噬掉一樣。我發現此刻的我，難以用筆墨形容那個驚懼時刻的恐怖。當時我們的四肢僵硬，失去說話的能力，心跳得狂快，只聽見自己與受害者一樣發出微弱的『啊！嘿！』。在這種狀態中，我們用四肢爬行了相當的距離，然後為了逃生，用像阿拉伯馬一樣的速度跑了半個鐘頭，幸運地，我們抵達一個小村子……之後我們每人全身都發熱、顫抖，這種可憐的情況一直維持到第二天清晨。」選自 *Autobiography of Lutfullah, a Mohammedan Gentleman*, Leipzig, 1857, p. 112。

譯註

①寂靜主義(Quietism)通常被歸類為基督宗教密契主義的一支，主張內在的被動(inner passivity)是達到至善的基本條件。宗教的本質在於對神被動的冥思與自我意志的交付。十七世紀的西班牙神父墨林諾司(Miguel de Molinos)將「寂靜主義」一詞發展到最嚴謹的意義。他認為想要主動成就任何事情的慾望，都是對上帝的侵犯。他提出一種內在之道(inward way)，意即人應該徹底毀滅自己的力量，全然捨棄自我，這樣靈魂才能歸回它的源頭——上帝的本質之中。當靈魂經歷這樣的轉變與聖化時，上帝就居住其中。

②指試探者撒旦。

自我分裂與統合

The Divided Self, and the Process of Its Unification

・在一個有限的事物上追求另一個有限事物的價值，
最後的結果只能是數學不定方程式的「零等於零」。
但這只是理性的推演所能達到的極限，
除非，非理性的情操或信仰可以提出無限的概念。

・自從人類存在以來，哪裡有生命，
哪裡就有相信給予生命可能性的信仰。
信仰就是生活的理解與感知，
因爲它，人類才不至於毀滅自己，而繼續存活。
它是我們賴以活下去的動力。

——托爾斯泰(Leo Tolstoy)

上一講令人感到痛苦，因爲討論的是將惡視爲生活世界普遍元素的處理問題。在上一講的結論裡，我們清楚地看到兩種人生觀的對照，一種我們稱之爲健全心態的人生觀，其特徵是只需降生一次，另一種我們稱之爲病態靈魂的人生觀，必須經歷二度降生才能得到快樂。對於我們的經驗世界來說，這是兩種不同的概念。對一度降生的宗教人而言，世界像是直線構成或是單層的，它的價值都由同一種單位記錄，各部分的價值就是它們看起來所有的價值，以簡單代數的加減運算就可以得到價值的總數；快樂與宗教的平安源自生活於正向價值之中。另一方面，對二度降生的宗教人而言，世界是一個有雙層意義的奧秘；平安無法簡單地藉著正向價值的增添或是負向價值的減少而獲得。自然的幸福不僅不夠、易逝，其本質還隱藏著一種虛妄。它若不是被一些早先的仇敵消滅，就是被死亡完全取消，因此不能做爲我們持續崇拜的對象。它使我們得不到眞正的好處，所以，捨棄它、對它感到絕望是我們邁向眞理的第一步。我們有兩種生命，自然的生命與精神的生命，我們必須失去前一種，才能分享另一種。

這兩種生命形式的兩個極端，就是純粹的自然主義(naturalism)與純粹的救贖主義(salvationism)，二者截然對立；雖然與其他當前的分類方式一樣，完全極端多少是理性抽象的結果，最常見的具體的人也往往是介於兩種極端之間的變種與混合。但在實際上你還是可以看出二者的不同，例如：你可以了解衛理公會的皈依者對於具有清朗之健全心態的道學家的輕蔑，同理，你也可以體會道學家爲什麼厭惡像衛理公會信徒那樣的病態主觀主義，因爲認爲他們將似是而非的道理以及自然現象的倒轉視爲上帝眞理的本質。①二度降生者的心理基礎似乎在於此個體天生氣質的某種不協調或歧異性，這是一種在道德與理智上不完全統一的性格。阿逢思・多德(Alphonse Daudet)說：

雙面人，雙面人！我第一次覺察到自己的雙面性格是在我兄弟亨利去世，當我父親誇張地哭號「他死了，他死了！」的時候。當時我的第一個自我在哭泣，而我的第二個自我卻在想：「那哭泣多麼逼真啊，要是在劇場裡，會是多麼精采。」當時我十四歲。

這個可怕的雙重性屢屢使我反省。喔，這個可怕的第二個我，當另一個我站著、行動著、活著、受苦或努力時，它始終坐著。這個第二個我，我始終不能令它迷醉，讓它流淚，或是入睡。它多麼能夠看穿事物的本質，對這一切它又多麼會嘲笑！②

最近關於性格心理學的作品對此點有諸多討論。③有些人天生具備調和與平衡的內在性格。他們的衝動彼此調和，他們的意志毫無困難地遵循理智的引導，他們的熱情並不過度，他們的生活也很少被悔恨糾纏。有些人的性格恰恰相反，但程度有別，從輕微的乖僻或是反覆無常的不一致，到帶來極端不便的嚴重衝突。關於比較不傷大雅的幾類歧異性格，我在安妮・碧森女士的自傳裡找到一個很好的例子：

我是脆弱與堅強最奇怪的組合，而且曾經為了我的脆弱付出很大的代價。小時候，我曾經因為個性的靦腆受到極大的痛苦。假如我的鞋帶鬆了，我會覺得丟臉，以為每個人的眼睛都盯著那倒楣的鞋帶看；當我是個少女時，我會避開陌生人，認為自己有缺陷，不被別人喜歡，因此，如果有人親切地招呼我，我會充滿熱切的感激。在我成為少婦時，我會怕我的傭人，寧可讓工作馬馬虎虎地過去，而不願痛苦地去斥責那個打馬虎眼的人。當我在講台上演講與辯論時，並不缺乏勇氣，但在旅館時，我寧願忍受缺乏必需品，也不願搖鈴或叫侍者幫我拿來。在講台上，我為任何自己所關切的事物充滿鬥志地辯護，但在家裡，我則避免爭吵與非難他人。在公共場合，我是一個很好的鬥士，但私底下，我基本上是個怯懦的人。多少次我鼓起勇氣挑剔我有責任去責備的下屬，但事後卻不快活好幾十分鐘；多少次我應該為年輕男女的工作沒做好而譴責他們，但又縮回去時，我嘲笑自己在講台上的勇敢表現只是虛假。一個不和善的眼光或言語都可以讓我縮成一團，像蝸牛縮回自己的殼一樣，但是在講台上，別人的反對反而能刺激我說出最精采的言論。④

這種程度輕微的不一致只能算是不大的弱點；但若性格歧異的程度再強一點的話，就會使人的生活陷入大混亂了。有些人的生活幾乎就是一連串的擺盪，一下子這個傾向佔上風，一下子那個傾向佔上風。他們的精神與肉體打架，冀望得到不相容的東西，任性的衝動將他們最縝密思考的計劃破壞，他們的生活成爲一齣在悔恨與彌補過錯之間無止境循環的戲劇。

有人解釋這種性格的歧異是遺傳的結果，因爲彼此不相容且敵對的祖先性格特質保存在一起。⑤這個解釋的價值當然需要經由驗證才能得知。但無論性格歧異的原因爲何，我們在精神病態的氣質裡可以看到這種性格的極端表現，這我在第一講裡已經說過。所有具備這種氣質的作者，在他們的描述裡都注重這種內在的歧異性。的確，通常只是因爲這個特質而使我們認爲某人具有精神病態的氣質。一個高度退化的人，只是在許多方面較爲敏感的人。他覺得自己比一般人更難維持精神的秩序，或是保持直線前進。因爲他的感覺與衝動都太敏銳，彼此的歧異過於巨大。在那些令精神病態的氣質受苦的糾纏意念、不理性衝動、病態疑懼、憂慮與壓抑中，我們看到歧異性格的例子。「出賣基督，換取這個！出賣基督，換取那個！出賣祂！出賣祂！」這些話對布楊有一種強迫性，並在他心中輾轉數百回，一直到他喘不過氣地反駁：「我不會！我不會！」接著又衝動地說：「如果他要這樣做的話，讓他去！」這個戰鬥的失敗讓他在絕望中度過一年。聖徒的生活充滿這種褻瀆的強迫性，他們共通地將之歸咎於撒旦的直接誘惑。這個現象與所謂下意識的自我有關，我們待會兒會更直接地討論這個問題。

無論我們每一個人的性格如何組成，如果我們強烈的個性與敏感到了某種程度，並且容易被不同的誘惑影響，我們就比較可能具備歧異的性格，如果我們的確是病態的，那我們就有最大的可能成爲性格歧異的人。性格的正常發展主要是靠內在自我的整理與統一。起起伏伏的感情，有用與乖錯的衝動，在我們內心一開始相對來說是比較混亂的，它們最後必須以正確的層級組成一套穩定的功能系統。在建立秩序與掙扎的階段很容易不快樂。如果這個人具有柔和的良知，並在宗教方面甦醒，他的不快樂就會以道德的懺悔與良心的責備來表現，覺得自己的內在邪惡，充滿過失，也認爲自己與生命的創造者和精神生命的安排者的關係出了問題。這就是曾經在基督新教的歷史中扮演重要角色的宗教憂鬱以及「自認有罪」之感。人的內心是兩個死對頭的自我交戰地，一個是眞實的自我，一個是理想的自我。如同維多・雨果(Victor Hugo)在他的作品裡以穆罕默德之口所說的：

我是崇高戰爭中的卑劣戰場
時而在頂端，時而在低處；
從我嘴裡，壞與好交替，
就好像沙漠中塵沙與水池交互出現一樣。

錯誤的生活，無能追求的憧憬，就像聖保羅所說的：「我所願的，我沒有做，我所惡的，我卻做了。」自我厭惡，自我絕望，莫名其妙地背負著一種不可理解也無法忍受的重負。

讓我引述一些性格不協調的典型案例，這些案例是自我譴責與罪惡感的憂鬱症。聖奧古斯丁是一個有代表性的例子。你們應該還記得他在迦太基(Carthage)成長，接受半異教半基督教的培育，接著遷徙到羅馬和米蘭，他對摩尼教的信奉以及接下來的懷疑，和他對眞理與純淨生活的不斷追求，還有，最後，當他認識或聽過的許多人都已脫離色慾的枷鎖而奉獻給獨身與崇高的生活時，他對自己胸臆中兩種靈魂之間的掙扎感到迷惑，並對自己意志力的軟弱感到羞愧，這時他在花園裡聽到一個聲音說：「**拿起來讀**。」於是他拿起《聖經》隨意翻開，看到「不要荒淫放蕩」等的經文，這些話語就像是直接對著他講，他內在的風暴就這樣永遠平息了。⑥奧古斯丁是觀察心理的天才，他對這種分裂自我所帶來的痛苦留下一個無人能夠超越的描寫：

這個我剛開始獲得的新欲求還不夠堅強，不能克服另一個因長期放縱而強大的欲求。因此，這兩個欲求，一個新的，一個舊的，一個屬於肉體，一個屬於精神，互相競爭，困擾我的靈魂。我從自己的經驗了解「肉體的貪慾與精神相反，精神也與肉體相反」這句話。其實這兩個欲求都是我自己，然而，我所讚許的那個自我比起我所反對的那個自我更接近自己。但是，也因為自己的緣故，習慣那麼強烈地控制了我，因為我自願來到我所不願到的地方。上帝啊，我還被束縛在人間，我不肯站在祢這邊作戰，我怕解脫所有的羈絆，就像我怕被這些羈絆束縛一樣。

因此，我默想你的念頭，就像一個將要醒來，但又被睡意掌控而又入睡的人所做的努力一樣。當一個人的四肢感受到濃濃睡意時，他往往拖延著，不願把睡魔擺脫掉；雖然不贊成它，卻又鼓勵它。即使如此，我還是確定臣服於你的愛比降服於我的情慾更好，雖然前者令我信服，而後者討我歡喜，並束縛我。對於「醒來，沉睡者！」的呼喚，我只是徒然地以慢吞吞、充滿睡意的語氣回答「即刻就醒，好的，即刻就醒，再等一下子」，但是「即刻」並沒有變成「此刻」，「一下子」也越來越久……因為我怕你太早聽見我的話，而立刻治癒我那與其希望消失，還不如說希望得到滿足的情慾病。難道我不曾以嚴厲的話語來鞭策我的靈魂嗎？但它卻退縮了，儘管說不出理由，它撤退了……我在自己的內心說道：「來，就讓它有個了斷吧！」當我這樣說時，我是在下決心，只差沒有實行而已，然而我真的沒有實行。然後，我再做其他的努力，幾乎成功了，卻又沒有完成，沒有把握住，遲疑不願置之死地而後生。我如此習慣的惡就這樣支撐著我，勝過那我沒有嘗試過的更完善的生活。⑦

關於分裂的欲求，沒有比這更好的描述了——當那更高的欲求恰恰缺乏最後一振，缺少爆發性的強度，缺少發生動力的特質（用心理學家的話說），缺乏那使他得以衝破包圍，有效地闖入生活，而永遠鎮住低級傾向的力量。在後面的演講裡，我們將會對這種更高的激發性討論得更多。

我在新蘇格提亞傳教士亨利・阿萊因的自傳裡，找到另一個關於這種分裂欲求很好的描述。對於阿萊因的憂鬱症，我在上一講裡提到一些。你已看到，這位可憐的年輕人犯的罪過是最無害的，然而，它們對他最眞實的呼召形成阻礙，給他帶來很大的痛苦。

現在我過著道德的生活，但良心上卻不平靜。此刻我開始受到年輕同伴的敬重，然而他們始終不認識我的內心。他們的敬重開始成為我靈魂的陷阱，因為我開始喜歡世俗的歡樂，儘管我仍然誇耀自己，認為假如我不喝醉、不詛咒、不發誓，那麼嬉戲與世俗的歡樂就不會是罪惡。我還覺得上帝應該會容許年輕人享受一些（我稱之為簡樸或高尚的）娛樂。我仍然依序履行義務，也不讓自己做公開的壞事，所以在身體健康與凡事順利時，一切都很好，但當我在困頓中，或被疾病、死亡，以及轟雷的大風暴所威嚇時，我的宗教就行不通了，我發現自己的信仰有所缺乏，便開始懊悔自己那麼常常追求嬉戲。但當痛苦過去，試探者、我自己的怠情、同伴帶給我的引誘，以及我對於年輕同伴的喜歡，都是那麼強烈的誘惑，我會再度無法自持。因此，我變得非常狂放粗野，但我還繼續私下祈禱與閱讀的義務。然而，上帝不希望我把自己毀了，仍然呼喚我，還以巨大的力量震動我的良心，因此那些娛樂都無法讓我感到滿足，有時在作樂當中我還體會到失落感與毀滅感，甚至希望自己不在那裡，當作樂結束，回到家時，我會立下許多承諾，不再參加這些嬉戲，並且連續好幾個小時請求上帝寬恕。但當我再度遇到誘惑，我又無法自持了：一聽見音樂，或是喝一杯酒，我就覺得飄飄然，馬上開始自己認為既不腐敗也不邪惡的歡樂與消遣。可是，當我從世俗的歡樂中回來時，又像從前一樣充滿罪惡感，有時躺在床上幾個小時都無法闔眼。我當時真是世界上最不快樂的人之一。

有時我會離開同伴（常常叫琴手停住，好像我累了一樣），到外面去，到處走，一邊啼哭一邊祈禱，就像我的心快要碎了一樣，我懇求上帝不要捨棄我，也不要讓我的心變硬。啊！我這樣捱過多少悲傷的時日啊！有時當我遇見那些快樂的同伴，雖然我的心情低落，我會盡量表現出高興的樣子，使他們不至於疑心，有時我會故意與年輕男女開始一個話題，或是提議唱一首快樂的歌曲，為的只是不讓他們發現我靈魂的苦惱。同時我又覺得與其和他們在一起，追求快樂與歡愉，我寧願自己被放逐到荒野裡。就這樣好幾個月，當我和他們在一起時，我表現得像偽君子，假裝很快樂，但又盡量避免和他們在一起。啊，我是多麼悲慘、多麼不快活的人啊！無論我做什麼事，無論我到哪裡去，我都在暴風雨中；然而，在接下來的幾個月，我還是繼續扮演嬉戲的籌劃者與領導人，儘管參加這些嬉戲就像是做苦工、受折磨，但魔鬼與我的邪心把我像個奴隸一樣趕來趕去，告訴我應該做這做那，忍受這個忍受那個，向這兒去向那兒去，來維持我的榮譽，並使同儕繼續尊敬我。在這整個時期，我還是盡量嚴格地履行我的功課，不遺餘力，好使我的良心感到平靜，甚至監視我的思想，無論到何處，都不斷祈禱。因為我當時不認為自己與享樂的同伴在一起時的行為有什麼罪惡，我在那裡沒有得到什麼滿足，只有在我認為有充分理由時才參與。但是，做了所有我做的以及能做的，我的良心仍然日夜怒吼。

聖奧古斯丁與阿萊因兩人都進入內在合一與平安的止水中。接著，我要請你更仔細地考察這個合一過程發生時的特性。合一也許逐漸產生，或者突如其來；它也許出於情緒的改變，或者出於行動能力的改變；它也許來自理智上的新領悟，或是來自我們接下來稱之為「密契的」(mystical)經驗。無論它如何到來，它總是帶來一種特殊的解脫，而且沒有一種解脫能像宗教的解脫這麼巨大。快樂！快樂！快樂！宗教只是人們獲得這種賜贈的方式之一。輕易、恆久、成功，它常能把無法忍受的悲慘轉化為最深刻、最持久的快樂。

但是，宗教只是達到合一的許多方式之一。彌補內心的不完全並減少內在的不和諧是一個普遍的心理過程，可以在各式各樣的心理材料(mental material)中發生，不一定要以宗教的形式出現。在判斷我們研究的各種宗教新生(regeneration)的型態時，認識到它只是包含其他型態之種屬的一種是很重要的。例如，新生可能是由信仰宗教走向不信；或者是從道德的顧忌走向自由與容許；它也可能由於個人的生活受到新刺激或激情的闖入，例如愛情、野心、貪婪、復仇或是愛國心。在這所有的例子裡，恰好都有相同的心理形式——在一段充滿風暴、壓力與衝突的時間之後，進入一種堅決、穩定而平衡的狀態。在這些非宗教的例子裡，新生的狀態可以逐漸發生，或是突然產生。

法國哲學家朱芙瓦(Jouffroy)對於自己的「反皈依」(counter-conversion)過程，曾經做過生動的描述。反皈依一詞出自斯塔伯克，用來代表從信仰正統宗教到不信的歷程。朱芙瓦長久以來爲自己的懷疑所苦，他認爲自己是在一個特殊的夜裡度過最後關卡，那一夜，他的不信變得堅定而穩固，隨即也因爲自己所失去的妄信而感到悲哀。朱芙瓦寫道：

我將永遠不會忘記十二月的那一夜。那一夜，將我的懷疑遮掩起來，使我看不見的帷幕被扯開了。在那我習慣於失眠之夜走上走下的狹小空蕩的房間裡，我又聽到自己的踱步聲。我又看見那被雲半掩，不時照耀在冰冷的玻璃窗上的月亮。時間在夜裡流逝，而我不知道過了多久。我焦慮地追隨著自己的念頭，它們一層又一層地降到我意識的底層，把所有在此刻前遮住我視線那些纏繞的妄念逐一打散，使得它們在每一瞬間都歷歷分明。徒勞地，我攀住這些最後的信仰，就像沉船的水手攀住破船的碎片一樣；徒勞地，我對那未知的、自己即將浮沉於其中的空虛感到害怕。帶著這些思緒，我回想起我的童年、我的家庭、我的國家，以及所有對我來說既親密又神聖的事物；我那不斷的思潮實在太強烈了——雙親也好，家庭也好，回憶也好，信仰也好，這個思緒強迫我放下這一切。越靠近探究，它就越固執、越嚴厲，不到終點，絕不停止。當時我就知道，在我內心深處，已經沒有剩下什麼站得住的東西了。

這是一個可怕的時刻。當黎明即將來臨，我筋疲力盡地倒在床上時，似乎覺得，我那充滿歡笑而豐富的早年生活，像火一樣地熄滅了。在我面前開展的是另一個陰森荒蕪的生活，未來我必須孤獨地生活於其中，還伴隨著那個把我放逐的致命思想，我忍不住想要詛咒的這個思想。在這個發現之後的日子，是我一生中最悲慘的日子。⑧

在佛斯特(John Foster)的〈品格決定論〉(Essay on Decision of Character)文中，描述了一個突然轉變成崇拜金錢的人，這是個很值得引述的例子：

一個年輕男子在兩三年內和一幫自稱為他朋友的無用之徒在一起飲酒享樂，耗盡了一大筆遺產。當他花盡最後一分錢時，這些人當然不再理他，並且輕蔑他。當他窮困到極點時，有一天他走出房子，想要結束自己的生命。他在不知不覺中遊蕩來遊蕩去，走到一座山丘邊，從山丘上可以俯瞰那些曾經屬於他的產業。在那裡他坐了下來，凝神思考了幾個小時，最後他在一種激烈而雀躍的情緒中從地上跳起來。他已經下定決心，要重新掙回這些產業。他在心中定了計劃，馬上付諸行動。他急忙地向前走，決定把握住第一個賺錢的機會，無論那是多麼微賤的工作，無論酬勞多麼微不足道；他還決定，如果做得到，就不花掉賺得的任何一分錢。第一件引起他注意的事，就是一堆從煤車傾出，倒在人家門口步道上的煤堆。他自動要求將這堆煤剷走，或是推到堆置煤的地方，結果他得到僱用。他的勞力換來了幾個便士；接著他為了執行計劃中省錢的部分，又向主人討了一些肉和湯，主人也給了他。然後，他又開始尋找下一個工作機會，就這樣孜孜不倦，他連續在不同地方，或長或短的時間充當傭工，並且盡量分文不花。他迅速地掌握**每一個**可以促進其計劃的機會，無論這個職業或自己的外表多麼卑微。經過一段長長的時間，用這樣的方法他已經賺到足夠讓他買幾條牛的錢，他苦心熟悉牛的價格，把牛買進來，再賣掉，快速而謹慎地把第一次賺到的錢再轉變成第二次的利益；他仍然保持極端節儉的習慣，沒有例外。

就這樣，他逐步得到更大的買賣和初步的財富。我沒有再聽說他接下來的生活，或者我忘記了，不過最後的結果是：他不僅重新得到失去的產業，死的時候還成為一個擁有六萬家當的頑固守財奴。⑨

現在回到直接與我們的討論有關的宗教例子。下面的例子是一個最單純的可能型態，描述一個健全心態的人皈依到有系統之健全心態宗教的過程。這個例子說明了當果實成熟時，輕觸即落的情形。

弗雷卻(Horace Fletcher)先生在其《心靈修養》(*Menticulture*)一書中，提到他與一個朋友談到日本人由佛教修練得到自制力：

朋友說：「你必須先除去憤怒與憂慮。」我說：「但是，這可能嗎？」他說：「是的，如果日本人做得到，對我們來說也做得到。」

我在回家的路上，心中被「**除掉，除掉**」這些話所充滿；而且這個想法在我睡覺時一定繼續佔據我的心頭，因為第二天清晨我意識到的第一件事就是這一個想法，它還為我啟示了一個發現，形成這樣的理論：「如果憤怒與憂慮是可以除得去的，為什麼還要憤怒與憂慮呢？」我感受到這個論點的力量，馬上就接受了這個論點。嬰兒既然已經發現自己會走路，自然就不屑繼續爬行了。

從我領悟到憤怒與憂慮的毒瘤是可以移除的這一刻起，憤怒與憂慮就遠離了我。當我發現憤怒與憂慮的弱點，它們就被驅除了。從那時起，我的生活有了十分不同的光景。

雖然從那時起，從鬱悶的情緒中解脫對我來說已是可能與希望的事實，我仍然花了幾個月才讓自己達到的新境界完全穩固。當一般會令人感到憤怒與憂慮的情況一再地發生，而我一點都不覺得憤怒與憂慮時，我就不再對它們感到害怕，或是防備了。我驚訝於自己精力與心思活潑增長的程度，自己有能力應付各種處境，還有自己愛好及欣賞一切事物的心境。

從那天早晨開始，我有機會做超過一萬哩的鐵路旅行。我碰到同樣的臥車服務生、車掌、飯店侍者，小販、書販、計程車司機，以及其他在以前曾經是煩擾來源的人，卻絲毫不再覺得有誰不禮貌。突然間，整個世界都對我很好，彷彿我變得只能感受到好的事物一樣。

我可以敘述許多證明我心境煥然一新的經驗，但說一個就夠了。有一次，因為行李的延誤，我眼睜睜地看著一班火車開走，原本我充滿興味與愉快的期待，計劃搭上這輛車。當火車開遠，漸漸離開視線時，飯店的侍者一邊跑，一邊氣喘喘地跑進車站。當他看見我時，好像怕被我責罵，就開始解釋他如何被阻塞在一條擁擠的街上，無法走出來。當他說完後，我對他說：「不要緊，你也是沒辦法啊，我們明天再試試吧。這是你的搬運費，很抱歉讓你經過這些麻煩才掙到。」他臉上的驚訝充滿喜悅，因此，我從那裡得到延遲出發的補償。第二天他不再接受我給他的搬運費，他和我也成為終生的朋友。

在我前幾個星期的經驗裡，我只防止憤怒與憂慮的情緒；但我注意到其他壓抑與萎縮的情緒也不見了，我開始找出一種關係，一直到最後，我確信它們都是根源於我所說的那兩種情緒。現在我已經感受到這種自由好長一段時間了，所以也很確定我和自由之間的關係。而且，我再也不提供那些我曾經視為人性遺產而保護著的偷盜的、壓抑的影響一個容身之處，就像紈袴子弟絕不肯在污穢的溝裡打滾一樣。

我認為純粹的基督宗教、佛教，以及心靈學和所有宗教所教導的根本事物就是我所發現的這個道理；但它們都沒有以簡單而容易的革除過程來說明。我曾經好奇，如果革除憤怒與憂慮的話，人生會不會流於冷漠和怠惰。但我的經驗告訴我事實正好相反。我更想做有用的事，就好像再度成為小男孩，遊戲的精力又恢復了一樣。如果有打架的必要，我可以打得和從前一樣好，甚至更好。革除憤怒與憂慮並不會使人變成懦夫，因為恐懼也是革除的對象之一。我發現自己在聽衆面前不再感到羞怯。當我還是小孩時，曾經站在一棵被雷電所擊的樹下，受到驚嚇，從此一直不能免於這個驚嚇帶給我來的影響，一直到我革除了憂慮之後，影響才解除。從此之後，當我遇到雷電交加等原本會讓我非常憂鬱而難過的情況時，我再也不會感受到那些情緒的痕跡了。吃驚的情況改進了很多，我也不再那麼容易被沒有預期的景象和噪音驚嚇了。

就我個人來說，我現在並不煩惱這種解放的情況會帶來怎樣的後果。無疑地，基督科學(Christian Science)所追求的完善健康也許是可能的結果之一，因為我注意到我的胃在吸收食物方面有很顯著的進步，並確信它在歌聲中會比在皺眉的摩擦中工作得更好。我現在也不浪費寶貴的時間去構築關於來世或是未來天堂的觀念了。我內心所擁有的天堂和任何一個曾經許諾給我的，或我自己想像的天堂一樣可愛。並且，我願意讓成長帶領我到任何它要帶我去的地方，只要憤怒與其他惱人的情緒不會參與其中，把它引入歧途。⑩

古老的醫學曾經提到疾病的恢復有兩種方式，一種是**逐漸痊癒**(lysis)，一種是**快速痊癒**(crisis)。在精神的領域中，內在的合一也有兩種過程，一種是漸進，另一種是突然。托爾斯泰與布楊在這裡又可以提供我們例子，兩個剛好都是漸進的例子。雖然我在一開始必須先承認，要追究這些他人內心的曲折是很難的，而且我也感覺到他們的話並沒有道盡全部的秘密。

無論如何，托爾斯泰在追求他永無止境的問題時，洞見似乎一個接著一個來。首先他知道自己認爲人生沒有意義的信念，只是針對這個有限的生命而言。他在一個有限的事物上追求另一個有限事物的價值，最後的結果只能是數學不定方程式的「零等於零」。但這只是理性的推演所能達到的極限，除非，非理性的情操或信仰可以提出無限的概念。假如可以像平常人那樣相信無限的概念，生命就又成爲可能了。托爾斯泰說：

自從人類存在以來，哪裡有生命，哪裡就有相信給予生命可能性的信仰。信仰就是生活的理解與感知，因為它，人類才不至於毀滅自己，而繼續存活。它是我們賴以活下去的動力。假如人不相信他必須為某一件事活著，他就不會活下去了。一個無限的上帝、靈魂的神聖、人的行動與上帝的合一等觀念，都是從人類思想中無限而神秘的深處裡所精心構築出來的。沒有這些觀念，就不會有生命；沒有這些觀念，我自己無法存在。我開始了解，我沒有權利依賴個人的推理而忽視這些出於信仰的答案，因為它們是問題的唯一答案。

可是，平常人的信仰是沉浸於粗鄙的迷信裡的，我們如何像他們那樣去相信呢？這是不可能的——然而他們的生活是正常的、是快樂的！它是問題的答案！

漸漸地，托爾斯泰得到一個定見，他說自己花了兩年的時間才得到。這個定見就是：他的煩惱不在於普通的生活，不在於平常人的平常生活，而是在於上層的、知識的、藝術階層的生活，是他個人一向過著的生活，那種靠著大腦、因循、造作、帶著私人野心的生活。他一直這樣錯誤地活著，所以必須改變。爲動物性的需要而工作，棄絕說謊，棄絕虛榮，解放平常的需要，簡樸，信仰上帝，從其中可以再度獲得快樂。他說：

> 我記得在早春的一天，獨自在樹林裡，用耳朵傾聽樹林神秘的聲響。我一邊聽，思緒一邊飄到這三年來我一直忙著思索的事，也就是對上帝的尋求。可是，上帝的觀念，我要怎樣得到這個觀念呢？
>
> 隨著這個思緒，我心中升起一種對於生活充滿熱望的喜悅。在我內的一切都甦醒起來，並得到意義……我心裡有一個聲音問道，為什麼還要望向遠方呢？祂就在那兒：祂，缺少了萬物就不能存活的祂。承認上帝與生活，是同一件事。上帝就是生活的本質。那麼，就去生活，去尋求上帝吧！沒有祂，就沒有生活……
>
> 從此之後，在我心中及周圍的事物都比以前來得清明，而且這種清明從來沒有完全消散。我不再自殺了。我無法說出這個改變是怎麼發生，以及何時發生的。可是，就如同生活的力量在我內不知不覺逐漸地消失，使我走到道德的死地上，生活的力量也逐漸不知不覺地恢復。奇妙的是，這個恢復的活力並不是什麼新的東西。它是我過去少年時代信仰的力量，我生活的唯一目的就是要變得**更好**

的這個信念。我放棄了世俗的生活，看清楚它並不是生活，只是對生活的拙劣模仿，它的膚淺阻礙我們了解真正的生活……從此之後，我過著農民的生活，覺得安適而快樂，至少比較起來是這樣。⑪

那麼，當我解釋托爾斯泰的憂鬱時，就不只是出於他天生氣質的偶然變壞，雖然這也是原因之一。他內在性格與外在活動和目標之間的衝突，自然會引起這種憂鬱。雖然托爾斯泰是個文學家，但他也是秉性簡樸的人，對於我們文明世界的膚淺、虛偽、貪婪、糾紛與殘酷感到極端不滿，對這樣的人而言，永恆的眞理也在於更自然與更動物性的事物中。他的轉機在於整頓他的靈魂，發現它眞正的居所與召喚，從虛假逃離至他所認識的眞理之路。這是一個具有歧異性格的人，緩慢地找到其合一與平衡的例子。雖然我們當中並沒有多少人可以學托爾斯泰，也許是因爲我們的骨子裡原始人樸素的精髓不夠多，但至少我們之中的大部分人會覺得，如果我們可以學習托爾斯泰，那會更好。

布楊的恢復似乎來得慢些。連著好幾年他一直被《聖經》的文句交替纏繞，心情時而抑鬱，時而飛揚，但最後，他終於藉著基督的血得到的救贖而獲取越來越多的慰藉。布楊寫道：

我的平靜在一天之內會來來去去許多次；現在覺得安適，馬上又覺得痛苦；現在感到平安，但還沒有走一小段路，馬上又覺得心中充滿恐懼和罪惡感。

當他了解一段好的經文時，他寫道：

這些字句的光輝那麼沉重地壓著我，使我坐下時幾乎要昏倒；然而，並不是帶著悲嘆與苦惱，而是帶著實在的歡樂與平安……

對我來說這是個好日子，我希望自己永遠不會忘記它……

它鼓舞了我兩三個鐘頭的時間……

這為我的精神帶來一種奇怪的效果，它帶來光明，使我內心一切紛亂的思緒平定下來，這些思緒從前就像無主的惡鬼，在我心裡咆哮怒號，製造可怕的噪音。這向我顯示，耶穌基督並沒有完全放棄我，沒有扔掉我的靈魂。

這種情形累積了一段時間，一直到他寫道：

現在暴風雨即將結束，因為雷電已經遠離，只剩下幾滴雨，偶爾滴在我身上……現在我腳上的鎖鏈確實脫落了，我的痛苦與銬鐐也鬆開了，我的誘惑離我遠去；因此，從那時以後，那些上帝可怕的經文不再煩擾我；現在因為上帝的天恩與慈愛，我也帶著喜樂的心回家……現在我可以看見自己同時在天堂，也在塵世；雖然我的身體還在塵世，但由於我的基督，我的首領，我的正義與生命，我人在天堂……那一夜，基督是我靈魂寶貴的救主；我因為基督而來的喜悅、平安與勝利，幾乎無法躺在床上。

布楊成爲福音的傳道者，雖然他那神經質的傾向，因爲不信奉國教而被監禁了十二年，但他的生命卻在後來發揮了積極的用處。他是一個和平使者、行善者，所寫的不朽寓言，使英國人的心靈眞切感受到宗教忍耐的精神。

但托爾斯泰或是布楊都不能稱爲心態健全的人。他們喝過太多苦酒，再也無法忘記那種苦味，而且所獲得的救贖是進入一個雙層的世界。他們兩人都理解那破除悲傷的好處，然而，他們的悲傷還保留在將之克服的信仰中，成爲這個信仰的次要部分。對我們來說，有趣的事實是他們能夠，並且眞的找到**某樣東西**，從其意識深處湧出，藉此可以克服他們極大的悲傷。托爾斯泰說得好，把它稱爲**人們藉以生活的東西**，因爲它的確如此，一個刺激，一種興奮，一個信仰，一個重新灌注積極生活意志的力量，即使在不久前，對於生活中不可忍受的那些惡的覺知還在。托爾斯泰對於惡在這個範圍內的表現的覺知並沒有改變。他後來的作品顯示了他對整套官方價值的鄙視：時尚生活的卑賤、帝國的惡劣、教會的虛僞、各種專家的虛妄自大、大成功之後的卑鄙與殘酷，以及這個世界其他一切誇耀的罪惡和欺瞞的制度。他的經驗告訴他，必須永遠剷除對這些惡事的耐心。

布楊也把這個塵世交給仇敵。他說：

我必須把每一件可以稱之為屬於今世的事物宣判死刑，即使是我自己、我的妻子、我的小孩、我的健康、我的歡樂，以及一切，都看作是死了一樣，我對他們來說也是死了一樣。關於即將來臨的世界，要藉著基督信賴上帝；關於這個世界，要將墳墓視為居所，把床安置於黑暗中，並對腐朽說：你是我的父親，對蟲蟻說，你是我的母親與姊妹……與我的妻子和可憐的孩子別離，對我來說常常就像把肉從骨頭上扯開一樣痛楚，尤其是與我那可憐的盲眼的孩子分別，他是我最心愛的。我在想，可憐的孩子，你在這個世界是多麼悲哀啊！雖然連風吹在你身上都讓我不忍心，但你必須被擊打，必須行乞，因為飢餓、寒冷、匱乏，以及許多的災難而受苦。雖然這樣，我還是要冒險將你的一切託付給上帝，即使離開你讓我傷痛。⑫

這些話的確有「決斷的色彩」，但神入的自由狀態似乎從來沒有降臨到可憐的布楊身上。

這些例子應該足以讓我們對於「皈依」現象有一般的認識。在下一講裡，我要邀請你一起更仔細地討論皈依現象的特點以及伴隨的現象。

註釋

①例如：「我們的年輕人都因爲原罪、惡之起源、預定論(predestination)等神學問題而害病了。這些問題從來不對任何人造成實際上的困難——假如人們不從自己的道路離開去尋求這些問題的答案，它們就永遠不會把人的道路遮蔽。這些問題是靈魂的耳腺炎、痲疹，以及百日咳……」等等。參見Emerson: Spiritual Laws。

②參見*Notes sur la Vie*, p. 1。

③例如，參考F. Paulhan在他的書(*Les Caractères,* 1894)裡把平衡的、統一的與不安的、矛盾的、不協調的、崩潰的性格相對照，認爲這些是許多不同的心理類型。

④參見Annie Besant: *An Autobiography*, p. 82。

⑤參見Smith Baker, in *Journal of Nervous and Mental Disease*, September, 1893。

⑥ Louis Gourdon在其作品(*Essai sur la Conversion de Saint Augustine,* Paris, Fischbacher, 1900)中分析奧古斯丁在他皈依之後馬上寫下來的文章，顯示了他在《懺悔錄》中的描述還未達到眞正的皈依。在

花園中的轉機的確是他從早期生活轉向新皈依的標記，但所皈依的是新柏拉圖主義的精神論，這只是歸向基督教的半途，一直到四年多以後，他才徹底地轉向基督教。

⑦節錄自 *Confessions*, Book VIII., chaps. v., vii., xi。

⑧參見 Th. Jouffroy: *Nouveaux Mélanges philosophiques*, 2me édition, p.83，我要再引述另外兩個發生於特定時刻反皈依的例子。第一個例子是從斯塔伯克教授的手稿集錄中選出，敘述者是一位女性：

「在我內心深處，我相信自己一向對『上帝』是多少有著懷疑的。在我整個年少時期，懷疑像暗流般在我心中滋長，但他們被我宗教成長中的情緒所控制與遮掩。在我十六歲時，我加入了教會，有人問我愛不愛上帝，我順著別人的期望，照例回答：『是的。』但是立刻就有一個聲音閃過心頭：『不，你不愛上帝。』有很長一段時間，我爲自己的虛假與不愛上帝的錯誤感到羞慚悔恨，還夾雜著恐懼，想說也許會有一個愛報復的上帝會以可怕的方式懲罰我……十九歲時，我得了扁桃腺炎，在快要恢復時，我聽說有一個兇暴的人把他的妻子從樓梯上踢下去，並且一直踢她，直到她失去知覺。我對這件可怕的事有很深刻的感受。馬上有一個想法進到心裡：『我不喜歡一個容許這種事情發生的上帝。』這個經驗之後，我有好幾個月的時間對從前生活中的那個上帝採取一種斯多噶式的冷淡態度，並夾雜著積極的厭惡，與自豪地反抗祂的情緒。我還是認爲也許有個上帝。如果眞是這樣的話，祂也許會責難我，但我必須忍受。我覺得自己很不怕祂，也不想取悅祂。自從有了這個痛苦的經驗後，我和祂再也沒有任何私人的關係。」

第二個例子顯示預備與潛伏的過程足夠的話，任何一個加上去的刺激，無論多麼微小，都可以使心靈進到一個新的平衡狀態。這就像是俗諺所說加在駱駝重負上的最後一根稻草，或是使得超飽和溶液內的鹽突然開始結晶的那針尖似的碰觸。

托爾斯泰說：「S先生，一個坦誠、聰明的人，告訴我他停止信仰的經過：

「他當時二十六歲，有一天，在一次打獵的遠行中，睡覺時間到了，他照他從小遵守的習慣開始祈禱。

「和他一同打獵的一個兄弟，躺在乾草堆上，看著他。當他結束祈禱時，他的兄弟說：『你到現在還做這件事嗎？』就沒有再說什麼了。但自從那天開始，已經過了三十多年，他沒有祈禱，沒有領聖體，也沒有到教會去。所有這一切，並不是因爲他當時知道他兄弟的信念而接納了這個信念，也不是因爲他的靈魂下了什麼新的決定，而僅僅是因爲他兄弟的話就像手指對著一扇因爲自己的重量而即將倒塌的牆，輕輕一碰。這些話只是讓他知道，他所認爲的宗教在他內心的居所已經空虛很久，因此他在祈禱時所說的話、所畫的聖號與鞠躬的姿勢，只是缺乏內在意義的行動。既然領悟到它們的荒謬，他就不能再繼續做這些事了。」參見 *Ma Confession*, p. 8。

⑨節錄自 *Essays in a Series of Letters*, Letter III。

我再加上一份得到的資料，它生動地代表一種可能很常見的皈依——假如「陷入情網」的相反「跳脫愛情」(falling out of love)也可以叫作皈依的話。陷入情網的過程也經常與這個類型相似，有一段隱伏的、潛意識的預備過程，接著突然清醒，意識到錯誤已經無法挽回。下面的叙述自如而流暢，說明它是眞摯的：

「這一次有兩年之久，我經歷了一個很糟糕的經驗，逼得我幾乎發瘋。我強烈地愛上一個女子，她雖然年輕，但像貓一樣很會玩弄男人的感情。當我現在回想起她時，覺得自己恨她，眞不明白自己當時怎麼會如此墮落，竟然被她的魅力吸引到那樣的地步。然而，我當時眞的是陷入熱戀，無法思考其他事情；每當我獨自一人時，我就想像她迷人之處。我花了很多應該工作的時間去回想我們上一次會面的情形，還想像未來的對話。她非常美麗，很風趣，極度愉快，對於我的讚賞也非常高興。她從不給我確定的答案，是或否；奇怪的是，當我向她求婚時，我心底暗暗知道她終究不適合做我的妻子，她也永遠不會答應。我們在同一家餐廳吃飯一年之久，所以我常常看見她，也跟她很熟。但我們較親密的關係大多是在暗中進行的，由於這樣，以及我對她另一個男性愛慕者的嫉妒，還有我的良心對於自己無法自制的弱點的輕視，都使得我變得緊張、失眠，以爲自己眞的要發瘋。我非常了解在報上常見的那些年輕男子謀殺愛人的心理。可是我當時眞的熱切地愛著她，就某些方面而言，她也眞的値得我那樣愛她。

「奇怪的是，這一切突然而毫無預期地停止了。有一天早晨，我吃完早點，正要去工作，照例我想到她，還想到我的苦惱；突然，就像有個外來的力量把我抓住一樣，我發現自己轉身，幾乎用跑的速度奔進房間，立刻把所有關於她的紀念品通通拿出來，包括她的一些頭髮、她的筆記和信件，以及玻璃肖像。我把前者燒了，後者用腳踩碎，帶著一種復仇與懲罰的猛烈快感。現在我對她感到完全的憎恨與輕視，對我來說，似乎突然從一大堆的疾病中解脫了。一切都結束了。在接下來的好幾年我不再跟她說話，也不再寫信給她，對於這幾個月以來完全佔據我心坎的人，我再也沒有一刹那的愛意。事實上，我總是很討厭回想起關於她的回憶，雖然現在我可以看出來，自己在這方面走得有點過頭了。無論如何，自從那個快樂的早晨以來，我重新獲得自己本來專有的靈魂，也不再陷入同樣的陷阱裡了。」

對我來說，這似乎是一個非常清楚的例子，說明兩種不同層次的性格，它們的指揮那麼不一致，但又如此勢均力敵，長久以來，使得這個人的生活充滿不協調與不適意。終於，不是逐漸地，而是突然地出現轉機，不穩定的平衡得到解決，而且這個轉機毫無預期地發生，用自述者的話來說，就好像「有個外來的力量把他抓住」一樣。

斯塔伯克教授在他的《宗教心理學》(*Psychology of Religion*, p.141)書中描述了一個相似的例子，而且是一個從憎恨突然轉為愛戀的例子。參考 pp. 137-144 引述其他非常奇怪的例子，這些都是與宗教無關，習慣或性格的突然改變。他認為這些突然的轉變是由於特定大腦功能潛意識的發展，當他們有足夠的控制能力時，就侵入意識生活。這個說法似乎沒有錯。當我們討論突然的皈依時，我還會盡量應用這個下意識孵育作用的假設。

⑩節錄自 H. Fletcher: *Menticulture, or the A-B-C of True Living*, New York and Chicago, 1899, pp. 26-36。

⑪在我的翻譯裡，我已經把托爾斯泰的文章大量刪減。

⑫在我引述布楊的文章時，我已經將原文某些部分刪略。

皈依

Conversion

．有一位運動家……有時候會突然領悟到這個比賽的微妙之處，
因而感到一種真正的喜悅，
好像皈依宗教者突然感受到宗教的好處一樣。
如果他繼續這項運動，
有一天這個比賽會透過他自行玩起來，
他會在重要的比賽中忘形。
同樣地，音樂家會突然達到一個境地，
所有對音樂技巧的愉快會完全消失，
在一個神來之頃，他變成音樂流動的工具。

——斯塔伯克(E. D. Starbuck)

皈依（譯註①）、新生、蒙恩、體驗宗教、獲得確保等這些詞語，表示某種一向分裂並自覺爲卑劣、不快樂的自我，由於比較穩固地堅持宗教的眞實，逐漸或突然變成統一、優越而且喜悅的過程。無論我們是否相信某種神的直接作爲才能帶來這種精神上的改變，至少這是一般對皈依的定義。

在進入比較詳細的探討之前，讓我先用一個實例來增進我們對這個定義的了解。我選擇一個離奇有趣的例子，史蒂芬•布雷德利(Stephen H. Bradley)未曾受過教育，他的經歷在美國被記錄於一本很罕見的小册子裡。①

我選擇這個案例是由於它顯示了內在變化中，某一層次之下又可以發現不可測的另一層次，像壓條或貝殼般層層堆疊，好像我們未曾知道的人性的各種可能。

布雷德利在他十四歲的時候，認爲他已經完全皈依基督了。

> 我以為由於我的信仰，我看見了現為人形的救主，在房間裡約一秒鐘，雙手伸開來對我說「來吧」。第二天，我喜悅得發抖，隨即我說我想要死去，因為我的快樂如此強烈。這個世界在我的喜悅中無一席之地，每一天對我來講都像安息日般神聖莊嚴。我有一個熱烈的渴望，希望所有的人都有同樣的感受，都極端地愛神。在這之前，我非常自私、自以為是，但現在我渴望全人類的幸福，並能夠以仁慈之心寬恕我最仇恨的敵人。如果我可以在神的手中成為使人皈依

的工具，我情願忍受任何人的嘲笑與輕蔑，為神忍受所有的事情。

九年之後，也就是一八二九年，布雷德利先生聽到在他的近鄰中發生信仰復興的情況，他說：

許多年輕人皈依了，在集會的時候來看我，問我到底有沒有信仰，我通常回答我希望我有，不過他們對這個答案不滿足，他們說他們**知道他們**有，我便要求他們為我祈禱，我想我自命為基督徒這麼久，如果還沒有信仰，現在是應該有的時候了，我希望他們的祈禱會獲得回應。

在一個安息日，我到學院內聽一個衛理公會信徒的演講。他談到公衆審判的日子將要來臨，他的描述是如此莊嚴與恐怖，是我從來沒有聽過的。審判的情景活像已在面前，我心智上的一切力量都被喚醒，就像菲力克斯(Felix)，我坐在椅子上顫抖，而我的心裡一片空白。隔天下午，我再度去聆聽他的演講，他引用《聖經》〈默示錄〉上的話「我又看見死過的人，無論大小，都站在寶座前」，他所描述的恐怖情景，好像連石頭也會被融化。當他結束演講時，一位老先生轉向我說「這正是我所謂的講道」，我也有同感。但是我的心仍然尚未被他的話感動，我並不享受宗教，而我相信那個人正在享受著。

我現在要敘述我在同一個晚上體驗到聖神(Holy Spirit)的力量。假如有任何人在先前告訴我，我會這樣經驗到聖神的力量，我一定不相信，而且會認為那個人是在妄想。那天聚會後我立刻直接回家，到家的時候，我奇怪到底是什麼讓我覺得自己很蠢。回家不久後，我便去休息，對於宗教的事情沒有什麼感覺，直到大約五分鐘後，我感受到聖神的力量開始發揮，狀況如下：

起初，我開始覺得我的心跳突然很快，這使我一開始以為我又有事苦惱了，但是我並不覺得恐慌，因為我並沒有感到痛苦，我的心臟越跳越快，一會兒我就相信是聖神的影響，我開始覺得極其快樂謙遜，而且覺得自己毫無價值，這是我從來沒有過的感覺。我無法自制地說出話來，我說「主啊，我不配享這份喜樂」這類的話，同時我感覺到有一道像氣流的東西，進入我的口與我的心，那種感覺比喝飲料的感覺還要真切，我估計這種情形大約持續五分鐘或更久，看起來是我心跳加速的原因，我整個靈魂都被佔據了。在那期間，我期望我的主不再繼續給我快樂，因為我似乎已經無法承受了。我的心好像要爆裂開來，但是它一直沒有停止，直到我覺得神的愛與恩典已經無法言喻地充滿。在其間，我心裡起了一個疑問，這究竟有什麼意義呢？突然像是回答我的問題，我的記憶立刻變得非常清明，彷彿《新約聖經》正在我眼前打開來，是〈羅馬書〉第八章，而且好像有蠟燭燃燒著，那光亮幫著我念第二十六與第二十七節，我讀到了這些話「聖神以無法言喻的呻吟扶助我們的軟弱」，在我整個心劇烈跳動的期間，我像個痛苦的人般呻吟，無法輕易地停止，不過其實我並沒有任何痛苦。我兄弟睡在另一個房間，他跑過來開我的門，問我是不是牙痛，我說沒有，他可以回去睡，自己設法停止呻吟。我覺得並不想睡，害怕失去這樣的快樂，心裡想著：

我心甘意願的靈魂，願意停留
在像這樣的心境裡頭。

當我的心停止這樣的跳動之後，我躺著反省，感覺我的靈魂好像充滿聖神，我想也許有許多天使繞著我的床飛翔，我想和他們交談，最後我說：「我深愛的天使們，你們這麼關心人們的幸福，而我們竟然對自己漠不關心。」之後，我雖然有點困難，還是睡著了。當我早上醒來時，第一個想到的是我的快樂會變成什麼呢？我心裡還是感到一些快樂，我要求再多一點，這念頭一上來我馬上就獲得快樂。我想起床穿衣，但我驚訝地發現我只能勉強站穩，我覺得這是在地上的一個小小天堂，我的靈魂好像完全由死亡的恐懼中解脫，就像由睡眠的恐懼中解脫一樣。我像隻籠中鳥，如果神願意，我想脫離肉體與基督同住，不過我也願意活著造福人群，警告罪人悔改。我下樓去，像是失去所有的朋友般肅穆，想到我在翻閱《聖經》之前，絕不讓父母知道這件事。我立刻走到書架，翻閱〈羅馬書〉第八章，每一節都像在說話，證明這真是神的話語，我的情感也像與之相應。我隨後告訴父母必須相信我並不是用自己的聲音在說話，因為對我來說就是如此，我說的話彷彿已經完全由在我之內的聖神所控制。我的意思並不是說我所說的話不是我的，它們確實是我的話。我覺得我就像在聖神降臨節時，使徒們所受的影響一樣（不同的是他們有能力將這力量轉給別人，行他們所行之事）。用過早餐之後，我出去和鄰居們談論宗教，這是本來連出錢雇我我都不願意做的事，在他們的要求下，我和他們一起祈禱，之前我從來沒有在公衆前祈禱。

我現在覺得我已經藉由說出實話而履行了應盡的責任，並且希望透過神的祝福，讓閱讀這本書的人可以獲得益處，祂實現了祂的話，派遣聖神來到我們心中，或者至少到了我的心裡，現在我向一切自然神論者(Deists)與無神論者(Atheists)挑戰，請他們試試看，能不能動搖我的信仰。

關於布雷德利先生的皈依過程，我們只知道這麼多，這對其後生活有何影響，我們沒有任何資料。我現在要對皈依過程的構成要素，進行更詳細的探討。

如果你翻閱任何心理學著作中關於聯想(Association)的那一章，將讀到一個人的想法、目的與對象，會形成多元且各自獨立的內在群體與系統，他所追隨的每一個目的，會喚醒某一個特定類別的興趣衝動，並且聚集某一組想法附屬於該目的。如果這些目的與衝動是不同類的，其所喚起的想法群集也許很少有相同點。當一組想法獨佔一個人的興趣時，一切與其他相關的想法可能會完全被摒除在外。當美國總統帶著船楫、獵槍以及釣竿到荒野營地度假時，他的思想系統會徹徹底底變換，總統職務的愁慮會被拋到腦後，官場上的習性也會被自然之子的習性取代，只認為他是一個勤勉的人，如果在營地看見他，我們將認不出這竟是同一個人。

如果他始終不回去，始終不再被政治興趣支配，他將永遠轉化成不一樣的人。我們平常隨著目的的移動而有的個性變換，一般並不稱為「轉化」(transformation)，因為每一個變換都會跟隨另一個相反方向變換。可是，當一個目的非常穩固地發展，甚至將與其敵對的目的排除在個人的生活之外，我們也許會感到驚奇，因而我們傾向把這種現象稱為「轉化」。

這些個性變換是自我分裂最完全的方式。比較不完全的方式是同時有兩群或更多不同的目的並存，其中有一個佔據了門路，激發活動，而其他的目的只是虔誠的願望，始終未能實現。在前一講中談到奧古斯丁追求更純潔的生命就是一個例子；另一個例子是總統在其權盛之時，懷疑這一切是否只是虛榮，去當一名樵夫會不會是更有益身心的歸宿？這種稍縱即逝的志願只是**微弱的慾望**、異想天開，它們存在於心靈遼遠的邊緣上，而人眞正的自我、能量的核心專注是在另外完全不同的系統中。當生命繼續前進，興趣不斷變化，我們的觀念系統也隨之改變，原來在意識中比較中心的部分會變到邊緣之處，而原來在邊緣的變成核心。例如我記得年輕時的一個晚上，父親朗誦《波士頓報》記載基佛(Lord Gifford)的遺囑要設立四個講座的新聞。當時我並不想當哲學老師，所以我聽到的話遠離生活，跑到火星上去了。但現在我在這裡，基佛的組織成爲我眞實自我的重要部分，並且盡一切努力成爲這個組織的一份子。我的靈魂深植於它從前認爲不實際的對象上，並由此發言，好像這是我的靈魂眞正的住所與核心。

我說「靈魂」，你們無須以爲我指的是本體論上的意義，除非你們喜歡如此。雖然這個詞的意義本來就是本體論上的，佛教徒或休謨主義者(Humians)也可以用他們所偏愛的現象論語言來完美地描述這類事實。對這些人而言，靈魂只是一連串的意識場域(field of consciousness)：每個場域中有一個部分，或稱爲副場域(sub-field)，是焦點的所在，由其中發出來的激動(excitement)與由場域中心發出來的一樣，決定了目的是什麼。談到這裡，我們不自覺地使用透視(perspective)的語言來與其他語言進行區別，例如「這裡」、「這個」、「現在」、「我的」，或是「我」(me)，對於其他的部分我們就用「那裡」、「那時」、「那個」、「他的」、「你的」、「它」、「不是我」。但是，某個「這裡」可以變成「那裡」，而某個「那裡」也可以變成「這裡」，「我的」也可以和「不是我的」互換位置。

這些改變是由情緒激動的改變方式所引起的。今天對我們來說是熱烈而且要緊的東西，明天就會變冷淡。我們由熱的部分來看其他部分的樣子，並且由熱的部分散發出我們的慾望與意志。簡言之，這些部分是我們動力能量的核心，對冷的部分則無動於衷，越冷則我們對其冷淡與被動的程度越高。

這樣的語言是否精確，此刻並不重要。如果你們由自身的經驗能夠認識到我所要指出的事實，它就夠精確了。

也許有時候情緒的興趣有很大的變動、熱烈的變動，可能像火花燃燒紙張時那麼快，然後會產生在前一講所描述的那種動盪與分裂的自我；或者，我們從激動與熱切的焦點中取得觀點，永久進駐某個系統中，如果這個改變是宗教性的，尤其是藉由危機或突然發生的，我們就稱之爲**皈依**。

此後，當我們談到一個人的意識中比較熱切的部分，即他所投身的觀念群，我們稱之爲「**個人能量的習慣中心**」(the habitual centre of his personal energy)。對一個人來說，哪一組觀念是他的能量核心是非常重要的，其擁有的觀念群是否維持在核心或是一直處於邊緣，也是非常重要的。說一個人「皈依了」，表示其宗教觀念由原來的邊緣地位，變到核心的地位，而且宗教的目的變成其能量的習慣中心。

如果你現在質問心理學，激動**如何**在個人的心智系統中轉換？**爲什麼**原來處於邊緣的在某些時刻變爲核心？心理學的回答會說，雖然可以對所發生的事情進行一般性的描述，但是無法正確地解釋所有個別單一的力量如何作用。無論是一個外在的觀察者，或是經歷過程的主角本人，都無法完全解釋爲何一個特定的經驗可以絕對地改變一個人的能量中心，或是爲何某種經驗必須等一段時間後才能發揮效力。我們常常有某個想法，或是施行某個行動，但是在某個特定的日子，該想法的眞實意義才開始透徹我們的心，或是該行動才突然變成道德上的不可能。我們知道我們有冰冷的感覺、冰冷的想法、冰冷的信念，也同樣有熱切、活生生的那一面，當某個感覺、想法或信念在我們心中變得熱切活躍時，一切事物都必須以它爲中心，重新建構起來。我們可以說熱切與活躍只是表示觀念想法的「動力效能」，在延宕許久後現在才開始運作，但是這樣的說法本身只是一種遁詞，究竟這種突然來的動力效能是如何產生的呢？我們的解釋是如此空泛、普通。其實整個現象是極富個別性的。

最後，我們要回到機械平衡(mechanical equilibrium)這個陳舊的象徵上。心智是一個觀念體系，每個體系都會引起衝動，也包含著互相援助或抑制的各種傾向。觀念的群集會因爲經驗的增加或減少而有變換，當人越來越老的時候，傾向也會改變。一個心智系統會由於裂隙之間的變化而崩潰或削弱，就像建築一樣，只不過一時之間因爲呆板的習慣還暫時挺著。但是一個新的知覺、一個突然的情緒驚嚇，或是一個披露有機體正在改變的事件，會讓整個組織完全崩潰，重力的核心會落到一個更穩定的姿勢，因爲經過重新安排的新觀念似乎已經鎖在那裡，新的結構就成爲永久的。

已定型的觀念與習慣的連結，通常是阻礙平衡改變的因素。無論是用何種方式獲得的新訊息，在這種變化中都有促進的效力。我們的本能與愛好在「時間無法想像的撫摸」之下緩慢改變，這也有極大的影響。此外，所有的影響會下意識地或半潛意識地發生作用。②假如你遇到一個下意識生活(subconscious life)（稍後我會比較完整地說明）很發達的人，其動機慣於在沉默中逐漸成熟，那麼你將始終無法詳細解釋這個人的情形，並且對本人與他人而言，其生活往往帶有神奇的成分。尤其是劇烈的情緒事件，對於激發心智的重新建構有很重要的影響。突然和爆炸性的愛、嫉妒、罪惡感、恐懼、悔恨或憤怒會如何佔據一個人的樣子，人人皆知。③希望、快樂、安全、決心這些在皈依歷程中所有的情緒，也具有同樣的爆炸性。這種以爆炸性方式到來的情緒，很少讓事物依然故我。

在加州的斯塔伯克教授，於其最近出版的《宗教心理學》一書中，用問卷統計方法顯示了在教會環境中成長的年輕人，其「皈依」的歷程與青少年每一階段的發展是平行的，都是往比較廣大的精神生活成長，發生的年齡皆在十四歲與十七歲之間。表現出來的症狀也相同：感到不完全、不完美、沉思、抑鬱、病態式內省、罪惡感、對未來焦慮、因懷疑而煩惱等等。兩種歷程的結果都是一樣的：快樂的解放與客觀傾向，由於各種官能對於更大的展望有適應的能力而益發自信。在自發性宗教覺醒中，與在青春期常見的風暴、壓力與脫換時期中，我們也都看到有密契經驗發生，這些經驗突如其來，連本人也非常詫異，與信仰復興型的皈依歷程一樣。其實，雙方是完全相似的，斯塔伯克對於普通青少年的皈依現象所下的結論，似乎是唯一穩健的：皈依基本上是青春期的正常現象，是由兒童的小世界轉變到成年人較廣大的智性與精神生活的過渡狀態。

斯塔伯克博士說：「神學誘發了青少年的這個趨勢，同時依賴它生存；青少年發展的主要任務是，將一個人從兒童期帶進成熟的新生活和個人的頓悟中去。因此，它將這種涵義用來加強在人性中起作用的正常趨勢。它縮短了大動盪的時間。」按照這位研究者的統計，「負罪感」這種皈依現象所經歷的時間，只有青春期風暴與壓力現象所經歷時間的五分之一，但是又比之強烈得多。「基本的差別是皈依藉由將人帶到一個確實的危機之中，以強化並縮短該發展階段。」④

斯塔伯克所說的皈依當然是指一般人會發生的，由於教誨、懇告與榜樣使得這種皈依遵循預定的形式。他們所表現出來的特定形式是暗示與模仿的結果。⑤如果他們在其他的信仰、其他的國家中經歷其成長的危機，即使改變的本質仍然一樣（因爲這無法避免），其發生的事件卻會不同。例如在天主教的國家與在美國聖公會教派(Episcopalian sects)中，焦慮與負罪感並沒有像在鼓勵宗教奮進的教派中那麼常見。在這一類較嚴格且具組織的團體內，他們比較依賴聖祭禮儀（聖餐，sacraments），個人對救援的接受比較少被強調。

可是每個模仿的現象必定一度有其原型，我計劃在將來的演講盡量接近第一手、原始的經驗形式，它們比較常發生在零星的成人案例中。

羅拔教授在其一篇極有價值的論皈依心理學文章中，⑥將神學的部分視爲宗教生活中的道德部分。他對宗教感的定義是：「不完整、道德缺憾、罪惡的感覺，用技術性的語言來說，在一體和諧的平安之後伴隨著思慕之情。」他說「宗教」這一詞越來越表示「由罪惡之感與解脫之感所引起的慾望與情緒的融合」，他還舉出很多例子，罪惡的範圍包括由酗酒到精神上的驕傲都有，顯示罪惡之感會使人困擾，並且使他渴望解脫，就像渴望解脫生病的痛苦或其他身體的不幸遭遇。

無疑地，這個概念包括了很多例子。一個不錯的例子是哈德里(S. H. Hadley)先生，在他皈依之後，便主動、能幹地拯救紐約的酗酒者。他的經驗如下：

一個星期二的晚上，我坐在哈林區(Harlem)的一家酒吧裡，那時我是一個無家可歸、沒有朋友、快要死掉的酒鬼。我已經把一切可以換酒的東西當掉或賣掉了，除非我爛醉如泥，否則無法入睡，有好幾天沒有吃東西，而且在前四夜我精神錯亂，或是不斷地顫慄，由深夜直到天明。我以前常說「我永遠不願成為流浪者，永遠不願陷入絕境，如果那樣的時候到來，我就以河底為安身之所」。可是主這樣安排，那樣的時候真的到來了，我還是無法走向河邊。當我坐在那裡想的時候，我似乎感覺到一種偉大、強而有力的存在，我當時不知道那是什麼，後來我才知道那是耶穌，罪人的朋友。我走到吧台旁，用拳頭猛打直到玻璃嘎嘎作響，站在旁邊喝酒的人輕蔑、好奇地看著我。我說就算我死在街頭我也不會再喝酒，我覺得在早晨來臨之前我就會死。我聽見有聲音對我說：「如果你想要實踐這個諾言，就去把自己鎖起來。」於是我到最近的拘留所，把自己關起來。

我被關在一個小監牢裡，好像一切可以找到的魔鬼都來到那房子裡頭，可是，這並不是我所有的夥伴，不，讚美主！那個在酒店來到我身邊的親愛的神靈也在我身旁，並且叫我要祈禱。我照做了，雖然不覺得有很大的幫助，我還是照做。當我能夠離開監牢時，就被帶到警察局，之後又被帶回監牢。我最後被釋放，我去兄弟的家裡，受到很多照顧。躺在床上的時候，勸戒之神總不離開我。當我在安息日早晨醒來的時候，我感受到那一天會決定我的命運，黃昏時我想去傑利・馬可利(Jerry McAuley)的教會。我到那裡，房子擠滿人，費了很大的力氣，我才走到靠近講台的地方，我在那裡看見了酗酒者與墮落者的救星、神的使者馬可利。他站起來，在寂靜中敘說他的經驗，他有一種真誠，令人信任。我發現我對自己說：「我不知道神能不能救**我**？」我繼續聆聽二十五個或三十個人的見證，他們都由蘭姆酒中被拯救出來，我決心一定要得救，要不就死在那裡。當邀請大家一起祈禱時，我跟著一群酒徒一起跪下，馬可利第一個禱告，隨後馬可利太太又為大家熱烈祈禱。啊！我可憐的靈魂起了多大的衝突啊！一個賜福的呢喃聲說：「來吧！」魔鬼卻說：「小心！」我遲疑片刻，隨後我的心都碎了，我說：「**親愛的耶穌，禰可以幫我嗎？**」我無法用凡人的口舌來形容那一刻，雖然那時我的靈魂充滿難以描述的憂鬱，但是有一道正午太陽的榮光，射入我的心坎，我覺得我是個自由人了。啊！那寶貴的安全感、自由感、在耶穌之內休息的感覺。我覺得基督帶著祂的榮耀與權力，來到我的生命中，我覺得舊的東西已經消滅了，一切都已經更新了。

從那一刻到現在，我不再想喝一口威士忌，也沒有再見過足夠的錢可以買酒。那一夜，我答應神如果祂拿走我喝酒的慾望，我願意一輩子為祂工作。祂已經完成了祂的工作，我也一直努力做我的部分。⑦

羅拔教授說，在這樣的經驗中，教義神學的成分很少，而是以需要一個更高的救援者開始，以感覺到已經獲得救援結束。他又舉了其他酗酒者皈依的例子，按照記載，純粹是道德上的，不包含任何神學上的信仰。羅拔教授說例如約翰・高(John B. Gough)的皈依實際上屬於無神論的皈依，沒有提到神或耶穌。⑧雖然這類的新生很重要，沒有或很少包含智識上的調整，這位作者把它變成有獨特的地位。這相當於那種集中於主觀方面的病態抑鬱，例如布楊與阿萊因。可是我們在第七講中也看到有客觀型的抑鬱，缺乏宇宙和生命的理性意義也是這種人的重擔，你們記得托爾斯泰的例子吧。⑨所以，皈依含有不同的成分，它們與個人生活的關係，應該區分開來。⑩

例如有些人始終不會皈依宗教，宗教的觀念無法變成其精神能量的核心。他們可能是很優秀的人，實際上算是神的僕人，但卻不屬於神的國度。他們無法想像無形的存在，用宗教信徒的話來說，他們一生都是「貧瘠」與「枯竭」的人。這種無法有宗教信仰的心理有些可能是由於智識上的原因，他們的宗教官能可能有擴張的傾向，但是由於他們對這世界的信仰是抑制性的，例如悲觀的或唯物主義的信仰，使得許多美好的靈魂發現他們的宗教傾向已經冰凍了；或是採懷疑論，將信仰視爲懦弱可恥。我們之中很多人現在俯伏於這種否認下，害怕運用本能。很多人始終沒有克服這種抑制，一直到生命的終結，不願意信仰，他們的能量未曾到達其宗教的核心，因此這個核心永遠不活動。

對其他人而言，困難往往更深。有的人對宗教失去感覺，對宗教方面的感知殘缺不全。就像一個毫無血性的有機體，無論多麼具有善意，也不會像有血性的人那樣具有不顧一切的「動物精神」。精神上貧瘠的人也許會讚嘆並羨慕別人的信仰，但始終無法擁有那些性情合於信仰的人所享受的熱情與平安。可是，這一切最後也許只是暫時的抑制。人到了晚年，可能會有一點融化、一點解放，某種電光被射回最貧瘠的胸中，鐵石心腸也隨之軟化，融入宗教情感中。這種事情往往讓人認爲是一種神蹟，只要有這類事情存在，我們就不應該想像我們所討論的是某種完全固定不變的事。

斯塔伯克教授曾經提到過，人類有兩種心理作用會讓皈依歷程產生重大的不同。你們都知道要回想起一個忘記的名字是什麼情況，通常你會把與這名字有關的地方、人以及事物都想一遍，但是有時候這樣做並沒有用：你會覺得如果越努力去想就越不會成功，似乎這個名字被**阻塞**住了，朝其方向施壓只有讓它更難被想起來。此時，用相反的方式反而會奏效。完全放棄這種努力，想一些完全沒有相關的事，大約半個小時後，這遺忘的名字往往會不經意地浮上心頭。就像愛默生說的那樣，有如不速之客。在努力回想的時候，有一些潛在的過程開始進行，當你停止努力的時候還在繼續進行著，直到目的達成，而一切看起來彷彿是自動發生的。斯塔伯克說有個音樂老師在學生明白該做的事卻無法達成時，會向學生說：「不要再試了，它自動會達成。」⑪

由此可見，要達到某種心智結果有兩種方式，一種是自覺、有意的，另一種是不知不覺、無意的，在皈依的歷史上，這兩種方式都可能發生。因此，可以說有兩種皈依歷程，斯塔伯克分別稱爲**立意型**(volitional type)與**自我交付型**(type by self-surrender)。

在立意型中，新生的變化通常是逐漸的，一點一點地建立一組新的道德與精神習慣。但總是存在著某種臨界點，在這些點上前進的速度似乎比較快。斯塔伯克博士對這種心理事實有豐富的描述。每一種技能上的教育，也似以一跳一擲的方式，正如我們身體的成長一樣。

有一位運動家……有時候會突然領悟到這個比賽的微妙之處，因而感到一種真正的喜悅，好像皈依宗教者突然感受到宗教的好處一樣。如果他繼續這項運動，有一天這個比賽會透過他自行玩起來，他會在重要的比賽中忘形。同樣地，音樂家會突然達到一個境地，所有對音樂技巧的愉快會完全消失，在一個神來之頃，他變成音樂流動的工具。作者偶然地遇到兩個已經各自結婚的人，他們的婚姻生活一開始就很美滿，但是他們說到了結婚一年或更久之後，才領悟到婚姻生活全面的幸福。我們正在研究的這些人，他們的宗教經驗也是一樣。⑫

我們不久後會聽到更多例子，關於下意識成熟過程突然被意識到的結果。威廉・漢彌爾頓爵士與愛丁堡的雷柯克(Laycock)教授最先提到這一類作用；假如我沒記錯的話，是卡本特(Carpenter)博士率先造了「潛意識思考」(unconscious cerebration)這個名詞，並且成爲一個流行的解釋。現在我們知道的事情，比他當時知道的更多，「潛意識」(unconscious)這個形容詞對於其中很多事實是完全不恰當的，最好使用「下意識」(subconscious)或「閾下意識」(subliminal)這種比較含糊的詞。

「立意型」皈依很容易舉例說明，⑬但是這些都不像「自我交付型」的皈依那麼有趣，自我交付型皈依的下意識效果比較豐富，也比較驚人。所以我要立刻討論自我交付型的皈依，這樣做的另一個原因是這兩種類型的差異並非絕對，即使是最刻意形成的新生也有部分自我交付的作用在裡面。大部分的皈依，當意志竭力使一個人快要到達所渴望完全合一的境界時，似乎眞正最後的一步必須留給其他力量去完成，必須不經意志的活動來達成。換句話說，到那個時候自我交付就不可少了。斯塔伯克說：「個人的意志必須放棄。在很多例子中，當事人不停止抵抗或不停止努力前進，救援總不會到來。」

一位與斯塔伯克通信的人寫道：「我說過，我不會放棄，可是當我意志消沉的時候，一切都完了。」另一位說：「我僅說：『主啊，我已經盡了一切的力量，我把整個事情都交到祢手裡。』然後我立刻得到很大的平安。」又有一位說：「我突然想到如果我不再只依靠自己來做這件事，而依靠基督，我可能會得救……不知如何，我就卸下重擔了。」還有一位說：「雖然這是一個艱苦的奮鬥，我還是停止抵抗，逐漸地，我感覺到我已經盡了責任，而上帝將完成祂的部分。」⑭……約翰・尼爾遜(John Nelson)⑮則焦慮而努力地逃離詛咒，筋疲力竭地喊叫：「主啊，祢的旨意必要實現，無論是詛咒還是救援。」當下他的靈魂充滿平安。

斯塔伯克對於爲何在最後一刻的自我交付是不可缺少的，提供了一個有趣且我認爲是正確的解釋（假定簡要的概念可以被認爲是正確的話）。一開始，在皈依候選人的心裡有兩件事：第一是當下的不完美或錯誤，他熱切渴望脫離的「罪」；第二是他希望實現的積極理想。我們之中大部分的人對我們目前錯誤的感覺，比起我們任何積極理想的想像更加清楚。其實大多數人比較注意到「罪」這部分，所以皈依是「**一種掙脫罪惡的過程，並非爲正義而奮鬥的過程**。」⑯一個人意識到的智慧與意志，在往理想奮發前進上，只是朝著模糊不準確的目標。可是，在這其間，內在有機體成熟作用的力量，使他繼續朝向預想的結果，其意識上的張力紓解了下意識，使其重新佈置，較深層的力量變得相當明確，而且與其意識所設想的有所不同。這種新佈置也許會被偏離眞正方向的意識所**妨礙**，就好像我們過於努力想要想起忘記的字一樣。

斯塔伯克認爲運用個人的意志，就表示還活在強調自我的不完整之中；他這話似乎中肯。反之，在下意識力量領導的區域內，會是更好的自我在**指揮**行動。在這種情況下，它自身就是進行組織的核心，而不是由外界笨重模糊的目標來指揮。這個人必須做什麼呢？斯塔伯克說：「他必須求助於更大的『正確的力量』，這正確的力量已經在他身上湧現了，並讓它以自己的方式完成已經開始的工作……從這一點來看，順服行爲從內部、從已經被客觀地看到的眞理中把人推到新的生命，使之成爲新人格的中心，並且成長發展。」⑰

人需要交付自我這個事實，神學用「人的絕境，是神的機會」來表示；按照生理學的說法，就是：「讓我盡力而爲吧，神經系統會做好其他應做的一切。」這兩句話所說的是同一件事。⑱

用我們自己的象徵方式來說：在個人能力的新核心，經過下意識孵育得夠長久，使它剛能像盛開出花朵時，「放手」是**我們**應遵循的唯一規律，它必須不經幫助自行盛開。

我們在上文用了心理學模糊、抽象的語詞。使用任何語詞來描述的關鍵之處，都是將我們的意識自我投靠到比我們實際上更為理想、且為我們帶來救贖的力量，不管這種力量是什麼，自我交付總是被視為宗教生活裡最為關鍵的轉折點，這宗教生活是指精神上的，而非外在的運作、儀式或禮儀。我們可以說基督宗教的整體發展，都是越來越強調自我交付的關鍵性，從天主教到路德主義、喀爾文主義、衛斯理教派，甚至到所謂純粹基督宗教之外的自由主義、超驗觀念論，其間還有中世紀的密契主義、寂靜主義、虔敬派、貴格會等，我們可以看到一種逐步的發展，趨向立即的精神助力的觀念，個人會在窮厄之時經驗到，而不需透過教義工具或安撫機構的運作。

就這樣，心理學與宗教到此是完全和諧的，因為二者都承認似乎有個外在於個體之意識的力量，使他得到救援。然而，心理學認定這種力量是「下意識」的，其影響是透過「孵育」(incubation)或「腦部思考」(cerebration)的作用，這些力量並未超出個人人格之外。就這一點，心理學與基督宗教神學不同，神學認為這些力量是神直接的、超自然的運作。我建議我們在此刻不要認為這個差異是最終的結果，而暫時不談這個問題。繼續進行研究也許可以讓我們除去一些衝突。

那麼，我們再回到自我交付的心理學一下。

當你發現一個人活在意識破碎的邊緣，囚困在其罪孽、困乏與不完整之中，得不到任何安慰的時候，如果你只是告訴他一切都還好，他必須停止焦慮、放棄不滿，你會發現對他來說，你所說的純粹是荒謬之談。他的意識清楚地告訴他一切都**不**好，你的建議像是一個冷血的欺騙。「相信的意願」無法被拉到這麼遠的地方。我們可以讓自己更相信自己已經有點基礎的信仰，可是假如我們的知覺積極地保證相反的東西，我們無法創造另一種信仰。在這種情形下，別人建議所謂更好的心靈，就變成對我們唯一的心靈的否定，而我們無法立下純粹否定的意願。

只有兩種方法可以排除憤怒、憂慮、恐怖、絕望，或是其他負面的情感。一種是有一個相反的情感非常強烈地壓倒我們；另一種是我們掙扎到筋疲力竭，不得不停止，只好放棄，**不再關心**，我們大腦裡的情緒中樞罷工了，陷於暫時的無情狀態。有文獻證實這種暫時的疲竭狀態常常構成皈依轉機的一部分。只要病態的靈魂對自我的憂慮把住關口，信仰的靈魂那寬闊的信心就進不來。一旦讓前者消散，甚至只是一頓，後者就能夠利用這個機會，而且一直保有它。卡萊爾的魔糟(Carlyle's Teufelsdröckh)先生就透過「冷漠的核心」從永遠的「否」進入永遠的「是」。

讓我提供一個關於皈依過程中這個特色的好例證。真實的聖徒大衛・布冷納(David Brainerd)（譯註②）形容自己的轉機如下：

有一天早上，我一如往常在一個僻靜的地方散步，當下看見所有用來追求釋放與救援的策略和計劃都**沒有用**，我陷於停頓，發現自己完全**不知所措**。我發現做任何事情來幫助或解放自己都是不可能的，我所有的訴求都是枉然的，因為我看見的是利己之心讓我祈禱，我始終不曾因敬仰神的榮光而禱告。我看見我的禱告與神的慈悲沒有必然的關係，我的禱告並不使神有賜我恩典的責任，也不比我**在水中拍打**有更多的美德或善行。我看見我在神的面前堆積我的崇奉、禁食、祈禱等等，假裝我是在求神的光榮，實際上我從來沒有**眞正**如此，我只有致力於自己的幸福。我看見我並沒有**爲**神做過任何事情，我**對**神的要求都是沉淪。我明白地看到我只注意一己的利益，我所盡的本份都是惡意的侮弄，一連串的謊言，一切都是**自我崇拜**，並且可怕地濫用神。

我記得我從星期五早晨開始，到星期日的晚上（一七三九年七月十二日）再度在同一個僻靜的地方散步，我持續地在這樣的心境中。在一個悲鬱的心情中，**我試著禱告，但是我發現我沒那種心情，我先前的關切、修練以及宗教情感，現在完全消失了，我想神的靈完全離開我了，我不苦惱，但是非常憂悶，好像天上與地上的一切都不能使我快樂。我一直試著禱告——雖然我覺得很愚笨且毫無意義**，幾乎過了半個小時，隨後我在一座密林中行走，突然道一有**無法言喻的榮光**進到我的靈魂中。我不是指任何**外在的**光明，也不是一個想像的發光體之類的東西，這是我對於神的新的領會，從未有過的。我並沒有對三位一體之中的任何一位，無論是聖父、聖子或聖神，有任何特殊的感受，但這似乎就是**神的榮耀**，我的靈魂由於看見這樣的神、這樣榮光的存在，而**有無法言喻的喜樂**，並且我因**祂是在一切之上**永遠長存而喜悅、滿足。我因神的盡善而神魂顛倒，我被祂**所吞沒**。我沒有想到我得救的問題，幾乎沒有想起世界上有我這個人。一直到天快要黑了，我持續在這種內在的喜樂、平安與驚奇之中，絲毫沒有減弱。隨後，我開始思索我所看見的，整夜我都感覺到甜美的鎮定。我覺得自己居住在一個新的世界之內，周圍所有的東西都顯得與平日不同。此時，**得救之道**向我開展，充滿智慧、適宜、優越，我想我**絕對**無法想出其他的道路。我奇怪自己未曾放棄自己的計劃，不順從這可愛、受祝福的、優越的方法。假如我從前可以用自己的本份或任何我設計的方法得救，我的靈魂一定會拒絕現在的樣子。我奇怪為何整個世界不會由**基督的正義**看到這個得救之道，並順從它。⑲

上文中記錄焦慮情緒被耗盡的部分，我加上了黑體字。其中大部分，報告者說得好像低級的情緒耗盡而高級情緒到來是同時發生的，⑳但有時候又好像是高級情緒將低級情緒趕出去。如同我們將要看到的，有好多例子都是如此，但是，一個情緒在下意識中成熟與另一個情緒逐漸耗盡，這兩個條件必須同時達到，才會產生結果。

一個隨著納朵頓(Nettleton)皈依的人T. W. B.，被說服而進入認罪的猛烈、激動情緒中，整天不吃東西，到了晚上又把自己鎖在房間裡面，完全絕望，大聲呼喊說：「主啊！還要多久？還要多久？」他說：「在反覆多次類似的話之後，好幾次，**我好像陷於無知覺的狀態中**。當我醒過來的時候，我正跪著禱告，不是爲我自己，而是爲別人。我覺得我順從了神的旨意——願意照祂認爲好的方式來對待我。我關切別人，同時我對自己的關切不見了。」㉑

美國偉大的信仰復興傳教家芬尼(C. G. Finney)（譯註③）寫道：「我對自己說，『這是什麼？我一定讓聖靈傷心地離開了，我失去一切的信心。我對自己的靈魂毫不關心，一定是聖靈離開我了。』『爲什麼？』我想著，『我從來沒有這麼不關心自己得救的問題。』……我企圖喚醒自己的信心，再次尋回讓我努力勞動的罪惡重擔……我試著讓自己焦慮，但不成功。我那麼肅靜與平安，所以我試著關切這件事，爲的是怕這種情況是聖靈傷心離開的後果。」㉒

但是，毫無疑問地，有一些人完全無須經過情感官能的枯竭，甚至事先沒有任何劇烈的情感，一旦達到某種水準，層次較高的狀態就衝破所有藩籬，像洪水般突然衝進來。

這些頃刻皈依的例子都是令人印象最深刻與最難忘的，它們特別容易與神恩這個概念相連結。我已經詳述了布雷德利這個例子，最好把其他例子和我對這個主題的評論留到下一講。

註釋

① *A sketch of the life of Stephen H. Bradley, from the age of five to twenty-four years, including his remarkable experience of the power of the Holy Spirit on the second evening of November*, 1829. Madison, Connecticut, 1830.

②朱芙瓦就是一個例子：「順著這個斜面，我的智能已經滑落，漸漸離它最初的信仰很遠。可是這陰沉的革命並未在我寬廣明亮的意識中發生，太多的顧忌、太多的指引和神聖的情感讓我對這種革命感到恐懼，所以我不願意承認它的進展，它在沉默中進行，由於是一種無意志的經營，我並非同謀。雖然實際上我已經很久不當基督徒，但是我的意向純樸，如果我有所猜疑，就會顫慄。如果有人控告我墮落，我會認爲是誣告。」接著，朱芙瓦敘述了他的「反皈依」(counter-conversion)經驗，這在上一講中已經引述過了。

③這幾乎無須舉例。不過，愛戀的例子，請見第八講註釋⑨；恐懼的例子，請見第七講篇末與註釋

⑲：悔恨的例子，請見謀殺案發生後的阿提洛(Othello)；憤怒的例子，請見聽完柯德利亞(Cordelia)第一次對他說話後的李爾王(Lear)（譯註④）；決心的例子，請見第八講中佛斯特(Foster)的例子。這裡有個**罪惡感**突然爆發來的病態例子：「在一個夜裡，在我上床之際，突然被一陣寒顫所籠罩，就像斯維登保(Swedenborg)所描述的被一陣神聖的感受所籠罩，但我所感受到的是**罪惡感**。那一整夜，我不斷地顫抖，覺得我受到神的詛咒。我這一生中從來沒有做過負責任的事，就我所記得的，都是與神和人類敵對的罪惡，我是一隻具有人形的野貓。」

④ E. D. Starbuck: *Psychology of Religion*, pp. 224, 262.

⑤沒有人比強納生‧愛德華茲(Jonathan Edwards)更明白這點。在理解一般的皈依敘說時必須打些折扣：「一個被公眾同意接受且成立的規則，對於很多人理解自身的經驗有很大的影響，但是並不被察覺。我很清楚這類情況，因爲我常有機會對他們的行爲進行觀察。他們的經驗經常在一開始的時候，好像很紛亂，但後來那些比較接近必要特殊階段的部分會被選擇出來，這些部分會進駐他們的思想中，經常談到，並且越來越顯著，而其他被忽略的部分則越來越模糊。這樣，他們所經驗到的就在不知不覺中變形了，使得與原來所建立的模式一致。傳教士必須應付那些堅持明確清楚的方法的人，他們自然也是一樣。」參見 *Treatise on Religious Affections*。

⑥" Studies in the Psychology of Religious Phenomena," *American Journal of Psychology*, vii. 309(1896).

⑦我已經簡要地摘錄了哈德里先生的解釋。關於其他酗酒者的皈依，參見他的小冊子 *Rescue Mission Work*，由紐約市 the Old Jerry McAuley Water Street Mission 所出版。羅拔教授論文的附錄也有相當

多例子。

⑧一個餐廳的侍者暫時成爲高的「拯救者」。救世軍(the Salvation Army)的創始人普斯(Booth)將軍認爲拯救墮落的人的第一個重要步驟，是讓他感受到有個親切的人關懷他，使他注意要繼續上升還是沉淪這個問題。

⑨米爾(J. S. Mill)記錄了自己曾經墮入病態憂鬱的危機，藉由閱讀馬孟特(Marmontel)的《回憶錄》(*Memoirs*)與華滋華斯(Wordsworths)的詩集而脫離。這是另一個智識與一般形上學的例子。見米爾的《自傳》(*Autobiography*)，New York, 1873, pp. 141, 148。

⑩斯塔伯克除了「逃離罪惡」之外，又指出「精神的光明」是另外一種皈依類型。參見*Psychology of Religion*, p. 85。

⑪ *Psychology of Religion*, p. 117.

⑫ *Psychology of Religion*, p. 385，請再參照 pp.137-144, 262。

⑬例如芬尼著重意志成分：「就在這個時刻，福音救贖這整個問題，以當時對我而言非常奇異的方式顯現在我的心裡。我想我當時看見了基督爲人贖罪是這樣眞實與完全，我一生中未曾這樣淸楚過。在我看來，福音救贖是一個給予，我們應當接受，而所有我們應當做的就是同意結束我們的罪，並接受基督。這個淸晰的啓示在我心裡停留了一小段時間之後，出現了一個問題『你現在、今天會不會接受？』我回答說：**『是的，我今天一定要接受，否則我願意因此而死！』**。」之後，芬尼走入林中，描述他的奮鬥。他無法祈禱，他的驕傲使他心硬。「我隨後責怪自己答應在離開樹林之前交

付於神，因爲當我試著這樣做時，我發現我做不到。我內在的靈魂畏縮不前，我的心並不歸向神。我覺得我那輕率的承諾在壓迫我，好像有強制執行的效力，但我想毀棄我的誓言。我被巨大的沉憂與喪志籠罩著，軟弱到無法直身跪著。就在這時刻，我再次聽到有人接近我，我睜開眼睛看看是否如此，當下，我立刻明白我那驕傲的內心是一個大障礙，我害怕讓別人看見我跪在神的面前，我感到我的惡性是如此劇烈，**我極力大聲喊叫，即使所有地球上的人類與地獄裡的惡魔來到我身邊，我也不離開那裡**。我說：『什麼！像我這樣一個卑微的罪人跪下向偉大聖潔的神懺悔我的罪孽，我都會害臊，怕有像我一樣的罪人看到我跪下，企圖與我所得罪的神和解嗎？』這個罪孽似乎是可憎的、無限的，使我在神的面前完全崩潰。」節錄自 *Memoirs*, pp.14-16。

⑭ Starbuck，上引書，pp. 91, 114。

⑮ *Extracts from the Journal of Mr. John Nelson*, London, no date, p. 24.

⑯ Starbuck, p. 64.

⑰ Starbuck, p.115.

⑱ Starbuck, p.113.

⑲ 節錄自 Edward's and Dwight's *Life of Brainerd*, New Haven, 1822, pp. 45-47。

⑳ 假如把整個現象描述爲一種平衡的改變，我們可以說新的心理能量向個人中心移動，與舊能量向邊緣撤退（或是說有些升到意識閾之上，有些降到意識閾之下），只是兩種描述不可分割的事情的兩種方式。無疑地，這通常是絕對的眞實，斯塔伯克所說的「自我交付」與「立意」雖然乍看之下像

是不同的經驗，「實際上是相同的。自我交付是由舊的自我來看這個變化，立意是由新的自我來看的。」上引書，p. 160。

㉑ A. A. Bonar: *Nettleton and his Labors*, Edinburgh, 1854. P. 261.

㉒ Charles G. Finney: *Memoirs* written by Himself, 1876, pp. 17, 18.

譯註

① Conversion 一詞亦可譯爲「改宗」。

②大衛・布冷納(David Brainerd, 1718-1747)，美國長老教會傳教士，在美國原住民中間積極地傳教，二十九歲時死於肺結核。

③芬尼(Charles G. Finney, 1792-1875)，美國信仰復興運動重要人士以及福音傳道者。

④這兩例都見於莎士比亞的戲劇中。

皈依（結論）

Conversion—Concluded

・人心如此愚蠢，
因此他寧願爲自己找到更多的戒律來滿足自己的良心。
他說：「如果我活著，我會修正我的生活，
我會做這個，我會做那個。」
但你除非做完全相反的事，
除非把摩西與他的律法遣走，
除非在這些恐懼與苦惱中抓住爲你的罪而死的基督，
你並不想得救。
你修道袍上的頭巾、你削髮的頭頂、
你的貞節、你的服從、你的清貧、
你的工作、你的善功，這些又有什麼用呢？
摩西的律法又有什麼用處呢？

——馬丁・路德(Martin Luther)

在這一講我們要結束皈依這個主題。首先我們要討論那些明顯立即皈依的例子，其中聖保羅是最著名的。這種皈依往往發生在強烈的情緒激盪或感官困擾中，轉眼間新的生活立刻與舊的生活分離。這一類的皈依是宗教經驗裡一個重要的過程，在基督教神學中有很重要的角色，因此我們應該細心地研究。

我想我最好在進行通則性的說明之前，引兩個或三個這種例子。我們必須先知道具體的例子，因爲如同阿格西茲(Agassiz)教授常說的，一個人在通則中所認識的不會比他先前在特例中的認識來得深遠。所以我要再度以亨利・阿萊因爲例，引用他在一七七五年三月二十六日的報告，在那一天，他可憐的分裂心靈獲得統合。

大約在日落的時候，我在田野中漫步，對我那可怕的失落與毀滅的狀態感到悔恨，我幾乎被那重擔壓沉，我想從來沒有人受過我現在所受的苦。我走回家，當我剛剛踏過門檻時，有些印象進到我的心裡，就像一個強有力但微小的聲音。你一直在追尋、禱告、改革、工作、閱讀、傾聽、沉思，這些事情對於你的救援有何用？你現在比你剛開始時更加接近皈依的狀態嗎？你現在有準備更多好進入天堂嗎？有比你剛開始追求時準備更多好站在上帝公正的法庭之前嗎？這印象使我深信必須說我並不比一開始時更接近，而是同樣沉淪、同樣可憐。我內心大喊著，喔主上帝！我迷失了，如果禰，我主，沒有找出新的方法，我永遠不會得救，先前我自己用的方法與途徑全都失敗了，我願意接受這些失敗，喔主啊！請大發慈悲，主啊！請大發慈悲。

這些發現一直留在我心裡，直到我進入房子裡並坐下來。我坐下之後，心頭大亂，像個溺水的人想要放棄，讓自己沉下去，一片愁雲慘霧。我在椅子上突然轉身，看見放在另一張椅子上一本舊《聖經》，我趕緊拿起來，毫不思索地翻開來，看到第三十八首詩篇，這是我第一次看見上帝的話，這句話強烈地感動我，好像透過我整個靈魂，上帝在我心裡，一起為我祈禱。就在這個時候，父親叫全家人一起去祈禱，我也去了，但沒注意他禱告的內容，我只是一直以那篇詩篇祈禱。我喊著，喔！幫助我，幫助我，靈魂的救贖者，救我，否則我永遠完了。今夜如果禰願意，禰能夠用禰一滴寶血救贖我的罪，平息上帝的憤怒。當我把一切都交給上帝，願意讓祂隨意處置我之時，頃刻間，一種能夠贖罪的慈愛，隨著反覆誦念的經文進入我的靈魂，這力量是那樣強烈，我的靈魂好像隨著愛融化了，罪惡感與沉淪的重負卸除了，黑暗被驅除殆盡，我的心感到卑微並且充滿感激，幾分鐘前我的靈魂還在死亡的群山中呻吟，對一位不認識的上帝求救，現在它卻充滿不朽的愛，帶著信仰的羽翼高飛，脫離死亡與黑暗的束縛，大聲喊叫，我主我的神，禰是我的磐石、我的碉堡、我的盾牌、我的高塔，我的生命、我的喜悅、我的現在與永久的命運。我仰望著，以為我看見那相同的光（他從前不只一次自以為看見明亮的火光），雖然這一次有點不同。當我一看見這光，照祂的旨意，我領會了這旨意，我不自主地叫著：夠了，夠了，神聖的上帝！這個皈依的過程，這個改變以及它的表現，和我所看見的光或其他我看過的東西一樣真切。

在我的靈魂獲得解放之後不到半小時，我正處於喜悅之中，主就將傳教與宣講福音的職務披露給我。我喊叫，阿門，主，我願意去，差遣我，差遣我。那一夜的大部分時間，我都處於出神喜悅的狀態中，讚美、崇拜祂自由與無限的恩寵。我長久地在這種神往於天堂的心境裡，我的身體似乎需要睡眠，於是我閉上眼睛一會兒；這時候魔鬼闖進來，告訴我如果我睡著了，我會失去一切，而且在早上醒來的時候會發現這一切只是幻想與妄念。我立刻喊叫，啊！上主，如果我被欺騙，請提醒我。

然後，我閉上眼睛幾分鐘，似乎睡眠讓我的精神恢復過來；當我醒來的時候，第一個問題是，我的上帝在哪裡？當下我的靈魂在上帝之內與上帝的靈魂一同甦醒，並且被永久慈愛的臂膀所包圍。當太陽出來時，我高興地起來告訴父母上帝對我的靈魂所做的事，宣揚上帝無窮恩惠的神蹟。我拿著一本《聖經》，指給他們看上帝在前一晚上銘印在我靈魂上的文字，當我打開《聖經》時，它看起來像是新的。

> 我極渴望我對基督的宗旨、福音的傳佈有所用處，我好像再也無法安閒下來，必須出去告訴世人這贖罪之愛的奇蹟。對於世間的快樂、世間的伴侶，我完全失去興趣，所以我可以捨棄他們。①

年輕的阿萊因先生在極短的時間內，就這樣成爲一個基督教傳教士，除了《聖經》之外沒有讀過其他書籍，除了自己的經驗之外也沒有受過其他教育，之後他的生活就嚴謹與專一而言，配與最虔誠的聖徒同列。雖然他在熱心奮發的生活中非常快樂，始終沒有恢復對於世俗快樂的品味，即使是最無害的快樂，但我們必須將他與布楊和托爾斯泰一樣，歸類爲抑鬱的鐵烙在靈魂、留下永遠銘印的人。他的贖罪是被帶到這個純粹自然的世界之外的另一個世界，所以生命對他而言是一種哀傷而持久的試煉。多年之後，他在日記裡留下這一段話：「十二日，星期三，我在一個婚宴上講道，藉此排除世間的慾樂，覺得幸福。」

下一個例子是羅拔教授的一位通信者，載在我已經引用過的《美國心理學雜誌》(*American Journal of Psychology*)第六卷內。這個人是牛津大學的畢業生，一個傳教士的兒子，他的經歷在很多方面與衆人皆知的迦丁納(Gardiner)上校這個典型的例子很像。下文節錄自他的自述：

在我離開牛津與皈依基督的期間，始終沒有踏進父親的教堂，雖然我和他一起住了八年；我靠新聞工作賺錢，把錢用來與願意和我坐在一起喝酒的人喝到精光。我這樣生活，有時候一整個星期都在酒醉中，然後極度懊悔，接著一整個月都不沾酒。

在這期間，就是一直到三十三歲，我始終沒有想要因宗教的理由改過自新。但我常在狂歡飲酒之後感到劇烈的悔恨，恨自己是個有高等才能與教育程度的人，卻這樣愚蠢地浪費生命。那可怕的悔恨使我的頭髮在一夜間變成灰白，而且每悔恨一次，我的頭髮在隔天就更加灰白一些。像我這樣所受的苦是言語無法形容的。這簡直是地獄之火最可怕的酷刑。我屢次發誓這一回結束後，一定痛改前非。唉！只要三天我就復原了，像以前一樣快樂。所以這樣的情況不斷重複，我的身體像河馬一樣結實，我總是會復原，只要我不喝酒，沒有人能夠像我這樣享受生活。

我的皈依發生在一個七月熱天（一八八六年七月十三日），下午三點鐘，就在我父親教區長住宅內我的臥房裡。我完全健康，幾乎有一個月沒有喝酒，也沒有理由為自己的靈魂憂愁。事實上，那一天我完全沒有想到上帝。一位年輕的女性朋友送我一本杜拉蒙(Professor Drummond)教授所寫的《精神世界的自然律》(*Natural Law in the Spiritual World*)，她就這本書的文學價值請我發表意見。我一方面對自己的批評能力很有自信，另一方面想讓這位朋友更尊重我，所以將這本書帶到清靜的臥房裡閱讀，我立志要仔細地看一遍，並寫下意見給這位朋友。就在這裡，上帝與我會面，這是我永遠都不會忘記的會面。「有人子的人擁有永恆的生命，沒有人子的沒有生命。」我之前念過這句話好幾遍，但這一次不一樣。我現在在上帝的面前，注意力完全「焊接」在這段話上，在未把這些話的真正涵義詳細思考之前，不容許我繼續看下去。之後我繼續看下去，這期間我一直覺得有別個人物在房間裡，雖然我一直看不到。這段肅靜很奇妙，我覺得非常快樂。在短短的一秒內，毫無疑問地，上帝讓我發現我從未接觸到的永恆，如果我死了，我必然失落，我必然毀滅。我知道這一切，如同我知道我現在已經得救了，聖神以無法言喻的愛告訴我。這其中完全沒有恐懼，我感到上帝對我的愛這麼有力，我只有一樣苦惱，就是我失去一切都是因為自己的愚蠢，我怎麼辦呢？我能做什麼呢？我沒有悔改，上帝沒有要求過我要悔改，我只覺得「我毀了」，上帝就是愛我也不能幫我，這不是全能上帝的錯。我一直覺得極端地快樂：我覺得自己像個小孩子站在父親面前一樣。我做錯了事，但父親沒有罵我，仍然非常非常愛我。我一定是迷失了，由於我天性勇敢，我並不感到害怕，但對於我的過去深深哀痛，惋惜我的迷失，這種悲哀釘在我的心上，想到一切都完了，我的靈魂震盪不已。然後，和緩地、慈愛地、明明白白地有個解脫的方法來到我身上，那是什麼呢？又是一個老舊的故事，簡單地講：「除了主耶穌基督的名字，天下沒有別的名字能使你得救。」沒有人對我說什麼，我的靈魂似乎看見救主，並且從那個時候到現在，幾乎九年了，我完全沒有懷疑主耶穌基督和上帝天父在七月的那個下午在我身上所行的事，祂們倆用不同的方式，但都有最完美的愛。當時我非常喜悅，並與祂們交談，這個交談非常奇異，二十四小時之內全村的人都聽到這件事。

但仍有一個困難時期還沒到。我皈依之後第二天，到一個草料場協助收割，因為沒有向上帝許諾戒酒或節飲，我喝太多酒，醉醺醺地回家。我可憐的妹妹傷心極了，她說我已經皈依了卻立刻墮落。雖然我喝了很多（還不糊塗），但我知道上帝在我身上開始的工作不會徒然。大約中午時，我跪下來向上帝禱告，這是我二十年來第一次禱告。我並沒有祈求寬恕，我覺得那是無益的，因為我一定會再失足。那麼，我做了什麼呢？我把自己交給上帝，深信我的個性要被毀滅，上帝將把我的一切取走，我都願意。聖潔生活的秘密在於這種交付。從那時起，飲酒不再是可怕的事，我再也不碰酒，也不想要。吸煙也是如此。我從十二歲起就不斷吸煙，那時候便開始不再想吸了。其他各種大家都知道的罪也同樣如此，每一件解脫都是永久與完全的。自從皈依後，我沒有遇過誘惑，上帝似乎已經把撒旦關在外頭。撒旦在其他方面還可以施展，但對肉體方面的罪惡始終無法可施。因為我把自己生活的所有權完全交給上帝，祂以千百種方式引導我，並且替我開了路徑。在沒有享受過真正交付後的幸福的人來看，這種開路的方式幾乎是不可置信的。

從這個牛津大學畢業生的告白，你們看到皈依的結果，就是將一個古老的人類貪慾完全打消。對於這個人，我們不再討論了。

據我所知，突然皈依最奇怪的記載，是阿芬西・拉提本(M. Alphonse Ratisbonne)的記錄。他是一個思想自由的法國猶太人，一八四二年在羅馬皈依天主教。他在幾個月後寫信給一位神父朋友，留下一個關於皈依情境的動人描述。②使他皈依的先前因素看起來很輕微。他有一個哥哥已經皈依，成為神父，他自己是反宗教的，對變節的兄弟與這種職業的人感到反感。二十九歲時，他在羅馬遇到一個法國人，那個人想使他成為一名天主教徒，在二到三次的談話之後，那個法國人的本事不過是（半戲謔地）使他在脖子上掛一個宗教徽章，並接受讀一份對聖母的短祈禱文。他自述在那些談話中，他不過是說一些不莊重的嘲謔，可是他記了下來，有好幾天他無法將祈禱文摒除到意識之外。在皈依的關鍵時刻的前一晚，他作了一個惡夢，夢中有一個黑色的十字架，但是沒有基督在上頭。直到第二天中午，他的心裡開始自由了，並且跟別人說一些瑣碎的事。我現在引他自己的話：

假如在這時候有人說：「阿芬西，在一刻鐘內，你要崇拜耶穌基督做你的神與救主；你要平伏在一間簡陋的教堂內，臉碰到地上；你要在神父的腳前捶胸；你會在一個節日，在耶穌會院裡預備受洗，準備將自己的生活獻給天主教；你將捨棄這個世界與其尊榮和享樂，捨棄你的財富、你的希望，如果有需要的話，還將包括你的未婚妻、你對家庭的熱情、你朋友的敬重，和你對猶太民族的依戀；你除了跟隨基督，背負祂的十字架到死之外，沒有其他熱望。」我說，假如有一位先知來告訴我這個預言，我會判定只有相信這些蠢事會實現的人比他更瘋癲。可是，這些蠢事現在是我唯一的智慧，唯一的快樂。

我從咖啡廳出來，遇到B君的車（B君就是要阿芬西信主的那個人），B君停下來請我上車乘一程，不過我得先等幾分鐘，因為他要去聖安德列教堂履行一些義務。我不在車上等，也進入教堂看一看。這間教堂很簡陋、狹小又空盪，我相信當時只有我一個人在裡頭。沒有藝術品引起我的注意；我的眼睛機械地掃過教堂內部，沒有任何念頭停住我。我只記得有一隻全黑的狗在我失神時跑過去，在我面前轉回頭。突然間，狗不見了，整間教堂消失了，我再也看不見任何東西……或是說得精確一點，我只看見我的天主。

天啊！我如何述說呢？不！人類的語言無法表達這無法表達的。無論多麼宏偉的描述，對於這個說不出來的真理都只是褻瀆。

當B君把我叫醒時，我俯伏在地上，淚流滿面，無法回答他一句又一句的問話。最後，我拿起掛在胸前的徽章，我的靈魂情感橫溢，吻著徽章上的聖母。喔！真的是祂，真的是祂！（他看見了聖母的影像）

我當時不知自己身在何處：我不知道我是阿芬西還是別人。我只感覺到自己變了，並相信我是另外一個我；我在自己中尋找自己，但沒找到。在我的靈魂最深處爆發出最熱烈的喜悅；我無法言語；不想披露發生過的事情。但我發現我內在有某種嚴肅、神聖的東西，這使我請求見一位神父。我被引導到一位神父面前，在他單獨地給我積極的命令之後，我盡力說明一切，我跪下來，我的心仍在顫抖。我無法對自己解釋這個我已經知道的信仰與真理，我能夠說的只是突然間我眼睛上的繃帶掉落，不只是一片繃帶，而是一大套我自幼戴到大的繃帶都脫落了。它們一片片地消失了，正如泥巴與冰塊在烈日照射下消失了一般。我好像從墳墓裡出來，從黑暗的深淵中出來；而且我活著，完好地活著。可是我哭泣，因為在那深坑的底部，我看見我從極端的痛苦中被一種無限的慈悲拯救出來；我見到自己的邪惡就起顫慄，我被驚奇與感激的情緒弄昏、融化、壓倒。你可以問我，我究竟是如何得到這個新的領悟呢？其實我並沒有讀過任何宗教書籍，甚至連一頁的《聖經》也沒看過，「原罪」這個教義被猶太人否認或遺忘，所以我很少想到這種事，我懷疑我真的知道這個名詞。那麼，我如何察覺到這種罪惡呢？我只能說，進教堂之前，我完全在黑暗中，出來之後，我看見完滿的光明。我所能夠做的解釋，就是比方像一個極深睡眠的人，或是生來瞎眼的人突然張開眼看到白晝的光亮。他看見，但是無法將沐浴他、使他看見驚奇事物的光加以定義。如果我們無法解釋物理上的光，又如何解釋真理自身的光亮？我想，我真的對宗教教義的文句毫無所知，但是我現在直覺地了解它的意蘊和精神。我真的感覺到那些隱藏的事，這比看見還要分明。我從這些發生在我身上不可解釋的影響感覺到它。這全發生在我心靈之內，那些印象比思想還快，搖撼我的靈魂，將它迴轉到另外一個方向，由別的路徑轉向其他目標。我無法明白地表達。可是，主，難道禰願意我將唯有內心能夠了解的情懷，用匱乏、貧瘠的語言來傳達嗎？

我可以無限地增加這類例子，不過上述例子已經足夠讓你們知道，對於有突然皈依經驗的人來說，這種皈依是多麼實在、確定，多麼可紀念。在這種皈依的高潮階段，他似乎只是一個被動的旁觀者或遭遇者，由上方的力量推動。關於這種事情的證據太多，我們不容易對它有所懷疑。神學將這種事實與神選和神恩的教義連接起來，斷言在這些戲劇性的時刻，聖神以一種神蹟般的特別方式與我們同在，與在我們生活的其他時刻不同。神學相信在那個時刻，一種絕對嶄新的天性被吸入到我們內心中，使我們也分享了神性的特質。

由這個見解來看，皈依應該是頃刻的。摩拉威派基督徒(Moravian Protestants)似乎是第一個見到這種邏輯結果的人。衛理公會信徒隨後也採納這樣的觀點，即使不是在教義上，也是在實際上。約翰・衛斯理(John Wesley)在他死前不久這樣寫道：

> 單單在倫敦一地，我發現我們會內共有六百五十二人有極清楚的經驗，而且我找不到任何理由可以懷疑他們的自述。這些人（沒有一個例外）都宣稱他們解脫罪孽是**頃刻**發生的；在一剎那間就轉變了。假如這些人有一半或三分之一，或二十分之一，說**他們**的變化是**逐漸**成功的，我會相信而且認為**有的人**是漸漸解除罪孽的，有的是頃刻間。可是長久以來，我沒有發現有人這樣說，所以我不得不相信解除罪孽通常是（即使不是永遠是）**頃刻**間的。③

在這期間，基督教的一般教派並沒有如此重視頃刻的皈依。對他們來說，如同天主教一樣，基督的血、聖禮以及個人日常宗教活動，實際上足以使他得救，即使沒有經驗到劇烈地對自己感到絕望與自我交付之後的緩和也一樣。反之，在衛理公會，除非有這樣的關鍵經驗，否則救恩只是被給予，而沒有有效地被接受，這樣基督的犧牲就不完全。衛理公會在這一點上（假如不是遵從比較健全心態者）是遵從比較深遠的精神本能。其所設定的典型個人模範並不僅具有戲劇性，在心理上也比較完備。

在英國與美國完備發展的信仰復興教派(Revivalism)，由這種思維發展出法典化與刻板化的程序。無庸置疑，雖然一度降生的聖徒的確存在，人可以不經劇變而逐漸成爲聖潔，而也有很多純粹自然的美德「洩漏」(leakage)到救恩的計劃中，但信仰復興教派總假定只有它自身的這種宗教經驗是完美的；你必須被釘在眞實的絕望與慘痛的十字架上，然後在一眨眼間被神蹟般解放。

親身經歷過這種經驗的人，自然會覺得這不是自然的過程，而是神蹟。他們往往會聽到話聲、見到異光或異象，會發生自動的動作，並且在捨棄個人意志之後，總是像有一個外來的、更高的力量衝進來並且佔據一切。此外，還覺得更新、安全、清靜、正義，那麼神奇、愉快，讓你相信自己已經有一個全新的本質。

新英格蘭清教徒約瑟夫・阿雷因(Joseph Alleine)（譯註①）寫道：

皈依不是將聖潔一塊塊地嵌進，對真正的皈依者而言，聖潔被織入他一切的力量、原則以及實踐之中。誠懇的基督徒從頭到腳都是新的組織。他是一個新人，新的創造物。

強納生・愛德華茲也同樣寫道：

那些因聖神的作用而來的恩典，完全是超乎自然的——與未得新生者的經驗完全不同。那些恩典並不是進步、自然的資質或原則的構成所能夠產生的；因為它們不僅在程度上、情況上與自然經驗不同，在種類上也不一樣，在性質上更加優越。在恩寵的影響下，（也）會帶來新的知覺與感覺，在本質上、種類上完全與被聖化之前的（同一個）聖徒的知覺與感覺不同……聖徒對於上帝之愛的概念，以及他們從經驗中所得到的喜悅都非常特別，與自然人所擁有的任何事物或是所形成的任何適切的概念完全不同。

愛德華茲在另一篇章中，指出像這樣光榮的轉化，在先前必然有絕望。他說：

在上帝把我們從罪惡與永久的災禍中拯救出來之前，祂使我們先深刻地感覺到祂要救我們出來的那種罪惡，使我們了解並感覺到救援的重要，並領會上帝願意為我們所做的事的價值。那些得救的人接連處於兩種極端不同的狀態中——先是被判定有罪，然後被宣告無罪並受祝福——並且，上帝在救人的時候，把人視為理性、明智的受造物，因此與這個智慧相符合的，是得救的人應該感受到這兩種狀況的存有。應該先讓他們察覺到被判有罪，然後察覺到得救與喜悅。

這些引述很充分地表達了如何以教義詮釋這些變化。無論暗示和模仿在激動聚會中的男女起這些變化時有多大作用，對無數的個別例子來說，它們都是原始的，而非借來的經驗。即使我們不帶著宗教上的興趣，純粹由自然史的觀點來描寫這些心靈的故事，我們還是要寫下，人會突然且完全地皈依眞是最奇怪的特性。

現在，我們應當如何思考這個問題呢？突然的皈依是否是上帝在場的神蹟呢？是不是明顯獲得新生命的人有兩類，一類是眞的獲得基督的天性，另一類則只是看起來如此而已？或是反過來說，整個獲得新生命的現象，即使是最驚人的、頃刻發生的例子，可能也只是一種純粹的自然過程，當然神性是它的結果，但並非是其原因與機制，這話對不對呢？

在未回答這問題之前，我請你們聽聽一些心理學的說法。在前一講中，我解釋了人的個人能量核心，在內在的移動與新情緒的關鍵性爆發。我說的這些現象，部分是由於思想與意志的明顯意識過程，但大部分是由生活經驗所存留的動機在下意識內孵育成熟。一旦成熟了，就會開花或結出果來，我現在必須將這種開花過程在其中進行的下意識領域說得更清楚些。可惜我現在的時間只能讓我長話短說。

「意識場域」(field of consciousness)這個名詞近年才在心理學的書籍中流行起來。在這之前，最常說到心理生活的單位是「觀念」(idea)，並且認爲它是有明確界定的東西。但是，當前的心理學家傾向於接受：一、承認眞正的心理單位是整體的心智狀態，也就是所有在任何時間中的意識波動或呈現在思想中的客體場；二、要明確描繪該波動、該場域是不可能的。

我們的心智場一個接一個，每一個都有它的興趣核心，在核心的周圍，我們比較不注意的對象退到邊緣，它的界線就不明確了。有些場域是狹隘的，有些是寬大的。通常當我們有一個寬的場域時，我們會很高興，因為我們可以同時看見好多眞理在一起，並且瞥見我們看不清楚、只能猜測的關係；因為這些關係指向該意識之外、更為遙遠的客觀領域，這些領域我們只能是即將瞥見，而不是眞的看見。在其他時間裡，如想睡、生病或疲倦，我們的意識場可能縮小到幾乎只是一個點，並且會發現我們意志消沉到相當的程度。

不同個體在意識場的寬度上天生就有所不同。偉大的組織天才一般都是有較大心智視野的人，在其視野內，未來的運作計劃如星羅棋布般立即展現，輻射至各種具體的方向。一般人對於一個主題並沒有這樣宏偉廣包的視野，他們蹣跚前進，暗中摸索，屢次停頓。在某些病態的情況中，意識只是一個火星，沒有過去的記憶，也沒有對將來的設想，並且在當下縮小到單一的情緒或身體感受。

這個「場域」公式的重要事實是邊緣的不確定。邊緣所包含的事情雖然僅能不經意地察覺到，但實際上對於我們行為的指導與注意力動向的決定都有貢獻。邊緣在我們的四周像是磁場，在這個場內，當意識改變到下一階段時，我們的能量核心就像磁針一樣轉動。我們過去存留下來的整體記憶，飄浮在邊緣之外，一經碰觸立刻到來，並且那些構成我們經驗自我的全部殘餘力量、衝動以及知識，持續地伸展到邊緣之外。在我們意識生活中的任何一個時刻，實現的與可能會實現的東西，其間的界線是如此曖昧，因此很難明確地說，我們對於某些意識元素究竟是意識到了還是沒有意識到。

一般心理學雖然承認很難劃定這邊緣的界線，但卻假定：一、一個人現在所有的一切意識，無論是中心的還是邊緣的、注意到的還是沒注意到的，都在此刻的「場域」內，無論這場域的界線是多麼模糊；二、絕對在邊緣之外的，就是絕對不存在，不會是意識內的事實。

我講到了這一點，現在必須請你們追憶我在前一講中，對於下意識所說的內容。你們也許還記得，我說那些最初注意這些現象的人，無法像我們現在這樣知道關於這些現象的事實。現在我的第一個任務就是要告訴你們，我這話是什麼意思。

從我學習心理學以來，認爲其中最重要的進步，就是在一八八六年首次發現到至少在某些人身上，不僅有日常一般的意識場域，還有一組在邊緣之外(extra-marginal)的記憶、思想與情感，它們可由無誤的符號顯示其存在，並能被歸爲某一類的意識事實。我把這事稱爲最重要的進步，是因爲這個發現與其他發現很不一樣，它使我們知道人性的構造內有個完全猜測不到的特點。在此之前，沒有其他的心理學發現有此貢獻。

發現這個在意識場域之外，或是邁爾斯(Myers)先生稱之爲「閾下意識」的意識，特別使我們對宗教傳記的很多現象更能了解，所以我現在提起它，雖然我不可能在這裡說明這種意識存在的證據。你們可以在一些新近的書籍裡頭找到證據，比奈(Binet)的《人格的變換》(*Alternations of Personality*)④就是一本很好的書。

能提供這種意識例證的人目前還很有限，而且其中有一些是不尋常的人，包括了比較容易被催眠的人與歇斯底里的病患。但我們可以假定人類生活的基本機制是一致的，所以在某些人身上表現出明顯程度的，大概所有人都會有一點，而且可能有少數幾個人會表現出特別高的程度。

程度特別高的邊緣外生活(ultra-marginal life)，造成的最重要結果就是這個人的意識場容易有本人不知來源的、從邊緣外生活來的作用侵入，並且由於如此，這些作用看起來就像是來歷不明的衝動或抑制、無法解釋的強迫性想法，或是幻象、幻聽。這些衝動可能會表現爲自動的語言或寫作，其中的意義本人在表達時也不了解；這一類的現象無論是感覺的或運動的、情緒的或智能的，邁爾斯先生稱之爲**自動作用**(automatism)，是由於心智下意識部分的能量上衝到一般意識之中的結果。

自動作用中最簡單的例子就是所謂催眠後暗示效果(post-hypnotic suggestion)，你對一個被催眠的人下一個感受性適度的指令，令他在從催眠狀態醒過來之後，表現出某種被預定的行爲，無論是普通的或奇怪的行爲都可以。當信號來了的時候，或是你預先指定的時間到了時，他會準確地做出來，但卻不記得你的暗示。並且，如果表現出來的行爲是奇怪的，他也會臨時編一個理由來解釋自己的行爲。

它甚至可以對被催眠的人暗示，當醒來一段時間後，會看見某個意象或聽見某種聲音。當時候一到，他看見所暗示的意象或聽到所暗示的聲音時，會完全沒有意識到它們的來源是什麼。在比奈、珍奈(Janet)、布魯爾(Breuer)、弗洛依德(Freud)、梅森(Mason)與普林斯(Prince)等人對歇斯底里病患的下意識所進行的驚人探究裡，爲我們揭露了下意識生活的整體面貌，它們以痛苦記憶的方式寄生，埋藏於意識的主要領域之外，並以幻覺、痛楚、抽搐、感覺與動作的麻痺，和歇斯底里在身心所表現出來的全部症狀，闖入意識的領域。經由消除暗示或是改變這些下意識的記憶，病人就會馬上痊癒。其症狀就是邁爾斯所謂的自動作用。當我們初次讀到這些臨床記錄時，覺得好像神話故事，但我們不可能懷疑它們的眞確。第一批觀察者已經開啓探究的道路，同樣的結果也在別的地方觀察到。就像我所說的，這些觀察讓我們對於人類本性的面貌得到一種全新的理解。

而且，對我來說，這些結果似乎不可避免地要再往前推一步。假如由已知的類比來理解未知，從此之後凡是我們遇到自動現象，無論那是動作的衝動、強迫性的觀念、沒有來由的狂想、妄念或是幻覺，都必須先探尋它們是否爲心靈的下意識領域所發展出來的觀念，爆發入普通意識領域的結果。因此，我們必須從個人的下意識生活尋找其來源。在催眠的情況下，我們以暗示創造這個來源，因此我們直接知道來源爲何。在歇斯底里的病人身上，喪失的記憶是自動現象的來源，必須用一些巧妙的方法從病人的下意識領域將它們汲取出來，這些方法的說明必須參考專書。其他的病態例子，例如瘋狂的妄念或精神病的強迫症，來源仍然有待尋找，但以類比的方式思考，其來源也應該是下意識領域，如果我們的方法能更進一步的話，也許在有需要的時候就可以找到。從邏輯上來說，應該假設其中有一個機制在運作，但這樣的假設牽涉到許多必須事先計劃的驗證工作，在這種驗證工作中，人類的宗教經驗必然扮演相當重要的角色。⑤

讓我再回到頃刻的皈依這個特殊的主題。你還記得阿萊因、布雷德利、布冷納和在下午三點鐘皈依的牛津畢業生這幾個例子，還有許多相同的事例。有些看到發光的異象，有些沒有，但全部都經驗到一種驚人的快樂之感，而且覺得有一個更高的力量作用在自己身上。如果全然撇開這些經驗對個人未來精神生活的價值問題不談，只由心理的向度來考量，那麼這些經驗有許多特性使我們想起皈依以外的一些現象，使得我們忍不住想要把它們與其他的自動現象歸在一起，並且我們可以懷疑，突然皈依與逐漸皈依的不同，也許不必然是前者包含神蹟的臨在，後者所有的只是不那麼神聖的東西，二者的差別事實上是一個簡單的心理特性，也就是在突然的皈依者身上，他有較大的下意識領域，從此領域發出入侵的經驗，突然破壞第一層意識的平衡。

我看不出衛理公會的人有什麼理由反對這樣的觀點。請回憶第一講中我提出而希望你們接受的結論。你們也許還記得當時我反駁事物的價值由其來源所決定的論調。我說，我們的精神判斷，對人類事件與情況之意義和價值的觀點，必須全然從經驗的基礎進行考量。假如皈依狀態對**生活的結果**是好的，即使它是自然心理學的一部分，我們也應該肯定其理想，並尊敬它；如果事情相反，無論它來自任何超自然的力量，我們也應該迅速把它解決掉。

那麼，這些結果到底如何呢？如果我們撇開那些名留青史的傑出聖人不談，只考慮普通的「聖徒」、開店的教會成員，以及有頃刻皈依經驗的普通年輕人或中年人（無論他們的皈依是在信仰復興或是衛理公會那種自發的成長過程中發生），你大概會同意，並沒有與完全超自然的人所相稱的榮光從他們身上發射出來，或是使他們有別於未曾蒙受恩寵的凡人。像愛德華茲所說的，⑥如果一個突然皈依的人，因為分享了基督的實體，而成為與自然人完全不同的人，他們應該會有一些精巧的類別特徵(class-mark)——某些與眾不同的光輝，即使是這一類人中最低等級的也同樣擁有，這種光輝我們每人都感覺得到，而且這一類人比自然人中最有天賦的人還優秀。然而，眾所周知，這種光輝並不存在。皈依者和一般人並沒有區別，有些平常人甚至會結出比皈依者更優秀的果實。而且，一個不懂教義神學的人，幾乎不可能光憑平日觀察的方式，或從這兩組人發生的偶然事件來推測出他們之間有如神人之別那樣的差距。

即使有人相信突然皈依會有不同於平常人的特徵，實際上也必須承認：並不存在絕對的記號，可以用來認出所有真正的皈依者。所有超自然的事件，例如聽見聲音、看到幻象、對《聖經》經文的意義突然有一種無法抵擋的強烈印象，以及與改變的關頭有關的動人情緒或紛擾的情感狀態，通通可以由自然原因產生，或者更糟的是，由撒旦假造。二度降生的眞正見證只有上帝眞正子民的性情，也就是永恆的耐心與自我革新的熱愛。而且我們必須承認，這些性情一樣可以在沒有經過激烈劇變的人身上看見，甚至在基督宗教之外也看得見。

愛德華茲在其《論宗教情感》一書中，對被超自然傾注的狀態有很豐富而細緻的描寫，但在其中找不到一個確定的特性或記號，能夠無誤地將超自然狀態與自然狀態中特別高層次的良善區分開來。其實，這本書無意中支持了下列論點——很難在其他地方找到比這說得更清楚的論點——亦即人類優良的層級之間並沒有截然的鴻溝，在所有的地方都一樣，自然界呈現的差異是連續性的，因此「生成」(generation)與「更生」(regeneration)只是程度的差別。

即使拒絕將人截然區分爲兩種客觀的類別，我們還是會看見皈依這件事對於皈依者來說是非常重要的。每個人生活的可能性都有高點與低點的限制。如果頭部被洪水淹沒，洪水的絕對高度就不太重要；當我們到達自己最高的限度，並生活於能量的最高核心時，我們就可以說自己得救了，而不用管別人的核心比自己高多少。一個卑微者的得救**對他而言**總是一個偉大的得救，而且是一個最偉大的事實。在我們平常的傳教工作令人感到失望時，應該要記住這一點。誰知道這些精神貧乏的泛泛之輩如果從來沒有領受這些卑微的恩寵，他們的生活會再糟糕到什麼程度呢？⑦

如果我們把人約略分類，每一類人代表精神優異的某個等級，我相信我們會在每個類別中發現，一般人與皈依者都有突然的和漸進的這兩類。因此，更生的轉變(regenerative change)所帶來的效果就沒有一般精神上的意義，只有心理學上的意義。我們已經看到斯塔伯克費力的統計研究，傾向於把皈依與一般的精神成長視爲同類。另一位美國心理學家寇伊(George A. Coe)教授⑧分析了他所知道的七十七位皈依者與曾經即將皈依的人，結果顯著地證實：突然的皈依與個人擁有活潑的下意識自我有關。他檢視受試者對催眠的感受度，還有像催眠幻覺、怪異衝動，以及在皈依時期與宗教有關的夢境等這些自動現象，發現這些現象在劇烈轉變的皈依者那一組身上出現的頻率較高。劇烈的轉變所指的雖然不一定是立即的轉變，但對個體來說，意味著與一般成長過程截然不同的東西。⑨

你們都知道，準備要皈依的人在信仰復興(revivals)時常會感到失望，因爲他們沒有經驗到劇烈的轉變。寇伊教授的七十七位受試者中有一些人屬於這一類，以催眠的方式測驗他們時，幾乎全被歸至「自發」的這一亞類，這些人有別於「被動」這一類，他們充滿自我暗示，大部分經驗劇烈變化的人都屬於這一類。他的推論認爲這一群會自我暗示的人不受環境影響，而被動的受試者則相反，我們能夠輕易地看到這種效果。要淸楚地區分這些類別是困難的，而且寇伊教授的研究人數很少，但他的方法很謹愼，與所預期的也相符合。整體而言，這些結果足夠證實他在實際方面的結論，也就是如果你讓具備以下三個因素的人受到皈依的影響：第一、淸楚的情緒感受性；第二、自動作用的傾向；

第三、接受暗示的被動型態；你就可以穩當地預期會發生突然的皈依，也就是劇烈的變化。

突然的皈依源於個人氣質，這會減低皈依的意義嗎？寇伊教授說得好，一點也不會，因爲「檢驗宗教價值的最終依據並不是心理的，不是依其**如何發生**來定義，而是倫理的，**由其所達到的成果來判斷**。」⑩

隨著我們的探究，我們將會看到皈依者所達到的通常是一種精神活力的新層次，這是一個相對來說較爲英勇的新高度，不可能的事成爲可能，也表現出新的力量與耐力。性格改變了，個人得到新生，而無論這種改變的特殊型態是否源於心理的特質。「聖化」(Sanctification)是這種轉化的專有名詞，之後我將舉一些例子來說明，在這一講，我只針對變化時所帶來的安心與平靜再說幾句話。

但是，說明這一點前，我要再補充一點，免得我以下意識的活動來解釋突然的皈依的最終目的被誤解。我的確相信，如果一個人沒有這種下意識活動的傾向，或是他的意識領域的邊緣有個硬殼足以抵擋外來變化的入侵，那麼即使皈依發生了，也必然是漸進的，且類似任何新習慣的養成那麼普通。因此，擁有一個發達的下意識自我，以及一個可滲透或可通透的邊界，是個人頃刻皈依不可或缺的條件。可是，如果你以正統基督徒的身分問我，對心理學家而言，將現象歸於下意識自我的作用，是否就全然排除了神直接臨在這個概念。我必須坦白地說，做爲一個心理學家，我不認爲必然如此。下意識較低的表現固然屬於個人的資源，他平時的知覺內容，不經意地進入下意識，並由下意識加以牢記與結合，也可以解釋所有普通的自動作用。清醒的第一層意識將我們的感官開放，以接觸物質的對象，所以從邏輯上來說，**如果存在**一個更高的精神動力，能夠直接觸動我們，促成此作用的心理條件也許就是我們所擁有的下意識領域，只有這個領域可以讓這些精神動力接近。清醒時的喧擾，也許會關閉那在如夢的下意識狀態中輕啓或大開的門。

因此，皈依的主要特色，亦即對外來控制的覺知，在某些例子上可以用正統的方式解釋：當一個人是我們稱之爲屬於下意識的那一類人，則超越有限個體的力量便能對他發生作用。但無論如何，這些影響力的**價值**必須由其效果來決定，光憑超越於個人之上的這個事實，無法斷定那是來自神聖的力量或是魔鬼的影響。

此時我寧願暫時擱下這個主題，希望在比較後面的演講，再重拾這些擱下的線索，而得到一個比較確定的結論。在我們目前的探究裡，下意識自我的這個觀念，當然不應該**排除**更高力量之浸滲的這個觀念。如果能夠感動我們的更高力量眞的存在，也許它們只能藉由下意識的門徑來到我們心中。（請參見最後一講）

現在讓我們回到直接佔據皈依經驗的那些感受。我們要討論的第一個感受，就是被更高力量所支配的感覺。這種感覺並不必然出現，但常常可以看到。我們在阿萊因、布雷德利、布冷納以及其他人身上都看到這些感受。這種對於更高支配力量的需求，在著名的法國新教徒阿道夫．摩諾(Adolphe Monod)論及自己皈依所經歷的劇變時說得很清楚。這個轉變發生在一八二七年夏天的那不勒斯(Naples)，當時他還是個年輕人。他說：

當時的我陷入一種無盡的悲傷，那悲傷全然佔據了我，從最不相干的外在行為到最私密的思想，我的生活充塞著悲傷。悲傷腐蝕了我的感覺、我的判斷與我的快樂。就是在當時，我理解到如果必須靠著我那已然生病的理性與意志來終結這樣的混亂，無異於一個盲人以為自己可以靠著這一隻瞎掉的眼睛來矯正他另一隻眼睛的視力。當時我除了求救於某個外來的力量，**別無他法**。我記起了聖神的許諾；而我始終無法領會的那些福音積極的宣告，也由於實際的需要終於有所理解；並且在我的生命中，就它回答我靈魂的需要這個意義而言，我第一次相信這個許諾。這個意義也就是有一個真實的、外來的、超自然的行動，能夠賜予我思想，也能夠剝除這些思想；這些加諸於我身上的行動是來自一位神，祂是我心靈真正的主宰，也是自然界一切事物的主宰。我於是放棄一切善功、一切力量，放棄我個人所有的資產，承認除了我徹底的悲慘以外，沒有其他當得起祂慈悲的權利。我回家屈膝祈禱，我這一生從來沒有這樣祈禱過。從這一天起，我開始了一個新的內在生活，並不是我的憂鬱不見了，而是它所帶來的苦惱消失了。希望來到我心中，而且一旦我走入信仰道路，耶穌基督，這一位我已經知道要委身於祂的神，就逐漸地替我把其餘的事情完成。⑪

我不需要再一次提醒你們，新教神學與這種經驗所顯示的心理結構非常一致。在極端的憂鬱之中，意識的自我什麼事也無法做。這個自我完全破產，缺乏資源，所能做的事也沒有什麼用。從這種主觀的境況所得到的救贖必然是一種白白的賜予，而藉由基督的犧牲所得到的恩寵就是這樣的一種禮物。路德說：

> 上帝是那些卑微、受苦、受壓迫與絕望者的上帝，祂甚至是一無所有者的上帝。祂的本性在於使盲者看見，使受創的心靈得安慰，使罪人解除罪孽，使絕望與受詛咒的人得到救贖。然而，人自認為義這個有害與致命的觀念，認為人並非不潔、可悲與可惡的罪人；正是自命為正義與聖潔的這個觀念，使得上帝無法完成其自然而適當的工作。因此，上帝必須手握大槌（我指的是律法），將這個帶著虛妄自信的野獸打碎消滅，使得他最後可以經由自己的痛苦了解到自身完全的絕望與可惡。但這樣還有困難，因為當一個人受驚嚇而膽寒時，很難再爬起來說：「現在我被折磨得夠了，受夠了；現在是領受恩寵的時候了，是傾聽基督的時候了。」人心如此愚蠢，因此他寧願為自己找到更多的戒律來滿足自己的良心。他說：「如果我活著，我會修正我的生活，我會做這個，我會做

那個。」但你除非做完全相反的事，除非把摩西與他的律法遣走，除非在這些恐懼與苦惱中抓住為你的罪而死的基督，你並不想得救。你修道袍上的頭巾、你削髮的頭頂、你的貞節、你的服從、你的清貧、你的工作、你的善功，這些又有什麼用呢？摩西的律法又有什麼用處呢？如果我這可憐又可惡的罪人，經由工作或善功就可以愛上帝之子，並因此而歸向祂，祂又何必為我交出祂自己呢？如果我這可憐又可惡的罪人，能夠藉由其他的代價得救，上帝之子為何要給出自己呢？但因為沒有其他代價，因此祂不是交出羊、牛、金或銀，而是交出上帝自己，完全「為我」，只是「為我」，為我這個可惡又可憐的罪人。所以，我現在為**自己**這樣要求，並得到安慰。這種要求的態度是信仰真正的力量與權能。因為祂**不是**為了正義的人而死，而是為了**不**義的人而死，並使**不義之人**成為上帝的子女。⑫

也就是說，你越迷失，你就越是基督的犧牲所救贖的人。我猜，在天主教的神學中，從來沒有像路德這樣，從其個人經驗出發而對病態的靈魂說得這麼直接。儘管新教徒不是全部都是病態的靈魂，但顯然他們認同路德的說法，歡悅地宣稱自己爲個人功德的糞土和個人正義的污泥，這種說法也因而再度風行起來；事實上早在路德剛提出這個嶄新而令人振奮的觀點時，就已經像野火般擴散開來，這足以顯示路德對基督宗教的觀點以及人類心靈結構深處的了解是很正確的。

相信基督眞的已經完成祂的工作，是路德所指的信仰內涵之一。然而到目前爲止，這樣的相信還是針對理智所能理解之事實的信仰。但這只是路德的信仰的一部分，其信仰的另一個部分更重要得多。這另一部分不是出於理智，而是直接地、直覺地確信：我，這個我，只按照我的現狀，而不用懇求或是其他條件，已經得救，並永遠得救了。⑬

羅拔教授認爲，在概念上信仰基督所完成之事，雖然常常是有效的，並且帶來皈依的結果，但它其實只是附屬，而非主要的部分；「喜樂的堅信」也可以經由這個概念以外的其他管道獲致。這個主張無疑是正確的。他認爲只有這種喜樂的堅信，確信自己一切都好的狀態，才能稱作眞正的信仰。他寫道：

> 一旦那種把人禁錮於狹小有限自我的疏離感被打破，個人就得到「與萬物合一」之感。他活在宇宙的生命當中；他與人、他與自然、他與上帝，都是一體的。那種自信、信賴、與萬物合一的狀態，伴隨著道德和諧的完成，就是**信仰狀態**(faith-state)。當信仰狀態來臨時，剎那間堅定了對各種教理的信仰，現出一種新的實在，變成信仰的對象。如此堅信的根源並非來自理性，因而無須辯論。這種堅信只是信仰狀態的衍生物，若因此認為信仰狀態的主要實際價值是為特定的神學概念保障其實在，就大錯特錯了。⑭與此相反，信仰狀態的價值只在於

將交戰的慾望轉化為一個方向此一生物發展過程的心理作用；這種發展以新的情感狀態與新的反應方式來表現，表現為更大、更高尚、更肖似基督的行動。因此，對宗教教義之特殊信心是源於一種情感經驗。信仰的對象甚至可能是荒謬悖理的，但情感的流動會將他們向前推進，使他們得到顛撲不破的實在性。情感的經驗越強烈，看起來就越不可解，也就越容易成為承載未經確證之觀念的工具。⑮

爲了避免混淆，我認爲這種情感經驗不應該稱爲信仰狀態，而應該叫作信心(assurance)狀態。它的特徵很容易列舉，雖然除非親身體驗，否則難以體會其強度。

這個經驗的主要特徵就是一切憂慮的卸除，感受到萬物終究與自己和好，即使外在境況沒有改變，也覺得平安、和諧，**欣然接受**。對於上帝的「恩寵」、「釋罪」與「救贖」的確定，是一種客觀的信仰，經常帶來基督徒的改變；不過這個信仰也可以付之闕如，而平安的感覺仍然不變——你還記得那位牛津畢業生的例子；我也還可以舉出例子，來說明個人救贖的信心只是後來的結果。接受、聽從與讚美的熱情是這種心態的中心情感。

這個經驗的第二個特色是領悟了前所未知的眞理之感。就像羅拔教授所說的，生命的奧秘被揭開了，而且通常是語言多少無法表達的。這些屬於比較理智的現象，我們可以等到密契主義那一章再來討論。

信心狀態的第三個特點就是常常覺得世界起了客觀的變化。「每樣事物嶄新的外表使它變得美麗」，這正是憂鬱症患者所體會到「嶄新」的相反，你也許還記得我舉過的一些例子，他們看到的是世界表面令人驚懼的非現實感與陌生感。⑯這種覺得內外都充滿清淨與美麗的新鮮感，是描述皈依經驗時最常見的記載之一。強納生・愛德華茲這樣描述自己的經驗：

> 在這之後，我對事物神聖性的感受逐漸增強，變得越來越生動，而且越來越能夠感受到內在的甜美。每件事情的外貌都改變了，好像幾乎所有的事物都有一種甜美的寧靜、甜美的面貌以及神聖光榮的形象。上帝的卓越、智慧、純淨與慈愛也彷彿呈現在萬事萬物中，在太陽、月亮與群星中，在白雲、藍天中，在花、草、樹木中，在水與一切自然界的事物中；這些常常讓我的心神獲得很大的安頓。而且，在所有自然界的事物裡，很少有其他事物比雷電更讓我覺得欣喜。而從前我曾經非常懼怕雷電，只要一看見雷雨降臨，就非常恐懼。現在恰恰相反，它讓我感到歡喜。⑰

比利・布雷(Billy Bray)，一位優秀的英國傳教士，沒有受過什麼教育，他這樣描述他的新鮮感：

我對主說：「你說過，**凡求的，必得到，尋找的，必找到，敲門的，門必開啓**，而我有信心相信這些話。」頃刻間，上主就賜予我那無法言喻的快樂。我因為喜樂而大叫。我以全心讚美上主……我想這發生於一八二三年的十一月，但哪一天我不記得了。我記得，對我來說每一件事看起來都如此新穎，人們、田野、牛羊、樹木。我就像個新世界中的新人。我用大部分的時間來讚美上帝。⑱

斯塔伯克與羅拔兩人都引述了這種新鮮感的例子。我從斯塔伯克收集的手稿中摘錄以下兩個例子。其中一個是女性，她說：

我被帶到一個野營佈道大會的聚會中，我母親和有宗教信仰的朋友希望我皈依，並為我祈禱。我的情緒被觸動到最深的地方；我承認自己墮落，並請求上主從罪惡中拯救我，這些使我忘卻周遭的環境。我祈求上主的慈悲，並且深深地覺得自己得到寬恕，本性也獲得更新。當我從跪著的姿勢起來時，我高喊：「舊的事物已經過去，所有的事物都煥然一新了。」這就像是進入另一個世界，一種新的存在狀態。自然界的事物都發出榮光，我靈性的目光如此通澈，我從世界的每一樣事物中都看到了美，樹林都發出天籟，我的靈魂在上主的愛中雀躍，我要每一個人都分享我的喜樂。

另一個例子是一位男性。他說：

我不知道自己是怎麼回到營隊的，但我發現自己跌跌撞撞地走到某個牧師聖潔會的帳棚裡，那裡滿是求道者，還有一種可怕的聲音，有些人在呻吟，有些人在笑，有些人在吶喊。在距離帳棚十呎的一棵大橡樹旁，我在一條板凳旁伏臉屈下，試著要祈禱。每一次當我呼喊上主，就好像有一個人的手勒住我的喉嚨，使我窒息。我不知道是不是有人在附近。我想如果我沒有求救，就必死無疑；但只要每次我想要祈禱，我就感到那隻無形的手勒住我的喉嚨，使我不能呼吸。最後有一個聲音說道：「勇敢地去贖罪吧，因為即使你不去，也一樣要死。」所以，我用最後一分力氣掙扎著呼求上主的慈悲，在同樣的窒息感和抑勒感中，決心要完成這句呼求慈悲的禱詞，即使自己要被勒死。當時我記得的最後一件事就是摔倒在地上，而那隻無形的手還同樣在我喉嚨上。我不知道自己在那裡躺了多久，或發生了什麼事。我的同伴都不在那裡。當我醒來時，有一群人圍在我身邊讚美上主。天似乎開了，傾下明亮與榮耀的光。這明亮與榮耀的光似乎灌透我的靈魂，不只一時一刻，而是整個日夜。啊，我經歷了多大的變化，萬事萬物變得煥然一新。我的馬和豬，以及所有人彷彿都變了。

這個例子讓我們想到自動作用的特點，對容易受暗示的人來說，這已成爲他們在信仰復興時令人驚異的表現，自從愛德華茲、衛斯理、懷特菲爾(Whitefield)的時代以來，這也成爲福音傳播的慣用手段。在一開始，他們原本要被當作聖神「能力」半奇蹟式的證明；可是馬上又出現一些很不同的觀點。愛德華茲在《新英格蘭信仰復興之思想》(*Thoughts on the Revival of Religion in New England*)一書中就必須反駁批評者的觀點而爲這些作用辯護。即使在信仰復興的各教派內，這些作用的價值也一直是爭議的焦點。⑲這些作用無疑地並沒有根本的精神意義，雖然他們的存在使得皈依者對其皈依的經驗更加難忘，但從來沒有證據顯示有這些經驗的皈依者，比起那些表現較不那麼激烈的皈依者更持久或是更有好的結果。大體說來，失去意識、抽搐、靈視、不自主的發言與窒息，必須只能歸因於個人擁有廣大的下意識領域，並伴隨神經不穩定的特質。這也常常是個人在事後的看法。例如，一位與斯塔伯克通信的人寫道：

我經歷過所謂皈依的經驗。我對它的解釋如下：個人將它的情緒提高到快要爆炸的程度，同時抑制這些情緒的生理表現，例如脈搏加快等等，隨後又突然讓它們完全控制自己的身體。接下來的放鬆是一件很美妙的事，而且所經驗到情緒的快樂也到達最高點。

有一種感覺的自動作用也許很值得注意，因爲常常發生。我指的是幻覺或半幻覺的光覺現象，也就是心理學家所說的**看到聲音**(photisms)（譯註②）。聖保羅所見眩目的天界異象似乎就是這種現象，君士坦丁所見的天上十字架也是。我剛剛所引的例子也提到洪流般的明亮與榮耀。阿萊因描述過一種光，但他不確定這種光來自外界。迦納丁上校也看見一種爆發的光。芬尼會長寫道：

> 突然間，上帝的榮光以一種近乎神奇的方式照射在我身上，把我包圍……一道不可言喻的光照射在我的靈魂，使我幾乎跌倒在地……這道光彷彿太陽從四面八方射出的光明。它如此強烈，令人無法逼視……當時我認為藉由這個實際的經驗，我知道了保羅往大馬士革路上所經驗的那道光的情形。它的確是一道我無法長久直視的光。⑳

這種看到聲音的報導其實並不少見。這裡有另一個斯塔伯克收集到的例子，其中的光很清楚是來自於外界的：

有兩個星期的時間我不定時地參加一系列信仰復興會的崇拜。我已經好幾次被邀請站到講台前，總是覺得越來越感動，一直到我終於決定這樣做，否則我就會喪亡。皈依的完成非常生動，就好像一噸的重量從心頭卸下一樣；一道奇異的光芒似乎照亮了整個房間（因為房間是暗的）；我感到一種至高的幸福，使我好長一段時間一直重複喊著「光榮歸於主」。我決定一輩子做上帝的小孩，放棄我所鍾愛的野心、財富以及社會地位。我以前的生活習慣多少阻礙了我的成長，但我開始有系統地克服這些習慣。在一年之內，我的整個本性都改變了，也就是說，我的野心都變得不同了。

接下來是另一個斯塔伯克收集的例子，包含光的經驗：

我在二十三年前已經很清楚地皈依了，或說改過了。當時這種新生的經驗是清楚而神聖的，而且我再也沒有墮落過。然而，在一八九三年三月十五日大約上午十一點時，我經驗到一種完全的聖化。伴隨這個經驗而來的特殊現象是我從來沒有預期過的。我當時靜靜地坐在家中，唱著聖神降臨聖歌選集中的歌。突然間，好像有什麼東西掃進我心裡，讓我整個人都膨脹起來，這種感覺我從來沒有過。當這個經驗來臨時，我彷彿被引導進入一間巨大寬敞、非常明亮的房間。當我隨著這個看不見的引導者前行而回顧四周時，一個清楚的意念來到我心中，「他們不在這裡，他們離開了」。當這個意念清楚地自我心中浮現時，雖然沒有說話，聖神讓我覺得我是在檢視自己的靈魂。然後，第一次在我生命裡，我知道我已從一切的罪惡中獲得潔淨，並充滿上帝的豐富。

羅拔引述匹克(Peek)先生的例子。他對光的感覺，讓我們想起墨西哥人稱為龍舌蘭這種使人迷醉的仙人掌芽所引起的色彩幻覺：

當我於清晨進到田裡工作時，上帝的榮光呈現於一切有形的受造物身上。我記得很清楚，當時我們在收割燕麥，燕麥的每一根麥稈與麥穗都排成一種如彩虹般的榮光，或是，假如我可以這樣說，在上帝的榮光中閃耀。㉑

所有皈依關卡的元素裡，最有特色，也是我們最後要討論的，就是皈依所帶來的狂喜狀態。我們已經聽過這方面的一些記載，但我要再補充幾個。芬尼會長的例子非常生動，所以我引一大段他的描述：

我所有的情感好像蜂擁而起，我的心呼喊著：「我要把我整個靈魂傾注於上帝。」我的靈魂激烈地昇揚，所以我衝到前面辦公室後面的房間裡祈禱。房間裡並沒有火或是光，然而它看起來卻是明亮的。當我走進房間，把門關上，我覺得自己彷彿與耶穌基督面對面。當時，以及事後的一小段時間，我並不知道這純粹是一種心理狀態。相反地，我當時覺得自己看到耶穌，就像我看到其他人一樣。祂什麼都沒說，但祂看著我的方式，使我覺得幾乎要被壓碎在祂的腳邊。從此以後，我總認為這是最特別的一種心理狀態，因為我真的覺得祂就站在我眼前，而我倒在祂的腳邊，將靈魂傾注於祂。我像個孩子般地大聲哭泣，並以抽噎的聲音向祂懺悔。我覺得自己的眼淚彷彿淹沒了祂的腳，然而回想起來，我並沒有碰觸到祂的特殊印象。我一定在這種狀態中停留了好長一段時間，但因為我太專注於這個會面，所以不記得我說了什麼。但當我的心恢復平靜，得以結束這個會面時，我知道我回到前面的辦公室，發現我用大塊木頭所生的火幾乎燃燒殆盡了。但當我轉身，想要在火爐旁坐下時，我從聖神那兒領受了一個強烈的洗禮。出乎意料，沒有想過這樣的事情會發生在我身上，也不記得聽過世上任何人說起這樣的事，聖神以一種穿透我身體與靈魂的方式臨於我。它給我的印象就像一道電流，不斷地通過我。事實上，它就像流動的愛，一波又一波地向我湧來，我無法以其他方式描述它。它就像上帝的氣息。我記得很清楚，它就像是巨大的翅膀，搧風在我身上。

沒有言語可以表達這從我心中流溢出來的神妙的愛。我懷著喜悅與愛意大聲地哭泣；我不知道，但我應該說，我真的呼嘯出胸中無法言喻的湧流。這些浪潮向我襲來，一波又一波，接二連三，一直到最後我大喊：「如果這些浪潮繼續衝向我，我就要死了。」我說：「主啊，我再也受不了了。」然而，我並沒有害怕死亡的感覺。

我不知道這個狀態持續了多久，也不知道這個洗禮不斷地流過我、通過我多久的時間。但我知道當一個聖詠團的團員來到辦公室看我時（因為我是聖詠團的團長），已經很晚了。他是教會的一員。看到我這樣大哭，他說：「芬尼先生，你怎麼了？」我好一陣子說不出話，他接著說：「你覺得痛嗎？」我盡力打起精神，回答：「不，我太快樂了，快樂到受不了。」

我剛剛引述過比利・布雷的例子。在這裡，我最好再引述他對皈依後感覺的簡述：

我無法不讚美上帝。當我走在街上時，抬起一腳，它好像在說「光榮」；抬起另一腳，它好像在說「阿們」；當我行走時，他們就一直處在這樣的狀態。㉒

在我結束這一講之前，我要對這些突然的皈依究竟是瞬間還是恆久的問題再做簡單的說明。我很確定你們當中有些人，會在知道了好些已皈依但又墮落或故態復萌的例子後，把它們當作理解這整個主題的統覺群(apperceiving mass)，以憐憫的微笑視爲「歇斯底里患者」就不再深究。但從心理學或從宗教來說，這都是膚淺的看法。它忽略了這些性格移向較高層次的改變，最重要的不在於移動的長短，而在於其性質和品質。我們無須統計數字來告訴我們，人無論到了什麼層次都有沉淪的可能。例如，我們都知道愛是不能撤回的，但無論變或不變，當它存在時總是啓示新的方向並到達新的理想層次。這些啓示對於男性或女性都有其意義，無論它維持多久。皈依經驗也是如此，即使它只持續短短的時間，也應該能夠顯示出一個人精神能力的高度，這是皈依經驗的重要性所在，雖然持久也許會增加這個重要性。事實上，所有較爲強烈的皈依例子，例如我引述過的所有例子，**都**是恆久的。拉提本的例子也許是最讓人懷疑的，因爲他的描述很像是癲癇發作；但我知道拉提本的整個未來都是被這幾分鐘所塑造出來的。他放棄了結婚的打算，成爲一個神父，前往居住的耶路撒冷創立一個修女的傳教會，勸猶太人皈依基督宗教。他並未利用自己皈依時的特殊情形所得到的名氣來達成私人企圖，而且，每當他說起這個皈依的經驗時，很少不流下眼淚。簡言之，到他去世，如果我沒有記錯，是大約八〇年代時，他一直是教會中的模範人物。

關於皈依持續的時間這個主題，我唯一知道的統計只有強斯頓(Johnston)女士爲斯塔伯克教授收集的資料。這個統計只包含一百人，都是傳教的教會成員，超過一半是衛理公會的人。根據受試者自己的描述，幾乎每個人，百分之九十三的女性與百分之七十七的男性，都有某種形式的倒退。把這些倒退的資料仔細討論後，斯塔伯克發現只有百分之六的人失去他們皈依時所堅信的宗教信仰，並且大部分人所埋怨的倒退只是一種情感強度的起伏。這一百個例子中，只有六個例子報告他們改變了信仰。斯塔伯克的結論是，皈依的效果爲皈依者帶來一種「人生態度的改變，雖然情感起起伏伏，這種改變是相當恆定而持久的……換言之，經過皈依的人，曾經採取宗教生活之立場的人，無論他們宗教的熱情消滅多少，他們總是覺得自己傾向於認同這個宗教。」㉓

註釋

①節錄自 *Life and Journals,* Boston, 1806, pp. 31-40。

②我的引文見於一八四三年富賴拉(Ferrara)出版的《拉提本傳》*(Biografia del Sig. M. A. Ratisbonne)*，這封信是從義大利文譯本摘出的。我要感謝羅馬的歐康納(D. O'Connell)讓我注意到這本書。原文有被我刪節過。

③台爾門(Tyerman)《衛斯理傳》(*Life and Times of the Rev. John Wesley*)，第1卷，p. 463。

④出版在 International Scientific Series 裡。

⑤請讀者注意，我在前一講完全倚賴由滋長的經驗所積存的動機在下意識「孵育」的解釋，我盡量遵照公認的解釋原則。下意識的領域，無論它還可能是什麼，現在已被心理學家認爲是積存知覺經驗之殘餘的地方（無論這些經驗是有意被記下或者無意被記下），而且根據一般的心理或邏輯法則，最後會到達一種「緊張狀態」(tension)，有時會以爆發的方式進入意識領域。因此，將其他方式無法說明的、侵入性的意識變化解釋成下意識記憶的張力到達爆發點，是符合科學的解釋。但坦白地說，有些爆發進入意識領域的內容並不容易證明它經過長時間下意識的孵育。我在第三講中用來說明感受到無形的實在的某些例子就是這樣；當我們討論到密契主義時還會看到其他這類經驗的例子。布雷德利與拉提本的經驗，也許很難以這麼簡單的方法解釋，迦丁納上校與聖保羅的經驗可能也一樣。因此，這種結果必須歸因於一種單純生理上的神經激動，一種像癲癇那樣的「發洩障礙」(discharging lesion)，或以那些有益與理性的例子來說，像我們剛剛提到的那兩個例子，就必須歸因於較神秘或神學的因素。我做這些補充是希望讀者了解這個主題的複雜程度。但我目前將盡量持較「科學」的觀點；只有在接下來的演講中，當情況變得更複雜時，我才會討論科學是否絕對足以解釋所有現象的這個問題。下意識的孵育這個概念可以解釋大部分現象，這是無庸置疑的。

⑥愛德華茲在另一處說：「我大膽地說，上帝使一個靈魂皈依的工作，包括其來源、基礎、價值、利益、目的以及永生的結果，比起創造整個物質世界的工作要更爲光榮。」

⑦愛默生寫道：「當我們看見一個人，他的動作堂皇、高雅，如玫瑰般可喜，就必須爲這樣的事能夠存在並實際存在而感謝神。而且我們不要帶著酸意對天使說：脆弱者是個更好的人，因爲他哀號地

抵抗所有內在的魔鬼。這話很對。但脆弱者也許只能因爲自己內在的衝突與二度降生而成爲更好的脆弱者；而那一度降生、具有堂皇性格的人，雖然眞的永遠比可憐的脆弱者要好，但他如果有一些像脆弱者的能力，能對自己魔鬼般的特質有所悔悟，也許他還遠不如脆弱者，儘管這些魔鬼般的特質看起來多麼高貴、可喜，總是像紳士一般。」

⑧參見他的書 *The Spiritual Life*, New York, 1900。

⑨同上引書，p.112。

⑩節錄自上引書，p.144。

⑪我把摩諾在他的書(*La Vie*)中的一段敘述與一封出自其作品(Adolphe Monod: I., *Souvenirs de sa Vie*, 1885, p.443)的信的內容併在一起。

⑫節錄自 *Commentary on Galatians*, ch. iii. Verse 19, and ch. ii. verse 20。

⑬有些皈依經驗中，這兩個步驟很分明，例如下面這個例子：

「當我在閱讀傳教的論文時被一個表達所吸引：『基督所完成的工作』。我自問，這個作者爲什麼用這些詞語呢？爲什麼他不說『贖罪的工作』？然後，是這些話『完成了』進到我心裡。我問：『什麼事情完成了？』我的心立刻答道：『一種對罪惡完全的贖回；完全滿足的賜予；代償者已經還了債。基督已爲我們的罪而死，不只爲我們，還爲所有人的罪惡而死。那麼，如果所有的工作已經完成，所有的債都償淸了，我們還要做什麼呢？』過了一會兒，聖神將光射入我心，讓我喜悅地相信，已經不需要再做什麼了，只需要屈膝跪下，接受這位救主以及祂的愛，並永遠地讚頌上主。」

參見 *Autobiography of Hudson Taylor*，我從 Challand (Geneva, no date)的法譯本翻回英文，原來的英文本我找不到。

⑭在托爾斯泰的例子中，這些話是很好的註解。他的皈依幾乎沒有神學的部分。他的信仰狀態是重新體會生命道德意義的無限感。

⑮節錄自 *American Journal of Psychology*, vii. 345-347。

⑯同上，p.132。

⑰節錄自 Dwight: *Life of Edwards*, New York, 1830, p.61。

⑱ W. F. Bourne: *The King's Son, a Memoir of Billy Bray*, London, Hamilton, Adams & Co., 1887, p. 9.

⑲參見 William B. Sprague: *Lectures on Revivals of Religion*, New York, 1832，書中長長的附錄裡有許多神職人員的意見。

⑳ *Memoirs*, p. 34.

㉑這些感知到光的報告，很清楚地逐漸轉變爲對精神新啓發比喻性的描述，例如布冷納的自述：

「當我漫步於濃密的林中時，無可言喻的榮光彷彿開啓我的靈魂，讓它得到理解。我不是指任何外在的光明，因爲我沒有看見這樣東西，也沒有看到任何第三重天裡的光體異象，或是任何那種性質的東西，那是我對於上帝一個新的內在理解或觀點。」

下一個從斯塔伯克的手稿集選出的例子，描述黑暗中的光明，大概也是比喻式的說法：

「一個星期天的夜晚，我下定決心，當我從家裡到工作的牧場時，我要將自己連同我的官能與一切都奉獻給上帝，只給祂用，並為祂所用……當時正下著雨，路上滿是泥濘；但這個慾望如此強烈，我就跪在路旁，告訴祂這一切，接著我想起身，繼續前行。我已經因信仰而皈依，也無疑得救了，但對於我祈禱的特殊答覆這種事我從來沒有想過。當我祈禱時，我記得我對上帝伸出雙手，告訴祂我的雙手要為祂工作，我的雙腳要為祂行走，我的舌頭要為祂說話，等等，等等，只要祂願意用我做祂的工具，並給我滿足的經驗。突然間，夜的黑暗變成光明，我覺得，我體會到，我知道上帝已經聽到並答覆了我的祈禱。我感到一種深深的喜樂，覺得自己被收納入上帝所愛的人這個圈子裡了。」

下面這個例子中，閃光也是比喻的說法：

「在晚間禮拜結束前，大家舉行祈禱的聚會。牧師以為我被他的講道所感動（其實沒有，因為他的講道很沉悶），就走過來把手放在我肩上，說：『你願意把你的心交給上帝嗎？』我給他肯定的答覆。接著他說：『到前座來。』他們就唱歌、祈禱、和我說話。我感到一種無法言說的不堪。他們宣稱我之所以無法『獲得平安』的理由是因為我不願意為上帝放棄一切。大約兩個鐘頭以後，牧師說我們要回家了。像平常一樣，我在睡前祈禱。在巨大的痛苦中，這一次我只說：『主啊，我已經做了我能做的一切，其他一切就由你安排吧。』立刻，彷彿一道閃光，我得到一種巨大的平安，我起身，走到父母的房間說：『我感到一種非常奇妙的喜悅。』我把這個時刻當作我皈依的時刻。也就是在此時，我確定了神聖的接納與恩典。就我的生活而言，並沒有引起什麼立即的改變。」

㉒我再加上幾個記載：

「有一個早晨，我覺得很苦惱，時時害怕我會被丟進地獄。我只好懇切地哭求上主的慈悲，上主於是前來拯救我，並把我的靈魂從罪惡的負擔裡釋放出來。我整個身體，從頭到腳都發顫，我的靈魂享受到甜美的平安。我接下來感受到的快樂是無法言喻的。這快樂持續了約莫三天，在那期間，我並沒有向任何人提起我的感覺。」參見 *Autobiography of Dan Young*, edited by W. P. Strickland, New York, 1860。

「我心裡立刻感受到上帝正在照顧那些信賴祂的人，有一個鐘頭的時間，世界顯得亮晶晶，天空明亮澄澈，我跳起來，開始又哭又笑。」羅拔引述自 H.W. Beecher。

「我悲傷的眼淚變成喜樂，我躺在那裡讚美上帝，這種狂喜只有體會過的靈魂才能了解。」——「我無法表達我的感受，就好像我從黑暗的牢獄中升到太陽的光中。我吶喊，並讚美那愛我、洗滌我罪的那一位。我不得不躲到僻靜的地方，因為我的眼淚真的流下來了，我不希望被同事看見，然而我還是無法守住這個秘密。」——「我感受到那幾乎要讓人哭泣的喜樂。」——「我覺得自己的面容一定像摩西一樣閃閃發光。我有一種飄揚的感覺。這是我有幸經驗到的最大的喜樂。」——「我哭了又笑，笑了又哭。輕飄飄的，彷彿在空中行走。我覺得自己得到從來沒有料想得到的巨大平安與喜樂。」來自斯塔伯克的通信者。

㉓參見 *Psychology of Religion*, pp. 360, 357。

譯註

①約瑟夫・阿雷因(Joseph Alleine, 1634-1668)，清教徒的牧師，著有《對未皈依者之警告》(*An Alarm to the Unconverted*)。

②「看到聲音」(photisms)是聯覺(synesthesia)的現象之一。個體在某種刺激下，除了獲得該刺激的感覺經驗外，同時產生另一種感覺經驗。例如看到紅色可能讓人覺得聞到肉桂的氣味。個體服用迷幻藥時也會產生聯覺經驗，例如「看到聲音」與「聽到顏色」(phonisms)的奇幻感。

聖徒性的特質

Saintliness

・任何人都不該使用任何東西，
好像這東西是他私人擁有的一樣。

——依納爵・羅耀拉(Ignatius Loyola)

・一個人只有將其知識化爲行動時，才算真正擁有知識，
一位僧侶只有在他的行爲合於他所宣講的內容時，
才算是個好的宣教士，因爲每棵樹的好壞都是由其所結的果實來判斷。

——聖方濟(Saint Francis)

上一講留給我們一種期待的心境。我們所聽到那些動人的、快樂的皈依，可以在生命中結出什麼實際的果實呢？我們的探究眞正重要的部分就從這個問題開展，因爲你還記得，我們開始這些經驗的探究，並不只是要爲人類意識的自然史開展一個奇妙的篇章，更是要對我們考察過的一切宗教困難與快樂之整體價値和正面意義，下一個精神性的判斷。因此，我們首先必須描述宗教生命的效果，然後再給予判斷。這就把我們的探討分成了兩部分。不再作什麼引言，讓我們開始描述的工作。

這個工作應該是說這些講程中最令人愉快的部分。誠然，這個工作的一小部分可能還是呈現痛苦的經驗，或是顯露人性悲傷的那一面，但它主要還是愉快的；因爲宗教經驗最好的果實是那些歷史所能展示的最好部分。它們始終這樣被看待，假如有什麼熱心奮發的生活，那就是在這裡；只要我想起一連串最近瀏覽過的例子，雖然只是閱讀，我已感到被鼓舞、提升，並被浸滌於更高潔的精神空氣中。

人性的羽翼飛至最高處所展現出來的慈悲、奉獻、信任、耐心與勇氣，有許多都是爲了宗教理想的緣故而高飛。有鑑於此，我能夠做到最好的，就是引述聖伯弗(Sainte-Beuve)（譯註①）在《葡萄牙皇室史》*(History of Port-Royal)*一書中對於皈依或是蒙受神恩(state of grace)所講的話。他說：

> 即使從純粹人類的觀點來看，神恩的現象，就其性質和效果而言，還是顯得非

常特別、卓越、罕見，值得細細研究。靈魂因此到達一個恆定、無敵的狀態，這是一種真正英雄的狀態，由此可以生發出最偉大的行動。經由不同的感通形式，以及所有幫助達到此狀態的方法，無論是經由一次大赦(jubilee)、一個普通的告解，或是一個獨自的祈禱與傾訴而達到此狀態，無論是在什麼地方、什麼情況，我們很容易認出在精神與效果上，基本上是同一個狀態。稍稍穿過分歧情況的表面，很明顯地，不同時代的基督徒始終是被同一種變化所影響：只有真正、基本的虔誠(piety)和慈悲(charity)的精神，為所有領受神恩的人所共有；以慈愛與謙卑、對神無限地信賴、嚴以律己、柔以待人的內在狀態面對一切事物的同一精神。這個特殊的靈魂狀態，使得居住在遙遠距離與不同地方的人結出相同味道的果實，就像艾維拉的聖德勒莎(Saint Teresa of Avila)與任何一位莫拉維亞弟兄會的弟兄(Moravian brother of Herrnhut)一樣。①

聖伯弗在這裡只考慮再生中較爲顯著的例子，當然，對我們的討論來說，這些也是富於啓發的例子。這些奉獻者經常走一條與世人迥異的道路，如果從世界的法則來判斷，我們也許想將他們稱作偏離自然的怪物。因此，我先提出一個心理學的問題，是怎樣的內在狀態使一個人的性格與他人有如此極端的差異？

我立刻回答，就性格而言，這個有別於智力的東西，人與人之間的差異主要是源於

我們感受情緒激動的能力不同，以及伴隨這些不同感受力而來的**不同的衝動**(impulses)**和抑制**(inhibitions)。讓我們把這點再說清楚一點。

一般而言，在任何時刻，我們的道德態度與實際態度始終是兩股力量互相作用的結果，衝動把我們推至某個方向，阻礙與抑制則牽制住我們。衝動的力量說：「是！是！」抑制的力量說：「不！不！」沒有思考過這件事的話，很少人能夠了解，抑制的成分如何經常在我們身上作用，以及它如何以限制的力量來容納與形塑我們，如同我們是幽禁於水瓶中的液體一樣。這種影響的力量連續不斷，所以我們對它沒有察覺。例如，此時坐在這裡的你們，都承受著某種約束，但你對這個事實完全不自覺，這是因爲場合的影響。如果把你獨自留在房間中，你們每一個人也許都會不由自主地動動身體，讓自己更自在、更舒服些。但是，如果迸發任何強烈的情緒激動時，規矩以及節制都會砰然關閉。我曾看過一位講究修飾的人由於對街的房子失火，滿臉都是刮鬍泡沫地跑到街上；一位女士若是爲了拯救自己或是孩子的性命，也會披著睡袍跑到陌生人中間。對一個過著懶散生活的女人來說，她會順服於不舒服的感覺所帶來的種種抑制，晏起、靠著茶或是嗅鹽過活、由於怕冷而不出門。她對於困難所提出的拒絕都順從。可是，一旦她當了母親，又會如何呢？受了母性的刺激，她現在可以對抗失眠、疲倦、勞苦，沒有一刻猶豫或是一句埋怨。凡是危害到她孩子的事，痛楚對她的抑制力也消失了。如辛頓(James Hinton)所說的，這個小生命引起的種種不便，已經化爲一種巨大喜悅的炙熱核心，孩子現在的確是帶給她最深刻喜悅的原因。

這就是你聽過「更高情感的爆發力」(expulsive power of a higher affection)的一個例子。但只要這個情感帶來的刺激夠強，它是高層次或是低層次的情感都沒有差別。杜拉蒙(Henry Drummond)曾提到一個例子，在一次印度的水災中，某個高丘上的小平房由於未被淹沒，成爲許多野生動物、爬蟲類和人類避難的地方。在某個時候，一隻雄偉的孟加拉虎向這塊高地游來，攀上去，在人群中像隻狗一樣趴著喘氣。由於牠還在極度的驚嚇中，所以一個英國人鎮定地拿起來福槍，對著牠的腦袋射擊。這隻老虎平日的兇猛暫時被害怕的情緒壓制住，恐懼變得高於一切，而形成牠性格新的核心。

有時沒有任何一種情緒狀態居於支配的地位，而是許多矛盾的情緒夾雜在一起。在這種情形下，一個人同時聽到許多的「要」(yeses)與許多的「不要」(noes)，於是「意志」(will)必須出面解決這個衝突。以一個士兵爲例，害怕當一個懦夫的念頭推動他前進，但心中的恐懼又促使他逃跑，而他模仿的傾向又使得他根據同僚的種種行動做出不同的動作。他成爲許多互相干涉勢力的競爭場，有時他可能只是單純地搖擺，因爲沒有一種情緒成爲支配的力量；然而，如果有某個情緒到達其強度的高峰，它就會橫掃其他敵對的情緒，獨霸稱王，發生效果。如果這個士兵被其同僚的猛烈情緒所感染，他的勇氣就會到達巔峰；如果被擊敗的恐慌所感染，恐懼的情緒就會到達最高點。在這種高於一切的情緒激動中，平常不可能的事都成爲自然，因爲抑制的力量被取消了。它們所發出的「不要！不要！」不但沒被聽到，根本就不存在。在這種時候，障礙就像馬戲團的騎師所穿過的紙環，沒有任何阻擋的效力；這個激流比用來阻擋的堤防還高。一個手榴彈兵因爲自己的皇帝被擄而狂怒，當別人提及他的妻兒時，他喊道：「如果他們餓了，就讓他們討飯去！」我還聽說有些被困在失火的劇院的人，爲了逃生，在人群中用小刀爲自己殺出一條生路。②

有一種情緒的激動對於活潑性格的組成相當重要，因爲它對抑制有特別的破壞力。我指的是那些就其較低層次的形式而言，僅僅表現爲暴躁、易怒與好鬥的脾氣；就其較幽微的形式而言，表現爲不耐煩、倔強、熱切以及激烈的特質。熱切(earnestness)意味著願意過一種精力充沛的生活，縱使這會帶來痛苦。無論此種痛苦是加諸於他人身上或是自己身上，都沒有多大的差別，因爲當這種激烈的心情支配著人時，它的目的就是破壞；無論是破壞誰，或什麼東西。沒有其他東西像憤怒一樣，把抑制作用以無可抵抗的方式毀滅；因爲，如同墨特克(Moltke)談論戰爭，認爲純粹的破壞就是戰爭的本質。這說明了爲何憤怒是其他各種激情寶貴的盟友。當最甜美的喜悅阻絕了我們更爲憤慨的誘發因子，就會被激昂的歡悅所踐踏。屆時丟棄友誼、放棄與生俱來的特權與財產，或是切斷社會關係等舉動做來都毫不費力。相反地，我們從這種收斂與荒涼中得到一種嚴厲的喜悅。所謂的懦弱性格，在大部分情況下指的是無能表現出這些壯烈的情緒；個人較低劣的自我與溫情的柔和，一定常常成爲這些情緒攻擊的目標和犧牲的對象。③

到目前爲止，我所討論的是在同一人身上變換的情緒激動所帶來的暫時性改變。但不同個體之間相對來說較爲穩定的個性差異，也可以由完全相似的解釋來說明。一個容易陷入某種情緒的人，一些在別人身上仍能奏效的抑制在他身上完全消失，而由其他的抑制所取代。當一個人天生特別容易感受到某些情緒，他的生活與一般人就會有很大的不同，因爲制止一般人的事物都無法制止他。相反地，當人僅僅企望成爲某種特質的人，這種企望與天生的愛人者、戰鬥者與改革者那天賦的熱情相比，只顯示出自願性行動遠遠不如本能的行動。他必須刻意克服心中的抑制；而那些帶著與生俱來熱情的人，則絲毫感覺不到抑制的存在，這些人可以不用承受內在的摩擦與神經質的心力耗費。對於像佛克斯、加里波第(Garibaldi)、卜斯(Booth)將軍、約翰・布朗(John Brown)、路易・米歇爾(Louise Michel)，或布羅拉(Bradlaugh)這類人而言，那些旁人看來莫大的阻礙，在他們眼中好像不算什麼。假如我們對這些阻礙可以視若無睹，也許就會有許多這樣的英雄，因爲有很多人希望爲同樣的理想而活，只是缺乏能夠消滅抑制作用的激情。④

所以，意願(willing)與僅僅是希望(wishing)的差別，擁有創造性之理想與只是渴盼和失望之理想的差別，完全取決於長期推動個體往理想方向前進的壓力程度，或是取決於暫時性理想的激動程度。給予一定程度的愛戀、憤慨、慷慨、寬宏、欽崇、忠誠或是自我順服的熱情，結果總是一樣的。在溫順的人身上與痲痺的心靈造成行動主要阻礙的懦弱之障礙，立刻沉寂消失。我們的習俗⑤、羞怯、懶散、吝嗇，我們對於許可、保證與確定的要求，我們瑣碎的猜疑、膽怯與失望，都跑到哪兒去了？像蜘蛛網被撥斷，像泡泡在日光下破了……

那昨日仍令我衰弱無力的憂慮與匱乏
現在何在呢？
我在清晨中為此感到羞慚。

我們所倚靠的大水輕輕地把它捲走，再也感覺不到其存在。由此解脫，我們飄浮、翺翔並歡唱。這種極光似的開朗與昂揚，賦予一切創造性的理想、一種光明與歡悅的性質；這種性質只有在宗教情緒中表現得最明顯。有一位義大利的密契主義者說：「眞正的修道者，除了他的豎琴之外，就不帶別的東西了。」

現在我們可以從這些心理的通則轉向這一講的主題，也就是那些宗教狀態所結出的果實。一個以宗教爲其活力中心，並且由靈性的熱情所激發的人，與他之前核心的自我狀態是截然不同的。燃燒於他胸中的新熱情，把從前那些令他苦惱的「否定」(noes)都消融了，並使他不會再被本性中較爲低劣的部分影響。從前難以達到的寬宏，現在變得易如反掌；曾經壓迫他的瑣碎習俗與卑鄙的動機也不再發生作用。他內心的石牆已經倒塌，心靈的剛硬也被打破了。我想，我們其餘的人可以藉由回想自己在實際生活的考驗中，或是在戲院與小說中所經驗暫時的「柔軟心境」(melting mood)來想像這樣的狀態。尤其是當我們哭泣時，因爲在那時，我們的眼淚好像衝破一道堅固的內心堤壩，把各種原初的罪惡與道德的積滯都排走，使得我們擁有一顆滌淨而柔軟的心，可以向一切崇高的方向前行。對大部分的人而言，那種慣常的心硬很快就會回來，但對聖徒而言就不是這樣。許多聖徒像德勒莎與羅耀拉(Loyola)（譯註②）一樣充滿活力，都有教會傳統上尊崇爲特殊的神恩，所謂「流淚的天賦」(gift of tears)。在這些人身上，柔軟的心境幾乎不斷地支配他們。如同眼淚與柔軟的心境，其他昇揚的情感也是如此。它們對於內心的統治可以逐漸發展而來，或是藉著激變降臨，無論是哪種情形，它都可以「來臨而就此停留」。

在上一講的最後，我們看到較高層次的領悟也有這種持久性的優勢，即使當情緒的激動消褪，較爲卑劣的動機也許暫時得逞而陷入罪惡。但除了暫時的情緒之外，那種較低層次的試探會完全被取消，彷彿此人固有的本性改變了一樣，這種情形在文獻中的某些例子也會看到。在討論重生性格(regenerate character)的普遍自然發展前，讓我以一兩個例子來讓你們相信這種奇妙的事實。最有名的例子是那些戒除酒癮的酒鬼。上一講中哈德里先生的例子，以及傑利・馬可利的「水街教會」(Water Street Mission)也有許多類似的例子。⑥還有那個牛津的畢業生，下午三點皈依基督教，隔天在草坪上又醉倒了，但自此之後永遠戒除酒癮。「從那時候起，酒不再讓我感到恐懼，我不再碰它，也不再需要它。

煙癮也是一樣……想要吸煙的癮頭馬上消失，從此不再來。所有已知的罪惡也是如此，在每件事上救贖都是恆久而完全的。自從皈依以後，我再也沒有感到任何誘惑。」

下面是一個類似的例子，從斯塔伯克所收錄的手稿中摘錄出來：

我到舊兩兄弟劇院(Adelphi Theatre)，那裡有個神聖的聚會(Holiness meeting)……我開始說：「主啊，主，我要有這個恩寵。」然後，有一個好像聽得見的聲音說：「你願意奉獻一切給主嗎？」接著一連串的問題源源而來，對每個問題我都說：「是的，主；是的，主！」一直到下面這個詢問：「你為什麼不**現在**就接受這個恩寵呢？」我說：「主，我要。」——我沒有感受到特別的喜悅，只有一種信賴的感覺。當這個聚會結束，我出來走在街上時，遇到一位抽著上好雪茄的男士，一陣煙霧撲到我臉上，我吸了一口長長深深的氣，感謝主，我所有的煙癮都不見了。然後，當我沿著街道走，經過一些沙龍，傳來陣陣的酒香，我發現自己對這個可惡的東西已經失去了胃口和渴望。讚美主！……可是此後的十或十一年長長的日子，無論我在荒野中的經驗多麼高低起伏，我對於酒的嗜慾從來沒有再恢復過。

著名的迦丁納上校的例子，是關於一個男人在一小時內戒絕了性的誘惑。這位上校對斯俾爾(Spear)先生說：「我已經有效地從過去那個罪惡傾向中被治癒了。我曾深陷於這個罪惡中，以至於認爲除了用子彈穿過我的腦袋外，再也沒有別的方法可以救我了。所有對於這個罪惡的慾望和傾向都已完全除去，就好像我還是個初生的嬰孩一般。一直到現在，這個誘惑也沒有再回來過。」韋伯斯特(Webster)先生就此主題說道：「我常聽到迦丁納上校提到的一件事，就是他在接觸宗教以前多麼沉溺於不潔之事，但是自從他從宗教獲得啓示以來，感受到聖神的力量奇妙地改變了他的本性。他在這方面得到的聖化(sanctification)比其他方面都來得特別。」⑦

這種對於舊日衝動與癖好的快速消除，很容易讓我們想到催眠暗示的結果，因此我們很難不相信在這種內心急劇轉變的過程中，下意識扮演了關鍵性的角色，就如同他們對於催眠的重要性一樣。⑧有許多根深柢固的壞習慣，以一般性的道德與生理方式治療無法奏效，在經過幾次催眠治療以後卻得到痊癒。酗酒與性方面的惡習已經可以經由這樣的方式得到治療，看來下意識的作用在多人身上可以引發相對來說較爲穩定的改變。如果神的恩典奇蹟式地作用，那麼，它也許是藉著下意識的大門而發生力量。但是，究竟事物在這個範圍內**如何**作用仍然沒有得到說明，我們現在最好完全離開這個轉化**過程**的討論——如果你喜歡的話，離開這許許多多的心理學與神學之謎——將我們的注意力轉向宗教狀態的結果，而不管這些結果是如何產生的。⑨

宗教在性格上成熟的結果可以總稱爲聖徒性(Saintliness)。⑩聖徒性以宗教情緒爲個人力量的恆常核心，具有普遍而特定的構成型態，對所有的宗教都相同，我們很容易勾勒它的特徵。⑪

這些特徵是：

1. 一種更寬闊的生命之感，高於這個世界自私、瑣碎的利益。一種對於理想力量(Ideal Power)的信念，不只是理智上的，而且是以彷彿可感觸的方式相信。對基督宗教的聖徒而言，這個力量總是以神格的方式表現。但是，抽象的道德理想、公民或國家的烏托邦、聖潔正義的內在也可以就我在〈不可見的實在〉中所描述的方式被看作是眞正的主宰，而擴大我們的生活。⑫

2. 覺得理想的力量與我們的生活有一種親切的聯繫，並願意委身於它，受它支配。

3. 當封閉的自我界線消融時，一種巨大的振奮與自由之感。

4. 情緒的中心轉向愛與和諧般的情感，朝向肯定的「是！是！」而遠離否定的「不！不！」，關注於非自我中心的要求。

這些基本的內在狀態，會帶來一些如下所列的典型結果：

a. **苦行主義**(Asceticism)——極端熱烈的自我臣服可能轉變爲自我犧牲(self-immolation)。肉體平時的抑制作用會被這種熱情壓倒，因爲聖徒在犧牲與苦行中感受到積極的喜樂，並且將犧牲與苦行視爲他們對上帝忠誠度的丈量與表現。

b.**強健的靈魂**(Strength of Soul)——生命擴展的感受可以讓人如此提升，以至於在平常很有力量的私人動機與壓抑，現在變得微不足道。耐心與堅忍成爲可以達到的新境界。恐懼和焦慮不見了，幸福的恬靜取而代之。無論來的是天堂或地獄，都沒有什麼差別了！

c.**純淨**(Purity)——情緒中心的轉移首先帶來更多的純淨。對於精神不協調的敏感度增加了，滌淨生活中殘暴與肉慾的成分，也成爲一種絕對必要的工作。聖徒的生活避免與這些成分接觸，他們必須深化自己靈性的協調程度，好讓自己不受塵世的污染。對某些特定性情的聖徒來說，這種對於精神純淨的需要使得他們轉向苦行，並以非常無情而嚴苛的方式對待自己肉體的軟弱。

d.**慈悲**(Charity)——情緒中心的轉移，其次帶來更多的慈悲以及對於人類的柔情。慣常存在於人與人之間，互相嫌惡而使得彼此難以親愛的動機也被禁制了。聖徒愛他的敵人，並且對待討厭的乞丐如同他的兄弟一般。

現在，我必須對這些精神之樹所結的果實舉出一些具體的例證。我唯一感到困難的，是如何從這麼多的例子中挑選。

由於感受到一個更崇高、更友善的力量的臨在，似乎是精神生活最根本的特徵，所以我從這個面向開始討論。

在那些關於皈依的敘述中，我們看見對皈依者來說，世界會變得充滿光明與莊嚴。

⑬除了極端宗教的狀態，我們都經歷過宇宙的生命彷彿以善意包圍自己的那種時刻。當我們年輕而健康時，在夏季、在林中或是在山裡，都會有些日子，彷彿氣候以安寧之聲對著我們低語；也會有些時刻，存在的善良與美好如同乾燥溫暖的氣候圍繞著我們，或是對我們發出和諧之音，彷彿我們的內在之耳悠悠地鳴唱世界的安逸。梭羅寫道：

> 我來到樹林幾個星期之後，有一次，有一個小時之久，我懷疑是否與人為鄰，真的是平靜與健全生活的必要條件。孤獨一人多多少少不是那麼愉快。但是，當這些想法盤據心中時，來了一陣細雨，我突然感受到這個自然界的甜美與慈悲，在淅瀝的雨滴聲中，在我房屋周圍的所有景色與聲響中，一種無限、不可計數的友善馬上像空氣一樣包圍著我、支持著我，以至於種種與人為鄰的、假想的好處都變得微不足道。從此以後，我就再也沒有想過這些好處。每一根小松針都滿溢同情，與我為友。我清楚地感受到某種與我有血肉之親的事物臨在，我認為再也沒有什麼地方會讓我感到陌生了。⑭

在基督徒的意識中，這種被友善包圍的感覺成了最私密、最確定的感受。有一位德國作家說：「足以彌補個人獨立感——那人們最不願意放棄的東西——的喪失的，就是個人生命中所有的**恐懼**消失，一種不可形容、無法言傳的內在**安全**感，這種感覺只能藉由經驗得之；但是，只要經驗過，就不會忘記。」⑮

我在弗塞(Voysey)先生的宣講中，找到對此心境絕佳的描述：

這是無數個有信仰的靈魂的經驗，他們覺得無論外出或回家，無論日與夜，上帝永恆的臨在是他們絕對的倚靠以及信賴的鎮靜之源，驅走所有對於可能遭逢惡事的恐懼。上帝的臨近是對抗恐懼和焦慮時恆常的保障。這並不是說他們的身體安全得到完全的保障，或是他們得到別人所沒有的慈愛者的保護，而是指他們無論處於安全或是危險之境都同樣平心看待。如果危害降臨到他們身上，他們也安心忍受，因為上帝是他們的保護者，沒有一事不是經過祂的允許而到來。如果這個危害是祂的旨意，那就不再是災難，而成了一種祝福。因此，也只有如此，這種對上帝信賴的人才能受到保護，並免於傷害的侵擾。就我而言——我絕不是感覺遲鈍或是冷酷無情的人——我這樣的安排感到十分滿意，而且不希冀自己免於危險或災害。我和對痛楚最敏感的生物一樣怕痛，然而我卻覺得，那最糟糕的部分已被克服了，痛楚的苦惱也完全被拔除了，因為我認為上帝是我們慈愛而永不休息的保護者，假如不是祂的旨意，沒有什麼能夠傷害到我們。⑯

在宗教文獻中還有許多對於這種狀態更爲激動的陳述。這些資料的重複很快就會讓你們感到厭煩。下面是強納生・愛德華茲女士的陳述：

昨夜是我有生以來最甜美的一個夜晚。我的靈魂從來沒有這麼長時間地歡浸於這麼多天賜的光明、安寧與甜蜜之中，而且始終沒有一點點身體上的激動與不適之感。在這一夜裡，有時我醒著，有時我沉睡，有時我半睡半醒。但一整夜，我持續、分明而真切地感受到基督莫大的慈愛所帶來天國的甜蜜，感受到祂的臨近、祂的親愛。我的靈魂以一種無可言喻的、甜美的寧靜，在祂內得到完全的安息。我覺得自己似乎感受到一種聖愛的光輝，來自天上的基督之心，像一道甜美的光源源不斷地流入我心。同時，我的心與靈魂也以愛流向基督，就好像聖愛不斷地流入流出；我覺得自己在這些明亮而甜蜜的光線中浮游，就像微塵在日光中，或是窗户射進來的光中游動一般。我想，我每分鐘所感受到的，比起我一生加起來所經驗到外在的舒服與愉悦，都還來得有價值。這是一種喜悦，沒有一丁點的苦楚或是侵擾。這是一種甜蜜，我的靈魂迷失於其中；彷彿是我虛弱的肉體所能承載的最大極限。無論我是睡著或是醒著，都沒有多大差別；如果真有差別的話，便是在沉睡時我感受到最大的甜蜜。⑰翌晨，當我一早醒來，覺得自己似乎已經完全與自己無關。我對世人對我的想法並不關心，我對自己任何的外在利益也像對陌生人的利益般毫不關心。上帝的光榮彷彿已經吞沒我心中所有的願望與欲求……在我休息和小睡醒來之後，我想到上帝對我的慈悲，許多年來給我一種不怕死的願力；在這之後，又使我願意活下去，使我願意做任何祂要我做的事，並願意為之受苦。我還想到上帝是多麼慈悲，使得我對於自己的死法願意完全臣服於祂的旨意，即使是死在拷問台上、死在火刑樁上，只要那是神的旨意，死在黑暗中我也無所謂。但現在，我突然想到，我曾經覺得自己不會活得比一般人久。這使得我自問，難道我不願意在天堂待得更久些，我的心似乎馬上答覆道：是的，我願意待個一千年，如果這樣最能彰顯上帝的光榮，就算是一千次的恐怖，我也願意，即使我的肉體受盡折磨，這種折磨如此可怕，超過任何人可以承受的地步，或即使我的心靈要承受更為巨大的折磨。如果那是為了上帝的光榮，我就從順服中得到一種完全的願力、平靜以及靈魂的活潑，因此，我心中再也沒有躊躇、懷疑或是晦暗。上帝的光榮彷彿已經克服了我，把我吞沒，於是每一個可感受到的痛苦，每一種令我的本性害怕的東西，全都在祂的面前化為烏有。這種順服的態度清楚地持續到整夜、次日與次日夜晚，一直到星期一上午，這種感覺都沒有間斷或是減少。⑱

天主教聖徒的編年史中充滿許多和這種狂喜(ecstatic)狀態一樣，或是更爲激烈的記錄。

關於馬堤尼耶的西拉菲克修女(Sister Séraphique de la Martinière)，有人說：「聖愛的猛烈常常使得她虛耗生命，幾乎死去。她曾經委婉地向上帝訴苦。她說：『我無法承受，請溫柔地對待我的軟弱，否則我將死在你猛烈的愛情之下。』」⑲

接著讓我們來討論慈悲與兄弟愛，這兩者是聖徒性慣常帶來的結果，也被認為是神學上主要的美德，而不論每種特定的神學所命令從事的服務種類多麼有限。按照邏輯，從上帝友善臨在的保證中就可以產生兄弟愛，人人彼此為兄弟這個概念，乃從上帝是所有人父親的這個想法直接推演而來。當基督說出「愛你的仇敵，祝福那詛咒你的人，對厭惡你的人行好事，對輕視與迫害你的人祈禱」這個誡命時，他的理由是：「這樣你們才可以成為你們那在天之父的子女，因為祂的光照耀義人，也照耀惡人，祂的雨水降在義人身上，也降在不義的人身上。」有人可能因此認為，這種做為靈性鼓舞之特徵的自我謙卑與對他人的慈悲，是有神論信仰視一切為平等的結果。但是這種情感絕非只能從有神論演繹得來。我們在斯多噶主義與印度教中都可以找到類似的情感，並且在佛教中能夠找到這些情感的最高表現。這些情感與父性的有神論(paternal theism)調和得極好，但它們也與一切認為人類依靠普遍原理的學說彼此**調和**。我想，我們必須將它們視為與我們正在研究這些極為複雜的強烈情感同等表達，而不只是從屬於它們的一部分。宗教的狂喜、道德的狂熱，對存有本體的驚訝，以及宇宙情懷等，都是心境合一的狀態，在這些狀態中，自我的沙礫被磨盡，溫柔之情戰勝一切。我們最好將這整個狀態描述為我們本性之所趨的一個情感特徵，一個我們可以安居的地方，一個我們悠遊於其中的海洋；而不要自作聰明地把它們拆解爲不同的部分來解釋，而認爲哪個部分可以引申出另一個部分。就像愛或恐懼，信仰的狀態是一個自然的心理複合體，慈悲是它的自然結果。歡欣則是一種開闊的情感，當所有開闊的情感持續著時，都是忘我而仁慈的。

即使是起源於病態的例子，我們也發現一樣的情形。杜馬(M. Georges Dumas)在其《悲愁與歡樂》(*la Tristesse et la Joie*)⑳一書中將循環性瘋狂(circular insanity)的憂鬱期與歡躍期加以比較，他認爲自私是前者的特徵，而利他的衝動則是後者的特徵。沒有一個人像在憂鬱中的瑪莉(Marie)一樣吝嗇，無益於人。但當她進入歡躍期，「同情與和善變成她性格中的主要情懷，她表現出一種普遍的善意，不只是在意向上，也在行動上這樣做……她對其他病人的健康很關切，想要幫助他們出院，也想爲其中的某些人用毛線織襪子。在我觀察她的期間，從來沒有聽過她在歡躍期中表達過任何不慈善的意見。」㉑接著，杜馬提到在所有的歡躍期時，「你只能在他們的情緒狀態中，發現不自私的情懷與溫柔的情感，他的內心拒絕嫉妒、怨恨與報復，並完全轉化爲仁愛、多情與慈悲。」㉒

因此，在歡躍與溫柔之間存在一種有機的聯繫，二者在聖徒生活中的結合因此不讓人感到驚訝。在皈依的敘述中，伴隨著快樂心境的描述，也有越來越多關於這種溫柔心境的描述。在斯塔伯克教授收集的資料中，有許多這樣的陳述：「我開始爲他人工作」；「我對家人和朋友懷著更溫柔的情感」；「我馬上和先前讓我發怒的人說話」；「我與

人人同感，並且更愛我的朋友」；「我覺得人人都是我的朋友。」㉓

愛德華茲女士在我剛剛引述的那段話之後接著說：

> 當我在安息日的早晨醒來，我感受到一種對全人類的愛，這種愛意的強烈與甜美如此特別，遠遠超過我以前所經驗過的。這種愛意的力量無法言傳。我想，縱使我被仇敵惡毒、殘忍地折磨，對他們我也只能抱著愛意、憐憫以及熱烈地為其祈福的情感。我從來沒有像那個清晨一樣，如此遠離對人的判斷及責難之心。我也以一種特別而清楚的方式了解到，基督宗教的精神多麼依賴於我們對彼此的社會責任與相對責任的實踐。這種歡欣的情感——對於上帝與全人類甜美的愛意——持續了一整天。

不管我們用什麼方法來解釋這一種慈悲的心境，它都可以消抹所有人與人之間常見的藩籬。㉔

例如，這裡有一個基督教不抵抗主義(Christian non-resistance)的例子，出自理查・韋佛(Richard Weaver)的自傳。韋佛年輕時是個礦工，也是半職業的拳擊手，後來變成受人敬愛的傳教士。酒後打架原本是他覺得自己的肉體最容易犯的頑劣罪行。在他首度皈依後，他又犯了一次，把一名侮辱女子的人打了一頓。當他犯了這個錯之後，心想反正要被罰，多犯一些也無妨，他喝醉後，就把另一個挑釁他的人——此人嘲笑他像個基督徒一樣不敢和他對打——的下顎打壞。我提到這些，是爲了說明他後來的行爲怎樣表達了內心眞正的變化。他這樣描述自己後來的行爲：

我向下走，發現一個男孩因為他的同事想強制拿走他的貨車而大哭。我跟那人說：「湯姆，你不可以拿走他的貨車。」

於是他詛咒我，說我是個衛理公會的魔鬼。我告訴他上帝沒有讓他搶我的東西。

他又詛咒我，並說要把貨車推過我身上。

我說：「那麼，就讓我們看看魔鬼與你是否比上帝與我更有力。」

結果顯示了上帝與我比魔鬼與他更有力，他不得不閃開，否則貨車就會滾過他身上。

我把貨車還給這個男孩。

湯姆接著說：「我要重重地打你一個巴掌。」

我說：「好，如果這樣對你有任何好處的話，你就打。」

於是他朝我臉上給我一擊。

我把另一邊的臉頰朝向他，說：「再打。」

他打了又打，一直到他打了五次為止。我把另一邊臉頰轉向他，準備接受第六次打擊，但他走開了，還一邊詛咒著。我對著他的背影大喊：「願主寬恕你，因為我寬恕你，也願主拯救你。」

這事發生在星期六。當我從礦坑回家後，我妻子見我臉頰浮腫，問我發生了什麼事。我說：「我跟人打架，還給那人一頓教訓。」

她馬上哭了出來，說：「喔，理查，你為什麼要跟人家打架？」我告訴她所發生的事；她感謝主，因為我沒有在打架中回手。

可是，主回擊了，祂的回擊比人的回擊還有效。到了星期一，魔鬼開始試探我，說道：「其他人會嘲笑你，因為星期六你讓湯姆那樣對待你。」我大叫：「撒旦，退到我背後去。」然後我朝礦坑走去。

湯姆是我在路上遇到的第一個人，我跟他說：「早安。」但他沒理我。

他先下到礦坑去，當我下去時，很驚訝地看見他坐在車軌上等我。當我走近他時，他突然流出眼淚，說：「理查，你願意原諒我揍了你的事嗎？」

我說：「我已經原諒你了，你求上帝原諒你吧。願主保佑你。」我伸出手和他一握，兩人就分頭上工了。㉕

「愛你的仇敵！」注意，不只是愛那些不是朋友的人，還有你的**仇敵**，你真正的仇敵。這樣的說法要嘛是一種東方式的誇張修辭，一種言語上的虛張，意味的只是**應該**盡量減少我們的仇恨，要嘛就是認眞的，遵照其字面的意思。除了一些親密的私人關係外，這句話很少以字面上的意思被理解。然而，它使得人問道：一般而言，是否存在一種情緒的層次，它能整合並消泯人與人之間的差異，甚至憎恨也可以變成一種無關緊要的境況，不足以壓抑更爲友善的情感發生？如果積極的善意可以達到很強烈的程度，那些爲這種情緒所支配的人或許可以稱之爲超人。他們的道德生活與其他人截然不同。由於我們缺乏眞正的積極經驗——《聖經》中活潑的例子很少，佛教的例子又都是傳說㉖——所以很難說他們會帶來怎樣的效果，或許會改變這個世界也說不定。

就心理的原則而言，「愛你的仇敵」這個誡命並不是自相矛盾的。它只是一種寬宏大量的極端表現，意即對於壓迫我們的人加以憐憫與忍耐，我們對此點已經相當熟悉。可是，如果徹底遵守這個誡命，我們勢必與自己本能的行爲以及現實世界的境況決裂。我們會透過一個臨界點，然後重生於另一個王國。宗教的情緒使得我們感到另一個王國就在近旁，伸手可及。

本能的厭惡感被抑制，不只表現在愛仇敵上面，還愛個人所討厭的對象。在聖徒的編年史上，我們看到促成這種行動的種種動機奇異的混雜。苦行主義有其作用，伴隨著單純的慈悲，我們還發現謙遜的態度，以及放棄階級的分別，而平等地匍匐於上帝之前的渴望。當亞西西的方濟以及依納爵・羅耀拉與污穢的乞丐交換衣服時，這些動機都同時發生作用。當宗教人將自己的生活奉獻於照顧痲瘋病患或其他令人特別厭惡的疾病患者時，這三種動機也都一起作用。對病患的照顧似乎很吸引這些宗教人，雖然這也是教會傳統所重視的工作。但是，在記載這種慈悲行爲的年鑑中，我們卻看到許多狂熱過度的奉獻，這些行爲只能以自殘的瘋狂來解釋。亞西西的方濟親吻痲瘋病患；馬格麗特・瑪麗・阿拉克(Margaret Mary Alacoque)、方濟・薩威(Francis Xavier)（譯註③）、上帝的聖若望(St. John of God)以及其他人，傳說以自己的舌頭把病人的潰爛傷口舔乾淨。在匈牙利的伊莉莎白(Elizabeth of Hungary)與香朶夫人(Madame de Chantal)的這些聖徒傳中，記載了許多在醫院裡耽溺於爛膿的行爲，讓人在閱讀時，一方面讚嘆，另一方面感到顫慄。

對於信仰狀態所引發的仁愛之情，我們已經討論得夠多了。接下來讓我們討論信仰狀態所引發的平靜、順受、剛毅與忍耐。

「內在平靜的樂土」似乎是信仰帶來的平常結果。即使一個人沒有宗教經驗，也很容易了解這一點。前面我們討論到對上帝臨在的覺知時，我曾經提到一個人在那樣的狀態中可能擁有的不可思議的平安。的確，如果一個人眞切地知覺到，無論個人眼前的困難看來如何他整個生命都由一個自己絕對信賴的力量所護佑，這怎會不能安定他的神經、冷卻他的狂熱、平息他的煩惱呢?極爲虔誠的宗教人熱切地將自我交付給這個力量。任何不光是口頭上說，並**感受**到「上帝的旨意承行」的人，可免於一切的軟弱；歷史上有許多殉道者、傳教士以及宗教改革者可以證明，這種自我交付(self-surrender)在平常使人困擾苦惱的境況中爲他們帶來平靜。

當然，有平靜心境的人，也會隨著人的氣質是憂鬱或歡悅的性情而有不同。對憂鬱性情的人來說，他的平靜帶有順受和服從的性質；對歡悅性情的人來說，他的平靜是一種欣然同意。

前一種氣質的例子，我將摘錄自拉諾(Lagneau)教授的信件。他剛剛過世，是巴黎一位受人尊敬的哲學教師，也是一位偉大的病患：

> 我的生活，你所給予祝福的，將會達到它能夠達到的目標。我對它不求什麼，也不寄望什麼。許久以來，我存在、思考、行動，並與自己的價值相稱，僅僅憑藉的是成為我唯一力量與唯一基礎的絕望感。但願這種絕望感即使在我遇到最後的試煉時，也能夠給我勇氣不去企求解脱。我不向所有力量的源頭祈求其他更多的東西，如果這個心願被允許，你的祝福就會實現。㉗

這些描述有些感傷與宿命的味道，但這種語調明顯地具有保護人免於外在打擊的力量。巴斯卡(Pascal)是另一位帶有悲觀氣質的法國人，他更充分地表達這種自我交付的順服性情。

他在禱文中寫道：

主，將我從因自愛而生、為自己的苦痛而產生的悲愁中拯救出來，但賜給我如同禰的悲愁一樣的悲愁。讓我的苦痛平息禰的暴躁，使它們成為我皈依與得救的契機。我不向禰祈求健康或疾病，也不祈求生命或是死亡；我只求禰為了禰的光榮、我的得救，以及教會與禰的聖徒（願藉由禰的光榮我可以成為其中之一）的益處，來安排我的健康與疾病、生命與死亡。禰知道什麼對我最合適，禰是我的主宰，隨禰的旨意處置我。賜予我，或剝奪我，只要我的意志順合於禰。主！我只知道一件事，追隨禰是好的，違逆禰是不好的。除此之外，我不知道其他事物的好或壞。我不知道什麼對我最有益，健康或疾病、富有或貧窮，或是其他世上的任何東西。那種洞察超出人類或天使的能力，並隱藏於禰眷顧世界的秘密之中，我讚嘆這些秘密，但不求對他們的測知。[28]

當我們討論到比較樂觀的性情，順受就顯得不那麼被動。歷史上已有太多的例子，我最好不要再引述。雖然如此，我還是隨手擷取第一個浮上我心頭的例子。辜揚夫人(Madame Guyon)是一個體質纖弱的人，但擁有快樂的天性。她經歷許多危難，但表現出令人讚嘆的平靜。

當她因爲持異說而被送進監獄時，寫道：

有些朋友聽說我的事時哭得很厲害，但我默從與順服的心態讓我不為這件事流淚……當時我似乎完全不在乎自己，所以任何關於自己的利害得失都不能使我痛苦或快樂。**我總是要自己只欲求或希望上帝要我做的事**。我發現現在的自己也是如此。

在另一處她寫道：

我們所有人在一條非得渡過的河裡差一點淹死。車子在流沙中陷下去。我們之中的其他人陷於混亂的驚恐中。但我發現自己的思慮專注於上帝，因此對危險沒有什麼特別的感覺。雖然會淹死的這個念頭從我心中掠過，但它沒有引起我其他的感覺或想法，我只想著如果這是天父的旨意，我覺得十分滿足，並願意事情如此發生。

她由尼斯(Nice)航海到熱那亞(Genoa)，遇到暴風雨，在海上十一天，她說：

當怒濤撞擊我們時，我心中不由得感到某種程度的滿足。這些兇猛的巨浪在上帝的命令下做著正確的事，它們也許會給我建造一座水墳，這個想法使我覺得

快樂。也許我想得太遠了，看見自己如何被巨大的海浪鞭打、拋擲，讓我感到快樂。與我同行的人都注意到我無畏的態度。㉙

因宗教熱情而輕視危險的態度，還可以表達得更輕快。我從最近一本迷人的自傳中引述一個例子，那是法蘭克・布倫(Frank Bullen)所寫的《與基督同航》(*With Christ at Sea*)。他在船上經歷一次皈依之後的幾天，他寫下這個經驗：

風很強，我們正有許多帆張開，向北走，企圖脫離這個壞天氣。過了四點不久，我們拉下三角帆，我伸出身子跨在帆的下桁要把帆收疊起來。當我坐在船桁時，突然間掉下去。帆從我手指間滑落，我往後摔下去，四腳朝天地掉在船下洶湧的浪花中，只有一隻腳被掛住。但我只感到對於永生肯定的至高喜樂。雖然死亡與我只有一髮之遙，我也真確知道這個事實，除了喜悅之外，我再也沒有別的感覺。我猜想自己懸在那裡不超過五秒鐘，但那段時間內我卻擁有完全的喜樂。然而，我的身體自我主張，它以一種拼命般的體操動作努力掙扎，於是我又攀上船桁。我不知道自己如何將帆收疊，但我以最高昂的歌聲讚美上主，我的歌聲在這片漆黑荒涼的海洋中隆隆作響。㉚

在殉道者的年鑑中，描寫宗教鎮靜所帶來的勝利當然是最顯著的部分。讓我引述一位謙卑的受難者布朗詩・葭門(Blanche Gamond)的敘述，她在路易十四時代因爲胡格諾(Huguenot)教徒的身分被迫害：

每一道門都被關上，我看見六個女人，每人手上拿著滿滿一捆一碼長的柳條。有一個人對我下令：「把衣服脱掉。」我照做。她說：「你還沒脱完，必須全部脱掉。」她們很不耐，就自己把我的衣服脱掉，因此我從腰部以上都是赤裸的。她們用一條繩子把我綁在廚房的樑上，用盡力氣把繩子拉緊，還問我：「痛不痛？」隨後她們把所有的怒氣出在我身上，一邊打我一邊高喊：「對你的上帝祈禱吧。」那是來自湖列特(Roulette)的婦女所講的話。然而，在這個時刻，我卻得到這一生所蒙受的最大安慰，因為我有幸可因基督之名被鞭打，而且基督以慈悲與安慰為我戴上冠冕。為何我不能寫下內心感受到這些意想不到的力量、慰藉與平安呢？一個人必須經過同樣的考驗才能了解這些感受，它們如此巨大，使我欣喜若狂，因為苦難越多，恩寵就越豐厚。那些女人徒然地狂叫：「我們必須加倍打她，因為她不說話也不哭喊，沒有感覺到痛苦。」但我正沉醉於內心的喜樂，如何哭得出來？㉛

從緊張、自我承擔與憂慮，到鎮定、接受與平安的轉變，是我常常分析內在平靜與個人力量中心的轉變中最奇妙的部分。它的奇妙在於常常不是因爲努力得來，而是經由單純地放鬆與放下負擔得來。此種拋棄自我承擔的舉動，是宗教實踐與道德實踐的基本區別。它先於神學，也不從屬於哲學。心靈醫治運動、神智學(theosophy)（譯註④）、斯多噶主義，以及一般的神經衛生學都和基督宗教一樣強調這種態度，這種態度也能與每一種理論的信條密切結合。㉜擁有此種態度的基督徒深刻地活於所謂的「凝想」中，不爲未來憂慮，也不爲一天的結果憂愁。有人說熱那亞的聖家琳(Saint Catharine of Genoa)「只按照事物呈顯於她心中的順序，**一瞬間一瞬間地**(moment by moment)認知它們。」對她聖潔的靈魂來說，「**神聖的**時刻就是**此時此刻**……當此刻以其自身的面貌與自身的關係被估量，當與此刻有關的任務完成時，就讓它過去，彷彿它不曾存在過一樣，然後讓緊接的事物與任務來到。」㉝印度教、心靈醫治運動，以及神智學都很強調意識對於當下時刻的專注。

接下來我要討論的宗教徵候，我稱之爲「生活的純淨」(Purity of Life)。聖徒對於內在的不協調或混亂變得極爲敏感，混雜與迷惑對他們而言也變得不可忍受。心靈的對象與專注的事物，必須整合於目前做爲心靈主調的特殊精神激發(spiritual excitement)之中。任何污染靈魂純淨的非精神性事物都要被排拒。與此種提高道德敏感度互相混雜的還有爲了所愛的神，犧牲所有與之不相稱事物的熱忱。有時候，這種精神的熱忱高於一切，使得純淨的狀態一下子就達到——我們已見過一些例子。但通常這個過程是逐漸的勝利。比利・布雷對於自己戒絕抽煙的描述是後一種成功形式的好例子：

> 我曾經是個老煙槍與酒鬼，喜歡抽煙如同喜歡吃肉一樣。我寧可沒吃飯就到礦坑去，也不能沒有我的煙斗。古時候，上主藉著祂僕人——先知——的口發言，現在祂藉著祂獨生子來對我們說話。我不但有宗教部分的情感，並且能聽到內心細微而靜穆的聲音對我說話。每當我拿起煙斗要抽煙時，這個聲音就在我內響起：「這是偶像與肉慾；以**潔淨的唇**崇拜上主。」因此，我覺得抽煙是不對的。上主還派遣一位婦女來說服我。有一天，我在房子內拿起煙斗正要點上時，瑪麗・霍克（這是那位婦女的名字）說：「你不覺得抽煙是不對的嗎？」我說，我覺得內在有一個聲音告訴我那是偶像與肉慾，她說那聲音就是上主。於是我說：「現在，我必須放棄抽煙了，因為上主從我的內在告訴我要這樣，而這位婦女也從外在告訴我要這樣。無論我多麼愛抽煙，煙一定要戒掉。」當時我從口袋裡把煙草拿出來，丟進火裡，並把煙斗踩在腳下，「塵歸塵，土歸土」。之後我再也沒有抽過煙。我發現戒除舊習的確很難，但我呼求上主幫助我，祂就給我力量，因為祂說過：「在困難的時候呼求我，我就會拯救你。」我放棄抽煙以後，牙疼得很厲害，不知道該怎麼辦。我想牙痛是因為戒煙的緣故，但

我告訴自己，即使每一顆牙都掉了，我也絕不再抽煙。我說：「上主，禰對我們說過我的軛是柔和的，我的擔子是輕省的。」當我這樣說，所有的痛楚都離我而去。有時抽煙的想法會回來我身上，而且很強烈，但上主給我力量對抗這個舊習，讚美主，我從此不再吸煙。

布雷的傳記作者寫到在他戒煙後，他認爲自己多少還會嚼些煙草，但連這個骯髒的習慣他也克服了。布雷說：

有一次，在西克・米爾(Hicks Mill)舉行的祈禱會中，我聽見上主對我說：「以潔淨的唇崇拜我。」所以，當我從跪著的姿勢站起來時，我把煙草從嘴裡吐出來，並把它丟到長凳下。但是，當我們又跪下去時，我又在口中嚼另外一口。接著上主又對我說：「以潔淨的唇崇拜我。」我就把煙草從嘴裡吐出來，並把它丟到長凳下，說：「是的，我主。」從那時起，我不但戒煙，也戒了這個嚼煙草的習慣，從此成了自由的人。

尋求誠實與純淨生活的衝動所表現出來的苦行形式，常常顯得很可憐。例如早期的貴格會信徒，曾經艱苦對抗當時基督教會的世俗與僞善。然而，使他們損傷最重的戰役，也許是他們爲了保衛自己使用古語的「你」(thee-ing and thou-ing)，而不用脫帽或稱呼頭銜的方式來表達其社會誠實與眞摯的權利。喬治・佛克斯認爲這些約定俗成的習慣是一種僞詐與欺瞞，於是許多他的追隨者棄絕這些習慣，將之視爲對眞理的奉獻，所以，他們的行動與自許的精神可以更一致。佛克斯在他的日記中寫道：

當上主將我帶到這世界，祂禁止我對任何人脫帽，尊卑皆然；並且要求我向所有的男性和女性稱呼「你」("thee" and "thou")，無論他貧富貴賤。當我到處走動時，我不對人道「早安」或「晚安」，我也不對任何人倒退鞠躬。這使得各派各教的人勃然大怒。啊，看那牧師、官員、教授以及各種人的憤怒，尤其是牧師和教授們：因為雖然對單數人稱稱呼「你」和他們字型變化與文法的規則一致，也與《聖經》相合，但他們無法忍受聽到這個字；並且由於我不向他們脫帽致敬，使得他們極為生氣……喔，這引起的斥責、狂熱與怒氣多麼大！喔，因為我們不對人脫帽所招致的毆打、拳撻、槌揍和監禁多麼兇猛！有些人的帽子被暴力摘除，丟到一旁，所以失去他們的帽子。我們因為這樣所承受的惡劣言語和邪惡待遇很難說清楚，更不用說有時還有喪失性命的危險。這些攻擊多數來自基督宗教的教授，他們因而發現自己不是真正的教徒。雖然在人們眼中這只是小事，卻為教授和牧師帶來很大的混亂。然而，讚美主，許多人因此了悟到脫帽致敬這個風俗的虛偽，並感受到真理誓言反對它的力量。

湯瑪斯·愛爾吾(Thomas Elwood)，一位早期貴格會信徒，曾是約翰·彌爾敦(John Milton)的秘書。我們在他的自傳發現因爲追隨佛克斯誠摯的信念，而遭受各種內外迫害之離奇而露骨的記載。這些奇聞太長，無法引述，但愛爾吾把他對這些經歷的感受以較短的篇幅記載下來，這是他對精神的感受性一種獨特的表現，他說：

經由神聖的光芒，我看到雖然自己沒有一般人的不潔、放蕩、褻瀆和世俗的污染等需要革除的惡習（因為藉由神的良善與公民教育，我能免於這些粗野的惡習），但是，我還有許多其他的惡習要革除；其中一些惡習對居於邪惡中（〈約翰福音〉第五章第十九節）的世俗之人來說也許不是邪惡，但基督的光向我顯示出它們的確是惡的，我也因此視之為惡。

尤其是衣飾的虛榮與奢華所帶來驕傲的效果，給我太多的快樂。我必須革除自己行為中的這個惡習，而且要不停地自我判斷，直到我真的革除為止。

我將衣服上不必要的蕾絲花邊、絲帶以及無用的鈕釦拿掉，它們沒有什麼用處，只是因誤稱為裝飾的作用而存在；而且我也不再戴戒指了。

此外，對那些和自己沒有什麼真正關係的人給予恭維的虛假頭銜，也是我常常犯的惡習，我還被認為是箇中高手；所以這也是我必須革除的惡習。從此，我再也不敢說閣下、大人、我主或是夫人這一類的稱呼，也不敢對沒有實質主僕關係的人自稱僕人，因為我從來沒有做過誰的僕役。

接著，以脫帽、屈膝或彎腰來問候人以表尊敬，也是我慣常的行為；這是世上虛偽的風俗之一，世上以這種錯誤的表現來代替真正的尊敬，彼此沒有關係的人卻用尊敬的表徵相互欺瞞；此外，這是所有人應該對全能的神表達神聖敬意時採取的適當象徵姿態，當他們對神祈禱時才能出現的姿態，因此不應該對人採取這種姿態。我發現這是我的許多惡習之一，因此我現在必須革除這個習慣。

其次，就是以多數人稱這種腐敗而不當的方式來稱呼單數人稱，對一個人稱「you」而不稱「thou」。「thou」是對單數人稱的用法，「you」是對多數人稱的用法，這是一種純粹、平易而單一的真理的語言，從最古老的時代開始，始終用於神對人、人對神，以及人與人之間。一直到後來腐敗的人在腐敗的時代，為了腐敗的目的，才開始以「you」這個錯誤而無意義的說法來稱呼一個人，以取悅諂媚於人，好激發人類腐敗的本性。自此之後，這種用法敗壞了當代的語言，使人的精神墮落，舉止腐敗。我和其他人一樣犯了這個惡習，現在我被召喚必須革除它。

這些以及許多其他的惡習都在暗夜中，從對真理以及真正宗教的背叛中滋長。

藉由映照到我良心的純潔聖光，我漸漸發現自己應該停止這些惡習，躲避它們，並且為反對它們而作見證。㉞

這些早期的貴格會信徒果眞是淸教徒。在所宣稱的信仰與行爲之間，一點點的不一致就會刺激他們做出積極的抗議。約翰・吾爾曼(John Woolman)在日記中寫道：

在這些旅行中，我曾到過許多染布的地方，也曾在好些時候走過染料滴落的地面。這景象使我心裡有了一個憧憬，即人們也許可以達到精神、身體、居所與衣服的潔淨狀態。染料的發明部分為了好看，部分為了遮掩髒污。當我行過污濁之地，嗅著有害健康的臭氣時，曾在這種虛弱的狀態中感到一種強烈的渴望，希望能更了解染料遮掩髒污的性質。

將衣服洗乾淨，使它們好看，是一種潔淨，但若只是把髒污藏起來，就與真正的潔淨相違背了。容許衣服藏污納垢，會增強這種掩藏令人不快之事的精神。真正的潔淨與聖徒相稱；然而，經由衣服染色的做法隱藏污垢卻與誠摯的美德相違。有些染料使得衣服變得較無用。如果把染料的價格、染色的費用和對衣服的損害加起來，將這些花費用於保持衣服的清潔與美觀上面，真正的潔淨將會變得多麼普及。

屢屢想到這些事，使得穿戴染上有害色素的帽子與衣服，以及在夏季穿過多的衣服這些事，令我覺得越來越不舒服；我相信它們只是一些不以純粹智慧為基礎的習俗。雖然我這樣想，但想到因此會與我所珍惜的朋友不同，便猶豫起來，所以我持續使用這些東西大約九個月的時間。接著，我想弄來一頂有天然毛色的帽子，但想到會因此讓人覺得標新立異而覺得不舒服。由於這樣，在一七六二年的一般性春季聚會中，我感到十分憂心，非常渴望得到正確的引導；當我的心靈在主前深深俯首，祂使得我下決心要順服於我所該做的，等我回家時，我買了一頂天然毛色的帽子。

當我參加聚會時，這種與衆不同對我來說是個考驗，尤其是這個時候，有些跟隨流行的人喜歡戴白帽；有些不知道我為何戴這種帽子的朋友也都躲避我，我一度覺得自己傳教的路走不通了。有些朋友認為我戴這種帽子是標新立異，那些與我友善交談的人，我大多用一些話向他們說明，我相信自己並非故意戴這種帽子。

當道德一致性與純淨的渴望達到相當的程度，當事人可能會覺得外在世界充滿打擊，令人無法居留，除非從這個世界退隱，否則無法統一自己的生活，與保持靈魂的潔淨。藝術家經由摒除衝突與不協調的元素而達到作品和諧的法則，同樣適用於宗教的精神生活。史蒂文生說，省略是文學的唯一藝術：「如果我知道如何省略，我就再也不尋求其他的知識。」當生活充滿鬆散、不協調以及空泛的奢侈品時，不再有所謂的個性，就像文學作品在同樣的情況下也缺乏特色一樣。因此，修道院和共修信徒團體的存在成爲可能，在他們不變的秩序中（省略是其行動的特色），擁有聖潔心靈的人在其中找到平順與潔淨。他們備受世俗生活中常常侵犯自己的不協調與殘暴的折磨。

我們必須承認爲求潔淨而來的一絲不苟可能會導致怪誕的極端。就此點而言，它與苦行主義相似。苦行主義也是我們接下來要討論的聖徒性之一。人們以「苦行的」(ascetic)這個形容詞來指稱源於不同心理層次的行爲，我最好從它們之間的區別開始討論。

1. 苦行主義可能只表達身體上的剛毅，厭惡過分的舒服。

2. 一般而言，食肉飲酒有所節制，衣著簡樸、貞節、不放縱身體，可能是由於喜愛潔淨所帶來的結果，任何肉慾帶來的興味對苦行者都是打擊。

3. 它們也可能源於愛，也就是說，苦行者被犧牲的啓發所吸引，快樂地爲自己所認定的神奉獻自身。

4. 此外，苦行與自我折磨可能是對自己的悲觀情緒，與神學關於贖罪的信念相結合而引起。修行者可能認爲藉著懺悔可以爲自己換取自由，或是逃脫將來更殘酷的受苦。

5. 對心理不正常的人而言，其苦行可能以不合理的方式，經由某種強迫性或僵固的觀念而來；這些觀念彷彿挑戰，必須發洩，而只有如此，當事人才能重獲其內在意識，覺得平安。

6.最後，在較少的情況中，苦行可能源於身體知覺的異常，因此對正常人來說，引起苦痛的刺激卻爲此人帶來快意。

我將試著爲上述每一種情形舉例，但並不容易得到很單純的例子，因爲可被指認爲典型的苦行例子，通常包含上述動機中的好幾個。並且，在引述任何例子前，我必須先請你們看看對於這些動機都適用的一般心理學說法。

在十九世紀，一種奇怪的道德轉變橫掃西方世界。我們不再覺得自己應該平靜地面對生理上的痛楚。我們不再期待一個人忍受痛苦，或以痛苦施加於人；當我們聽到他人詳述受苦的實例時，覺得毛骨悚然，無論是生理上或精神上。我們的祖先視痛苦爲世界秩序的永恆元素，導致痛苦或是承受痛苦已成爲他們日常生活必然的一部分，但是這種觀點在我們看來十分不可思議。我們對於人何以能如此無情感到驚訝。這種歷史轉變帶來的結果就是，即使把禁慾修行視爲固定之傳統遺產，並將之看作善功的慈母教會(Mother Church)，也都廢止這樣的修行方式了，即使這種方式還沒有被完全懷疑。在今日，一位以自笞或自我虛弱的方式修行的信徒所引起別人的驚訝與害怕，會多於對他的模仿。許多天主教作家不得不承認當代在這個方面的變化，甚至認爲不要浪費情感對這個轉變感到悵然，因爲返回古老時代那種英雄式的肉體鍛鍊也許太過分了。

在本能地尋求適意與快樂的地方（人們似乎有這樣的本能），任何刻意尋求此種艱難痛苦的傾向，甚至是爲了痛苦的緣故而追求痛苦，很有可能讓人覺得震驚，並將之視爲一種純粹的變態。然而，人類的本性通常會追求適當程度的艱難。此種傾向只有在極端的表現時會被視爲矛盾。

苦行主義的心理原因很淺顯。當我們拋棄抽象的觀念而考慮行動中的意志，看到的是一個非常複雜的作用。它牽涉到刺激與抑制兩種作用；遵循一般的習慣；被反省式的批判護衛著；並且隨著實行的方式，留下對自身或好或壞的印象。與任何知覺經驗帶給我們的立即愉悅相反，引發或經歷此種經驗的道德態度帶來的是次級的滿足或厭惡。的確，有些人可以永遠靠著微笑與「肯定」(yes)自在生活。但對某些人而言，事實上是對大部分人而言，這是一種過於溫和與鬆懈的道德氛圍。消極的快樂鬆散而無味，很快就令人生厭，無法忍受。一些嚴厲與刺骨的否定，一些風浪、危險、嚴峻、努力、一些「不！不！」混合其中，才能產生生活的特色、質地與力量。在這方面個別的差異很大，但無論肯定與否定以怎樣的比例混合，個人遇到**對他而言**正確的比例時，總是能夠無誤地知道。他覺得，這就是合於我的召喚，這就是我**最理想的狀態**(optimum)、我的法則、我所要過的生活。從其中我找到我需要的平衡點、安全感、平靜與悠閒，或是從其中我得到靈魂的精力所不可或缺的挑戰、熱情、奮鬥與艱困。

簡言之，每個人的靈魂就像每個不同的機器或有機體，有其運作的最佳狀態。某種機器在特定的蒸氣壓力與安培數下運作得最好；某個有機體也在特定的飲食、重量或運動下活得最好。我聽過一個醫師對病人說：「你好像在血壓一四〇毫米時狀況最好。」我們各式各樣的靈魂也是如此，有些在平靜的氛圍中最快樂，有些需要感到緊張與強烈的決心，才會覺得活潑健康。對後者而言，每天取得的任何收穫都必須以犧牲和抑制爲代價，否則他們會覺得收穫過於廉價，引不起什麼熱情。

當後者的這種特性表現於宗教，他們很容易將自己對於努力與否定的需求轉向對於自我本性的對抗；苦行的生活也就應之而生。

廷德爾(Tyndall)教授在他的一個演講中，告訴我們湯瑪斯・卡萊爾在柏林嚴寒的冬季每天清晨泡澡，他要說的是最低層次的苦行之一。即使沒有卡萊爾，我們大多數人也會覺得爲了靈魂的健康，每天的生活由浸在冷水中開始是必要的。更進一步的敘述如下，來自一位和我通信的人，他是一位不可知論者(agnostic)：

> 經常，夜裡我躺在溫暖的床上時，會為自己如此依靠溫暖而覺得可恥。每當我有這個想法，不管是夜裡幾點，我一定起床，在寒冷中站上一分鐘，只是為了證明自己的男子氣概。

這種例子只屬於上列的標題1.。下個例子也許是標題2.與標題3.的混合，在這裡，苦行主義更有系統、更淸楚。作者是一位新教徒，其道德能力的感覺無疑不能從較低層次獲得滿足，我從斯塔伯克收集的手稿中得到這份資料：

我實行節食和肉體的苦行。我暗地裡做了一件粗麻布襯衣，並把粗糙的那一面貼著皮膚，還在鞋子裡放小石頭穿著。我在許多夜晚把背平躺在地板上睡覺，身上沒有覆蓋什麼東西。

羅馬天主教會把這樣的苦行組織在一起，編成法典，並以「善功」(merit)的方式賦予市場價值。然而，我們看到這種艱苦的修練在每個地方和每種信仰中發生，好像是一種自發的需要。因此，我們看到關於章寧(Channing)的描述，當他開始做唯一神教派(Unitarian)的牧師時：

他現在比從前更為簡樸，並且無法在任何方面放縱自己。他選擇屋子裡最小的房間當研讀的地方，雖然他很容易佔到一間更亮、更通風、在各方面更適宜的房間。他選擇閣樓為睡房，和他的弟弟同住。睡房中的家具像是隱士斗室內的陳設，包括一張硬床墊鋪在粗陋的床架上，普通的木椅和木桌，地板上鋪著草墊。雖然他一輩子都很怕冷，但房內沒有生火，他也從不抱怨，或顯現出覺得不方便的樣子。他的弟弟說：「我記得有一天晚上極冷，隔天早晨他戲謔地提到他的痛苦：『如果我的床是我的國家，我就像拿破崙一樣，除了我所佔領的地方外，其他地方我都無法控制；我一移動，冰霜馬上入侵那個地方。』」只有當他生病時他會暫時換房間，接受少許的舒適。他慣常穿的衣服也都是最劣等的，常常穿那已經磨損、被世人認為卑賤的人才穿的衣服，不過他保有一種女性般的整潔，看來沒有馬虎的樣子。㉟

章寧的苦行主義明顯是耐苦與喜好潔淨的混合。從對人類熱忱所衍生的民主精神，無疑也佔了一部分的動機，這種精神我將在貧窮崇拜(cult of poverty)中討論。章寧的例子並沒有悲觀的成分。下一個例子我們會看到一種強烈的悲觀，因此它屬於標題4.的範疇。約翰・森尼克(John Cennick)是衛理公會第一位平信徒(lay preacher)的宣教家。一七三五年，當他行走在吉葡塞(Cheapside)時對其罪過感到悔悟：

並且馬上不再唱歌、玩牌和看戲。有時他想要到天主教的修道院，以虔誠的退隱終其一生。其他時候他渴望住到洞穴裡，睡在落葉上，以林中的果實果腹。他經常長時間禁食，一天祈禱九次……他認為對自己這個大罪人而言，乾麵包都還是太大的享樂，他開始吃馬鈴薯、橡實、野生蘋果和雜草；並且常常希望可以只吃樹根和藥草過活。最後，在一七三七年，他在神內找到平安，並歡欣地在自己的道路上前行。㊱

在這個可憐的人身上，我們看到病態的憂鬱和恐懼，他所做的犧牲是爲了滌淨罪惡，換取安全。基督教神學對於肉體和一般的自然人有一種絕望感，當它將恐懼系統化時，使得恐懼成爲苦行的重要動機。然而，儘管這個動機經常被用於獎勵的目的而流於功利，把它稱爲功利性的動機是不公平的。贖罪以及補贖的衝動，就其最初的意向而言，是對自己失望與憂慮的直接而自發的表現，不應該受到這樣的指責。就給出所有來表達奉獻的這種喜好犧牲之模式而言，最嚴厲的苦行修練也可能是高度樂觀的宗教感所帶來的結果。

維爾尼(M. Vianney)這位亞爾(Ars)的教區神父，是法國的鄉村司祭，他的聖潔已成爲典範。在他的傳記裡，有下列關於他對犧牲之需要的描述：

維爾尼先生說：「在這條路上只有踏出第一步需要努力。當人已經習慣於苦行，就會覺得它散發出一種芳香與味道，沒有它人就無法存活。將自己奉獻給上主只有一個方法，那就是全然地奉獻自己，不再為自己保留什麼。如果為自己保留一點什麼，只會為自己帶來麻煩，使自己受苦。」因此他要求自己絕不聞花的芳香，口渴時也不喝水，從不把蒼蠅趕走，也不在討厭的東西面前表現出嫌惡的樣子，從不抱怨與個人舒適有關的事項，從不坐下，跪下時也從不將手肘倚靠在任何地方。這位亞爾的教區神父很怕冷，但從不嘗試任何方法來禦寒。有一年的冬天非常嚴寒，一位傳教士在他的懺悔室設計了一個假地板，還在下面放了一個裝熱水的金屬箱。這個詭計成功，聖人上當，他感激地說道：「上主非常仁慈，今年整個冬天我的腳一直都很溫暖。」㊲

在這個例子中，純粹爲了愛上帝而自發地犧牲也許是自覺上最主要的動機。這樣，我們也許可以把它歸在標題3.。有些作者認爲犧牲的衝動是主要的宗教現象。當然它是一個恆久而普遍的現象，比許多特定的信條都來得深刻。例如，這裡有一個看來是自發的例子，單純地表達個人與他的創造者之間適當的關係。新英格蘭的清教徒牧師卡騰・馬塞(Cotton Mather)，常被視爲古怪而迂腐，可是，有什麼比他在妻子將死時所發生事情的描述，表達出更動人的純樸呢?他說：

當我知道自己現在被上主召喚，必須順服到什麼地步時，我決意藉著祂的幫助，在這件事上榮耀祂。所以，在我的愛妻離世之前兩個鐘頭，我跪在她的床邊，雙手握著她的手，那是世界上對我來說最親愛的手。我這樣握著她，莊重而誠摯地把她交託給上主。做為順服的標誌，我輕輕地將她從手中推開。把這隻最可愛的手從心底埋葬，我決意從此不再碰它。這是我做過最艱難，也許是最勇敢的事。她……告訴我，**她贊同我的順服**。雖然在這之前她不斷地叫我，可是在這之後她再也沒有要我到她跟前。㊳

整體而言，維爾尼神父的苦行只是高度的宗教熱情不斷湧出，渴望證明自身的結果。羅馬天主教會以前所未有的方式把所有苦行的動機收集起來，編成法典，任何想要成爲完美基督徒的人可以從這些現成手冊中的任何一本，找到適合自己的修行系統。㊴教會對於德性完美(perfection)的主流觀點，當然是消極地對於罪的避免。罪出自情慾，情慾出自世俗的熱情與誘惑，主要表現爲驕傲、所有形式的淫蕩、貪戀世俗的刺激與財富。必須抵抗所有罪的來源，而修練與刻苦是對抗這些罪源最有效的方法。因此在這些法典裡都有一些關於苦行的章節。然而，任何一種苦行的實踐被法典化，它較爲精微的精神就消失了。如果我們渴望的是未被稀釋的苦行精神——自我輕視的激情、對可憐的肉體發洩恨意、對所崇拜的對象奉獻一切（主要指感性）的那種神聖的非理性——我們必須參考自傳，或是其他人的資料。

聖十字的聖若望(Saint John of the Cross)（譯註⑤）是活躍（或者說存在，因爲沒有任何證據顯示他的活躍）於十六世紀一位西班牙的密契主義者。他有一段相關的論述，很適合我們參考：

首先，小心地在你心中激發那在一切事上模仿耶穌基督的熱情意志。如果任何使你的感官適意，但卻不能同時純粹地光榮上帝的事物出現，你要捨棄它，並為了愛基督的緣故讓自己與它隔離——基督一生除了遵循天父（他稱為他的肉與滋養）的旨意外，沒有其他的愛好或願望。例如，你喜歡聽那與上帝的光榮無關的事情，你不可以從其中得到滿足，要把想聽的慾望戒掉。如果你喜歡看那不能使你的心靈提升至上帝跟前的事物，你必須拒絕這種享樂，把眼睛轉開。至於交談與其他的事情也一樣。盡你所能對所有的感官做同樣的約束，努力讓自己從這些束縛中釋放。

最極端的矯治在於克制四個最大的自然激情：歡悅、希望、懼怕以及哀傷。你必須設法剝奪這些情感的滿足，就像把他們遺留在黑暗與虛空中一樣。所以，讓你的靈魂永遠：

不轉向那最容易的，而朝向那最艱難的；

不轉向那最美味的，而朝向那最惡味的；

不轉向那令人最愉快的，而朝向那令人最厭惡的；

不轉向令人安慰的事，而朝向那令人孤獨不安的事；
不轉向休息，而朝向勞動；
不冀求更多，而是希望更少；
不立志追求最崇高與最寶貴的事物，而是渴求最卑賤與低下的事物；
不欲求任何事，只欲求無事(nothing)；
不尋求事物最好的部分，而尋求最壞的部分，所以你才會為了基督的愛，達到全然的匱乏、完全的清貧，對世間一切事物絕對捨棄；
以靈魂的全部力量擁抱這些實踐，你會在短短的時間內找到極大的喜樂與無可言喻的安慰；
輕視自己，並且希望別人也看輕你；
說對自己不利的話，也希望別人這麼做；
認為自己不好，當別人也這樣認為時，覺得很好；
享受一切事物的興味，又不對任何事感到興味；
認識所有事物，又知道自己什麼事都不認識；
擁有一切，又決意放棄一切；
成為一切，也願意什麼都不是；
成為你不感興趣的任何東西，體驗你不喜愛的一切經驗；

學習不知道任何事，走向無知；
觸及你並不擁有的事物，到任何你一無所有的地方去；
成為你所不是的，經驗你所沒有過的經驗。

最後這幾句刻意以自相矛盾的方式來造成令人暈眩的效果，是密契主義特別偏好的表達方式。

接下來的引文完全是密契主義式的，因爲聖十字的聖若望在其中把上帝的觀念轉到更有形上學意味的「全有」(All)觀念。

當你在某件事物之前停頓下來，你就不再對全有開放自己了。
因為在到達全有之前，你必須先放棄全有。
如果你應該得到全有，為了保有它，你必須渴望無所有。
在剝奪中，靈魂找到它的寧謐與安息。它深深地植根於一無所有的中心，任何從下而來的東西無法攻擊它；既然它不欲求什麼，任何從上而來的東西也無法壓抑它；因為只有慾望是它的禍因。㊵

現在我要引述一個可歸類於標題4.與標題5.，更具體的例子。它其實是六個標題的混合。從這個例子，可以看到一個精神病態的人在身體的自苦上，能走到怎樣非理性的極端。我要引述的是正直的蘇索(Suso)自我折磨的描述。你還記得蘇索是十四世紀德國的密契主義者之一。他以第三人稱寫成的自傳是著名的宗教文獻。

他年輕時，充滿熱情與活力；當他對此開始有所自覺時，覺得很悲傷；因此他尋求許多方法，希望能征服自己的身體。很長的一段時間他都穿著粗毛襯衫，戴著鐵鍊，一直到鮮血從他身上流出來，他才被迫將這些東西脫下。他秘密地訂製了一件貼身內衣，在這件內衣上他縫了一條一條的皮革，在皮革上安了一百五十根又尖銳又加長的黃銅釘，而且釘尖總是向著肉。他把這件內衣做得非常緊，可以把他整個人包住，並可以從前面綁起來，好使得衣服可以緊緊裹住身體，針尖也可以刺進肉裡。這件內衣做得很高，向上還可以碰到肚臍。他經常穿著這件內衣睡覺。夏季天氣炎熱時，他在旅途中感到疲累而不舒服，或是當他發表演說時，他就用這樣的內衣束縛自己，當他被勞苦壓迫、為毒蟲侵擾，有時候他會大聲叫喊，顯得焦急憤怒，在痛苦中來回扭轉，像蟲被尖銳的釘子刺過一樣。由於蟲咬，他常常看起來像是躺在螞蟻堆上；因為如果他想睡，或是睡著了，這些蟲就爭相咬他。㊶有時他以全心向全能的上主呼求：哀哉！仁慈的上帝，這是怎樣的一種死亡！當人被謀殺或被猛獸撲殺，很快地結束生命；

我卻躺在這裡忍受一群毒蟲咬噬，又死不了。無論冬夜多長，夏天多熱，都不能使他停止這種修練。相反地，他還設計更進一步的東西，他造了兩個皮環，雙手套進去，然後用嘴將皮環縛緊，他綁得很牢，即使他的房間失火，他也無法幫助自己逃脫。他這樣做，一直到他的手和臂膀因為被過分拉緊而顫抖；然後，他發明了另一樣東西：一雙皮手套，他要銅匠在這雙手套上全部安上銅銳的黃銅釘，他常在夜裡戴上手套，如果睡著後，他想把粗毛內衣脫掉，或是避免毒蟲的咬齧，銅釘就會刺進他肉裡。這種事真的發生過。如果他在睡眠中想用手幫助自己，銅釘就刺到他的胸膛，撕裂他的肉，導致他的肉潰爛。幾個星期後，當傷勢痊癒，他又弄傷自己，造出新傷口。

這種折磨自己的修行方式他維持了十六年之久。在修行快要結束前，他的血冷了，暴躁的脾氣也消失了，在聖神降臨節(Whitsunday)那天他得到一個異象，一個來自天上的使者告訴他，神不再要求他這樣做了。於是，他停止這樣的修練方式，把那些工具全丟到河裡。

蘇索接著告訴我們，爲了模仿他那在十字架上被釘死的主，他爲自己做了一個十字架，上面裝有三十根突出的鐵針和釘子。日日夜夜將這個十字架背在兩肩之間赤裸的背上。

第一次當他張開這個十字架，把它背在背上時，他柔嫩的軀骨為恐懼侵襲，於是他把尖釘輕輕地在石頭上磨平。可是，很快地，他對自己的怯懦感到後悔，又用銼刀把釘子磨尖，重新把十字架背起來。這使得他背骨的地方流血、撕裂。無論坐著或站著，都好像被刺蝟刺著一樣。如果有人不小心碰到他，或是撞到他的衣服，就會使他因撕裂而受傷。」

蘇索接著描述如何以敲打十字架，使十字架上的釘子更深地刺進肉裡的方式來表達懺悔。他還提到如何進行自我痛懲，那是一個恐怖的故事。然後他接著說：

在同一時期，他請侍從弄來一個被丟棄的舊門板，晚上他就躺在上面睡覺，上面沒有覆蓋任何使自己較舒服的墊被，他只把鞋脱掉，用一件厚袍將自己包起來。就這樣，他安心地睡在一張最難受的床上，他的頭枕在一團團的硬豆莖上，十字架的尖釘刺進他的背，他的手臂牢牢地鎖在手銬內，粗馬毛的內衣圍著他的腰，罩袍很重，門板很硬，他可憐地躺在那裡，不敢移動，像根木棍一樣。對著上帝，他屢屢嘆氣。

冬天，他因冰霜而極為痛苦。如果他展開雙腳，它們就赤裸裸地在地板上凍僵，如果他把雙腳縮起來，血液就聚集在腳上，使得他非常痛。他的雙足到處潰爛，雙腳浮腫，膝蓋因流血而乾枯，腰部因為粗馬毛的摩擦而佈滿傷痕，他的身體枯槁，嘴唇由於極渴而焦乾，他的手因虛弱而顫抖。他的日子就在這些折磨中度過；但因為他心中懷有對神聖與永恆智慧的熱愛，所以他忍受了這一切，希望能夠仿效我主耶穌基督所承受過的苦難。一段時間後，他放棄了睡在門板上這種悔罪的苦行方式，而改搬到一個非常小的房間，睡在一條又窄又短的板凳上，他的腳甚至無法在上面伸直。無論在這個洞內或是門板上，他夜裡還戴著手銬躺著，持續了八年之久。在這二十五年間，如果他是住在修道院，無論冬天多麼嚴寒，晚禱過後他絕不踏入任何溫暖的房間，或是到修道院的火爐邊取暖，除非他為了別的理由需要進到這些房間。這些年來，無論水浴或是蒸氣浴，他從不洗澡，這樣做的目的是為了讓那尋求適意的身體受苦。他長期遵行嚴格的貧窮精神，無論是否得到許可，從不接受一毛錢，也不碰它。長時間以來，他企圖達到高度的純潔，除了手腳之外，從不抓癢或碰觸身體的其他部分。㊷

爲了不讓你們太難受，我沒有引述可憐的蘇索爲了忍受乾渴而加諸自身的折磨。令人高興的是在他四十歲之後，上帝向他顯示一連串的異象，讓他知道他已完全破壞了自己自然人的那一部分，可以停止這些苦行的磨練了。他的例子明顯充滿病態，但他的痛楚不像是得到舒緩，有些苦行者則可以享受到知覺變化，他們因爲感知能力的改變而將痛苦化爲扭曲的快感。例如，我們讀到關於聖心(Sacred Heart)修道會創始者的描述：

她對痛苦和磨難的喜愛無法得到饜足……她說如果永遠有替上帝受苦的事，她可以快樂地活到受審判的那一天；只要有一天沒有受苦，日子對她來說就變得無法忍受。她又說自己被兩種無法平息的熱情吞沒，一是對於領受聖餐(holy communion)的熱情，另一個是對受苦、貶抑以及消亡的熱情。她在信中繼續說道：「除了痛苦以外，我的生活沒有其他的支撐。」㊸

苦行衝動在某些人身上引起的現象我們討論到此。獻身於教會聖職的人認爲通向完善有三條不可或缺的道路，這三種自我克服的方式即僧侶發願遵從的貞節(chastity)、服從(obedience)和清貧(poverty)。關於服從與清貧，我將在以下做一些討論。

首先，讓我們看看服從。二十世紀初期的世俗生活並未對此德性抱持太大的尊重。相反地，個人對自己行爲的自決，以及對其後果之利益或痛苦的承擔，反而是當代最根深柢固的新教社會理想之一。因此，很難想像擁有內心生活的人會想要將自己的意志臣服於其他有限的受造物之下。我承認對我而言這還是一個謎，但很明顯地，仍符合許多人內在深層的需要，所以我們要盡力了解這種心態。

最起碼，我們看到在穩固的教會組織內服從的權宜性，使得它被視爲一種功德。其次，經驗顯示，每個人的生命都有些時候，他人的建議比自己的決定來得好。無法做決定是精神疲乏最常見的徵候之一，對我們的困難有更寬廣看法的朋友，通常對這些困難有比我們更有智慧的見解；所以，諮詢醫師、夥伴或是妻子經常被視爲優良的德性。但是，拋開這些較低層次的思辨，我們發現，已討論過的那些精神激動(spiritual excitements)之性質，有將服從理想化的好理由。服從可以從內在的溫柔、自我臣服，以及將自己交付給更高的力量等普遍的宗教現象生發出來。從這些態度中帶來的是救助，而非實用，它們因此被神聖化爲理想狀態。雖然服從一個我們徹底了解他會犯錯的人，我們仍覺得自己是將意志交付給一個無限的智慧。再加上對自我的絕望與自我折磨的熱情，服從成爲一種苦行的犧牲，與它是否帶來一些思辨性的好處無關。

服從被天主教作家在根本上視爲一種犧牲，一種苦行的形式，它是「人奉獻給神的一種犧牲，在這行動中他既是司祭，也是祭品。經由清貧，他奉獻外在的財富；經由貞節，他奉獻自己的身體；經由服從，他完成了奉獻，並給予神他爲自己保留的一切：他兩樣最珍貴的財寶，他的才智與他的意志。奉獻因此毫無保留，達到完全。這是一個眞正的全燔祭，因爲祭品爲了神的光榮已被燒盡。」㊹因此，在天主教的修練中，我們服從長上，不是因爲他只是一個人，而是因爲他是基督的代表。然而，當神學家以教科書方式將爲何要服從的理由集體整理在一起時，表現出來的混雜反而使我們覺得奇怪。一位耶穌會的權威說：

修道院生活最大的安慰之一就是保證我們經由服從而不會犯錯。長上在命令你做這或做那時，也許會犯錯，但只要你服從，可以很確定自己絕對不犯錯，因為神只會問你是否真的奉行接受到的命令，如果在這方面你可以給予清楚的交代，你就會完全被赦免。無論你做的事是否恰當，無論是否還有其他更好的事要完成，都不會拿來向你質問，而是用來質問你的長上。你順從地做好你的事之後，神就把你的帳一筆抹消，算到你的長上頭上。所以，聖傑洛姆(Saint Jerome)在讚頌服從的好處時說得好，他說：「喔，至高的自由！喔，神聖而蒙受祝福的安全！因為它，人幾乎成為無可指摘的」……

聖若望・克萊馬克(Saint John Climachus)將服從當作在神面前免除己責的理由時，也有相同的情懷。事實上，當神詢問為何你做這或做那，而你回答因為我的長上這樣命令時，神就不會再問你其他理由了。這就像一位旅客搭乘由好舵手掌舵的好船，他不需要擔心什麼，可以安穩地睡覺，因為這個舵手對一切負責，並且「為他守護」；同樣地，一位居於服從束縛下的宗教人，也在如同睡眠的狀態下升至天堂，也就是說，他在完全依靠長上的行為時升天，長上猶如船的舵手，持續不斷地看顧他。這不是枝微末節的小事，而是真理，能夠透過別人的手臂與肩膀橫過生命的狂風暴雨，是神給予那些活於服從束縛下的人的恩典。他們的長上要背負他們所有的擔子……有一位嚴肅的醫生說與其要他自我負責，選擇投入最高尚的慈善工作，他寧願為了服從的緣故一輩子拾麥穗，因為一個人若因服從行事，他很確定自己是在遵循神的旨意，但若只是出於符合自我的運作而去做任何事，總是不能獲得同樣程度的確定。㊺

如果我們要對於服從的全部精神有一種洞悟的理解，我們應該閱讀依納爵・羅耀拉的書信，在這些書信中他宣揚服從，將之視爲他修會的支柱。㊻這些書信太長，我無法在此引述，但他的同伴曾用一些話生動地描述他的信念，雖然這些話常被引用，我還是要徵得你們的同意，再引述一次。

一位早期撰寫依納爵傳記的人，曾報導他說過的這些話：

剛得到這個信仰時，以及後來，我應該將我自己完全交給神和那些因神的命令而代表神的人的手中。我應該渴望我的長上命令我放棄自己的判斷，並降服自己的心靈。我應該對所有長上一視同仁……在神面前將他們看成一律平等，因為他們都代表神。如果我區別人與人之間的不同，我就削弱了服從的精神。在我長上的手中，我必須成為一塊柔軟的蠟，一件可以使他適意的東西，無論他要我寫信或收信，跟一人說話或不跟一人說話，諸如此類。我必須把所有的精力用來熱切與確實地執行我所得到的命令。我必須把自己視為一具沒有智力也沒有意志的死屍，就像一團沒有抵抗能力的東西，隨人的高興把它擺在任何地方，也像老人手中的枴杖，視自己的需要來使用它，並把它放在任何覺得合適的地方。我必須同樣地將自己置於修會中，以它判斷最為合適的方式來為它服務。

我不應該要求長上把我派遣至特定的地方，或是執行某個特定的職務……我不該將任何事視為我私人所有，關於我所使用的東西，我要像石像一樣，任人從它身上剝奪也不反抗。㊼

另一段話出自羅迪貴(Rodriguez)，他在我剛剛引述的那一章提到教宗的權威，他說：

當聖依納爵領導他的團體時，他說，假如教宗命令他登上羅馬附近奧斯提亞(Ostia)港口看見的第一艘船出航，任它漂流在海中，沒有桅竿，沒有船帆，沒有船槳，沒有舵，或是任何航海維生所必需的東西，他也會服從，不只積極地服從，也不帶有任何焦慮或反感，甚至懷著極大的內在滿足感來服從。㊽

我要再引述另一個把我們正在討論的美德表現得很過分的實例，接著我會進入到另一個主題。

皇家軍港的瑪麗・克萊爾修女(Sister Marie Claire of Port Royal)深深地受到迪蘭格主教(M. de Langres)聖潔與卓越的感染。這位主教有一天在抵達皇家軍港不久，看見她對安琦麗修道院院長如此親密，就告訴她，也許她不再跟院長講話比較好。瑪麗・克萊爾很願意服從，就把這句不經意的話視為神的諭令，從那天起，經過好幾年，她都沒有對院長說過一句話。㊾

我們下一個主題是清貧。所有時代的所有宗教都將清貧視爲聖徒生活的一種美德。由於佔有慾是人類天性的本能，所以這構成另一個苦行生活的矛盾。然而，當我們想起較高層次的激奮多麼容易將低層次的貪慾壓抑住，它就不顯得矛盾，反而看來相當合理。我剛剛引述耶穌會士羅迪貴關於服從的敘述，爲了使我們對於清貧有更具體的認識，我要再引述他關於這個美德的另一段話。你們一定記得這是他對自己修會僧侶的教導，全部的論述奠基於「清貧的人是有福的」這段經文。他說：

如果你們當中的任何一人想要知道自己是否真的擁有清貧的精神，就想一想自己是否喜愛清貧帶來的一般結果與後果，也就是飢餓、乾渴、寒冷、疲累以及剝奪一切的方便。看看你是否喜歡綴滿補丁的襤褸衣衫，看看你的膳食少了一盤菜，分取食物時跳過去不給你，吃到的是自己厭惡的口味，或你的房間殘破未修理時，你是否還覺得高興。如果你對這些事感到不高興，如果不但不喜歡，你還逃避它們，那麼就證明你尚未達到完全的清貧精神。

羅迪貴接著更詳細地描述清貧的實踐：

第一個重點就是聖依納爵在他的規定中所主張的：「任何人都不該使用任何東西，好像這東西是他私人擁有的一樣。」他說：「一個有信仰的人對於自己使用的一切東西，都要像雕像一般，人們可以為它覆上衣服，但當人們又把這衣服剝下時，它既不悲傷也不抗拒。同樣地，你也要用這樣的態度面對你的衣服、你的書籍、你的房間，以及你所使用的其他任何事物。如果被命令不再使用它們，或與他人交換使用，也不會感到悲傷，就像雕像被剝掉衣服一樣。依循這樣的態度，你就可以避免使用這些東西，如同他們是你的私人財產一樣。但是，如果當你放棄自己的房間，或是讓出這個或那個物品的所有權，或與他人交換使用時，你不像雕像一樣，而覺得不悅，這就顯示出你將這些事物看成是自己的私人財產。」

這就是為什麼我們那神聖的創會者希望長上試驗他們的僧侶，就好像神試探亞伯拉罕一樣。考驗他們的清貧以及對於磨難的服從，使他們經由這個方法知道自己德性的程度，以獲得一個機會朝向德性的完善求取進步……當一個僧侶對自己的房間感到適意，並開始依附它時，就要他搬出這個房間；當另一個僧侶喜愛一本書時，就把這本書拿走；或是命令另一位僧侶換上較不好的衣服。如果不這樣，我們就會把所有的東西視為財產，慢慢地，這圍繞我們，並構成我們主要防衛的清貧之牆就會倒塌。古代沙漠中的教士常常用這種方法來對待他們的同伴……聖多西陀(Saint Dositheus)是病人的看護，他想要一種特別的小刀，要求聖多樂陀(Saint Dorotheus)給他一把，不為私人的用途，而是為了他負責的病房使用。聖多樂陀回答他說：「嘿！多西陀，所以你很喜歡這把刀囉！你寧願當一把小刀的奴僕，還是耶穌基督的奴僕呢！希望一把小刀做你的主人，難道不使你覺得羞慚嗎？我不讓你碰這把小刀。」這種斥責與拒絕對這位聖人的影響極大，自此之後，他再也沒有碰過這把小刀……

因此，在我們房間內，除了一張床、一張桌子、一個板凳和一個燭台，必須沒有其他家具，只有必要的東西，別的一樣也沒有。我們的房間不允許以圖畫或是其他任何東西裝飾，不可以有扶手椅、地毯、窗簾，或是其他任何較為高雅的櫥櫃。我們也不允許收藏任何食物，不管是為自己或是為那探訪我們的人。到食堂前要先獲得允許，即使只是為了一杯水；最後，我們不能為自己保留任何一本書，好在上面畫線，或是將之帶走。這樣，就沒有人可以否認我們是在極大的清貧中。這樣的清貧同時是一種極大的安寧與完善。因為如果一個有信仰的人被允許擁有多餘的東西，這些事物不可避免地會非常佔據他的心懷，無論他是想獲得這些東西，保留它們，或是使之增多。因此，當我們完全不允許擁有這些東西時，所有這些不便也就可以補救過來了。這是禁止俗人進到我們房間的許多好理由之一，而最主要的就是這讓我們比較容易保持清貧的精神。畢竟，我們都是人，如果我們接受世俗之人進入我們的房間，我們會失去遵守規定的力量，而至少希望在房間內擺一些書本當裝飾，好讓訪客覺得我們的學識很好。㊿

印度的托缽僧(fakirs)、佛教的僧侶，以及伊斯蘭教的苦行僧(dervishes)也和耶穌會與方濟會一樣，將清貧理想化爲最高尙的個人境界，所以很值得探究這種看來不自然的狀態其精神基礎爲何。首先，我們要探討最貼近一般人類本性的心理基礎。

人之**所有**(have)與人之**所是**(are)的對立自古已有。雖然被稱爲紳士（其古老意義是指出身名門的人），事實上常是掠奪及沉溺於土地與財物之中，但他從不認同自己的本質就是這些財富，相反地，他認為自己的本質是那些與生俱來的個人的優越、勇氣、慷慨與聰慧。他感謝上帝自己永遠不必像錙銖必計的小商人考慮事情，並且，如果因為缺少計較而不幸生活變得匱乏，他還是會很高興地認為，憑著自己單純的勇氣可以脫出困境，得到救援。雷辛(Lessing)的聖殿騎士(Tempelherr)在《智者那杉》(*Nathan the Wise*)中說：「無論誰有什麼，我的神啊，我的神，我什麼都沒有！」出身名門而沒有私人財產的理想，具體地表現在遊俠騎士與聖殿騎士身上，雖然這個理想常常發展到非常敗壞的地步，即使實際上並非如此，它仍然是軍人與貴族對於生活所懷抱的主流情懷。我們將軍人視為完全無所欠負的人而讚美。除了赤裸裸的生命之外，他什麼也沒有。而且，在任何時刻，假如有召喚他的理由，他都可以為之拋棄生命。他代表朝向理想方向無礙的自由。勞動者每日以自己的身體償付，沒有權利投注於未來，也很能表現這種超脫的精神。像野人一樣，他可以在任何地方枕著臂膀就睡，從他簡樸的運動家觀點來看，擁有財產的人就像是掩埋並窒息於可恥的外物和桎梏中，如同「掙扎於及膝的腐草與垃圾之中」。**外物**對人的索求是人格的腐蝕、靈魂的抵押，也是阻礙我們飛向高空拉扯的重錨。

懷特菲爾寫道：

> 我遇到的每件事似乎都在傳達這個聲音：「你去，去傳播福音；當一個世界的遊客，沒有伴侶，也沒有特定的居所。」我的心回應：「我主耶穌，幫助我遵

行你的旨意，並為你的旨意受苦。假如禰見我**陷入**安逸——陷於憐憫，溫柔的憐憫——的危險時，請你放置荆棘在我**安逸的巢**中，免得我耽溺其中。」[51]

現在的勞工階級對於「資本」的厭惡越來越強烈，似乎形成對於生活建立於物質擁有的反感情緒。就如一位無政府主義的作家說道：

> 不是由於累富，而是捨棄你所有，
> 使得你成為美好的；
> 你必須解開包裝，不要把自己包在新的包裝中；
> 不是因為添加衣服，而是因為割捨，你才使得身體變得健全……
> 因為要參加戰役的士兵，並不試圖在背上背什麼新用品，而是設法把東西丟下後離去；
> 他很清楚地知道，任何他不能自由使用或處理的多餘物品，只會是個障礙。[52]

簡言之，將生活建立於物質擁有，比起將生活建立於所行(doing)與所是(being)較不自由。所以爲了實行的便利，爲宗教精神激發的人都捨棄財物，如同丟掉阻礙物一樣。只有那些不顧慮私人利益的人可以純粹地追隨一個理想。懶散與怯懦蔓延於我們想要緊守住的一分一毫上。有一位新進的修士到聖方濟跟前，說：「神長，如果我可以有一本詩篇集，我將會得到很大的安慰，可是即使我們的長上讓我擁有它，我還是想徵得您的同意。」方濟以查理曼(Charlemagne)、羅蘭(Roland)與奧立佛(Oliver)爲例拒絕了他，說這些人辛苦地尋找異教徒，最後死在戰場上。他說：「所以不要關心自己是否擁有書本和知識，而應該關心自己是否行了善功。」幾個星期之後，這位修士又前來談起他對於詩篇集的渴望，方濟說：「當你得到詩篇集之後，你還會想要一本日課經，得到日課經之後，你又會想要坐在座位上，像個大主教一樣，然後對你的修士說：『把我的日課經拿來。』」……此後，他拒絕了一切類似的要求，說：「一個人只有將其知識化爲行動時，才算眞正擁有知識，一位僧侶只有在他的行爲合於他所宣講的內容時，才算是個好的宣教士，因爲每棵樹的好壞都是由其所結的果實來判斷。」㊿

然而，在這種不佔有東西的慾望中，還有一種更深刻的滿足，從全然投靠於更崇高的力量而得到滿足，它超越所有與所是的強健態度，並與根本的宗教密契經驗有關。只要還保留世俗的保障，還攀附任何殘留的審慎保證，還未完全交付自我，那麼，生死關頭就還未通過，恐懼仍然徘徊，對神聖的不信賴仍然持續著。我們猶如被兩個錨拉著，雖然有時依靠神，一陣風潮之後又轉向我們對自己的策劃。在某些醫療經驗中也有同樣的關卡需要克服。一個想要得到痊癒的酒鬼、嗎啡或古柯鹼癮者，要求醫生幫助他戒斷這個仇敵，但他又不敢全然面對這件事。這種支配他的藥物仍然是替他抵擋上風的錠錨，他仍將藥物藏在衣服裡，需要時仍秘密地安排好偷渡的管道。即使是這種沒有完全得到新生的人，也都還依靠自己的辦法，他的錢財就像長期失眠的人放在床邊的安眠藥；他將自己交託給神，但**假如**需要其他的幫助，這些幫助也唾手可得。我們每個人都了解這種希求改變，但因不夠完全而失效的情形。那些酒鬼即使自責很深，改變的決心很強，我們也可以感受到他們十分不願意眞的永遠**不再**喝醉！眞正放棄我們所依賴的任何東西，斷然、永久而完全地放棄，是我們在皈依那個主題中提及劇烈的性格轉變之一。在這個過程中，人的內在轉到一個與過去全然不同的平衡位置，從此活在一個新的能量核心。所有這種作用的轉捩點與關鍵，通常與誠心接受某種赤貧與困乏的境況有關。

因此，在所有聖徒生活的編年史中，我們屢屢聽到這個反覆的訊息：「無論如何，毫無保留地把自己託付於神的安排之中」、「不爲明天思慮」、「變賣你所有的一切給窮人」、「只有無情而不顧後果的犧牲，才會眞正得到更高的保障」。讓我從安東妮•布希農(Antoinette Bourignon)的傳記中讀一頁當作具體說明的例子。她是一位良善的婦女，在當時因爲不願以間接的方式信仰宗教，而被新教徒與天主教徒迫害。當她還是小女孩，住在父親家中時——

> 她徹夜祈禱，屢次說：「**主，祢要我做什麼？**」有一夜，在最深的懺悔中，她從心底深處說：「喔，我主！我要做什麼，來博取祢的歡心，因為沒有其他人

可以教導我，請禰對我的靈魂說話，它就會聽從禰。」就在那一刻，她聽見一個聲音，就像有人在她心中說話：「**拋棄一切世俗的東西。遠離對世人的愛，克己。**」她覺得很震驚，不了解這些話語的意義。她對這三點做長長的沉思，想著自己要如何去實踐。她想，她無法不依靠世俗的東西而活，也不能不愛世人或不愛自己。然而，她還是說：「**主，藉著禰的恩寵，我立志這樣做。**」但當她要實踐自己的承諾時，卻不知從何下手。想到修道院的宗教生活，他們以幽閉於修道院中的方式放棄世俗的一切，用交付自己意志的方式克服愛己之心，於是她請求父親，讓她進入一個赤腳嘉爾默羅聖衣會(barefoot Carmelites)（譯註⑥）的修道院。但她的父親不允許她這樣做，還說寧可看見她進墳墓。這對她來說是一件很殘酷的事，因為她認為在修道院中可以成為自己渴望成為的真基督徒。但隨後她發現，她的父親對於修道院比她有更多的了解，因為當他禁止她入修道院，不許她出家，也不給她任何錢入修道院時，她去見修道院的院長羅倫斯神父(Father Laurens)，並說如果修道院接受她的話，自己願意在修道院裡服務，努力工作以換取糧食，即使吃得很少也會滿足。他笑一笑，說：「**這是不成的。我們必須有錢來建築；我們不收沒錢的女孩，你必須想辦法弄到錢，否則不能進來。**」

這使得她很驚訝，也對修道院的情況有所醒悟。她決定離群索居，一直到神願意指引她該做之事以及該去的方向。她總是急切地詢問：「喔，我的主，什麼時候我可以完全屬於禰？」而她也認為神仍舊回答她說：「**當妳不再擁有任何事物，而死於自我的時候。**」「主，那我該在哪裡這樣做呢？」神回答說：「**在沙漠中。**」這回答使她印象深刻，並切望奉行。但她只是個十八歲的少女，怕遇到危險的事，她從未外出旅行過，也不知道往哪裡去。她把這些疑慮放到一邊，說：「主，禰會隨禰喜歡的方式引導我如何做，以及去哪裡。為了禰我才這樣做。我要脫去少女的打扮，穿上隱士的衣服，別人才不會知道我的身分。」她偷偷地準備好隱士的衣服，而父母在安排她的婚事，父親已答應將她許配給一位法國的富商。她想辦法拖延時間，並在**復活夜**剪去自己的頭髮，穿上修道服，睡了一會兒，於凌晨四點離開她的房間，什麼都不帶，只帶一文錢，好買當天要吃的食物。當她出去時聽到一個聲音說：「**妳的信心在哪裡？在那一文錢裡嗎？**」於是她把那一文錢丟掉，並祈求神寬恕她的過錯，說：「不，我主，我的信心不在那一文錢中，我只對禰有信心。」她就這樣離開了，完全擺脫對憂慮的重負與對俗事利益的顧慮。她的靈魂覺得十分滿足，不再對塵世的任何事物有所希冀，完全仰仗神，唯一的害怕就是被發現，然後被強迫回家。因為她覺得自己在這種貧乏之中所得到的滿足，比起過去所有經歷過的世俗快樂還要多。[54]

一毛錢只是微小的經濟保障，卻是宗教精神生活的有效阻礙。只有在把它扔掉後，人格才能完全安頓於新的平衡狀態中。

在自我交付的奧秘之上，清貧的精神還包括其他的宗教奧秘。清貧精神包含眞實(veracity)的奧秘：「我赤裸裸地到這個世界」。第一個說這話的人，擁有這個奧秘。我赤裸的存在必須面對這場戰役，僞裝並不能拯救我。還有一種民主(democracy)的奧秘，或是說在神面前萬物一律平等的情懷。這種情懷（一般說來，似乎在伊斯蘭教地區比在基督宗教地區來得普遍）傾向於將人一般的貪慾取消。就像我在前一講所說的，懷有此種情懷的人排斥面子、榮譽、特權與優勢，寧願匍匐在神面前的共同平等點之前。從實踐層次來說，它與卑屈相近，但它並不等同於卑屈的情懷。毋寧說它是一種**仁道**的情懷，拒絕享受任何他人無法享受的好處。有一個深刻的道德家，討論基督的話，「變賣你的一切來跟隨我」時，說道：

> 基督的意思可能是說，如果你完全愛人，結果就是你不會再顧慮自己是否擁有任何財產，這似乎是很有可能的。但相信一件事為真是一回事，把它視為事實又是另一回事。如果你像基督一樣愛人，就會把祂的結論看成事實。事情會變得很清楚，你會變賣所有的所有，而你也不覺得這是損失。這些真理對基督而言，以及和基督一樣愛人的人而言如此真實，但對不是那麼具備愛人情操的人

來說，就像是寓言了。在每一代都有些人，一開始並沒有立意要成為聖人，只是從幫助他人的興趣，以及從實際助人的了悟中發現自己捲入這個漩渦，他們於是拋棄舊的生活模式，好像拂掉天秤上的微塵。這個過程是逐漸的、偶然的、不知不覺的。因此拋棄奢華的生活方式根本不成問題，它只是附帶於其他問題之上，也就是我們拋棄自己，追隨那絶不後悔的愛人邏輯的程度。[55]

但這些情懷卻必須藉由親身的體會才能得到眞正的了解。沒有一個美國人可以理解英國人對其國王，以及德國人對其皇帝的忠誠，也沒有英國人或德國人可以理解美國人必須沒有國王，沒有皇帝，沒有無意義的東西夾在他與所有人共有的上帝之間，才會覺得心安的那種狀態。如果這些人與生俱來就要接受的單純情懷是奧妙的，那麼，那些我們討論過的更爲幽微的宗教情懷就益加奧妙了。一個人永遠無法站在情緒的外邊來理解它或是猜測它。然而，在情緒激發的熱烈狀態中，所有不可理解的都得到理解，所有像謎般的狀態都變得淸楚鮮明。每一種情緒都服膺自身的邏輯，並且引申出其他邏輯無法演繹的結果。虔敬與慈悲或在一個與世俗的貪慾和懼怕不同的世界，也形成一種截然不同的能量核心。就像在極度的煩憂中，微小的苦惱可能變成安慰；極大的愛情中，小小的犧牲會變成一種收穫；因此至極的信賴也會使得平常的保障變得可厭，並且在某種熱烈的慷慨激情中，保留私人財物就會顯得絶頂卑鄙。如果我們自己站在這些情緒的外圍，唯一穩健的方法就是盡力觀察擁有這些情緒的人，並忠實地記下我們所觀察到的。我幾乎不需要再說，這就是我在這兩講中努力要做到的。希望我所討論的範圍已經夠廣，可以符合我們目前的需要。

註釋

①摘錄自 Sainte-Beuve: *Port-Royal*, vol. i. pp. 95, 106.

②「步傑(Bourget)說：『愛情如果沒有到使人犯罪的地步，就不算是愛情。』因此我們可以說，如果激情(passion)沒有將人帶到犯罪的地步，也不算是眞正的激情。」（見西格勒[Sighele]，《宗派心理學》[*Psychologie des Sectes*], p. 136）換句話說，強烈的激情會將平常源於「良心」的抑制作用打消。反過來說，所有犯罪的人，那些欺詐、膽怯、好色或是殘酷的人之中，也許沒有一個人的犯罪衝動沒有在某些時刻被其他情緒（只要這些情緒夠強）所壓倒，這些其他情緒也是他性格的傾向之一。對這些人來說，恐懼可能是這種情形中最可及的情緒。它代替良心，在這裡可以合宜地被歸類於「較高級的情緒」。如果我們即將死去，或是我們相信審判的日子即將來臨，我們會多麼快速地將我們的道德準備好，我們不明白爲何罪惡可以長久地誘惑我們！持著地獄烈火觀念的老式基督教，很清楚如何從恐懼的力量引出同等強度的懺悔，以及發揮使人皈依的效果。

③例如，本雅明・康士坦(Benjamin Constant)，人們常爲他優等智力與低劣人格集於一身的非常情形感到驚異。他寫道（見《日記》[*Journal*], Paris, 1895, p. 56）：「我被自己可悲的軟弱來回投擲與拉扯。沒有一件事比我的猶豫不決更荒謬。一下子結婚，一下子獨身，現在在德國，等一下又在法國，一再猶疑，歸根究柢來說，就是我**無法放棄任何事物**。」他無法對自己選擇的任何事「著魔」(get mad)，當一個人被這種什麼都好的態度所困住時，前途是沒有希望的。

④易於受激發所帶來的重大結果就是勇氣；而且，此種性質的量的增加或減少會造就出不同的人、不同的生活。各式各樣的激動會讓勇氣表現出來。例如充滿信賴的希望、鼓勵人的模範、愛情、憤怒等種種情緒，都會造成這樣的效果。對某些人來說，天生具備高度的勇氣，只要有一點點危險就會激發出他們的勇氣，雖然對大部分來說，危險對行動有很大的抑制作用。「愛好冒險」變成這些人主要的熱情。斯科比立夫(Skobeleff)將軍說：「我相信自己的勇氣只是一種熱情，一種對於危險的輕視。性命遭受危險讓我充滿一種過分巨大的狂喜。一同冒險的人越少，我越喜歡。我的身體必須參與其中，才會讓我感到足夠的刺激。一切出於理智的事對我來說是一種反射作用，但人與人之間的對決、格鬥，一種讓我可以挺身承擔的危險卻吸引我、激發我，使我感到迷醉。我爲之瘋狂，我愛它、崇拜它。我追求危險，就像其他男人追求女人一樣。我希望危險永遠不要中斷。如果危險總是一樣，它也始終會給我帶來新的樂趣。當我將自己投入一場自己尋求的冒險中，我的心跳因情勢的不確定而加快；我會希望它馬上出現，又希望它晚點來到。一種痛苦而又甘美的顫動搖晃著我，我整個人向險境奔赴，這是一種意志也無能抵抗的衝動。」（摘錄自 Juliette Adam: *Le Général*

Skobeleff, Nouvelle Revue, 1886, pp. 34-37）斯科比立夫似乎是一個殘暴的唯我主義者(egoist)，還有那不重私利的加里波第(Garibaldi)，如果我們可以從他的《回憶錄》(*Memorie*)判斷的話，也是活在類似的情緒中，對危險有一種不屈不撓的追求。

⑤參見第三講中二十七歲男子的例子。他描述自己與神聖感通的經驗，說那「只是對於覆蓋於我生活上的那些**習氣暫時的消除**」。

⑥參見第九講紐約酗酒者的例子，「我所知道對於飲酒狂(dipsomania)唯一的根治藥方就是宗教狂(religiomania)」是我聽人家引述自一個醫學專家的話。

⑦ Doddridge *Life of Colonel James Gardiner*, London Religious Tract Society, pp. 23-32.

⑧例如，這裡有一個從斯塔伯克的書中得來的例子。在這個例子中，「感覺的自動作用」(sensory automatism)快速地引發祈禱與決心所無法引發的狀態。敘述者是一位女性，她說：

「當我四十歲時我試著戒煙，但我煙癮還是很大，並被這個慾望所支配。我哭泣、祈禱，向上主承諾我會戒掉，但還是不能。我已經抽了十五年的煙。當我五十三歲時，有一天我坐在火爐旁吸煙，聽見一個聲音。我並不是經由耳朵聆聽到這個聲音，它更像是來自夢中或是某種雙重思想(double think)。它說：『露薏斯，不要再抽煙了。』我馬上回答：『你會將我這個慾望拿走嗎？』但它只是不停地說：『露薏斯，不要再抽煙了。』接著我就站起來，把我的煙斗放在壁爐架上，從此不再吸煙，也沒有任何吸煙的慾望。這個慾望就這樣消失了，彷彿我從來不知道怎麼吸煙，也沒碰過煙一樣。看見別人吸煙或是聞到煙的味道也始終不再給我一丁點想抽煙的慾望。」參見 *The Psychology of Religion*, p.142。

⑨斯塔伯克教授認爲從生理學上來說，舊勢力的徹底破壞是高級大腦中樞與低級大腦中樞之間連結的斷絕。他說：「這種與精神生活相連結的中樞系統與較低層次的系統切斷聯繫的情形，經常表現於我的通信者對其經驗的描述……例如『**外在**的誘惑仍然侵襲我，但我的**內心**對他們置之不理。』在這裡，敘述者的自我完全認同高級中樞，他所感覺到的是內在感受到的那部分。另外一個人說：『從那時起，雖然撒旦仍然試探我，但就好像有一扇銅牆圍繞在我身邊，他的攻擊無法及於我身上。』無疑地，這種功能上的排拒發生於大腦內。可是，由內省所能觀察到的來看，導致這種情況的原因只是精神興奮的程度，它終究必須夠高、夠強，才能支配一切。而且我們必須坦白承認，並不了解這樣的支配爲何以及只發生在某些人身上，而不發生在其他人身上。我們只能以機械的比喻來給予想像一些可能是不眞實的幫忙。

「例如，如果我們假想人類心靈有不同的平衡可能性，它像是一個多面立體，這個多面立體可以平放於不同的表面。我們可以把心靈的轉變比擬成此種多面立體在空間上的轉動。比方說我們用一個槓桿把它平放的那一個表面A撬動，它將會有一段時間不穩定地撬起一部分，如果槓桿停止撬它，它會由於地心引力的緣故拉回去，或是恢復到原來的狀態。但是，如果在撬動的過程它轉得太厲害，重心完全脫離表面A，這個多面體的重心就會落到另一個表面，而永久地停在這一面。此時地心引力對於表面A的拉力消失，而且可以被忽略。這個多面體也可以免於被其他方向的吸力所影響。

「在這個比擬中，槓桿相當於開啓新生活的情緒力量，而地心引力一開始的作用則相當於自古以來的人類缺點與抑制作用。只要情緒力量尚未到達一定程度的作用，它所帶來的改變就還不穩定，人也會故態復萌。但當新的情緒到達一定的強度，越過關鍵點之後，就會帶來不可逆轉的改變，如同產生一個新本性一樣。」

⑩雖然「聖徒性」(Saintliness)一詞有時候有「假裝神聖」(sanctimoniousness)的意涵，我還是決定使用它，因爲我找不到其他可以涵括我將在下文描述的那些情感的總和詞。

⑪英芝博士(Dr. W. R. Inge)在他的《基督教密契主義》演講集(*Christian Mysticism*, London, 1899, p. 325)中說道：「我們會發現那些有顯著聖徒傾向的人所說的話很一致。他們告訴我們他們已達到一種不可動搖的信心——不根據推理，而是經由直接經驗得來——相信上帝是人的精神可以與之溝通的一位神，在祂內人可以遇見所有想像得到的眞、善、美；他們可以在自然中處處見到神的足跡，並從內心感受到神的臨在，神就是他們的生命，因此他們與自己的本性多麼接近，他們就與神多麼接近。他們告訴我們，使我們與神的快樂隔絕的，首先是各種形式的自私，其次是各種形式的肉慾，這些是黑暗與死亡的道路，使我們看不見神的面容；而正義之路像是一道光，越來越亮，直至如白晝一樣明亮。」

⑫「人道主義的熱情」可以導向在許多方面與基督教聖徒相符合的生活。請看下列由道德行動會(the Union pour l'Action morale)的會員所提出的法則（參見*Bulletin de l'Union*, April 1-15, 1894. 亦見*Revue Bleue*, August 13, 1892.）：

「我們要讓人看見規則、紀律、順服與捨棄對我們的好處。我們會教導人們受苦的必要，並向人解釋苦痛所扮演的創造性角色。我們要攻擊虛妄的樂觀；攻擊幸福會不請自來這種低劣的希望；攻擊救贖可僅靠知識或僅靠物質文明而得來的觀念——物質文明是文明的虛妄象徵，岌岌可危的外部配置，不適合用來取代靈魂親密的結合與一致。我們也要攻擊公領域或私人生活的惡德；攻擊奢侈、挑剔以及過度精緻；攻擊一切因慾望的增加而使得我們的痛苦、不道德與反社會傾向增加的事物；攻擊那些在普通人靈魂身上引發嫉妒與厭惡的事情；攻擊那肯定生活的主要目的即是享受的自由這個概念。我們要用我們的榜樣宣揚對長上和平輩的敬重，對所有人的尊重；宣揚和下屬及微不足道的人親密且平實的關係；宣揚我們對於只與自己權利有關的事物較隨意，但對與他人或公共有關的義務的要求卻很堅決。

「因爲普通人是經由我們的幫助而成爲他所成爲的。他們的惡就是經由注視、羨慕與模仿我們的惡而來；如果他們回過頭來以所有的重量壓迫我們，那也是公平的。

「我們禁止自己尋求名望，以及所有看來重要的野心。我們發誓不犯錯，無論程度大小。我們承諾：不在所言、所寫中創造或鼓勵所有可能的虛幻之事，我們對彼此承諾保持積極的誠摯之心，努力看清眞理，並永不害怕宣告所知之眞理。

「我們承諾刻意地抗拒流行的浪潮，抗拒衆人一窩蜂的過度追求，抗拒所有形式的軟弱與害怕。

「我們禁止自己用諷刺的語言。提到正經的事情，我們就以嚴肅與認眞的方式來說它，不以嘲弄的方式，也不顯露出嘲弄的樣子——甚至談論到一切事情時都以這樣的態度，因爲內心的光明也可以用正經的方式來表達。

「我們永遠會單純地以自己原來所是的樣子來推舉自己，而不帶有虛僞的謙遜、假裝博學、造作或驕傲的態度。」

⑬同上，p. 201。

⑭節錄自 H. Thoreau: *Walden,* Riverside edition, p. 206。

⑮ C. H. Hilty: *Glück*, vol. i. p. 85.

⑯ *The Mystery of Pain and Death*, London, 1892, p. 258.

⑰比較辜揚夫人(Madame Guyon)的話：「我習慣在半夜起來做崇拜……我覺得神似乎在固定的時間前來，將我從睡眠中喚醒，好享受與祂同在的快樂。當我生病或是非常疲累時，祂並不將我喚醒，然而在這種時刻我覺得，即使是在睡眠中，我也奇妙地擁有祂。祂愛我如此之深，有時我只能不完全地感受祂的臨在時，祂彷彿滲透我的存在。我的睡眠有時中斷——類似半夢半醒的狀態，但我的靈魂好像是清醒的，知曉祂的存在，即使我的靈魂對其他事渾然不知。」參見 T. C. Upham: *The Life and Religious Experiences of Madame de la Mothe Guyon*, New York, 1877, vol. i. p. 260。

⑱我刻意將原文做一些刪減，原文參見 Edwards's Narrative of the *Revival in New England*。

⑲ Bougaud: *Hist. de la Bienheureuse Marguerite Marie*, 1894, p. 125.

⑳ Paris, 1900.

㉑ Dumas: *La Tristesse et la Joie*, p. 130。

㉒ Dumas: *La Tristesse et la Joie*, p. 167。

㉓見上引書，p. 127。

㉔對於人類與動物間的界線亦然。我們讀過多文斯基(Towianski)——一位著名的波蘭愛國志士與密契主義者——這樣說：「有一天，他的一個朋友和他在雨中相遇，看他正在撫摸一隻大狗，這隻狗還撲在他身上，使得他身上沾滿骯髒的泥漿。朋友問他，為何他讓一隻動物這樣把他的衣服弄髒，他說：『這隻狗雖然是我第一次看到，但牠對我表現極大的友好，也對我認出並接受牠的招呼表現出很大的喜悅。如果我趕牠走，將會傷害牠的感情，對牠形成一種精神的損傷。這將不只是對牠的冒犯，也是對另一個世界中與牠位於相同層次精神的冒犯。牠對我的外套造成的破壞，比起我可能加諸於牠的傷害（如果我對牠友誼的表示以冷漠回應）簡直微不足道。』他還說：『我們應該在任何時候盡我們的所能，一方面改進動物的境況，一方面促進我們與世界所有精神體合一，這種合一由於基督的犧牲而成為可能。』」節錄自 André Towianski, *Traduction de l'Italien*, Turin, 1897（私人出版）。我由友人路陀斯洛斯基(W. Lutoslawski)（《柏拉圖的邏輯創始與成長》[*The Origin and Growth of Plato's Logic*]一書的作者）之處得知這本書。

㉕節錄自 J. Patterson's *Richard Weaver's Life Story*, pp. 66-68。

㉖例如說未來的佛陀，轉世為一隻野兔，跳到火中煮熟，使自己成為一個乞丐的一餐——跳到火裡前他已經先將自己的身體搖晃三下，以免毛裡的蟲和他一同被燒死。

㉗ *Bulletin de l'Union pour l'Action Morale*, September, 1894.

㉘節錄自 B. Pascal: *Prières pour les Maladies*, §§xiii, xiv。

㉙節錄自 Thomas C. *Upham's Life and Religious Opinions* and *Experiences of Madame de la Mothe Guyon*, New York, 1877, ii. 48, i.141, 413。

㉚見上引書，p. 129。London, 1901。

㉛ Claparéde et Goty: *Deux héroines de la foi, Paris*, 1880, p.121.

㉜比較這三種不同的說法：A. P. Call: *As a Matter of Course*, Boston, 1894; H. W. Dresser: *Living by the Spirit*, New York and London, 1900; H. W. Smith: *The Christian's Secret of a Happy Life*, published by the Willard Tract Repository，現在的許多人手上都有這本書。

㉝ T. C. Upham: *Life of Madame Catharine Adorna*, 3d ed., New York, 1864, pp.158, 172-174.

㉞ *The History of Thomas Elwood*, written by Himself, London, 1885, pp. 32-34.

㉟ *Memoirs of W. E. Channing*, Boston, 1840, i. 196.

㊱ L. Tyerman: *The Life and Times of the Rev. John Wesley*, i. 274.

㊲節錄自 A. Mounin: *Le Curé d'Ars, Vie de M. J. B. M. Vianney*, 1864, p. 545。

㊳ B. Wendell: *Cotton Mather*, New York, no date, p.198.

㊴早期的耶穌會士羅迪貴所編的手冊是最著名的手冊之一，已被翻譯成多國語言。一本編得很好、方便近代使用的手冊是黎貝(M. J. Ribet)所編的《基督教的苦行者》(*L'Ascétique Chrétienne*)，新版，Paris, Poussielgue, 1898。

㊵節錄自 Saint Jean de la Croix, *Vie et Œuvres,* Paris, 1893, ii. 94-99。

㊶「毒蟲」指的就是蝨子，是中世紀聖徒不斷運用的一種象徵。我們讀到關於亞西西的方濟的羊皮衣，說：「聖徒的夥伴常常把他的羊皮衣拿到火上清潔並**消蟲**(dispediculate)，他說他這樣做是因爲這位天使般的聖徒，而不是**蟲**的仇敵，相反地，他將這些蟲保留在身上，並認爲將這些神聖的珍珠戴在修道袍上是一種光榮和榮耀。」引自P. Sabatier: *Speculum Perfecionis*, etc., Paris, 1898, p. 231, note。

㊷節錄自 *The Life of the Blessed Henry Suso*, by Himself, trnaslated by T. F. Knox, London, 1865, pp. 56-80。

㊸ Bougaud: *Hist. de la bienheureuse Marguerite Marie, Paris*, 1894, pp. 265, 171. Compare, also, pp. 386, 387.

㊹ Lejuene: *Introduction à la Vie Mystique*, 1899, p. 277. 全燔祭(holocaust)的比喻最晚來自於依納爵・羅耀拉(Ignatius Loyola)。

㊺ Alfonso Rodriguez, S. J. : *Pratique de la Perfection Chrétienne* [1896], Part iii., Treatise v., ch. x.

㊻ Letters li. and cxx. of the collection translated into French by Bouix, Paris, 1870.

㊼ Bartoli-Michel, ii.12.

㊽同上引，Rodriguez, Part iii., Treatise v., ch. vi。

㊾ Saint-Beuve: *Port Royal*, i. 346.

㊿同上引，Rodriguez, Part iii., Treatise iii., chaps. vi., vii。

(51) R. Philip: *The Life and Times of George Whitefield*, London, 1842, p. 366.

⑫節錄自 Edward Carpenter: *Towards Democracy*, [1892] p. 362。

⑬ *Speculum Perfectionis*, ed. P. Sabatier, Paris, 1898, pp. 10, 13.

⑭節錄自 *An Apology for M. Antonia Bourignon*, London, 1699, pp. 269,270。另一個從斯塔伯克的收集中得到的例子是：

「在翌晨六點的聚會中，我聽到一個人描述他的經驗。他說：上主問他是否願意在採石工的同事面前承認自己的基督信仰，他說他願意。接著上主問他是否願意將所存的四百元奉獻給上主用，他說他願意，因此上主救了他。我馬上想到，我從來沒有將自己或是自己的財物奉獻給上主，只一直企圖用**我的**方式來侍奉祂。現在上主問我，是否願意以**祂的**方式來侍奉祂，如果祂命令我，我肯不肯一毛錢都不帶就單獨出門。這個問題一直在回家的路上壓迫著我，我必須做出決定，是要放棄一切而擁有上主，或是保留一切而失去祂！我很快就決定我要選擇上主，而我也覺得祝福的安心到我心中，上主已將我視爲祂所有，我的喜樂已達到圓滿。當我從聚會回家時，覺得自己就像孩童一樣有著純樸的情感。我以爲所有的人都會高興聽到我爲上主擁有的那種喜悅，所以我開始向人訴說這個簡單的故事。但令我十分驚訝的是，牧師們（我參加過三個教堂的聚會）反對這樣的經驗，說這是一種狂熱，其中一位牧師要他教堂的信友避開公認有這種經驗的人，所以我很快就發現，自己的敵人是那些自家人。」

⑮節錄自 J. J. Chapman, in the Political Nursery, vol. iv. p. 4, April, 1990。

譯註

①聖伯弗(Charles Augustin Sainte-Beuve, 1804-1869)，法國文學歷史學者與批評家。

②依納爵・羅耀拉(Ignatius Loyola, 1491-1556)，西班牙神父，耶穌會(the Society of Jesus)創始人。

③方濟・薩威(Francis Xavier, 1510-1552)，天主教傳教主保。早年在巴黎求學，結識了依納爵，和他及其他的同伴共創耶穌會。後來他被派前往印度傳教，後來又從印度經過麻六甲而到日本，他在一五五二年前往中國傳教的途中，死於上川島。

④Theosophy來自希臘字根theos(god)和sophia(wisdom)的結合，表示「神的智慧」。神智學可溯至畢達哥拉斯時代，由德國密契主義者玻米（Jacob Boehme, 1575-1624，參見本書第十六、十七講）擴充其意義，視其爲密契哲學。Helena Petrovna Blavatsky(1831-1891)於一八七五年成立神智學社(Theosophical Society)，現在的神智學說特別強調了印度教和新柏拉圖主義(Neoplatonism)的成分。

⑤聖十字的聖若望(Saint John of the Cross, 1542-1591)，西班牙密契主義者，「空無的理論」(doctrine of the void)是其靈修與密契思想之核心。

⑥Carmelites爲天主教修會「嘉爾默羅聖依會」，早年被稱爲嘉爾默羅山聖母的修會，因發源於巴勒斯坦北部的嘉爾默羅山而得名，以隱修爲修會之生活式；聖德勒莎（大德蘭）即屬此修會。

14・15 宗教經驗之種種

聖徒性的價值

The Value of Saintliness

・當奉獻失去平衡，它所導致的缺點之一就是狂熱。

・人們曾經宣揚聖戰，煽動大屠殺，
只爲了去除一個他們幻想他人加諸於上帝的輕蔑。
將神表述爲在意其榮光的神學，
以及懷有帝國主義政策的教會曾經勾結在一起，
將這種性情煽動到火熱的程度，
因此不容異己與迫害，變成對某些人來說其惡德與聖徒心態無異。
這些惡德無疑是聖徒心態容易犯的罪過。

・只要宗教人的智力還停留在滿足一個專制神的階段，
狂熱主義就會是宗教的缺點。
但當上帝被理解爲不再對其榮耀和光榮如此重視，
狂熱主義就不會再那麼危險了。

我們已經回顧了關於那些被認爲是眞正宗教的結果，以及虔敬宗教者的特徵中比較重要的現象。今天我們必須改變我們的態度，從描述走向欣賞。我們必須詢問，是否這些結果有助於判斷宗教對人生所增加的絕對價值。如果可以抄襲康德，我將會說「純粹聖徒性的批判」(Critique of pure Saintliness)是我們這一講的主題。

討論這個主題時，如果我們能像天主教神學家一樣，秉持著對人及人的完善的固定定義，以及我們對於神的正面教義，由上而下地進到我們的主題，我們的工作會變得很容易。人的完善就是實現受造的目的，這個目的也就是與他的創造者合一。合一可以經由三條道路達成，也就是積極之路、淨化之路以及靜觀之路。在每條路上進步的程度，可以簡單地運用有限的神學與道德概念的定義來衡量評定。因此，任何我們聽到的宗教經驗之絕對意義與價值，都可以用數學量化的方式來理解。

如果方便是最重要的事，我們現在應該因不能利用這麼方便的方法而惋惜。但實際上，我們在第一講中談到經驗法(empirical method)時，已經故意不選擇這樣的方法了；我們也必須承認，經過這樣的捨棄後，再也無法得到截然分明而形式化的結果。**我們**無法在人身上清楚地區分出理性的部分與動物性的部分。**我們**無法區分自然與超自然的效果；也無法從後者中得知什麼是神的恩寵，什麼又是魔鬼的冒充結果。我們只能收集所有的資料，不帶任何神學系統的預設，然後，根據對這個經驗以及那個經驗的片段式判斷（以我們一般的哲學偏見、本能以及常識做爲判斷的引導）的**總和**來決定。大體說來，某種宗教因爲它所帶來的結果應該被認可，另一種宗教因爲它所帶來的結果應該被排斥。我說得到「大體說來」的結論，恐怕是我們無法避免的結果，爲注重實用的人所喜愛，卻爲系統思想家所厭惡。

我也擔心這麼坦白的承認，會使你們當中有些人覺得我像是把指南針丟到海裡，而倚靠反覆無常的怪人當我們的領航員。你會覺得我使用這種不成形的方法，只是出於懷疑主義或是任性的選擇所帶來的結果。所以，我應該在這裡提出一些反駁上述觀點的想法，並將我宣稱使用的經驗主義法則做進一步的解釋。

抽象地說，想要以屬於人類價值的概念來衡量宗教結果的價值似乎不合邏輯。就像你不去考慮那鼓舞這些人的神是否眞的存在，如何**能**衡量這些結果的價值？如果神眞的存在，人們爲了滿足神的需要所做的一切行爲，必然是出自其宗教的合理結果，只有當神不存在時，這些結果才顯得不合理。例如，你想以主觀的感受譴責某個宗教用人或動物做祭品，但其實一直有個神存在，要求這種犧牲，你就犯了一個神學上的錯誤，因爲你理所當然地假設神不存在。你將像經院哲學家一樣，建立一套自己的神學。

到了這種斷然不相信某種類型的神的程度，我承認我們也必須被算作神學家。假如「不信」(dis-beliefs)也可以構成一種神學，我選擇用來做爲導引的偏見、本能與常識（當它們使人厭惡某些信仰時）就使得我們成爲神學的宗派之一。

然而，這種常識的偏見與本能是經驗演化的結果。當人們對自然與社會組織的領悟發展得越進步，其道德與宗教的狀態也隨之變化，沒有什麼比這種世俗的轉變更讓人感到驚訝。間隔了幾代，人類的心理狀況不再喜歡這些早期仍能完全滿足人類對神的概念，昔日的神已滑落至世俗的水準之下，不再被相信。在今日，如果神明要求信徒以血腥的祭祀來安撫祂，將會顯得過於兇殘，沒人願意將祂當眞。即使提出支持祂的有力歷史證據，人們也不會看它一眼。反之，曾經有一度，祂的兇殘嗜血是自身的最好證明。長久以來，祂們迎合人們的想像，而且因爲這種表面力量的粗俗符號爲人所尊崇，人們也不了解其他的神祇。這種神祇會被崇拜，正因爲人們喜歡祂們所帶來的結果。

無疑地，歷史的偶然總是對於事情後來的發展有所影響，但使神的形象固定化的原始因素，總是屬於心理因素。創立特殊教派的先知、預言家以及虔誠的信徒所見證的神，必然對他們具有某種個人價值。他們可以利用這個神。祂引導他們的想像力，保證他們的希望，控制他們的意志，或是他們需要祂做爲抵抗魔鬼的屏障，以及遏制他們犯罪的力量。無論如何，他們爲了這個神所能帶來結果的價值而選擇祂。只要這些結果開始失去價值，只要他們與不可或缺的人類價值有所衝突，或是過分妨礙其他的價值，只要他們一經反省就開始顯得幼稚、可鄙或是不道德，這個神就逐漸名譽掃地，不久就被忽略與遺忘。也就是這樣，受過教育的羅馬人與希臘人不再信奉他們的神祇；我們也如此批評印度教、佛教與伊斯蘭教的神學；基督新教徒以這種方式面對天主教對於神的概念；

自由派的新教徒也這樣看待舊式的新教觀念；中國人這樣判斷我們，活在現代的我們也要被我們的後代這樣判斷。當我們不再對某個神的定義所隱含的意義感到讚許時，我們最後就不會再相信這個神。

很少歷史上的變化比起這些神學觀點的改變更為奇怪。例如，君主式的統治型態不可抹消根植於我們祖先的心靈，所以，帶有兇殘與武斷特質的神明就符合他們的想像。他們將兇殘稱為「報應的公道」，一個缺乏此種性質的神會讓他們覺得不夠權威。但現在我們厭惡施加永罰的這個概念，至於對所揀選的個人任意施予救贖或懲罰（強納生・愛德華茲認為自己不但這樣相信，並且「懷著喜悅地相信」這樣的觀點，認為這是一個「極為適意、光明與甜美」的教義），如果這是一種統治的表現，在我們看來也是一種不合理且卑鄙的統治。不只是兇殘這個特質令我們後代人感到震驚，古代人所信仰的神其性格之瑣碎也令人驚訝。我們可以從天主教聖徒年鑑中找到這種令新教徒揉眼驚視的例子。一般而言，儀式性的崇拜對於當代超驗主義者，以及極具清教徒傾向的心靈來說，就好像崇拜一個幾近荒謬的、孩子氣的神，喜愛玩具店般的擺設、蠟燭、俗麗的金箔、特有的服裝、喃喃自語及虛華的儀式，並覺得祂的「榮耀」藉此而不可思議地擴大——就像從反面來說，喜歡儀式的人看來，泛神論沒有特定型態的寬廣顯得很空虛，福音教派那種枯槁的有神論，散發出讓人無法忍受的單調、慘白與荒涼。愛默生說，如果路德知道他的文章最後會變成波士頓唯一神教派(Boston Unitarianism)那種蒼白的否定論，他一定寧可將自己的右手切斷，也不願將這些文章釘在威騰堡(Wittenberg)大學的門上。

到此爲止，當我們評估其他人的宗教結果時（無論我們多麼自詡經驗主義），雖然被迫使用自己的某種神學或然性(probability)做標準，這個標準卻是由普通生活的趨勢而來的。它是人類經驗在我們心內的聲音，將一切橫擋在它面前，阻礙其進展的所有神祇加以審判與定罪。如果我們取其最廣義，「經驗」是被指控爲與經驗方法不一致的那種不信的來源。你知道，這種不一致是無形的，這種指控也可以被忽略。

即使我們從「不信」談到積極的信仰，對我而言，也不存在一種形式上的不一致用來反對我們的方法。我們所擁護的神，是我們需要並且可以利用的神，是對我們的要求可以增強我對自己以及他們要求的神。簡言之，我接著要進行的就是以常識來檢驗聖人的性質。以人類的標準幫助我們判定，宗教生活可以多大程度做爲理想的人生活動。如果它是可推崇的，那麼任何神學信仰，只要是可以激發宗教生活的，在這範圍內就是可信的。否則，他們就不足信，這一切都是依據適合人類的法則而定。它只不過是消滅不適合人類，而保留最適合人類的那一部分，將之運用於宗教信仰。如果我們以公平、不帶偏見的眼光看待歷史，我們就必須承認，終究沒有一個宗教不是以這樣的方式來建立或是證明自身。宗教已經**證明了**自己的價值，並在其盛行的時候照料了人類各式各樣維持生活的需要。當它們過度侵犯其他的需求，或當其他的信仰更能滿足同樣的需要時，就被取而代之。

需要總是很多，檢驗也總是不夠清楚。所以，用來指責經驗法（我們不得不使用的方法）的模糊、主觀以及「整體言之」等完全合法的控訴，畢竟是在對應付這些事物的整個人生之可憎進行指責。沒有一個宗教因爲具備「必然之明確性」而得到傳佈。在未來的講程中，我將會提出一個問題，亦即一個已經實際盛行的宗教，其客觀的確定性是否可以加上神學的推理。

關於遵循我們使用的經驗法，會導致系統的懷疑論的指責，我也有些話要說。既然不可能否認我們的情感和需要會經歷現世的變化，所以要斷定我們的世代不會爲下一世代所改正，也是荒謬的。因此，任何思想家也不能排除懷疑論，認爲其結論可以免於懷疑論的可能修正；同時，也沒有任何一個經驗主義者應該自認可以避免這種普遍的可能性。但是，承認會被修正是一回事，進行任意的懷疑則是另一回事。指責我們有意地陷入懷疑主義，是不能被接受的。任何了解自己探究工具之限制，並願意爲自己的觀察留下討論空間的人，比起宣稱其工具是無瑕可指的人來得容易獲得眞理。難道獨斷的神學或是經院神學因爲宣稱自己無可置疑，就會受到比較少的質疑嗎？如果情況相反，他們不宣稱自己擁有絕對的確定眞理，而只說自己的結論有一種合理的可能性，就會因爲這樣而喪失眞理嗎？如果**我們**只宣稱自己擁有合理的可能性，這就已經是愛好眞理的人，在任何時刻多希望掌握到的最大極限。比起對於自己出錯的可能性毫無覺察，我們這樣的態度肯定可以得到更多的眞理。

然而，獨斷主義(dogmatism)無疑還會繼續指責我們這樣的表白。僅僅具有外在形式不可變的確定性對某些人來說如此珍貴，要他們放棄這樣的想法是不可能的。即使他們認爲的事實很明顯的只是愚蠢的看法，他們還是要宣稱它是正確的。但是較爲安全的做法，當然是承認像我們這樣的人所擁有的洞察都只是暫時的。最聰明的評論者是能夠應變的人，能夠因次日更好的洞識而改變。而且他知道任何時刻的正確，只是「到目前爲止」以及「就整體而言」的正確。當更大範圍的眞理展現時，當然最好能夠開放我們自己來接受它，不受先前主張的束縛。「深切地了解，當尚未成熟的神祇離開時，眞正的神祇就來臨了。」

因此，雖然一般人多麼想得到顚撲不破的眞理，但是分歧的宗教現象判斷這個事實是不可避免的。但是撇開這個事實不論，還有一個更基本的問題要討論，就是在這個領域中，是否應該預期人們有一致的看法。所有的人都應該信奉一樣的宗教嗎？他們都應該認可相同的結果，遵循同樣的引導嗎？他們的內在需要如此相近，因此無論剛強或柔弱、自負或謙抑、勤勞或懶惰、心態健全或絕望，都需要完全相同的宗教誘因嗎？或是不同類的人分配到不同的人性有機體之功能，因此有些人眞的比較適合一個給予安慰與保證的宗教，而其他人比較適合一個恐怖與斥責的宗教嗎？我們可以做這樣的猜想，而且我認爲，我們討論越多，就越可能這樣想。如果是這樣，任何可能的判斷者或評論者如何不偏袒自己最需要的那個宗教？他希望做到不偏不倚，但這個問題太切身，他不能不在某種程度上成爲一個參與者，所以對於他人宗教所結的果實，他一定是對那些自己覺得最美味、最營養的部分給予最熱情的讚許。

我很清楚地知道，自己所說的聽來很像無政府主義者的口吻。如此抽象而簡短地表達我的立場，好像我對於眞理的把握不抱什麼希望。但我要請你保留你的判斷，直到我們將這個方法應用於討論的細節後再說。我的確不相信自己或其他人會在某一天，對於宗教所處理的這些事實獲得一個絕對無可改正或是不可再增進的眞理。但是，我之所以拒斥這種獨斷的理想，並不是因爲我對理智的不穩定有古怪的偏好。我並不是喜歡無秩序與懷疑本身。毋寧說我擔心這種自認掌握全部眞理的態度，反而喪失了眞理。我和許多人一樣相信，我們可以藉著不斷遵循正確的方向移動而得到越來越多的眞理，並且我希望在這些演講結束前可以帶領你們領會我的思考方式。我懇求你，在那之前，不要使你的心硬到不可改變的地步，而反對我所提出的經驗法。

接下來，我將不再浪費時間以抽象的方式爲我的方法辯護，現在我要把這個方法應用於實例上。

在對宗教現象之價值進行批判性的判斷前，很重要的是區分對個人發生作用的宗教，以及做爲制度性的、團體的及部落的宗教。你也許記得，我在第二講時做過這個區別。

「宗教」這個詞在一般用法上是有歧義的。歷史的考察顯示，宗教天才吸引追隨者，並創造出由同情者所組成的團體，這是一個法則。當這些團體茁壯到足以把自己「組織」起來，就成為教會的機構，擁有自己的團體野心。政治精神與獨斷統治的私慾就容易侵入團體，破壞了團體起初創立時的天眞無瑕。所以，現在當我們聽到「宗教」時，不可避免地，我們會想到這個教會或是那個教會；而且對某些人而言，「教會」一詞暗示著偽善、專制、卑鄙以及頑固的迷信，所以，他們以一種不加以區辨的概括方式，引以為榮地宣稱自己反對所有的宗教。即使是屬於教會的人，也認為自己教會以外的那些教會不能免於這種普遍性的責難。

但在我們的演講裡，教會組織幾乎不成為我們關注的焦點。我所探討的宗教經驗是那些活在個人內心的經驗。這種直接的個人經驗，從目擊它發生的人看來，總是像異端性質的創新。它赤裸裸而孤單地來到世界，並且至少在某個時期，總是把擁有這種經驗的人逐入荒野，而且經常是眞正的家門之外的荒野，那裡是佛陀、基督、穆罕默德、聖方濟、喬治・佛克斯，以及許多其他人不得不去的地方。喬治・佛克斯把這種孤絕狀態表達得很好，我最好在這裡把他《日記》裡的一頁念給你們聽，這一段是關於他的年少時期，當宗教眞正開始在他心內發酵的時候。佛克斯說：

我經常禁食，在外面偏遠的地方走了許多天。我常常帶著《聖經》，坐在空心樹內和幽靜的地方，一直到夜晚來臨。我也常常在夜裡獨自憂傷地走來走去，因為當神開始在我內做工時，我還是個多愁善感的人。

在這期間，我從未和其他人一起聲明自己的宗教，我只是將自己交付給主，拋棄一切邪惡的伴侶，離開父母和親戚，像個陌生人一樣在世界中旅行，主引導我的心到哪裡，我就往哪裡去。在我前往的城市租個房間，有些地方待久一點，有些地方待短一點，因為我不敢在一個地方久留，害怕自認信教的人，也害怕不信教的人，怕我這樣一個柔弱的少年，會因為跟他們多談而受到傷害。因為這個原因，我盡量把自己當作一個陌生人，尋求天上的智慧以及屬神的知識；離開外界的東西，只仰望主。就如我放棄了神父，也放棄了不同教派的宣教士，以及那些被認為最有經驗的人；因為我在他們中間看不到一個可以了解我情況的人。當所有對他們以及對其他人的希望都破滅時，我沒有外界的東西可以幫助我，他們也無法告訴我要怎麼做；在這個時候，喔，就在這個時候，我聽到一個聲音說：「有一個人，可以針對你的情況幫助你，那就是耶穌基督。」當我聽到這聲音，我的心因為喜悅而躍動。接著主讓我看到，為何在這世界沒有其他人可以針對我的情況幫助我。我沒有與任何人結交，無論是神父、公開的教徒或是其他不同教派的信徒。我怕一切世俗的交談以及交談者，因為除了腐敗之外，我什麼也看不見。當我陷入深淵，完全被關閉時，無法相信我會克服它；我遭受的困難、憂傷和試探如此巨大，我常常受到誘惑而想說，自己已經要絕望了。基督卻向我顯示祂如何為同樣的魔鬼引誘，並打敗魔鬼，使得它鼻青臉腫；所以，藉著基督和基督的力量、生命、恩寵與聖神，我也要克服魔鬼，我對基督有信心。如果我得享和國王一樣的飲食、宮殿和侍從，這些對我來說都毫無價值；因為除了藉著主的力量得來的事物外，其他的東西都無法令我感到適意。我看見公開的教徒、神父以及其他人在那些我感到悲慘的情境中覺得完好自在，他們也愛慕那些我想要將之破除的東西。可是，主真的讓我把慾望只停留在祂身上，而且我只關切祂一個。①

像這樣親身體驗的宗教經驗，一定會被目睹它的人覺得是異端。先知看起來只像個寂寞的瘋子。如果他的主張極富感染力，可以傳佈給任何人，它就成了一個明確並被貼上特定標記的異說。如果他的感染力大到足以克服對它的迫害，它自己就會變成一個正統的學說；並且，當宗教成爲正統學說，它關注於內在性的時日就已經過去了。它的泉源乾枯，它的信徒只生活於間接的宗教體驗中，並轉而攻擊其他的先知。這個新教會，無論它培育了人性哪些部分的優點，也因此成爲那些想盡辦法阻礙自發宗教精神的團體的忠實盟友。這個新教會在它往日的純眞年代曾經由此泉源得到靈感，現在它卻企圖阻斷這個泉源後來湧出的泉水。除非它可以利用這些新運動的精神，將之轉化爲有利於團體目的的資本！關於迅速或緩慢解決的這種政治自保行動，羅馬天主教會在處理許多個別聖人與先知上已提供夠多的例子，可為我們的教訓。

清楚的事實是這樣，就像人們常說的，人類的心靈是由彼此不相通的部分組合起來的。它多少有些屬於宗教的部分，但除了宗教以外，還有許多其他的事物，也不可避免地有非聖潔的糾葛與連結。所以，那些常被歸為宗教的劣行，幾乎都無法直接歸罪於宗教自身，而是源於宗教再實踐時的邪惡夥伴，即團體壟斷的精神。而它們的頑固大部分也可歸罪於宗教的邪惡智性夥伴，即獨斷凌壓的精神，以一個絕對封閉的神學系統的形式訂立法律的激情。「教會精神」一般說來就是這兩種獨斷精神的總和，我懇求你們千萬不要將這種只是部落或團體心理學的現象，與那些我們所探討的對象、純屬內在生活的表現混淆。對猶太人的欺凌、對阿比眞斯派(Albigenses)與瓦登斯派(Waldenses)的追捕、對貴格會的刑處以及衛理公會的刑罰、對摩門教徒(Mormons)的謀殺以及亞美尼亞信徒(Armenians)的屠殺，這些事件所表達的心態，與其說是各式加害者積極的虔誠，不如說是原始人對於新事物的恐懼，殘留在我們身上的好鬥性格，對異類天生的厭惡，將怪異、不從眾的人視之為異類的心態。虔誠只是面具，內在的動力則是部落團體的本能。雖然德國皇帝在他的軍隊出發至中國前對他們發表充滿基督教精神的熱烈演說，你們一定和我一樣，不相信他所指的行為（這些行為基督教軍隊甚至做得更過分）與參與這些行動的人內心的宗教生活有任何關聯。

那麼，我們就不該再把這種兇殘歸罪於宗教的虔誠，就如同我們不該把過去的兇殘行爲歸咎於宗教的虔誠一樣。最多我們只能責怪虔誠無力抑制我們的自然激情，以及有時候它會成爲這些激情僞善的託辭。但是，僞善也會帶來約束，而且託辭也通常伴隨著限制。當激情的狂潮過去，虔誠可能會帶來悔改的行動，這是沒有宗教信仰的自然人不會表現出來的。

所以，許多在歷史上曾經歸罪於宗教的脫軌事件，並不該責怪宗教自身。但對宗教的過度狂熱或是瘋狂，是宗教容易陷入的狀態之一，所以我們無法完全使宗教逃脫這個指責，我接下來會針對此點做一些討論。但進行討論之前我有一些前言要先交代，這個前言與接下來我們要討論的內容很有關係。

我們對於聖徒現象的考察，無疑會在你們心中帶來一種過度誇張的印象。當一個又一個的例子擺在我們眼前時，你們當中有些人問道，有必要善良到那種怪誕的地步嗎？我們這些沒有被召喚來實行較爲極端的聖行的人，如果我們的謙卑、苦行與虔敬不是那麼激烈，在末日的審判中也必然不會因而被定罪。從實用的角度來說，這就等於說明了我們對於此領域內的這些表現可以只是讚許，而不用加以仿效。宗教現象如同所有其他人類現象一樣，也遵循中道的法則。在各國的歷史上，政治改革家由於對同時代其他潮流視而不見，而成就其勝利。藝術的偉大學派要發揮其使命所啓示的影響時，也必須以偏頗爲代價，而這種偏頗必須依靠其他學派的修正。我們以或多或少縱容的方式，接受一個約翰・哈沃(John Howard)、一個馬季尼(Mazzini)、一個波堤切黎(Botticelli)、一個麥可・安其羅(Michael Angelo)。我們很高興他們的存在向我們指示了某種生命道路，也很高興還有其他看待生命與度過人生的方式。對於我們看過的許多聖徒，我們也覺得如此。我們因爲人類的本性可以到達那種極端的熱情而感到與有榮焉，但我們不會建議他人遵循同樣的道路。會讓我們責怪自己沒有好好遵循的，比較近於人類努力的中道。這種中道比較不依賴特定的信仰和學說。它在不同的時代都行得通，也在不同地方受到讚許。

換言之，宗教帶來的結果就像所有人類的產物一樣，會有過度的危險。我們必須以常識來判斷。常識不需要責怪熱心的信徒，但它可能只會有條件地讚許他們，認爲他們是依照自己的實際情況信實地行動。他們讓我們看到某種方式的英勇，但眞正絕對的好的道路是不需要請求他人縱容的。

我們發現「過度」這毛病在每一種聖徒的德性上都有例證。對人的機能性而言，過度通常指的是偏頗或是不平衡；因爲只要有其他同樣強盛的機能與這個正在作用的機能合作，就很難想像有一個主要的機能發展得過度強盛。強烈的情感需要強烈的意志，強烈積極的活力需要強壯的智力，強壯的智力需要強大的同情心，才能使生活平衡。如果達到平衡，就沒有一個機能會過度強盛，有的只是全體都比較強壯的性格。在術語中所謂的聖徒生活，精神的機能很強，在經過檢視之後，那些讓人產生過度觀感的表現，通常只是智性相對的缺乏。當其他興趣過少、智性過於狹隘時，靈性的激奮就會以病態形式表現出來。我們發現所有的聖徒特徵都有這樣的例證：對上帝獻身的愛、純淨、慈悲與苦行等，都有走向歧途的可能性。我接著要討論這些德性。

首先讓我們來看看奉獻(Devoutness)。當奉獻失去平衡，它所導致的缺點之一就是狂熱(Fanaticism)。狂熱（當它不只是教會野心的表現時）只不過是忠誠極端震撼的表現。對一個極爲忠誠卻又狹隘的心靈而言，感受到有一個超越人的對象值得他專一奉獻，最先會發生的事情之一就是對這個奉獻自身的理想化。適當地完成對崇拜對象有利的事物，會被視爲崇拜者的大功勞。這些崇拜者對其神祇的犧牲與屈從，比起自古以來部落的野蠻民族對酋長的忠誠，有過之而無不及。當崇拜者企圖充分讚美神時，辭彙總是不夠，言語總是需要修改。如果死亡可以引起神令人感激的注意，它就被視爲一件有利的事。奉獻者的個人態度變成人們幾乎可以稱之爲部落內新的崇高專業。②環繞著聖人生活的那些傳說，是這種讚美與頌揚之衝動所帶來的結果。佛陀③、穆罕默德④以及他們的夥伴，和許多基督教的聖徒，都被鑲嵌上如珠寶般的衆多軼聞，這些軼聞原來是爲了光榮他們，但只顯得平淡而愚蠢。他們還生動地表達了人類的頌揚癖好被誤導時的光景。

這種心態最直接的結果就是爲了光榮神所產生的嫉妒。還有什麼比對這方面的敏感更能表現信徒的忠誠？對神最輕微的冒犯與輕忽必須爲信徒所憎惡，神的敵人也必須受侮辱。對擁有極度狹隘的心胸與積極意志的人來說，這種關切有可能成爲他唯一的任務。

人們曾經宣揚聖戰(crusades)，煽動大屠殺，只爲了去除一個他們幻想他人加諸於上帝的輕蔑。將神表述爲在意其榮光的神學，以及懷有帝國主義政策的教會曾經勾結在一起，將這種性情煽動到火熱的程度，因此不容異己(intolerance)與迫害，變成對某些人來說其惡德與聖徒心態無異。這些惡德無疑是聖徒心態容易犯的罪過。聖徒的性情是一種道德性情，而道德性情通常是殘酷的。它是一種區分黨派的性情，而黨派的性情是殘酷的。一個像大衛王(David)那樣的人無法區分自己的敵人與耶和華的敵人；一個像席那的凱薩林(Catherine of Siena)那樣的人，渴望阻止當時的醜事，亦即基督徒之間的內戰，除了將基督徒結合起來出兵屠殺土耳其人，就想不出其他更好的方法；路德對於把「再洗禮派」(Anabaptist)首領被凌虐致死的事情並沒有抗議，或是發出惋惜之聲；一個像克倫威爾那樣的人，因爲主將他的敵人交付到他的手中施刑而讚美主。這些例子當然都與政治有關，但奉獻的心態不覺得這種區分黨派的事情有什麼不對。因此，當「自由思想者」告訴我們宗教與狂熱主義是孿生兄弟時，我們無法對這樣的斥責做無條件的否認。

只要宗教人的智力還停留在滿足一個專制神的階段，狂熱主義就會是宗教的缺點。但當上帝被理解爲不再對其榮耀和光榮如此重視，狂熱主義就不會再那麼危險了。

狂熱主義只會在專橫而富攻擊性的人身上發生。對溫和性格的人來說，當奉獻的熱誠很深但智力軟弱時，他們會將自己的想像力全神灌注於神的愛上，而不顧一切人間實際事物之利害得失。這樣的狀態雖然天眞無邪，但顯得過於偏頗，並不值得我們讚許。

過於狹隘的心靈只能容納一種情感。當對神的愛佔據了這種心靈，它就必須排除所有人間的情愛與人世的用處。在英文中，我找不到一個詞可以用來描述這種奉獻熱誠過度的甜美狀態，所以我將把它稱之爲**與神交感**(theopathic)的狀態。

蒙受祝福的馬格麗特・瑪麗・阿拉克可做爲一個例子。近代爲她作傳的人寫道：

在這個世間被愛，被一個尊貴、崇高、優秀的人所愛，被忠實而虔誠地愛，這是多麼令人迷醉的事！但被神所愛，被祂愛到神魂顛倒！馬格麗特每每想到這件事，就被融化在愛中。就像從前尼黎的聖飛利浦(Saint Philip of Neri)或是聖方濟・薩威(Saint Francis Xavier)，她向神說：「我的神啊，請遏止這些淹沒我的狂潮，或是擴大我涵受他們的能力。」⑤

馬格麗特・瑪麗感受到神的愛，最明顯的證明就是她的視覺、觸覺與聽覺產生幻覺；而這些幻象中最顯著的是耶穌聖心的顯現，這顆心「被比太陽還要明亮的光線圍繞，像水晶般透明。祂在十字架上所受的傷痕清楚地呈現於上。在這顆心的周圍環繞著一個荊棘做成的冠，還有一個十字架在上面」。基督的聲音同時告訴她說，祂無法繼續容納祂對人類的愛之火，祂已經由一個神蹟選定她做為這個知識的傳播者。於是祂將她的肉心取出，把它放在祂心中，使它燃燒，再把這顆心放回去，說：「在這之前你以我的奴僕做為自己的名字，從今以後，你要被稱為我的聖心所鍾愛的門徒。」

在後來的一個幻象中，救主詳細地向她揭露祂要利用她為工具所成就的「偉大計劃」：「我要你讓聖餐週之後的第一個星期五變成一個特別聖日，以一般的聖餐禮，以及為了我的聖心曾遭受的侮辱所做的敬禮補贖儀式，來光榮我的聖心。我要向你許諾，我的心將擴大，把它的愛豐富的力量光照那些敬禮我聖心的人，以及帶領別人敬禮我聖心的人。」

步高(Mgr. Bougaud)說：「這個啓示無疑是教會在基督降生爲人與主的晚餐兩個啓示之後，最重要的一件……繼基督的聖體之後，耶穌聖心的高妙傑作。」⑥那麼，這個啓示爲馬格麗特・瑪麗的生活帶來什麼好的果實呢？很明顯地，除了受苦、祈禱、心靈的忘我、暈厥以及神入狀態之外，不太有其他的效果。在修院裡她變得越來越無用，她對基督之愛的專注：

日益增長，使得她越來越無法執行外在的事物。他們讓她到醫院試著服務，雖然她有無限的仁慈、熱誠與奉獻之心，她的慈悲也激發出讓讀者不忍卒聽的英勇行為，但結果卻不怎麼成功。他們試著讓她到廚房工作，但不得不絕望地放棄，因為每件東西都從她手中掉下來。她以令人崇敬的謙卑來彌補她的笨拙，但這卻無法不對一個團體必須具備的秩序和規則造成損害。他們把她安排到學校，在那裡，小女孩都珍視她，把她的衣服一塊塊剪下來（做為聖物），好像她已經是個聖人一樣。但是她太專注於內在，而不能給予外界足夠的注意力。這個可憐的、令人疼愛的姊妹，在她的幻象開始之後，她更不像是這個世界的居民了，他們不得不讓她活在她的天堂中。⑦

的確，她是個可憐的、令人疼愛的姊妹！和藹、善良，但理智如此薄弱，以新教徒與受過現代教育的人來說，對她所代表的聖性除了懷有縱容的憐憫之外，還要懷有什麼其他的感覺，就要求得太多了。另一個程度較輕微，但仍表現出與神交感的聖性的例子是聖葛楚(Saint Gertrude)，她是十三世紀聖本篤修會的修女。她的《啓示錄》(*Revelations*)是一本著名的密契主義權威著作，裡面的內容主要是基督對她這個不配的人所顯示的偏愛的證明。基督之愛的保證，以及一種極爲荒誕、極爲孩子氣的親密、愛撫、致意，以基督對她發言的方式表達出來，形成她小小心靈描述時的肌理。⑧當我們讀到這樣的敘述時，可以理解到十三世紀與二十世紀的鴻溝，而且我們會覺得，如果與如此拙劣的理智之同情相連，這種聖徒性幾乎無法帶來什麼有價值的結果。伴隨著科學、理性主義與民主精神，我們的想像力已經成長到需要一個與過去截然不同的神，過去的神可以讓我們的祖先感到滿意，並且只關切個人恩寵之分派。我們被社會正義的眼光衝擊，所以，如果神對諂媚以外的事都無動於衷，而只偏愛自己喜歡的人，我們會覺得祂缺乏一種基本的寬宏。即使是前幾個世紀以來最專精的聖徒，一旦被這種概念限制，對我們來說會顯得特別淺薄，不足為訓。

以聖德勒莎為例，從其生平記載來看，在許多方面她都是最有能力的女性之一。她有一種屬於實際性質的高強智力，寫下令人讚嘆的描述心理學，具有可應付任何危急情況的意志力，她在政治與商業方面有很好的才能，具備活潑的性情，以及第一等的文學風格。她有不屈不撓的抱負，並將一生奉獻給她的宗教理想。然而，她的這些理想如此瑣碎，按照我們目前的思考方式來看，我必須承認（雖然我知道其他人可能有不同的看法）閱讀她的作品所獲得的唯一感想，只是對於她將這麼有活力的靈魂用在這麼卑賤的地方感到可惜。

雖然承受了好些痛苦，她的特質帶有一種奇特的淺薄。有一位伯明罕的人類學家喬登(Jordan)博士，將人分為兩類，一種是「敏銳精明」(shrews)，另一種則是「不敏銳精明」(non-shrews)。⑨敏銳精明型的定義是擁有「積極熱情的性情」，換言之，敏銳精明型是「運動者」，而非「感覺者」，⑩通常他們的表情比引起這些感覺的刺激顯得更強烈。從這個意義來看，聖德勒莎是典型的敏銳精明型，雖然這樣的判定顯得很弔詭。她的生活與熙攘雜沓的風格都證明這一點。她不只需要從她的救主身上接收從未耳聞的個人偏愛與靈性的恩寵，還必須立刻將這些經驗寫下來，並以專業的態度**利用**(exploiter)這些經驗，藉自己的專業能力來教導那些不那麼受恩寵的人。她喋喋不休的自負，她對於自身多處的「錯誤」以及「不完美」的感覺（而非切實悔悟之人對極端惡事之感覺），她刻板的謙卑與自省，例如每當神對這樣一個不配的人顯示獨特的偏愛時，所感受到的「心神紛亂」，都是典型的敏銳精明所表現出來的特色。一個擁有極端善感特質的人，在同樣的情境中將會迷失於感激之中，並且沉默不語。誠然，她有一些為公的本性；她痛恨路德教派(Lutherans)，並希望教會打敗他們；但大體說來，她的宗教理念似乎是一種（如果我們可以這樣說，而沒有不敬的意思）信徒與其神祇之間無止境的戀愛式調情；除了以她的榜樣和教導的感召來幫助年輕的修女也走上這條道路外，她全然沒有對於人類的用處，或是關心一般人類利益的表現。但是，她所處的時代精神不但不詆斥她，反而舉揚她，彷彿她是個超人。

對於將成聖的基礎建立在累積功德的這個觀念，我們也要做出同樣的判斷。當神在一方面對個人缺失保留一份瑣屑記錄，另一方面又表現出偏心，將那種乏味的恩寵標記加諸於特定的受造物身上，對我們來說實在是心胸過於狹隘，不值得信奉。當路德以其巨大的大丈夫氣概，把上帝保存人之借貸帳目這個觀念揮手一扔時，他是將靈魂的想像力伸展，將神學從幼稚中拯救出來。

關於只有奉獻的態度，而缺乏可能將此態度導向對人類有用的結果之理智的概念，我們就討論到這裡。

下一個會過度表現的聖徒性就是「純淨」(Purity)。對具有與神交感之性格的人而言，就像我們剛剛討論過的，對神的愛必須不能與其他的愛混雜。父母、兄弟、姊妹與朋友都被覺得是干擾分心的對象；因爲當敏感與狹隘的心態同時存在時（經常是這樣），最要緊的是有一個簡化的世界可以居於其中。多樣與紛亂對他們舒服的適應能力來說超過負荷。活潑型的虔信者以客觀的方式達到心靈的統一，以強力將失序與分歧排出，而內隱型的虔信者則以主觀的方式達到和諧，將大世界的紛亂留在外面，爲自己創造一個小世界，居於其中，紛亂得以完全消弭。所以，與存在著囚犯、武力迫害與審訊方法的好戰教會並存的，還有**逃避型的**(fugient)教會，與隱士的居所、修道院及教派的組織。兩種教會追求同樣的目標，也就是生活的統一，⑪並簡化靈魂所見到的景象。一個對內在的失序極爲敏感的心靈，會將自己與外界的關係逐一丟棄，就好像他們會妨礙他對於靈性事物的專注。娛樂需要先被丟棄，接著是習俗上的社交，然後是對事務、對家庭的義務，一直到最後自我隔離，將一天劃分爲若干部分，以做定時的宗教功課，這是唯一能被忍受的生活方式。聖徒的生活是一部連續捨棄紛雜的歷史，逐一拋棄與外界生活的接觸，以保持內心狀態的純淨。⑫一位年輕的修女問她的長上：「假如我閒暇時完全不說話，以避免由於說話而犯了自己沒有覺察的罪的風險，這樣是不是比較好？」⑬如果生活還是要保持某種程度的社交，參與其中的人都要遵循一個相同的法則。圍繞在這種單調中，熱烈尋求純淨的人才會覺得自己再度是清淨與自由的。無論是修道院與否，在某些教派團體中對於一致性的維持到了相當瑣細的地步，對世俗的人來看幾乎不可思議。服裝、語法、時節和習俗絕對地固定，無疑有些人天生覺得在這樣的穩定中可以獲得一種無可比擬的心靈安息。

我們沒有時間舉太多例子，所以只引葷查加的聖路易(Saint Louis of Gonzaga)，做爲純淨發展過度的一種類型。我想你們會同意，這個年輕人將外在世界與不協調狀態消抹到那樣的地步，使得我們無法毫無保留地讚許他。他的立傳者說，當他十歲時：

> 有一個靈感，要我自己的童貞奉獻給天主之母——這是聖母對於可能的奉獻中覺得可喜的。於是，帶著內在所有的熱情、心中的歡欣以及愛的燃燒，毫不遲疑，他發了永保童貞的誓願。聖母瑪麗亞接受他純真心靈的奉獻，並為他從神那裡獲得特別的恩寵作報償，這個恩寵就是讓他一生在純淨的德性上永遠不感到絲毫的誘惑。這是一個非常獨特的恩寵，連聖徒也極少得到。更奇妙的是路易從小住在宮廷，生活在大人物中間，陷於此種誘惑的危險和機會不尋常地多。的確，路易自孩童時期就對任何可能帶來不純淨或是違反童貞的事帶有天生的憎惡，甚至對於與異性之間的任何關係也持這樣的態度。但更令人驚訝的是，尤其在他發願後，他覺得自己有必要依賴許多權宜的辦法來保護自己所奉獻的童貞，即使是暴露於些微的危險中都不可以。有人會設想，如果有誰對於所有

針對基督徒所設的一般戒律感到滿意，那個人一定是他。事實卻不然！在預防方式與防護手段的使用上，對於極微小的誘惑機會，以及所有可能危險的避免上，就像是肉體的苦行，比起大多數的聖徒，他走得更極端。雖然經由神的恩寵，他受到特別的保護，從來沒有受過試探，但他步步為營，彷彿在各方面都被特定的危險威脅。自此之後，無論走在路上或是與人交往，他從不抬起自己的眼睛。比起從前，他不只對所有與女性的交往更為謹慎，也停止了所有與女性的對話以及各種與女性在一起的休閒活動，即使他的父親試著要他參與這些活動。讓自己童貞的身體承受各式各樣的刻苦，他未免開始得太早。⑭

當他十二歲時，我們讀到這個年輕人「假如他的母親偶爾要一個侍女傳遞訊息給他，他從不讓她進入他的房間，只把門開一小縫，在門內聽她說話，結束後立刻叫她離開。無論是吃飯或是交談時，他不喜歡獨自與母親在一起，如果其他人離去，他也會找一個藉口離開……他甚至避免認識幾位他親戚中的貴婦，以免看到時會認得這些人。他和父親立定一個類似條約的東西，只要可以完全不讓他去探訪女士，他會很快地、欣然地順從父親的意思。」⑮

在路易十七歲時，違反父親一直以來的請求（由於他是某個王室的繼承者），他加入耶穌會。⑯一年後，當他父親死去，他將這個喪失視為神對他的「特別看顧」(particular attention)，他還寫了一些露骨的勸告信給他傷心的母親，彷彿他是她的靈性導師一樣。不久，他就成爲一位很好的出家人，以至於如果有人問他家中兄弟姊妹的人數，他還要想一想、算一算才能回答。有一天，一位神父問他，難道他從來不被家庭的念頭打擾，他唯一的答覆是：「除了爲他們祈禱之外，我從來沒有想到他們。」從來沒有人看見他拿著花朶或是其他有香味的東西欣賞。相反地，在醫院內他曾經尋找任何讓人覺得最噁心的東西，並且急著將膿瘡的繃帶之類的東西從同伴的手中搶過來。他避免世俗的談話，而且馬上試著將每個對話轉到信仰的主題去，否則他就保持沉默。他有計劃地拒絕注意周遭的環境。有一天，他被命令到膳堂內院長的座位上拿一本書，他還必須問院長的座位在哪裡，因爲他雖然在那裡用餐已經三個月，但小心地防護自己的眼睛，所以沒有注意到院長的位置。有一天，在休息的時候，他偶然看到一個同伴，他就責怪自己，彷彿犯了違反謙遜的大罪一樣。他培養靜默的習慣，以免犯了口舌之罪。

路易的聖徒品格所帶來的結果，除了這些之外，我找不到其他的結果。他死於一五九一年，時年二十九歲，在教會中他成爲所有年輕人的守護聖人。在他的節日，在羅馬一個奉獻給他的聖堂的祭台上「用許多排列得很精緻的花朶圍繞著，在祭壇的腳下我們可以看見許許多多的信件，這些都是年輕的男女寫給這位聖徒的，收件地址是『天堂』。這些信件應該在被別人閱讀前就燒掉，因爲它們是只給聖路易看的。他在這些有時以綠絲帶綁著象徵希望，有時以紅絲帶綁著象徵愛情的漂亮書信中，一定會發現許多奇特的請求。」⑰

我們對這種生活價值的最終判斷，大部分是依賴我們對於神的概念，以及這樣的一個神最喜歡世人的哪些行爲。十六世紀的天主教並不關注社會正義；把世界留給撒旦，致力於拯救自己的靈魂在當時並不會被認爲是不名譽。現今，由於我提過的道德情操在世俗世界的改變，無論方向對錯，對普遍人類事務的幫助態度是人品的基本價值之一。如果個人有一些公衆或是私人的貢獻，也可以被視爲神聖的服務。其他早期的耶穌會士，尤其是他們當中的傳教士，例如薩威、布立柏(Brébeufs)與霍古斯(Jogues)，都是具有客觀胸懷的人，他們按自己的方式爲世界的福利奮鬥，所以他們的生活到今天還能鼓舞我們。但是假如原來的智力沒有比針頭大，像路易那樣，所珍視的神的概念也同樣微小，那麼，無論表現出多麼英勇的行爲，就整體而言仍是令人覺得可厭。就我們從實例中所看到的，純淨並不是唯一必要的，而且，人生與其爲了努力保持潔淨而失去用處，不如染上許多污垢。

在宗教心態表現過度的探究上，接下來我們要討論溫情(Tenderness)與慈悲(Charity)的過度。在這方面，聖徒性必須面對保存不合時宜者，孳生寄生蟲與乞丐的指控。「不抵抗兇惡」、「愛你的仇敵」，這些都是聖人的格言，讓世俗之人很難不在提到時感到不耐煩的格言。究竟世俗人的觀點是對的，還是聖人擁有更深的眞理？

要有一個簡單的答案是不可能的。正是在此處，人們感受到道德生活的複雜性，以及事實與理想交織方式的神秘。

完美的行爲是三個項目之間的關係所構成的：行爲者、行爲的目的，以及行爲的接收者。行爲爲了要達到抽象的圓滿，三個項目——意向、執行與接收——之間要能夠彼此配合。如果以錯誤的手段執行，或是針對錯誤的對象而行動，最好的意向也會失敗。因此沒有一個行爲價值的批判者或評價者可以只關心行爲者的意圖，而不管行爲的其他成分。沒有比被聽者誤會的眞理更糟糕的謊言，因此，當我們面對人群中的敗類與壞蛋時，合理的辯論、對寬宏大量的要求，以及訴諸同情與正義等方式都會變成錯誤。由於對人的信賴，聖徒只會讓世界淪於其仇敵的手中，甚而也許會因爲不抵抗而斷送了自己的生存。

赫伯特・史賓塞曾說，完人的行爲只有在完善的環境裡才會顯得完美；它並不適合較惡劣的環境。我們也許可以改寫這句話，誠實承認，聖徒的行爲在一個所有人都是聖徒的環境裡將會是最完美的行爲；但在一個聖徒很少、與聖徒恰恰相反的人又很多的環境裡，聖徒的行爲必定顯得很不適宜。因此，根據我們經驗的常識和一般實際的偏見，我們必須坦白承認在現實的世界裡，同情、慈悲與不抵抗的美德也許表現得過火了，它們通常眞的被表現得過多。黑暗的勢力有計劃地利用這些美德。整個近代慈善的科學組織就是單純施捨失敗的結果。整個憲政體制政府的歷史都在爲抵抗兇惡的美德作註腳，當一邊的臉頰被打，就要還手打回去，而不將另一邊的臉頰也轉給人家打。

你會大致上同意這樣的主張，不管福音、貴格會信徒，或是托爾斯泰的主張如何，你相信以牙還牙，以武力制服掠奪者，把盜賊關起來，把流氓和騙子凍死。

可是你又確信，就像我也這樣確信，如果世界只剩下這些冷靜、冷血與自私的處理方式；如果沒有人急著先對兄弟伸出援手，事後再來詢問他是否值得被幫助；如果沒有人願意因爲憐憫做錯事的人而湮滅私怨；如果沒有人寧願屢屢受騙，也不願活在對人的猜忌中；如果沒有人寧可熱情、衝動地對待他人，也不願用一般審愼精明的法則與人相處；那麼這個世界將會比現在壞上無數倍而不堪居住。一個屬於尚未誕生的（而不是已經逝去的）時代、充滿溫情的美善，再加上金規（譯註①）也已成爲自然而發的狀態，看來是超出我們的想像了。

以這種方式生活的聖徒，也許會因爲對人過多的溫情而擁有先知的能力。不，實際上他們已經無數次證明自己能夠未卜先知。將那些他們所遇見的人視爲珍貴的，無論那些人的過去如何、外表怎樣；聖徒的對待激發他們**成爲**眞正有價值的人，聖徒的典範以及對他們期待的挑戰奇蹟式地改變了他們。

從這個觀點看來，我們可以承認在所有聖徒身上看到慈悲的價值。而且，我們在某些聖徒身上看到過於豐富的慈悲，眞的是富有創造力的社會動力，他們傾向於讓只是可能的美德從可能變成眞實。聖徒是美善的作者、拍賣者(auctores)與增生者。人類靈魂發展的潛力是深不可測的。所以，許多看起來心硬到無可救藥的人，實際上能夠軟化、皈依以及重生，這種轉變讓他們自己感到驚訝，比旁觀者的驚訝還要深刻。因此，我們永遠無法在事先斷定，一個人要藉著愛的方式得到重生是無望的。我們沒有權利說人群中的敗類與壞蛋是僵固而不可救藥的人。我們並不了解人類性格的複雜、情緒之火的鬱積、性格多面體的其他面向、下意識場域的資源。聖保羅在很久以前就使得我們的祖先知曉每個靈魂實際上是神聖的這個概念。聖保羅說，既然耶穌替所有人死，沒有分別，我們就不應對任何人感到絕望。這種相信每個人基本上都是神聖的信仰，在現代以各式各樣人道風俗與感化機構的方式表現，在對死刑與酷刑逐漸增加的憎惡中表現。對人有過度豐富之柔情的聖徒，是這種信念最大的傳遞者、先行的引導者、黑暗的驅除者。就像飛到浪頂或潮水的最遠之處，而在陽光中閃耀的一個水點，他們指示道路，成爲先驅。世界還跟不上他們，所以在世界的事務當中他們常常顯得古怪可笑。然而，他們使得世界變得充實，他們將美善的可能活化激發，要不是因爲他們，這些可能都只能永遠處於潛伏的狀態。當他們從我們眼前經過時，我們就再也不可能維持原來的卑劣狀態。一個火苗可以點燃另一個火苗，假如沒有他們所表現出來對人類的過於信賴，其餘的人都將困於精神的停滯之中。

因此，暫時看來，雖然聖徒可能浪費了他的溫情，成爲一個傻子，以及其慈悲之熱情的受害者，但他的慈悲在社會演化上的功能是根本而重要的。如果事情要有所前進，就要有一些人預備好踏出第一步，並承擔風險。任何不願意像聖徒這樣，永遠願意嘗試慈悲與不抵抗精神的人，無法知道這些方法究竟會不會成功。如果他們成功了，他們就會比世俗的審愼精明或武力遠遠來得成功、有力。武力毀滅敵人，審愼精明最好的也只不過是保全我們原來的所有。但是不抵抗的精神一旦成功，就可以將敵人變爲朋友，而慈悲可以使得其對象得到重生。就像我說過的，這些聖徒的方式是富有創造性的能量；而眞正的聖徒在其高昂的興奮中找到一種信心，使得他們獲得一種權威與感人的力量，這使得他們在天性淺薄的人不得不使用審愼精明的手段來面對的情境中，可以擁有不可抵抗的力量。世俗的智慧可以安全地被超越已得到實際的證明，這是聖徒給予人類的神奇禮物。⑱他對一個更美好的世界的願景，不只使我們在普遍盛行的單調與貧乏中獲得安慰，甚至當我們就大體而言必須承認他的不合時宜之時，他也的確使一些人改變，而且世界因爲他的協助變得更好。他是一個有效的美善的醞釀者，一個將塵世緩慢地轉化爲更像天國的人。

從這個角度來看，許多當代的社會主義者和無政府主義者沉迷於社會正義的烏托邦之夢，雖然不切實際，也不適宜當前環境的條件，但他們與聖徒對於天國存在的信念類似。他們有助於打碎普遍流行的冷酷，也是催發更好世界的緩慢酵母。

下一個討論的主題是「苦行主義」，我想不需要辯論，你們就會認爲這是一個容易過火與過度的德性。如同我在別處說過的，近代人想像力的樂觀傾向與細膩化已經改變了教會對於肉體苦行的態度，蘇索或是阿肯塔拉的聖彼得(Saint Peter of Alcantara)⑲在我們今日看來，與其說是激勵我們、讓我們尊敬的理智的人，不如說比較像可悲的騙子。我們要問，如果內在傾向於善，爲什麼還需要這些自苦、這些糟蹋外形的行爲呢？這種行爲使得外形顯得過於重要。任何眞正從肉體中解放出來的人，會把快樂與痛苦、富有與貧乏看得一樣不相干、不重要。他可以參與實際行動，享受快樂，而不用害怕墮落或是受束縛。正如《薄伽梵歌》(*Bhagavad-Gita*)所說的，只有內心還依附著世俗的人，才需要捨棄世俗的行爲。如果一個人對於行動的結果眞的不再依附，他就可以安心地與世界相處。我在前面的講程中曾經引述聖奧古斯丁二律背反的話：「如果你足夠愛神，你就可以安全地順從自己的一切意向行動。」拉瑪克里希納(Ramakrishna)有一句格言說：「只要一聽到哈黎(Hari)的名號就感動流淚的人，不需要崇拜地修行。」⑳佛陀在對其門徒指示「中觀」(the middle way)的概念時，也告訴他們要避免兩種極端，過度的苦行與單純的慾望和享樂都是虛幻、沒有價值的。他說，唯一的完善生活是擁有內在智慧的生活，這種智慧使得我們以平淡的態度看待所有事物，使我們獲得安寧、平安，進入涅槃(Nirvâna)㉑。

因此，我們發現當這些苦行的聖徒年齡漸長，這些良心的指導者更有經驗時，他們通常傾向於不再那麼強調身體特定的苦行。天主教的導師們總是宣稱一個原則，即爲了有效地服事神，健康是必須的，所以也不應該爲了苦行而犧牲健康。現代自由派新教徒所持的樂觀主義與健全心態，使我們厭惡爲自苦的緣故而自苦的行爲。我們無法再對殘酷的神祇感到同情，我們也厭惡神會因爲看見人以自苦來光榮祂而喜悅的這個觀念。因爲這些動機，你也許會認爲，除非某些人的鍛鍊可以顯示出某種特別的用處，一般的苦行傾向都是病態的。

然而，我相信對整件事情更小心地考察，將一般具有良好意向的苦行與某些特定的、可能是錯誤的無用行爲區分開來，應該會讓我們恢復對於苦行的尊敬。因爲就其靈性上的意義而言，苦行正代表二度降生哲學的核心。它代表（無疑是微弱但誠懇）這個世界存在著某個眞實錯誤的信念，這個錯誤不應被忽視，也不應逃避，而是必須斷然面對，訴諸靈魂的英勇力量克服，並以受苦抵銷它、滌淨它。與這個看法相反，異常樂觀的一度降生哲學認爲我們可以用忽略的方式來面對邪惡。讓一個人由於幸運的健康與環境，免於承受任何巨大的兇惡所帶來的痛苦，他也可以閉眼忽視那些存在於個人經驗之外廣大世界的痛苦；這樣，他就可以完全避免災禍，以健全心態的方式快樂地度過一生。然而，我們在關於憂鬱症的演講裡，已經看到了這種企圖多麼靠不住。並且，這種方法只針對個人，而無法顧及那些外在的、無法補償也無法照料的兇惡。

沒有任何這樣的企圖可以做爲此問題的**普遍**解決。對那帶著陰鬱情懷，覺得人生是個悲劇之謎的人來說，這種樂觀是淺薄的逃避、低劣的逃脫。它並不是眞正的救贖，只是個人幸運際遇的接受以及逃脫的裂縫。它拋下世界不顧，讓世界處於撒旦的掌握中。

秉持二度降生哲學的人堅持，眞正的救贖必須能夠普遍應用。痛苦、錯誤與死亡必須光明正大地面對，並且以更高的奮發來克服；否則他們的毒害根本尚未破除。如果一個人曾經將世界歷史中悲劇——凍死、溺死、活埋、被野獸咬死、被壞人害死，以及可怕的疾病——的普遍認眞地放在心中思考，在我看來，他就難以繼續對世俗成功追求的生涯毫不懷疑：也許自始至終他並不眞正地在這世界的遊戲之中，也許他缺乏那偉大的啓蒙(initiation)經驗。

這正是苦行主義的想法，所以它自發地進入啓蒙狀態。它說，人生不是鬧劇，也不是上流的喜劇，而是我們必須穿著喪服坐守，希望其苦味可以滌淨我們愚蠢的東西。的確，狂野與英勇是人生極爲根本的部分，因此單純的健全心態和其濫情的樂觀，很難被任何有思考能力的人視爲嚴肅的解答。優雅、安逸與舒服的空話從來不會是人生之謎(the sphinx's riddle)的解答。

我說的這些話，只是依靠人類追求現實的共同本能，事實上，它總是認爲世界基本上是一個爲了英雄氣概而存在的劇場。我們認爲生命的最高秘密就藏在英勇精神之中。我們無法容忍在任何方面缺乏這種精神的人。反之，無論一個人在其他方面有多大的弱點，如果他願意爲了自己所選擇的服務對象冒生命的危險，尤其是因而轟轟烈烈地犧牲，這事情就會使得他永遠成爲神聖。也許他在這方面或那方面並不如我們，但只要我們貪生怕死，而他能夠「拋掉生命就像拋掉一朵花一樣」，且絲毫不在乎，我們就會深深地將他視爲天生優於我們的人。每一個人都會覺得，高尚胸懷與不顧惜生命的情操，可以彌補他所有的缺點。

憑著常識就知道的這個形上學奧秘，亦即死亡併呑人類，所以併呑死亡的人就擁有出類拔萃與卓越的生命，他最能應和這個世界秘密的要求；這也是苦行主義忠實擁護的眞理。死在十字架上的愚蠢行爲，是理智無法解釋的，但它卻具有不可摧毀的重要意義。

所以，就其代表的意義與象徵意義而言，撇開舊時代未開發的心智所導致古怪奇特的苦行主義不說，我相信，我們必須承認苦行主義與處理生命較深刻的方式互相連結。相較之下，自然的樂觀主義只是像奶油酒與海綿鬆糕那種甜膩、諂媚而不實的東西。在我看來，對宗教人來說，我們實際的行動方向不該只是像現在大多數人那樣，對苦行的衝動不予理會，而應該替它找出路，使得它在困乏與艱困的道路上，能結出有客觀用處的果實。古老僧院式的苦行主義只專注於可悲的無用之事，或是終止於只和私我有關，增進個人之完善的利己主義。㉒但是，難道我們不能一方面揚棄這些舊式苦行的大部分，一方面找到足以激發英勇精神更健全的管道？

例如，對物質繁榮與富裕的崇拜，已構成我們時代「精神」的絕大部分，難道它不會多少使人變得柔弱、缺乏大丈夫氣概嗎？現在大部分的兒童完全以同情與輕浮的方式教養（迥異於一百年前的教育方式，尤其是在傳道的圈子內），儘管這樣的教養方式有許多好處，難道它沒有性格腐朽的危險嗎？難道在這裡，沒有革新的、修正過的苦行鍛鍊可以應用的地方嗎？

你們當中的大多數可以感受到這些危險，但也會提出以運動、尙武精神(militarism)，或是個人與國家的事業和冒險來做爲補救方法。這些現代理想爲英勇生活所提供的活力的程度，恰與現代信仰對英勇生活的忽略程度一樣多。㉓戰爭與冒險的確使參與其中的人不顧惜自己。無論是程度或時間的長度，他們都要非凡的努力、極大的奮鬥，以至於行爲動機經歷全面的改變。不舒服與煩擾、飢餓與淋濕、痛苦與寒冷、骯髒與污穢，都不再有阻止行動的能力。死亡變成一件平常的事，它遏止我們行爲的平日力量也消失了。伴隨這些慣常抑制力量的消逝，是新能量的解放，生活也因此仰仗一個更高層次的力量。

對此而言，戰爭的優點就是它與一般的人性如此相合。祖傳的進化已經使得我們成爲潛在的戰士，所以即使是最卑微的人，當他被丟入戰場的軍隊中，就會丟棄原先對自己寶貴的人身過多的顧惜，很容易變成一個毫不在乎的怪物。

然而，當我們把戰鬥式的自苦與苦行聖徒的自苦相比，會發現二者的精神所帶來的結果截然有別。

一位頭腦清醒的澳洲軍官說：

「自己活下去，也讓人活下去」不是任何軍隊的策略。輕視自己的同伴，輕視敵人的軍隊，並且，最重要的，強烈地輕視自己的人身，是戰爭對每一個人的要求。一個過於野蠻、殘酷、下流的軍隊比起擁有太多的情感與講究理性的軍隊好得多。就做為一個軍人而言，如果要有什麼用處的話，恰恰必須與講理和善於思考的人相反。評量其好處的標準就是他在戰爭中的可能用處。戰爭，甚至是和平，都要求軍人擁有絕對特殊的道德標準。新兵帶著一般的道德觀念入伍，這些觀念必須馬上去除。他必須把勝利與成功視作**一切**。在戰爭中，人類最野蠻的傾向重新復活，為了戰爭的用處，這些傾向有無限的價值。」㉔

這些話當然句句眞確。如同墨特克(Moltke)所說的，軍人生命的直接目的就是毀滅，除了毀滅之外，別無其他；並且，戰爭所帶來的建設都是遙遠而非軍事性質的。因此，軍人對於那些通常需要加以保護的，無論對人還是對事的同情與尊重，不能鍛鍊得太無情。但是，戰爭是奮發生活與英勇精神之培育所的這個事實仍在，而且，既然它與原始的本能相合，它是截至目前爲止唯一普遍可得的訓練所。然而，當我們認眞地問自己，是否這種非理性與罪惡的大規模組織是我們對抗柔弱的唯一壁壘時，我們就會對這個想法感到吃驚，並對苦行的宗教有較善意的想法。我們聽說過熱力的機械當量(equivalent)。在社會場域中，我們此時需要尋找的是戰爭的道德當量：一些能與戰爭同樣普遍激發人們英勇精神的東西，但它與人類精神的自我相合程度，就如戰爭與人類精神的自我悖離程度一樣多。我常常想，舊式的僧院對於淸貧精神的崇拜中，儘管它充滿假道學的氣息，必然有一些類似我們在尋找的戰爭之道德當量的東西。難道對於貧窮自發性的接受不能做為「奮發的生活」，而無須壓碎較為軟弱的人？

清貧事實上**就是**奮發的生活，它沒有銅管樂隊、制服以及狂熱民眾的喝采，沒有謊言，沒有遁辭。當我們看到謀求財富成為我們這一代深入骨髓的理想時，我們不敢說，將清貧視為一種有價值的宗教召喚信念的復甦，不會是種「軍人勇氣的轉化」，以及我們的時代最需要的精神改革。

尤其在我們英語系的民族中，對清貧更需要大膽地歌頌。我們已經變得眞的很怕窮。我們輕視那些自願貧窮，以簡化其生活，並拯救其內在生活的人。如果他不加入賺錢行列的爭奪與寄望，我們就會認為他沒有精神、缺乏志氣。我們已經失去能力體會古人將清貧理想化的意義，這意義就是從對物質的依附中獲得解放，不受賄賂的靈魂，大丈夫式的無動於衷，以我之所是而非我之所有來當作前進的路資，在任何時刻可以任意地拋棄生命；這是更具運動家性格的精神；簡言之，一種道德奮鬥的姿態。當我們這些所謂更高階層的人對物質的醜陋與艱困感到前所未有的害怕時；當我們必須延宕婚姻，一直到房子佈置得夠華美時；當我們想到有了孩子卻沒有足夠的存款而必須做苦力且感到顫慄時，也就是有思考力的人，開始必須對抗這種缺乏大丈夫氣概、毫無宗教精神之意見的時候了。

當然，當財富給人追求理想目標的時間，並使理想的能力有實行的機會時，富有比貧窮來得好，人也應該選擇富有。但只有一部分的例子實際上是這樣。其餘的例子中，獲取財富的慾望與失去財富的恐懼是產生懦弱與傳播腐敗的主要原因。在許多的情況中，富人必定會變成奴隸，而不怕貧窮的人成爲自由的人。如果我們投身於一種不從衆的目標，想想看個人對於貧窮的不在乎會給我們多大的力量。我們不再需要噤若寒蟬，也不用害怕將選票投給革命者或改革者。我們的股票也許會跌價，升遷的希望破滅，薪水停發，俱樂部閉門不接納我們；然而，只要我們還活著，我們就要沉著地爲這精神作證，我們的典範也可以幫助同代人得到自由。目標的完成固然需要籌款，但我們爲這目標服務的效果卻與我們甘於貧窮的程度成正比。

我請你們認眞思考我所介紹的這件事，因爲我們的文明所承受之最嚴重的道德疾病，就是知識階層對於貧窮普遍的懼怕。

對於宗教展現於聖徒生活中的幾個結果，我已經提供了有價值的一些想法。接著我將要做一個簡短的評論，然後再說到我更廣泛的結論。

你們會記得問題是，當宗教的結果展現於聖徒的性格時，宗教是否由其結果得到認可。誠然，單一的聖徒屬性也許源於個人的天賦氣質，在非宗教人士身上也可看到。但整體的這些屬性所形成的綜合是宗教的，因爲它似乎是由神聖感流溢出來，此神聖感也構成他的心理中心。任何強烈擁有這種感受的人，自然而然地認爲，即使是世界上最微不足道的細節，也因爲與那不可見的神聖秩序之關聯而獲得無限的意義。對於神聖秩序的思考給予他一種更高的快樂，以及一種旁人無法企及的靈魂的穩定感。他的服務能力在社會關係中是個模範，他充滿了助人的衝勁。他既提供外在的幫助，也提供內在的幫助，因爲他的同情既碰觸到身體，也碰觸到靈魂，還可以激發前所未見的能力。不像普通人一樣把快樂寄託於適意之上，他認爲快樂在於一種更高的內心激奮，可以把不適意轉變爲歡樂的泉源，而把不快樂打消。因此，他從不避辭任何義務，無論多麼不討好；當我們需要幫助時，我們可以信賴聖人的援手，比任何人都靠得住。最後，他謙卑的胸懷與苦行的傾向，使得他免於那些阻礙我們日常溝通瑣屑的自負，他的純淨也讓我們從他身上得到一個清淨的夥伴。幸福、純淨、慈悲、耐心、嚴於律己，這些都是極佳的美德，而聖徒在所有人之中將這些德性表現得最完全。

但是，如同我們看見的，這些德性加在一起未必使得聖徒不出錯。如果他們的智性狹隘，他們就會陷入各式各樣聖性過度的毛病：宗教狂熱、與神交感而忘卻自我、自殘、過分拘謹、躊躇、易上當，以及無法面對世界病態的無能。假如一個聖徒對於瑣碎的理想有極大的忠誠，但激發他的卻是低劣的智力，他會比一個在同樣情境中膚淺的俗人更令人覺得討厭與可惡。我們不該只憑情感來判斷他，也不該孤立地判斷他，而是該用我們自己智力的標準，把他放在他的環境中，來評估他的整體功能。

說到智力標準，我們要記住，假如我們總是將心胸狹窄視爲個人的惡德，那就不公平了；因爲在宗教與神學方面，個人有可能是從其同代人中學習到這種狹窄。而且，我們不要將聖性的本質，也就是我討論過的那些激情，與聖性的偶然因素，也就是這些激情在歷史時刻中特定的限制，二者互相搞混。在這些限制中，聖徒通常必須對其團體暫時的崇拜對象忠誠。在中世紀，隱避至修道院是大衆所崇拜的行爲，就如同現在，參與世界的事務是大衆所崇拜的行爲一樣。如果聖方濟和聖伯納(Bernard)活在現代，可以確定的是他們仍將帶領人過著某種聖化的生活，但更能確定的是，他們不會帶領人過著完全隱遁的生活。我們對於特定歷史表現的反感，不應讓我們把聖徒本質中的聖性衝動只留給懷有敵意的批評者去處理。

我所知道對於聖性的衝動提出最有敵意的批評者是尼采。他把聖徒與表現於掠奪的戰鬥性格的世俗激情相比，並全然爲後者說話。我們必須承認天生的聖人存在著某些東西，使得他常常引起世俗之人的厭惡，因此更充分地討論尼采所做的這個比較是有價值的。

對於聖性的厭惡似乎是對於領導的歡迎，以及光榮部落酋長這種有利於生存之本能所帶來的負面結果。酋長如果實際上不是暴君，也有可能變成傲慢、令人無法抵抗的掠奪者。我們承認自己不如他，並降服於他的面前。在他的注視之下，我們變得畏縮，同時又因爲有這麼一個危險的主人而自豪。這種出於本能，順服的英雄崇拜是原始部落生活不可少的要素。在當時無數的戰爭中，爲了部落的生存，絕對需要這些領導者。如果有任何部落缺乏領導者，就不會有他的後代來傳述他所經歷的苦境。領導者總是無愧於心，因為他們的良心與意志結合，那些注視他的人對於他免於內心束縛的自由感到折服，就如同對他外在表現出來的能力感到敬畏一樣。

與這些尖喙利爪的世界掠奪者相比，聖徒只是草食動物、馴良無害的家禽。如果你要的話，甚至可以拔下某些聖徒的鬍鬚而不被懲罰。這種人不會激起恐怖的驚異顫慄，他的良心充滿顧忌與自省。我們不為他內在的自由或是外在的力量而驚訝，除非他在我們內心激發一個全然不同的能力來崇拜他，否則我們只會輕視地忽略他。

事實上，他的確可以激發與吸引另一種能力。風、太陽及旅行者的寓言在人性中重演。男女兩性就表現出這種差異。男人表現得越激暴，女人就越崇拜地愛他；統治者越頑固、越難以理解，人們就越奉之如神。但反過來說，女人以她美麗中溫柔的神秘馴服了男人；聖徒也以相似的東西使世人為他著迷。人類會被相反方向的事物影響與暗示，不同勢力之間的競爭是永無休止的。聖徒的理想與俗人的理想爭鬥，在文學中和現實生活中都一樣。

對尼采來說，聖徒所代表的幾乎就是卑猥與奴性。他是世故的病夫、**如假包換的**墮落者、缺乏活力的人。聖徒如果太多，就會使人類陷於危險。

病人是健康的人最大的威脅。使強者毀滅的，不是更強的人，而是弱者。我們希望減少的，並不是對於同伴的**恐懼**，因為恐懼會激發強者，使得他們自己也變得可怕，因此我們能夠保存人性中艱苦掙得而成功的這一部分。比任何不幸都可怕的不是恐懼，而是巨大的厭惡；不是恐懼，而是巨大的憐憫，對於我們人類同伴的厭惡與憐憫……我們最大的威脅是**病了**的人，不是壞人，也不是掠奪者，而是那些天生異常的人、流產的、殘缺的，是這些**最弱**的人，破壞人類的生命力，毒害我們對於生活的信賴，並使我們對人性懷疑。每看他們一眼，都會令人嘆息：「但願我是其他的東西！我病了，也對自己感到厭煩。」在這個自我鄙視的泥沼中，每一種毒草都繁衍起來，它們都那麼微小、那麼秘密、那麼不誠實、那麼甜膩地腐敗。在這裡聚集著過敏與怨恨的毒蟲；這裡的空氣因為包含著秘密與不被承認的事物而充滿令人嫌惡的氣味；在這裡，永無止境地纏織著最可鄙的陰謀之網，那些受苦者反對成功者與勝利者的陰謀；在這裡，勝利的每一個面貌都遭受憎恨，彷彿健康、成功、強壯、自豪，以及權力之感本身就是邪惡，是人最終要苦苦地因而受罰的東西。啊，這些人多麼希望自己來施加這些罪罰，他們多麼渴望自己來做劊子手！而且他們口是心非，一直不承認他們的恨意就是怨恨。㉕

可憐的尼采，他的反感本身就已經夠病態的了，但我們都知道他的意思，而且他將兩種理想的衝突表達得很淸楚。肉食性的「勇者」、成年男子與食人者，從聖徒的溫和與自苦中只看見腐臭與病態，對他而言只有厭惡。整個衝突主要在兩個樞軸運轉：我們首先要去適應的地方，是那有形的世界，還是無形的世界？我們對這個有形世界的適應，是應該採取攻擊的方式，還是不抵抗的方式？

這是個嚴肅的辯論。在某種意義以及就某種程度而言，兩個世界的理想都應該被認可並被照顧到；而且在有形世界裡，攻擊與不抵抗都是必須的。問題在於注重的程度，或多些、或少些。哪一個較爲理想？是聖徒的型態或是勇者的型態呢？

事情常常這樣被假設，即使到現在，我認爲大多數人還這樣假設，即人類性格只能有一種眞正理想的型態。人們想像，有一種人必定是絕對好的人，無論其功能上的用途，無論其經濟考量。聖徒型態以及騎士或紳士型態，始終是聲稱這種絕對理想的競爭者；對軍隊式宗教團體的理想來說，則將這兩種理想混合在一起。然而，根據經驗哲學，所有的理想都是關於關係的問題。例如，如果拉車、賽跑、生育以及運載貿易貨物都是馬的功能中不可或缺的部分，那麼要爲「理想馬」下一個定義就是不合理的。你也許認爲一匹具有普遍多方面功能的馬是一個折衷答案，但這匹馬一定在某些方面不如任何一匹具備特定專長的馬。在討論聖徒性時，當我們追問它是否爲一種理想的人格時，我們不要忘了這一點。我們必須以其結果來檢驗它。

我想史賓塞先生在其《倫理學資料》(*Data of Ethics*)中所使用的方法，可以幫助我們調整一下看法。行爲的理想性完全是適應的問題。一個由不變的暴力所組成的社會，一定會因內部摩擦而毀滅。在一個部分成員具有攻擊性的社會，其他成員一定要是不抵抗的，才能維持某種型態的秩序。這就是現在社會的組成方式，而且由於這樣的混雜，我們得到許多利益。但是社會中具有攻擊性的成員總是傾向於變成流氓、強盜與騙子；也沒有人相信我們現在生活的狀態是一種至福(millennium)的狀態。同時，我們很容易想像一個沒有暴力，只有同情與公義的社會——任何由眞正的朋友組成的小團體就是這種社會的實現。抽象地看，如果這種社會變成大規模型態，那就是至福時代的來臨，因爲所有美好的事物都可以在其中實現，而不需付出摩擦的代價。在這樣的至福社會中，聖徒一定可以完全地適應。他訴諸於和平的方式對其同伴可以發生效用，也沒有人會利用他不反抗的精神來謀取私利。所以，抽象地來看，聖徒比「勇者」屬於更高的層次，因爲他能適應的是想得到的最高層次的社會，無論這樣的社會能否具體實現。勇者如果處於這種社會，將會馬上讓這樣的社會敗壞。這種社會除了令一些現在好戰、喜愛刺激的人覺得可親之外，在其他方面都是拙劣的。

但是，如果我們從抽象的問題轉向實際的情況，會發現個別的聖徒可能適應得很好，或是適應不良，端看特別的環境如何而定。簡言之，聖徒優良的品格並沒有絕對性。我們必須承認，在這個世界，任何讓自己徹底成聖的人是要自己承擔風險的。如果他的內在不夠寬廣，他的聖性也許會讓他比還是俗人時看來更微不足道、更可鄙。㉖因此，在我們的西方世界，很少把宗教表現得過於極端，使得奉教者無法把宗教與一些世俗情懷混雜在一起。總是可以找到能夠追隨宗教大部分激情的人，但一旦碰到不抵抗這個精神，這些人就無法再繼續了。基督自己在某些情況中也很粗暴。克倫威爾、史東瓦・傑克森(Stonewall Jacksons)、戈登(Gordons)等人都讓我們看到，基督徒也可以是勇者。

世界上既然存在這麼多環境，以及這麼多看待適應的方式，如何能找到衡量成功的絕對標準呢？成功是無法絕對計量的。裁決會隨著採用觀點的變化而不同。從生物的觀點來看，聖保羅是一個失敗者，因爲他被砍頭。然而，他對歷史的大環境卻因應得相當出色，就聖徒的典範做爲世界正義的酵母，以及讓聖徒的傾向在世界傳佈得更廣泛而言，他是成功的，無論他直接遭受的厄運如何。最偉大的聖徒，爲所有人認可的精神英雄，如方濟、伯納、路德、羅耀拉、衛斯理、章寧、穆迪、葛列特黎神父、菲力普・布魯克斯、愛格妮斯・瓊斯(Agnes Jonese)、馬格麗特・哈拉罕(Margaret Hallahans)，以及朵拉・派特森(Dora Pattisons)等人，從一開始就是成功的。毫無疑問，他們證明了自己；所有人也感受到他們的力量與偉大。從他們身上發散出來，對於事物奧秘的覺察、他們的熱情、他們的美好，既使他們變得更寬廣，也使得他們變得更柔和。他們就像有著背景與氛圍的圖畫；若把這個世界的勇者與他們放在一起，這些勇者看起來就像枯木一樣乾槁，像石頭與碎磚一樣粗硬。

所以，就一般「整體」㉗來說，我們捨棄神學標準，而以實用的常識與經驗法來考察宗教，是把它在歷史中所佔的高超位置留在歷史中。就其效果而言，聖徒的這些素質對於世界的福利來說是不可或缺的。偉大的聖徒得到立即的成功；比較一般的聖徒至少是先驅與前行者，而且他們也可能是促進俗世變得更好的酵母。如果可以的話，就讓我們成為聖徒，無論我們是否可以獲得可見與暫時的成功。但是，在天父的居所中有許多宅邸，每個人都要為自己找到與自己相稱的信仰以及聖徒性的程度，這程度符合他的能力，也與自己感受到的真正使命和召喚契合。假如我們遵循經驗哲學的方法，就知道並不存在保證成功的途徑，也不能給予每個個體一套固定的指令。

這是我到目前為止所下的結論。儘管我在第十四講的開頭對經驗主義曾說過那些話，我知道你們有些人的心中還是會覺得奇怪，為什麼這樣的方法可以應用於這樣的主題上。㉘你會說，既然宗教相信存在著兩個世界，並且相信無形界的存在，為什麼單憑它的結果來對世俗世界適應的程度評價呢？你堅持，我們憑藉的判準應該是它的**真理**，而非它的用處。如果宗教是真的，它所帶來的結果就是好的結果，即使它的結果在現世已經確定一律不適應，並充滿悲慘。那麼，我們畢竟又回到神學真偽的問題。不可避免地，情節變得複雜起來，我們無法規避理論的考量。我提議，至少在某個程度上讓我們面對這個責任。雖然不全是如此，但宗教人常常宣稱自己以一種特殊的方法看見真理。那種方式稱之為「密契主義」。所以，我現在要開始對密契現象花相當的篇幅討論，之後再來討論宗教哲學，雖然只能比較簡短地討論。

註釋

①節錄自 George Fox: *Journal*, Philadelphia, 1800, pp. 59-61。

②基督宗教的聖徒有他們奉獻的專門對象。聖方濟對基督的五傷、帕都亞的聖安東尼(Saint Anthony of Padua)對基督的童年、聖伯納對基督的人性、聖德勒莎對聖約瑟(Saint Joseph)的崇奉等等。什葉派伊斯蘭教徒(Shi-ite Mohammedans)尊崇穆罕默德的女婿阿黎(Ali)，而不是尊崇他的妹夫阿部・貝克(Abu-bekr)。范貝黎(Vambéry)描述一個他在波斯遇到的伊斯蘭教托缽僧：「他在三十年前莊重地發誓，除了永遠地發出他最鍾愛者的名字『**阿黎！**』『**阿黎！**』以外，絕不使用自己的發聲器官。他希望藉此向世界表示，他是阿黎——這位已死去一千年的人——最虔誠的夥伴。他在自己的家鄉中，對自己的妻子、孩子與朋友說話時，除了『阿黎！』以外，從不發出其他的聲音。當他需要吃東西、喝水或其他事物時，也是只重複『阿黎！』的發聲來表達他的需要。當他在市場行乞或購物時，也總是說『阿黎！』。無論別人善待他或是虐待他，他還是反覆發出單一的『阿黎！』。最近他的狂熱到達極爲驚人的程度，像個瘋子一樣，他會整天在城中的街上來回奔跑，將棍杖高舉在空中，不斷地高聲叫喊『阿黎！』」參見 *Arminius Vambéry, his Life and Adventures*, London, 1886, p.

69。在阿黎的兒子胡笙(Hussein)的逝世紀念日，他和阿黎的名字仍被什葉派伊斯蘭教徒不斷大聲誦念。

③比較 H. C. Warren: *Buddhism in Translation*, Cambridge, U. S., 1898，散見書中各處。

④比較 J. L. Merrick: *The Life and Religion of Mohammed, as contained in the Sheeah traditions of the Hyat-ul-Kuloob*, Boston, 1850，散見書中各處。

⑤參見 Bougaud: *Hist. de la bienheureuse Marguerite Marie, Paris*, 1894, p.145。

⑥參見 Bougaud: *Hist. de la bienheureuse Marguerite Marie, Paris*, 1894, pp. 365, 241。

⑦同上引，p. 267。

⑧例如：「她爲頭痛所苦，爲了榮耀神，就試著含些特定的芳香物在口中，以減輕頭疼。此時主顯現在她跟前，親愛地靠在她身上，也在這些香氣中感到適意。在輕輕地吸入這些香氣之後，祂起身，彷彿對自己剛做的事情感到滿意，高興地對諸聖說：『請看我的未婚妻送給我的新禮物！』

有一天，在聖堂裡，她聽見超自然的聲音在吟唱著：『**聖哉，聖哉，聖哉**。』神之子靠在她身上，好像一個甜蜜的愛人，並給她的靈魂一個最溫柔的親吻。在唱到第二句聖哉時，對她說：『在這個向我吟唱的聖哉中，你由這個親吻接受我神性與人性所包含的一切神聖，且讓它成爲你走到祭台領聖體前充足的準備。』在下個主日中，當她感謝神的恩典時，看啊，比幾千個天使都還要美麗的神之子，以祂的手臂擁抱她，好像因她而自豪，在祂所贈予她的神聖完美中，把她引見於天父之前。天父對於祂的獨子引見給祂的這個靈魂感到如此歡欣，彷彿到了無法自持的地步。祂和聖神都賜給她經由自身的神聖而來的聖性，因此她一直被賦予充分而豐盈的**神聖**之福——經由神的全能、智慧與愛賦予她。」參見 *Révélations de Sainte Gertrude*, Paris, 1898, i. 44, 186。

⑨參見 Furneaux Jordan: *Character in Birth and Parentage*, first edition，後來的版本更改了用語。

⑩關於此分別，請參見包德溫的小書中極爲實用的描述：J. M. Baldwin, *The Story of the Mind*, 1898。

⑪關於這個主題，我參考的是穆立歇先生(M. Murisier)的著作(*Les Maladies du sentiment Religieux*, Paris, 1901)。他認爲內在的統一是整個宗教生活的主要動力。但**所有**具強烈理想色彩的興趣，無論是宗教的還是非宗教的，都會統一心靈，並傾向於把其他的事物臣屬於其下。我們可以從穆立歇的論述中推論，這種形式上的條件是宗教獨有的特徵，並以爲在進行宗教的比較工作時，可以忽略其實質內容。我相信現在我所進行的探討會讓讀者相信，宗教有許多實質內容是獨特的，也比一般的心理形式來得重要。雖然我對穆立歇的觀點有這樣的批判，但他的著作還是相當具有啓發性。

⑫例如：「當事奉者（蘇索）開始過其內在生活時，在他經由告解適切地滌淨靈魂後，在心裡爲自己劃下三條界線，爲了將自己關閉其中，就好像待在精神的堡壘裡面一樣。第一條界線是他的房間、聖堂以及聖詠團。當他在這條界線內時，覺得自己十分安全。第二條界線是整個修道院，直到外門爲止。第三條以及最外邊的界線就是門的地方，在這裡他必須非常警醒。當他踏出這些界線時，覺得自己好像某些走出洞穴外邊的野獸，陷於被獵人包圍的苦境，所以需要這些野獸的靈巧與機警。」參見 *The Life of the Blessed Henry Suso*, translated by Knox, London, 1865, p.168。

⑬參見 *Vie des premières Religieuses Dominicaines de la Congrégation de St. Dominique, de Nancy*; Nancy,

1896, p.129。

⑭參見 Meschler's *Life of Saint Louis of Gonzaga*, French translation by Lebréquier, 1891, p. 40。

⑮同上註，p. 71。

⑯在他孩童時期的記事本中，他讚美修院生活，因爲它免於罪惡的自由，以及它使得我們能夠儲存那不會腐朽，「在神的眼中，使神成爲我們永恆債務人的功德」的寶藏。見上引書，p. 62。

⑰ *Mademoiselle Mori*, a novel quoted in Hare's *Walks in Rome*, 1900, i. 55.

我忍不住要從斯塔伯克的書中再引另一個藉著泯除的方式淨化自己的例子：

「神聖的人表現出病態徵候是很常見的現象。他們與他人不合，通常他們也與教會沒有保持關係，因爲他們認爲教會過於世俗；他們對其他人變得很苛責，也逐漸忽略自己的社會、政治與經濟責任。像這種情形我可以舉一個自己曾經做過特別研究的六十八歲婦女爲例。她曾經是一個大城市內，最繁忙的地區中最積極與最進步的教會之一的成員。牧師形容她非常吹毛求疵。她對教會越來越不能同心，與教會的關係到最後只剩下參加祈禱會；在祈禱會中，她唯一傳達的訊息就是斥責別人過著低級的生活，並爲之定罪。最後，她與任何教會都斷絕關係。作者發現她獨自一人住在一棟廉價公寓最上層的一個小房間內，完全斷絕一切人事關係，但很快樂地享受她精神生活的幸福。她的時間都用來寫談論聖化的小册子，全書都是夢囈般的狂想。事實上，她屬於一個小團體，這個團體宣稱全部的救贖過程包含三個步驟，而非兩個步驟。救贖不只包括皈依與聖化，還有第三個步驟，他們稱之爲『十字架的考驗』(crucifixion)與『完全的救贖』(perfect redemption)。他們認爲這兩者與聖化的關係，和聖化與皈依的關係相同。她描述聖神如何對她說：『不要再到教會去，不要再參加神聖的聚會。回到你的房間，我將會教導你。』她自認爲不需要上大學，不需要牧師或教會，只關心聆聽神對她說的話。她對自己經驗的描述看來很一致；她感到快樂、滿足，並對自己的生活感到完全滿意。當我們聆聽她的故事時，很容易忘記這是一個無法與其同類共同生活的人的故事。」

⑱最好的傳教生活充滿了不抵抗精神與個人權威的成功結合。例如約翰・帕頓(John G. Paton)在新赫布里底群島(New Hebrides)野蠻的馬來尼西亞(Melanesian)食人族中間，由於這樣的結合而保持一種被保護的生活。在關鍵時刻，沒有人敢眞的襲擊他。被他所感動的土著信徒，也表現出相同的德性。「我們的酋長之一，內心充滿由基督所激發、想要追尋與救贖的渴望。他送一封信給一位內地的酋長，說他和四名隨從將要在安息日前來，告訴他們耶和華神的福音。他們回信嚴峻禁止到訪，並威脅說任何基督徒接近他們村落的話，一定要死。我們的酋長回了一封充滿慈愛訊息的信，告訴他們耶和華已教導基督徒以德報怨，他們將不帶任何武器前去，告訴他們神的兒子如何來到世上，並爲了祝福與拯救祂的仇敵而死的故事。那位異教的酋長很快地又回覆一封口氣嚴厲的信：『如果你來，你會被殺掉。』在安息日的早晨，基督教的酋長與他的四個隨從在村外與異教酋長碰面，他再一次懇求並威脅他們，可是他們說：『我們來到你這裡，並沒有攜帶武器！我們只是想告訴你們關於耶穌的事。我們相信今天祂會保護我們。』

「當他們堅定地走向村落，槍矛開始射到他們身上。有些槍矛讓他們閃躲掉了，因爲他們當中除了一個之外，都是敏捷的戰士。其他的槍矛都被他們以不可思議的方式徒手接到並撥開。這些異教徒看見這些人不帶武器前來，還不把接到的槍矛丟回來，顯然嚇呆了。他們扔完了老酋長所謂的『一陣槍雨』，就因爲驚嚇而不再扔了。我們的基督徒酋長和他的隨從停在他們中間，在村落的公共廣場上喊道：『耶和華這樣保護了我們。祂已經把你們所有的槍矛都給了我們！假如是以前，我們會把這些槍矛丟回你們身上，殺死你們。但現在我們前來，並不是爲了戰鬥，而是爲了告訴你們關於耶穌的事。祂已經改造了我們的黑暗之心。祂要你們現在放下這些武器，來聽我們訴說神的慈愛，祂是我們的天父，唯一的眞神。』

「這些異教徒完全嚇呆了。他們淸楚地看到這些基督徒被一種無形的力量所保護。他們第一次聽到福音和十字架的故事。我們親身看到那位酋長和他全部落的人坐在基督的學校裡。在南洋群島中所有皈依基督的海島，也許沒有一個地方不表現出相似的英勇皈依行爲。」參見John G. Paton, *Missionary to the New Hebrides, An Autobiography*, second part, London, 1890, p. 243。

⑲ 聖德勒莎（大德蘭）在她的自傳(French translation, p. 333)裡告訴我們，聖彼得「有四十年的時間，每天的睡眠不超過一個半小時。在他所有的苦行中，這是最艱苦的。爲了這樣實行，他總是跪著或站著。他允許身體得到的一點睡眠，都是以坐姿的方式，將頭靠在釘在牆上的一塊木頭上。即使他想躺下也不可能，因爲他的房間只有四呎半長。在這些年中，無論豔陽高照或是傾盆大雨，他從來不把頭巾翻起。他從不穿鞋。他穿著一件粗麻衣，裡面不穿貼身的內衣。這件麻衣極爲狹小，在麻衣外面他罩了一件相同質料的小外套。當天氣寒冷時他將外套脫掉，還把房間內的門窗打開一會兒，隨後關上，將外套穿起來，據他說，這是他取暖並讓身體對溫度覺得更舒適的方式。他經常三

天才吃一餐，當我表示訝異時，他說如果習慣了，這就變得很容易。他的同伴之一很確定地告訴我，有時他連續八天不吃東西……他的清貧精神很激烈，他的自苦，即使是年輕時也很嚴厲，他告訴我曾經在修道院的房子裡待三年，對於其他僧侶只能由聲音辨認，因爲他從不抬起眼睛看他們，也只有在跟著別人走時才認得路。在公路上他也表現同樣的拘謹。許多年來他不曾看過女人一眼，但他也承認，到他這個年齡，看不看女人對他來說都無所謂了。我剛認識他時他的年紀已經很大。他的身體如此瘦弱，好像是由許多樹根組成。雖然充滿聖潔，他仍然和藹可親。除非人家問他問題，否則他從不開口說話；但是他心智上的正直與仁慈使得他的話語有一種令人無法抵抗的魔力。」

⑳參見 F. Max Müller: *Râmakrishna: His Life and Sayings*, 1899, p.180。

㉑參見 Oldenberg: *Buddha*; translated by W. Hoey, London, 1882, p.127。

㉒「所有其他的虛榮也許會消亡，但聖徒對其聖性的虛榮心眞是難以抹滅。」參見 *Râmakrishna: His Life and Sayings*, 1899, p.172。

㉓我在一份美國的宗教報刊上讀到：「當一個教堂必須藉著牡蠣、冰淇淋與歡樂來維持時，你也許可以肯定它越來越遠離基督了。」假如我可以憑外表判斷，這就是我們現在許多教會的危境。

㉔參見 C. V. K.: *Friedens-und Kriegs-moral der Heere*. Quoted by Hamon: *Psychologie du militaire professional*, 1895, p. xl。

㉕參見 *Zur Genealogie der Moral*, 1894, Dritte Abhandlung, §14。我從中摘錄，並在一處更動一個句子。

㉖我們都知道**愚笨癲狂**(daft)的聖徒，他們引起人一種奇怪的厭惡感。但要把聖徒與強者相比，我們必

須選擇具有相同智力程度的人來比較。智力低劣的強者與智力低劣的聖徒在他們所屬的範圍內是相似的。他是貧民窟的流氓不良分子，或是暴徒。當然，即使是這個水準，聖徒也保有一種特別的優勢。

㉗同上，p. 261。

㉘同上，p. 261-267。

譯註

①《馬太福音》七章十二節：「所以無論任何事，你們願意人怎樣待你們，你們也要怎樣待人。」

16・17 宗教經驗之種種

密契主義

Mysticism

・密契狀態是對於推論的理智所無法探測之深刻真理的洞悟。
它們是洞見、啓示，
雖然無法言傳，但充滿意義與重要性，
通常對於未來還帶著一種奇特的權威感。

・現在我才知道真正的祈禱是什麼：
就是從獨我的孤寂回歸到與萬有合一的意識，
跪下時猶如死者，起身時已如不朽之人。
陸地、天空與海洋共鳴，彷彿圍繞世界的大協奏曲。
這就像所有以往的偉人在我周圍合唱。

——瑪畢達・莫森布(Malwida von Meysenbug)

在前面的演講裡，我曾屢次提到某些論點，但沒有完成討論，也沒有提出定論，說要等談到密契主義時再繼續討論。你們當中的一些人，見我這樣一再拖延，可能會覺得好笑。但是，現在眞的到了認眞討論密契主義的時刻，而那些斷斷續續的討論支線也要在這裡有個了結。我想，我們可以這樣說，個人的宗教經驗是以密契的意識狀態(mystical states of consciousness)爲其根基與中心。既然我們在這些演講中是以個人經驗爲唯一的探究對象，這種意識狀態的討論就應該成爲主要的一章，別章都要從這一章得到說明。我不知道自己對於密契狀態的討論會使這個主題更加清楚或是更爲模糊，因爲我的性格使我幾乎完全無法經驗到這樣的狀態，我只能藉由二手資料來談論它。但是，雖然被迫要以如此表淺的方式來討論這個主題，我將盡量採取客觀與可接受的方式。我想，至少我可以成功地讓你相信這種密契狀態的眞實存在，以及它們莫大重要的功用。

首先，我要問，「密契的意識狀態」這個辭彙代表什麼意思？我們如何將密契狀態與其他狀態區分開來？

「密契主義」(mysticism)與「密契的」(mystical)這些詞經常只被當作譴責性的字眼來使用，用來指摘我們視爲模糊、浩瀚、濫情且缺乏事實或邏輯基礎的事物。

對某些作者來說，「密契主義者」指的是任何相信心電感應(thought-transference)或是靈魂來歸(spirit-return)的人。除了這些用法之外，這個詞不太有其他的意義，因爲其他不模稜兩可的同義詞太多了。所以，爲了經由限制它的用法而使它有用，我要用我之前處理

「宗教」一詞的做法，只對你們提出四個特性，如果某個經驗具備這四個特性，我們爲了討論的目的就可以在這裡把它稱之爲密契經驗。這樣一來，我們可以省掉言語上的爭辯，以及伴隨而來的反責。這四個特性是：

一、**不可言説**(Ineffability)。將某種狀態歸類爲密契經驗，最方便的就是否定的方式。經歷此種經驗的人馬上會說它不可言傳，它的內容無法以適當的語言來表達。因此，只能直接經驗它，而無法將這樣的經驗傳授或傳達給別人。就此特性而言，密契狀態比較接近感覺狀態，甚於理智狀態。沒有人能讓一個從來沒有過特定感覺的人，了解那種感覺所包含的性質與價值。人必須有鑑賞的耳朵，才能懂得交響樂的價值；人也必須嘗過戀愛的滋味，才能知道戀人的感受。缺乏心靈或耳朵，我們就無法給予音樂家或戀人一個公正的解釋，甚至會以爲他們是內心軟弱或失去理性的人。密契主義者發現，大多數人對其經驗的理解也是不恰當的。

二、**知悟性**(Noetic quality)。雖然密契狀態近似感覺狀態，但對那些經驗此種狀態的人而言，它也是一種知性狀態。密契狀態是對於推論的理智所無法探測之深刻眞理的洞悟。它們是洞見、啓示，雖然無法言傳，但充滿意義與重要性，通常對於未來還帶著一種奇特的權威感。

在我使用「密契主義」這個詞時，這兩種特性將被稱爲密契主義的狀態。另外兩個特徵比較沒有那麼明顯，但也常常可以見到。

三、**頃現性**(Transiency)。密契狀態無法維持很久。除了極少的例子之外，它的極限是半小時，最多一兩個小時，之後就漸漸淡入日常生活的狀態。當經驗消褪時，通常只剩下模糊的記憶；但當它再度發生，卻可以被認出來。在兩次間隔中它可以持續發展，使人覺得它有一種內在豐富性與重要性。

四、**被動性**(Passivity)。雖然密契狀態的來臨可以經由預備性的刻意操作激發，例如集中注意力，做某些特定的身體動作，或是用其他密契主義手册所規定的方式。但當這種特別的意識來臨，密契主義者會覺得自己的意志好像中止一樣，而且有時候眞切地覺得好像有個更高的力量將他握住。這一個特徵使得密契主義與一些次級人格或交替人格(secondary or alternative personality)的特定現象有所關聯，例如發出預言、自動書寫(automatic writing)，或是靈媒的出神狀態(mediumistic trance)。但是當後者的這些現象很淸楚時，當事者在事後可能沒有任何記憶，它對當事者平時的內心生活也可能毫無意義；對經驗者來說，它只是一個中斷狀態而已。但嚴格意義下的密契狀態從來不會只是一個中斷狀態。它還保留著某些對於內容的記憶，以及對其重要性的深切感受。它改變了經驗者在兩次經驗間的內在生活。然而，要對這個範疇的現象做出明確的分野也很難，因爲我們可以看到各式各樣程度與混雜的表現。

這四個特徵就足以劃分出某一群的意識狀態，它們的特殊性足以賦予一個專有名詞，並值得細心考察。就讓我們稱之爲密契群的意識狀態。

我們的下一步應該是經由一些典型的例子來了解這個現象。專業的密契者在其發展的巔峰時，常會盡心竭力地組織其經驗，並整理出一個以這些經驗爲基礎的哲學。但我在第一講時說過：要了解某個現象，最好把它放在其所屬的系列中理解，在其萌芽的狀態與過熟的退化中研究它，並把它過度誇張的表現與退化的形式做比較。密契經驗的範圍非常廣，廣到我們無法在時間內討論完。但是系列研究(serial study)的方法對詮釋而言非常重要，如果我們想要獲得什麼結論，就必須使用這個方法。所以，我要從那些不宜稱帶有特別宗教意義的現象開始，最後再討論那些極端自認爲有宗教涵義的現象。

最簡單、基本的密契經驗，似乎是對某個偶然掃過心頭的格言或公式其意義的徹悟之感。我們浩嘆：「我這輩子一直聽到這個，但到現在才明瞭其全部的意義。」路德說：「當我聽到一位僧侶反覆誦念信經(Creed)中的『我信罪惡的赦免』時，突然對《聖經》有一種全新的理解，我馬上彷彿重生了，就好像發現天堂之門大敞一樣。」①這種深刻意義的感受並不限於理性的命題。當心境調整正確時，單詞②、詞語的組合、光線對陸地和海洋所造成的光景，以及香氣和樂聲，都會激發這樣的感受。我們大部分人都會記得，年輕時在某些詩裡讀過的章節所帶給我們的奇異感動力量，彷彿超乎理性的門扉，透過它們，事實的奧秘、生活的狂野與苦悶暗暗地潛入我們心中，顫動我們的心靈。這些字眼現在對我們來說可能只是擁有更加優美的表面，但抒情詩和音樂的活力與重要程度，要看它能捕捉多少這些模糊的、與我們生活相連的視界，這些視界引誘我們、邀請我們，但又始終規避我們的追尋。

我們對於藝術永恆的內在訊息是否可以敏銳感受，亦或無動於衷，就看我們是否保有或者喪失這種密契的感受性。

如果我們在密契經驗的階梯上再往上踏一步，會看到一種極常見的現象，也就是一種突然掠過心中的感覺，覺得「似曾相識」(been here before)；彷彿在某個不確定的時間點，就在此處，正與這些人，我們已經說過這些話。如同丁尼生(Tennyson)的詩：

而且，感覺到某個什麼
彷彿以密契的微光觸摸我，
就像對遺忘的夢境之一瞥……
感覺到有什麼，在這裡的一些什麼；
一些曾做過的事，但我不知在何處做過；
那種沒有言語可以表達的感覺。③

詹姆士・克里頓—布朗伯爵(Sir James Crichton-Browne)給這些突然來襲的模糊回想意識一個

專有名詞，叫作「如夢狀態」(dreamy states)。④他們帶來一種密契感，以及事物形上層次的雙重性(duality)，與迫切的、無止境的知覺擴張的感覺。克里頓—布朗博士認爲這種狀態與自我意識的混亂與驚嚇狀態有關，有時候會發生在癲癇患者發病之前。我認爲這位博學的精神醫師，對於一個根本不重要的現象之見解未免太危言聳聽。他順著這個現象往下探究，於是看到它與瘋狂的關係；我們研究的主要途徑卻是沿著階梯往上攀爬。這種歧異說明重視現象與每個部分之關聯的重要性，因爲這個現象會隨著我們放置的脈絡而變得可敬或可憎。

再深一層的密契狀態可見於另一種如夢狀態。這種感覺就像查理・金士黎(Charles Kingsley)所描寫的那樣，一點都不罕見，尤其是發生於年輕時：

> 當我在田野間散步時，不斷被一種發之於內心的感覺壓迫，覺得如果我能夠參透的話，所見之事皆有其意義。這種被我所不能掌握之真理環繞的感覺，有時變成一種無可言喻的敬畏感……你難道不覺得，除了在極少的神聖時刻，你真正的靈魂無法為自己心靈的眼光所知覺？⑤

惜蒙(A. J. Symonds)描述一種更爲極端的密契意識狀態，也許更多的人可以從其親身經驗給予我們類似的描述。他說：

在教堂裡，與人在一起或閱讀時，還有我認為，總是在我肌肉放鬆時，突然間我感受到這種心境來襲。它無可抗拒地佔領我的心靈與意志，歷時彷彿有永遠那麼久，然後又在一連串快速的知覺中消失，好像從麻醉狀態中醒來一樣。我不喜歡這種出神狀態的理由之一是我無法對自己描述它。即使是現在，我也無法找到語言把它說明白。這種狀態包含時間、空間、知覺，以及我們喜歡稱之為本我(Self)的這個經驗的衆多因素，有著漸進而快速的消抹。這些平常意識的條件縮減得越多，就越強烈地感受到一種基本與主要的意識狀態。最後，除了那純粹、絕對而抽象的本我外，什麼也不剩。世界變得沒有型態也沒有內容。但本我仍然存在，它活躍的敏銳度是可怕的，對於實在懷著最尖銳的懷疑，好像已準備好要看著存在的破碎，就像一個圍繞它的泡泡破碎一樣。接著呢？理解到一個即將來臨的消散，深信這是本我意識的最後狀態，覺得自己已經循著存在的最後一縷線，到了懸崖邊緣，見證了永恆的虛幻(Maya)或幻象，我為這種感覺所動，或者說它彷彿再一次煽動著我。知覺存在之平常狀態的回復，是由觸覺能力的恢復開始，然後經過熟悉印象與日常興趣逐漸而快速流入。最後，我覺得自己又是一個人了；雖然生命意義之謎仍然未解，我還是對這個從深淵歸回的經驗懷著感謝——這是一種進入可怕的懷疑主義之奧秘，然後又從其中解脫的經驗。

這種出神經驗發生的頻率越來越少，到我二十八歲就停止了。它使逐漸長大的我感到，促成純粹現象的意識之條件是一種幻影般的虛妄。從那種赤裸、敏銳的生存之無形狀態中覺醒時，我經常痛苦地自問，哪一個是虛幻？是我剛剛離開的那種熱烈的、空虛的、洞悟的、充滿懷疑的本我狀態？還是那個遮蔽內在的本我(Self)，而構築一個有血有肉人世的自我(self)的周遭現象與習慣呢？還有，人是否為夢境的原因呢？他們在這重要的時刻了悟到這種如夢狀態的不實在。如果到達出神狀態的最後階段，會發生什麼事呢？⑥

這樣的叙述當然有一些病態的味道。⑦雖然個人的修練與某些抒情詩仍然爲它的理想作見證，密契狀態的下一步會將我們帶到一個公衆意見與倫理哲學都認定爲病態的領域。我指的是經由麻醉品，尤其是酒精，所引發的那些狀態。酒對人類具備的威力，無疑是由於它能夠激發人性的密契官能，這些官能在清醒的時刻通常被冷冰冰的事實與乾枯的批評碾得粉碎。人在清醒的狀態會消滅、分辨以及說「不」；而酒醉的狀態則令人擴張、統合，並且說「是」。酒醉狀態其實是激發人說「是」的強力催化劑。它使其信徒從事物冰冷的邊緣移向火熱的中心。它使得他暫時與眞理合而爲一。人們覓醉，並不只是由於乖僻。對於貧窮和未受教育的人來說，它代替了交響樂與文學；然而，我們可以馬上感受到的絕妙只在這個短暫的初期階段賜予我們，就其整體來說，它不過是一種可恥的毒害，這實在是生命中更深的奧秘與悲劇的一部分。酒醉意識是密契意識的鱗光片羽，我們對它的整體觀點必須從我們對密契意識這個更大整體的觀點中尋得。

氧化亞氮(Nitrous Oxide)（譯註①）與醚(ether)，尤其是前者，如果與空氣充分混合，就會引發一種奇特的密契意識。對吸入者來說，無限深遠的眞理彷彿揭露給他；然而，這個眞理在醒來的那一刻就漫漶無存了。如果還有什麼似乎包藏著眞理的言語留著，這些言語也完全沒有意義。但是，對於深刻眞理存在的感受持續著，而且我知道不只一個人相信，在氧化亞氮所引起的出神狀態中，我們能夠得到眞正形上的啓示。

若干年前，我自己對於氧化亞氮所引起的迷醉狀態做過一些觀察，還把結果付印成書。當時有一個結論壓迫在我心中，但我對此眞理的想法始終沒有動搖過。這個結論就是，日常的覺醒意識，也就是我們所稱的理性意識，只不過是一種特殊的意識狀態，在其周圍還存在著許多全然不同的可能意識狀態，彼此之間只以極薄的帷幕互相隔開。我們可能終其一生沒有感覺到這些意識狀態的存在；但只要施予所需要的刺激，一觸之間它們就可以完全呈現；它們是心靈的特定型態，也許某處正是應用與適應的範圍。任何關於宇宙整體的討論，如果忽略其他形式之意識狀態的話，是不會有什麼結論的。問題是如何看待這些狀態，因爲它們與平時的意識狀態很不連貫。雖然它們無法提供公式，但它可以決定態度；雖然它們不能勾勒出一幅地圖，但可以開展一個領域。無論如何，它們使我們無法在關於實在的討論上太早下定論。回顧我自己的經驗，它們全部指向一種洞見，那是我不得不賦予某種形上學涵義的洞見。這個洞見的基調始終是一種和解(reconciliation)。就好像世界的所有對立，給我們帶來的困難與麻煩、矛盾和衝突，現在都融合爲一了。不只這些一向對立的種類屬於相同的屬別，所有的種類中，那些更高級、更優秀的，**自身就是一種屬別，所以能夠將與其對立的種類消化吸收於自身之內**。我知道，當我以普通的邏輯來表達這個領悟時，把它說得像是謎一般，但我無法完全逃脫其權威。我彷佛覺得，它必定有個什麼涵義，有個像黑格爾哲學(the hegelian philosophy)一般的涵義，只要人能夠更清楚地掌握它。凡有耳朵的，讓他聽吧；對我來說，只有在人爲的密契心境中，我才活生生地感受到它的存在。⑧

我剛才提到那些相信經由麻醉狀態可以得到啓示的朋友們。對他們而言，那也是一種一元性(monistic)的洞悟，在其中，各式各樣形式的**其他**(other)都被吸納入「太一」(the One)之內。有一個這樣的朋友說道：

> 進入這個瀰漫的精神內，我們通過、遺忘、被遺忘，因此每一個都是一切，都在上帝之內。除了我們依靠的這個生命以外，再也沒有更高、更深或是其他的生命。「太一(the One)存留，其他的多(many)則變化，並成為過去」；而且我們每一個都是那存留的「一」……這是最後的真理……對這件事的確定就像對存在那麼確定——根源是我們關注的全部，超越模稜兩可、對立或是麻煩，我在

一種孤寂的狀態中得到勝利，上帝並非高高在上。⑨

這段敘述眞有宗教密契的味道！我剛才引述過惜蒙的話，他也記錄了一個由於氯仿(chloro form)的作用而引發的密契經驗：

當窒息與悶塞過去，最初我彷彿在一種全然的空白狀態中；接著強光閃閃而來，與黑暗交替，我很清晰地看到房中四周的景物，但缺乏觸覺。我想我快要死了；然後，突然間，我的靈魂意識到上帝的臨在，祂很明顯地觸摸我，與我打交道，好像親身臨在那樣強烈的真實。我感受到祂像光一樣地流在我身上……我無法描述自己感受到的狂喜。然後，當我漸漸地從麻醉藥的影響中清醒時，我與世界關聯的那種舊感覺又開始回來，我與上帝之關聯的那種新感受則開始褪去。突然間，我從坐著的椅子上跳起來，喊道：「這太可怕了，太可怕了，太可怕了！」意思是說我無法承受這種幻滅。接著我把自己摔到地上，最後醒來時滿身是血，對著那兩位醫生（他們嚇壞了）喊道：「你們為什麼不把我殺了？你們為什麼不讓我死？」想想看，在久久感受看到神那種失去時間感的狂喜，浸潤在那完全的純淨、溫柔、真誠以及絕對的愛中之後，發現自己終究不曾得到任何啟示，只是被我腦袋不正常的激奮狀態所愚弄。

可是，這個問題還在，有沒有可能，當我的肉體對於外來印象不再有感應，內在對於現實的感受代替了物理關係的日常感受時，所體驗到的並非幻覺，而是真實的經驗？我在那個時刻所感受到的，有沒有可能就是有些聖徒曾經描述過，他們不斷感受到的，不可證明卻也不可懷疑的上帝的存在？⑩

從這裡開始，我們就接上純粹的宗教密契經驗了。惜蒙的問題將我們帶回你所記得的，在〈不可見的實在〉那一講中我們引述的例子，也就是那種突然經驗到神直接臨在的例子。這種以某種形式或是其他形式出現的現象並不罕見。崔尼(Trine)先生說：

我認識一位在我們警察局任職的長官，他告訴我，許多次當他晚上下班，走在回家的路上時，他清晰而根本地領略到自己與無限的力量合而為一，而且這個無限和平之神完全掌握他，將他充滿。由於這個流入心中的浪潮，他感到如此飛揚，如此喜悅，彷彿他的腳幾乎不能踏在路面上。⑪

大自然的某些光景也有喚起這種密契心境的特殊能力。⑫我所收集的這些驚人例子大部分發生於戶外。文學作品曾在許多絕美的篇章中紀念這樣的事實。例如，從阿米爾的《日記》(Amiel's *Journal Intime*)摘錄出來的這段描述：

我還會有往日偶爾來到我心中那些驚人的奇想嗎？當我年輕時，有一天在日出時，我坐在芙西倪堡(Faucigny)的廢墟中；還有一次，在山裡正午的艷陽下，在拉威(Lavey)上頭，我躺在一棵樹下，有三隻蝴蝶飛來；又有一次，夜裡，在北海佈滿碎石的岸邊，我躺在沙灘上，目光在銀河之間漫遊——如此廣大、空曠、不朽、宇宙源生般的奇想，如果人可以觸摸到星辰，如果人擁有無限！在神聖與狂喜的時光中，我們的思想在世間飛躍，穿透巨大的謎團，以像海洋般寬廣、寧靜、深沉的氣息呼吸，和穹蒼一樣澄澈無際……在不可抗拒的直覺的瞬間，覺得自己與宇宙同大，與神一樣寧靜……這是怎樣的時刻、怎樣的記憶！它們留下的記憶足以讓我們充滿信仰與熱情，彷彿他們就是聖神的降臨。⑬

接下來是另一段類似的描述，從那位有趣的德國觀念論者瑪畢達・莫森布(Malwida von Meysenbug)的傳記中摘錄出來：

當我獨自走在海邊時，這些解放與調和的思潮向我蜂擁而來；現在，又一次，就像很久以前在道菲納的阿爾卑斯山(Alps of Dauphiné)，我有一股跪下的衝動，這一次則是跪在無邊無際的海洋、無限的象徵之前。我以前所未有的方式祈禱，現在我才知道真正的祈禱是什麼：就是從獨我的孤寂回歸到與萬有合一的意識，跪下時猶如死者，起身時已如不朽之人。陸地、天空與海洋共鳴，彷彿圍繞世界的大協奏曲。這就像所有以往的偉人在我周圍合唱。我覺得自己與他們合而為一，我彷彿聽到他們的祝賀：「你也屬於能克服者的團體。」⑭

惠特曼那著名的篇章是偶發之密契經驗典型的表達：

我信賴你，我的靈魂……
與我同在草地上遊蕩，敞開你的喉嚨……
我只喜歡這寧靜，你聲音的微吟。
我想起有一回我們躺下，那麼澄明的夏天早晨……
快速地興起，並流佈於我四周的，是超乎世上所有爭論的平安與知識，
而且我知道，神的手就是我自己的承諾，
而且我知道，神的精神就是我自己的弟兄，
所有誕生於這世界的男人都是我的弟兄，女人都是我的姊妹與愛人，
創造的骨幹就是愛。⑮

我可以輕易地舉出更多例子，但再一個就夠了。我從特略佛(J. Trevor)的自傳裡選錄出

下面的描述。⑯

一個明亮的星期天早晨，我的妻子和兒子到馬克勒菲(Macclesfield)的一神派教堂去。我覺得自己不可能陪他們去，假如這時候要我離開山上的陽光，下山到教堂去，對我來說無異於精神性的自殺。而且我覺得自己的生活多麼需要新的靈感與擴張。所以，懷著不願意與悲傷的心情，我讓妻子與孩子走到鎮上去，我則帶著手杖和狗走上山。在可愛的早晨與美麗的山谷中，我那惆悵與悔恨之感很快就消失了。我沿著通向「貓與小提琴」的路走了約莫一個鐘頭，然後折返。在我回來的路上，突然間，毫無預兆地，我覺得自己彷彿置身於天堂裡一種不可描述的、強烈的平安、喜樂與確信的內在狀態，伴隨著沉浸於溫暖的亮光中的感覺，彷彿外在的情境帶來這種內心的效果——一種超脫形骸之感，雖然周圍的景物比以前看起來更分明、更接近，這是由於我彷彿置身於其中的那種光明。當我到家時，這種深刻的情緒還持續著，雖然已不那麼強烈，過了一些時候，它才逐漸消褪。

作者接著說，當他有了更多類似的經驗後，現在他已充分地了解這些經驗。

精神生活對活於其中的人來看，是正當的；但對那些不了解的人，我們能說什麼呢？至少，我們可以說，這是一種對擁有此經驗的人來說，真實體驗的生活，因為即使在他與生活的客觀現實接觸得最緊密的時刻，這些經驗仍然存留在他心中。夢境就無法經得起這樣的試驗。我們會從夢裡醒來，並發現那不過是夢。過度疲乏的大腦神遊的幻想也無法經得起這樣的試驗。我曾經經驗過的那些神的臨在之最高峰的經驗，是稀有而短暫的，那是一閃而過的意識，逼使我驚訝地高喊：「神在**這裡**！」——或是不那麼強烈，但充滿歡悅與洞悟的狀態，這種狀態只會逐漸消褪。我曾經嚴苛地質疑這些瞬間經驗的價值。我不曾對任何人提過，以免我只依靠腦袋裡的幻想來構築我的生活與工作。但是在一次次的質疑與試驗之後，我發現它們至今仍然是我生活中最真實的經驗，而且它們解釋、辯護與統合所有過去成長的經驗。的確，這些經驗的真實性與深遠的重要性日益明白。當它們來臨時，我過的是最充實、強健、理智與深刻的生活。我並不追求這些經驗。我以絕對的決心所追求的是更強烈地過我自己的生活，也就是與世界敵對的判斷相反的生活。神真實的臨在(the Real Presence)會在最真的時節到來，而且我知道，自己正沉浸於神的無限汪洋中。⑰

即使你們當中最不具密契氣質的人，到此刻也必定相信密契時刻的存在，那是一種性質截然不同的意識狀態，爲擁有此經驗的人帶來深刻的印象。加拿大的精神科醫師巴克(R. M. Bucke)博士，以「宇宙意識」(cosmic consciousness)這個名稱來指這個現象中較具顯著特性的部分。巴克博士說：「宇宙意識，就其最顯著的例子來說，並不只是我們所熟悉的那種心靈自我意識的伸展或擴張，而是添加上去的一種功能，這個功能與任何一般人所擁有的**自我**意識不同，就如同這種自我意識與任何最高等的動物所擁有的意識不同。」

宇宙意識的首要特徵是一種對於宇宙的意識，也就是對於宇宙生活與秩序的意識。伴隨宇宙意識而來的，是一種理智的啟蒙，單單這點就可以使人進到一個存在的新領域，煥然一新。在這之上還加了道德昇揚的狀態，一種不可言喻的崇高、振奮、歡悅之感，以及道德感的敏銳；這種道德感和理智能力的增進一樣顯著，而且比它重要。伴隨這些而來的，還有一個或許可以稱為不朽的感受，一種永生的意識；並不是相信自己在未來可以得到永生，而是覺得自己已在永生之中了。⑱

巴克博士自己對於典型的宇宙意識經驗有過親身體驗，所以他開始研究其他人的相似經驗。他把結論寫在一本非常有趣的書中，我從這一本書上摘錄出下面發生在他身上的經驗：

我和兩個朋友在一個大城市中共度夜晚，一起閱讀、討論詩歌與哲學。我們在午夜時分手。坐了很久的馬車後我才回到寓所。我的心靈由於深深地沉浸在閱讀與交談所帶來的觀念、意象及情緒的影響中，覺得安詳而平靜。我處於一種安靜，幾乎是被動的享受之中，並不是真的在思考，只是讓觀念、意象與情緒，以其本來的樣子自發地流過心頭。突然，沒有任何預兆地，我發現自己被包圍在一朵焰色的雲裡，有一度我想到失火了，在那個大城市附近燒起來的大火；接下來，我知道這火在我的內心。我立即感受到一種歡悅，一種莫大的喜樂，還伴隨著一種無法描述的、理智上的開悟。除此之外，我不只相信，還看見世界並不是由死的物質所構成，相反地，世界是一個活生生的靈現(living Presence)。我開始意識到在我內的永恆生命。我並不是相信自己在未來可以得到永生，而是覺得自己當時已經擁有永生了；我看見所有的人都是不朽的；宇宙的秩序無疑是為了每一份子與一切成員的利益，所有的事物共同合作；世界的基本原理，一切世界的基本原理就是愛，而且每一人與所有人最終的幸福是絕對確定的。這個異象維持了幾秒鐘就消失了；但對它的記憶以及它所教導內容的真實感，經過了四分之一個世紀後仍然存在。我知道這個異象所顯示的是真實的。我已經獲致一種觀點，從那觀點我知道它必然是真實的。那個觀點，那個信心，我可以說那個意識，即使在我最沮喪的時候，也從來沒有失去過。⑲

關於這種偶發的宇宙意識或是密契意識，我們已經看得夠多了。接下來，我們要討論做爲宗教生活元素之一的有系統的修練。印度教徒、佛教徒、伊斯蘭教徒和基督徒都曾經有系統地培養這種密契意識。

在印度，自古以來就將密契悟證的訓練稱之爲瑜珈(yoga)。瑜珈的意思就是個人與神聖實驗性的合一。它依靠持久的練習：飲食、姿勢、呼吸、理智上的專注以及道德修練，在不同的教育系統也有些微的差異。瑜珈修行者，或是門徒，藉由這些方法充分克服較低層次之本性的蒙昧之後，就進入稱之爲「三摩地」(samâdhi)的狀態，「並且直接見到本能或理性所不能知道的事實。」他領悟到：

心靈有一個更高的存在狀態，超越理智，一種超意識的狀態，當心靈進到那個更高的狀態，這種超越理智的知識就會到來……瑜珈所有的不同步驟就是為了以科學的方式帶領我們到達那超意識的狀態，亦即三摩地……如同潛意識的活動發生於意識下面，有另外一種活動發生於意識之上，沒有自我的感覺伴隨著……沒有感覺到**我**，但心靈仍在活動，沒有慾望，沒有不安，沒有對象，沒有形體。因此，真理以其全部的光輝閃耀著，而且我們認識我們（由於三摩地潛在於我們內）真實的自我，自由、不朽、全能，從有限世界以及其善惡全然相對的有限中解放，與「大我」(Atman)或是宇宙之靈合而為一。⑳

吠陀學派認爲人有可能不經過先前的訓練，而偶然地跌入超意識的狀態中，但這種意識並不純淨。他們對於純淨程度的檢視就像我們對於宗教價值的檢視一樣，是經驗性的：它的結果必須對人生有益。當一個人從三摩地的狀態出來，他向我們保證這個人是「徹悟的，是一位賢者、先知、聖人，他的性格全然改變，他的生活變得明澈。」㉑

佛教徒和印度教徒一樣使用「三摩地」這個詞；但「禪那」(dhyâna)是他們指稱更高冥思狀態的專有名詞。他們認爲禪那有四個階段。第一個階段經由心靈對某一點的集中而獲得。它排除慾望，但不排除識別或判斷：它仍是理智的。在第二階段，理智的功能減少了，但合一的滿足感仍在；在第三階段，滿足感離開，淡漠、記憶與自我意識開始升起。在第四階段，淡漠、記憶與自我意識達到圓滿的狀態。（記憶與自我意識在這裡到底所指爲何，令人感到可疑，他們指的絕對不是低層次的生活中我們熟悉的那些官能。）他們還提到更高階段的凝神靜定——一個空無的境界。冥想者在這裡說「絕對無所有」，然後就沉默了。接著他到達另一個境界，說：「既無觀念，也無無觀念。」又再度沉默。隨後他又到達另一個境界，說：「到達觀念與知覺的盡頭，他終於停下來

了。」這似乎還不是涅槃，但卻是此生所能達到最接近涅槃的境界。㉒

在伊斯蘭教世界，蘇菲(Sufi)派與各個托缽僧(dervish)團體擁有密契主義的傳統。蘇菲從很早以前就存在於波斯，由於其泛神論與阿拉伯心靈那狂熱而僵固的一神論如此不同，所以有人認爲，蘇菲主義一定是受印度的影響傳播至伊斯蘭的結果。我們基督徒對於蘇菲主義所知甚少，因爲它的秘密只揭露給入會的人。爲了在你心中留下對它生動的印象，我將引用一份伊斯蘭教的文獻，然後離開這個主題。

阿爾—葛札里(Al-Ghazzali)是一位波斯的哲學家與神學家。他活躍於十一世紀，是伊斯蘭教世界最偉大的學者之一。他留下一本自傳。自傳在基督教文學以外的地區很少見。奇怪的是，在我們基督教世界數目如此眾多的文類，在其他地方卻如此稀少。對純粹研究文學的學生來說，想要了解基督宗教以外的宗教者之內心世界，缺乏嚴格定義的個人自白文獻是主要的困難。

施墨德(M. Schmölders)已經把阿爾—葛札里部分的自傳翻譯成法文㉓，這位信仰伊斯蘭教的作者說道：

> 蘇菲知識(Science)的目的，在於使心與一切非上帝之事物疏離，使它以存想神聖者為唯一的任務。對我來說，理論比實踐容易，我閱讀（某些書），一直到我了解一切經由研讀及聽說可以學到的東西。之後，我承認與他們的方法唯一有

關的，正是研讀所不能掌握的，除非經由神出(transport)、忘我(ecstasy)與靈魂轉化(transformation of soul)等方法。例如，知道健康、飽食的定義，以及其原因和條件，與實際上健康或是飽食的狀態多麼不同！知道酒醉的意思——一種氣體由胃裡蒸發出來的狀態——與**眞正**喝醉多麼不同！無疑地，酒醉的人既不知醉的定義，也不知道科學為什麼對酒醉有興趣。醉者由於喝醉了，一無所知；而醫師雖然沒醉，卻知道酒醉的定義是什麼，以及引起酒醉的條件。同樣地，知道禁慾的性質，以及真正實行禁慾或使個人的靈魂與世界疏離，之間也有所不同。就這樣，我之前學到文字所能傳授的蘇菲主義，但其餘的部分既不能由研讀，也不能由聆聽學到，只能將自我交付於忘我的狀態，經由過一種虔誠的生活來習得。

反省我的情況，我發現自己被許多的束縛綑綁——四面八方都是誘惑。說到我的教學，我發現在上帝面前，它是不純淨的。我看見自己全力奮鬥，為求光榮，以及名聲的傳播。（接著他描述此後六個月的猶疑不決，不肯棄絕他在巴格達[Bagdad]的生活環境，最後他得到一種舌頭麻痺的疾病。）然後，感受到自己的無能，完全放棄自己的意志，我依靠上帝，就像一個蒙難而毫無辦法的人一樣。祂答覆了我，就像祂答覆那呼求祂的可憐人一樣。我的心再也不覺得放棄尊榮、財富與子女有什麼困難。於是我離開巴格達，只留下為了生存不可少的錢財，其餘的佈施出去。我到敘利亞(Syria)，在那裡停留了兩年，什麼都不做，只是過著退隱與孤寂的生活，克服自己的慾望，與我的激情戰鬥，訓練自己淨化靈魂，使我的品格完善，預備我的心靈以存想上主——全部根據我讀過的蘇菲的方法。這樣的退隱只是加強我獨居，完成心靈的淨化，以冥想上主的慾望。但是，時代的變動、家庭的事務和維生的需要，在某些方面改變了我最初的決心，並阻礙我過一種完全獨居生活的計劃。除了少數幾個小時，我從來沒有完全進入忘我的狀態；可是我還是懷著希望，但願能夠達到此境界。每當有什麼意外讓我走上歧路，我就尋找回頭的路，這樣的狀態持續了十年。在這種孤寂狀態中，我得到不可形容，也無法指明的啟示。我確實知道，蘇菲信徒真的在上帝的路徑上行走。無論行動中、靜默中，內在或外在，他們都被由先知的源頭所射出的光明照耀。蘇菲信徒的第一個條件就是完全滌淨自己的心靈，將那不屬於上主的東西洗淨。靜觀生活的第二個關鍵在於由熱烈的靈魂所流溢出的謙卑的祈禱，並且在於對這個把人完全吞沒之上帝的存想。然而，實際上這只是蘇菲生活的開端，蘇菲主義的終點是完全與上帝合一(total absorption)的狀態。那些直覺以及之前發生的狀態，可以說只是進入的門檻。從一開始，啟示即以非常明顯的型態呈現給蘇菲門徒，當他清醒時，可以在眼前看見天使與先知的靈魂。他聽見他們的聲音，並得到他們的眷顧。接著，神出狀態從對於形貌的知覺升起，到達一種不可言說的程度，沒有一人能夠尋到可以敘述的話語，而不使他的話陷於罪孽。

凡是沒有神出經驗的人，對先知的真實本質除了名稱之外，一無所知。但透過經驗以及蘇菲門徒所說的，他可以確定這種狀態的存在。就像有人只有感覺官能，而排斥以純粹理解的方式呈現於眼前的事物，也有理智的人會排斥並摒棄以先知的官能知覺到的事物。盲人除了經由描述與聽說來學習，對於顏色一無所知。但是，上帝給每個人一種與先知境界在基礎特徵上類似的狀態，使人易於領悟這樣的境界。這種類似的狀態就是睡眠。如果你要告訴一個對此現象毫無經驗的人，說有人有時昏厥過去，猶如死人一般，並且他們（在夢裡）能夠知覺到隱藏的事物，他們一定不相信（並且會說明理由）。然而，他的觀點會被實際經驗駁倒。因此，就像理解是人類生活的一個階段，在此階段，人們睜開眼睛辨析那些無法由知覺所理解的各類理智對象；同樣地，在先知狀態中，人的目光也由一種光亮照耀，它能揭露理智無法企及的對象與事物。先知境界的主要性質，只能由那些奉行蘇菲生活的人，在其神出狀態中領受。先知賦有你無法與之比擬的秉性，所以你不可能了解他。既然人只知道他所能理解的事物，你又如何了解先知他們真正的本質呢？但人經由蘇菲的方法所達到的神出狀態就像是一種直接知覺，彷彿人以手碰觸物體那樣直接。㉔

神出狀態的不可言傳是所有密契主義的基調。對那些有過神出經驗的人而言，密契的眞理的確存在，但對其他人來說則否。就像我說過的，在這方面它比較類似感覺所給予我們的知識，而比較不像概念思考給予我們的知識。思想雖然具有疏遠與抽象的性質，在哲學史上卻經常被拿來與感覺對比，認爲不如後者。形上學的一個老生常談就是：上帝的知識無法以推論的方式獲得，而必須是直覺的，也就是說，它必須以我們稱之爲直接感覺的模型來建構，甚於以命題與判斷的方式來建構。但是**我們的**直接感覺除了感官可以提供的內容之外，其他就沒有了；而我們已經看到，下面還會再看到，密契者會特別否認在其神出狀態所給出的最高知識中，感官知覺有任何貢獻。

基督宗教始終存在著密契主義者。雖然他們多數遭到懷疑，但其中有一些人得到權威的好評。這些人的經驗被認爲是先驅的經驗。根據這些經驗，他們還產生一套法典化的密契神學系統，讓一切合法的事情取得地位。㉕這套系統的基礎是「祈禱」(orison)或冥想(meditation)，亦即有系統地將靈魂提升到上帝之所在。經由祈禱的練習，可以獲致更高層次的密契經驗。奇怪的是，基督新教，尤其是福音派的新教，似乎放棄這方面所有有系統的修習方法。除了祈禱所帶來的結果，新教的密契經驗幾乎全是偶發的。一直到心靈醫治者出現，才又重新將有系統的存想帶入我們的宗教生活。

祈禱的第一個目標就是將心靈從外在知覺中超拔出來，因爲這些外在知覺會妨礙心靈對理想事物的專注。像依納爵的《神操》(*Spiritual Exercise*)那樣的手册，建議其門徒以一系列漸進努力的方式想像聖境，以排除知覺。這種訓練的頂點是一種半幻覺的單一觀念狀態，例如，內心完全由一個想像的基督形象佔領。這種感覺意象，無論是眞實的或是象徵的，在密契主義中都扮演相當重要的角色。㉖但在一些特定的例子中，意象可能完全消逝，尤其在最高的狂喜中都有這樣的傾向。此時，意識狀態變成任何言語都難以描述的狀態。密契主義的宗師對此點的看法一致。例如聖十字若望，他們當中最好的宗師之一，就是這樣描述「愛的合一」(union of love)境界。他說，這樣的境界是由「黑暗的靜觀」(dark contemplation)所獲致。在這樣的狀態中，神完全滲透靈魂，但又以極隱微的方式，所以靈魂——

> 找不到任何語詞、媒介或是比較的方式來宣示這種智慧的崇高，以及滿溢於祂內的這種靈性感受的微妙……我們從神接收到的這個密契知識，並不包藏於任何心靈在其他場合所使用的各類意象中，或是知覺表呈中。雖然神秘而甜蜜的智慧被我們靈魂深處明白地理解，但在這樣的知識裡，由於不運用知覺或想像，我們得不到形象或是印象，也無法說明，或是提供任何類似的東西。想像一個人在一生中初次看見某樣東西，他可以了解它、使用它、享受它，但它始終只是一個知覺到的東西，所以他無法給予名稱，也無法傳遞關於它的任何觀念。

倘若這個東西是超越官能的，他將會感到更加無能！這就是神聖語言的特色。它越有鼓舞的力量，越親密，越有精神性，越超越感覺，它就越超過內在與外在感官的表達，感官對這些經驗只能保持緘默……於是，靈魂覺得彷佛置身於一個廣邈深邃的孤寂中，沒有任何受造物接近過那種孤寂，又彷佛置身於無邊無際的沙漠，這沙漠越孤寂就越有味。在那兒，在這個智慧的深淵中，靈魂從愛之領悟的泉源吸飲而成長……並認識到，無論我們使用的言詞多麼雄偉、多麼博學，假如我們想藉此論說神聖的事物，它們就會變得極為卑賤、極無意義、極不正當。㉗

我無法假裝自己可以詳述基督教密契生活的各個階段。㉘第一，因爲我們的時間不夠；而且，我承認，以我們在天主教的書籍中所發現的細目和名稱來說明，缺乏一種客觀的明晰性。有多少人，就有多少種心靈：我想像這些經驗之間的變異是無限的，就像個人特性的變異是無限的一樣。

這些經驗的認知向度與它們做爲啓示的價值是我們直接關心的主題。我們很容易從引述中看到，做爲眞理嶄新而深刻的啓示，它們給人帶來多麼強烈的印象。聖德勒莎是描述這種情況能手中的能手，所以我要立刻引述她所說的，關於最高經驗之一的「合一的祈禱」(orison of union)。聖德勒莎說：

在合一的祈禱中，靈魂對於有關神的事物全然甦醒，但對於世俗的事物與關於自己的事物則是滯睡的。在合一持續的短短時間內，她彷彿失去所有的感覺，而且即使她想要，也無法思考任何事。因此，她不需花任何人為的力量來阻止理解能力的使用：這種不活動的狀態一直困擾著她，她不知道自己愛什麼，以什麼方式愛，也不知道自己想要什麼。簡言之，只活於上帝之中……我甚至不知道在這樣的狀態中，她是否還有足夠的生命來呼吸。我覺得她似乎沒有在呼吸；或至少如果她有在呼吸的話，自己也沒有察覺到。她的理智會很樂意去了解發生在她內心的這些事，但理智的力量現在如此微小，無法行使任何活動。所以一個昏迷得很深的人，看起來就像死人一樣……

所以，當神提升一個靈魂來與祂會合時，祂會令她官能的自然活動停止。當她與神合而為一時，她就看不見、聽不到，也不能理解任何事物。但這樣的時刻總是很短暫，感覺到的比實際上還要短。神用這樣的方式將自己安置於這個靈魂的內部，所以當她回神後，完全不可能懷疑她曾經在神內，神也在她內。這個事實如此強烈地在她心中留下印記，即使若千年後，這樣的情況都沒有再發生，她也不會忘記自己得到的眷顧，也不會對這樣的真實性有所懷疑。然而，如果你問，既然在合一的狀態中她既看不見也不了解，靈魂如何可能看見，並且了解她曾經在神內，我會回答她在當時看不見，但在回神之後看得很清楚，不是經由視覺，而是基於一種滯留在她心中，只有神才可以給予她的確信。我認識一個人，她不知道神居於萬物之中的方式必定是藉著臨在、藉著能力或是藉著本質，但在接受了我所說的神恩之後，就對這樣的真理確信不移。當她詢問一個半懂的人，這個人和她在未了悟之前對這個論點一樣無知，這個人回答說神只藉著「恩寵」的方式在我們內，她不相信他的答覆，非常確定自己的答案才是真的；當她再去詢問更有智慧的學者時，他們確定了她的信仰，這使得她覺得安慰……

可是，你會再問，一個人**可以**對於未見之事如此確定嗎？這個問題我沒有能力回答，這些是上帝全能的秘密，我無法看透。我所知道的，就是我說的是真話；而且我也永遠不會相信，任何不擁有這種確信的人，能真正地與神合而為一。[29]

這種由密契的方式所表達的眞理，無論是感官的，或是超感官的，有不同的類型。有些與現世有關——例如對未來的預見、看穿他人的心思、對於文本的突然領悟、知道遠方的事情。但最重要的啓示還是屬於神學或是形上學的。

有一天，聖依納爵向雷尼茲(Laynez)神父表白，在曼立沙(Manresa)一個小時的默想所教給他關於天上事物的真理，比起所有學者能夠教給他的一切道理合起來還多……有一天，在多明尼加教堂聖詠團的階梯上祈禱時，他很清楚地看見神聖智慧創造世界的計劃。另一次，在一個遊行中，他的靈魂在神內感到一種狂喜，神讓他以適合於世人微弱理解力的方式與形象，靜觀聖三(holy Trinity)的深刻奧秘。最後一個意象使他心中充溢著甜蜜，日後只要想起，他就會流下豐沛的眼淚。㉚

聖德勒莎也有相同的經驗。她寫道：

有一天，在祈禱時，神讓我在一瞬間感知到萬物如何包含於神內，以及神如何看待它們。我並不是以這些事物適當的型態知覺到它們，然而，它們在我眼中是極其分明的，並且在我的靈魂留下鮮明的印象。這是主賜給我的一切恩典中最特殊者之一……這個景象如此細緻、微妙，非理智所能領略。㉛

她接著說，神如何像一顆巨大而極爲澄澈的鑽石，我們一切的行爲都被涵括於其中，因此我們行爲中所有的罪愆都比以前更加明顯。她提到，另一天，當她誦念《阿塞納遜的信經》(*Athanasian Creed*)時——

我主使我了解一個上帝如何又是三位。祂使我了解得那麼清楚，我感到極度驚訝，也非常安慰……現在，當我想到聖三，或是聽到有人提到祂，我了解這三個可敬的位格如何形成唯一的神，我還經驗到一種無可言喻的快樂。

另一次，神讓聖德勒莎看見，並了解聖母(the Mother of God)以怎樣的方式被接升天。㉜

某些這類狀態所經驗到的愉悅，似乎超越日常意識可以感知的任何事。這種愉悅明顯地與機體的感覺有關，因爲它被描述爲一種過於強烈而令人無法忍受的狀態，並且接近身體痛楚的感覺。㉝但它又是一種過於微妙與尖銳的快樂，平常的言語也無法說明。必須用一些像是神的觸摸、祂所受的槍矛傷、酒醉以及婚配的結合之類的詞語才能描繪出這種感覺的輪廓。在這些最高的忘我狀態中，理智與感官都消失不見。聖德勒莎說：「如果我們的智性可以領悟，它是在一個始終無知的狀態，它也無法了解它所領悟到的一切。就我自己而言，我不相信它眞的領悟了，因爲，就像我說過的，它不了解自己的領悟。我承認這完全是一個使我迷失的奧秘。」㉞在神學家稱之爲**狂喜**或是銷魂的狀態，呼吸與循環功能變得很微弱，所以對醫生來說，靈魂是否暫時脫離肉體還是個問題。我們必須閱讀聖德勒莎的描述與她所做的準確區別，才能相信我們處理的不是想像的經驗，而是雖然罕見，但符合完全明確的心理型態的現象。

以醫學的眼光來看，這些忘我的狀態只不過是暗示以及擬似催眠的狀態，源於一種智力的迷信，以及肉體的退化和過度興奮(hysteria)。無疑在許多案例中，所有的案例中都存在著這些病理的情況，但這樣的事實並不告訴我們它們所引起的意識狀態對知識的價值。要對這些狀態下一個價值判斷，我們就不能僅僅滿足於膚淺的醫學討論中，而必須探究它們對生命所帶來的結果。

這些狀態所帶來的結果形形色色。首先，昏迷似乎不是一個全然不發生的結果。你也許還記得可憐的馬格麗特・瑪麗・阿拉克在廚房和學校的無助狀態。許多其他處於忘我狀態的人，假如沒有崇拜信徒的照料，一定會死掉。對性格被動、智力薄弱的密契者而言，密契意識所鼓勵的這種「出世態度」(other-worldliness)使他們特別容易陷入由實際生活過度抽離的狀態。但是，對於天生胸懷與性格都堅強的人來說，結果恰恰相反。那些偉大的西班牙密契者，將忘我狀態帶到盡可能高遠的程度，大多表現出不屈不撓的精神與力量；而且越是沉浸於這種出神狀態，就越是如此。

聖依納爵是一個密契者，他的密契主義使他成爲世界上最有實踐力量的人之一。聖十字若望在敘述神接觸靈魂的實體所憑藉的直覺與「觸摸」時，告訴我們：

他們以令人驚異的方式豐富靈魂。僅需其中之一，就足夠把靈魂窮其一生徒勞嘗試除掉的某些缺陷一筆抹消，並使它成為美德，加上超自然的恩賜。只要有一個這種使人陶醉的安慰，就可以做為靈魂在世所承受之一切勞苦的報酬，即

使這些勞苦不可勝數。由於帶著一種無敵的勇氣，也充滿為神受苦的熱烈渴望，

靈魂為一種奇特的痛苦所攫——就是生怕不能受夠苦的痛苦。㉟

聖德勒莎也這樣強調，但描述得更仔細。也許你還記得我在前一講中引述她的一段話。㊱她的傳記中還有許多類似的段落。在文學裡還有什麼關於嶄新精神力量中心形成的描述，比她對離開出神狀態後，使靈魂留在一種更高層次的情緒興奮狀態的描述更眞實？

常常，靈魂在出神狀態之前覺得虛弱，承受可怕的痛苦，但當它從出神狀態出來時，卻十分健康，衝勁十足……就好像神下令，身體既然已經順服於靈魂的慾望，就應該分享靈魂的快樂……靈魂在這樣的眷顧之後，因為巨大的勇氣而鼓舞，假如在那一刻它的身體因為神的緣故要被撕成碎片，它也只會感到最深的適切。接著，承諾與英勇的決心在我們內蜂擁而起，以及高飛的慾望、世界的恐怖，對我們確實是虛無的清楚認知……當神將她的靈魂提升到這個崇高的頂點，看見世界萬物在她腳下，但沒有一樣可以魅惑她，還有什麼王國可以與之相比？對於過去的依附，她覺得多麼可恥！對於自己的盲目，她覺得多麼驚訝！對於那些仍然被黑暗所遮蔽的人，她懷著多麼熱切的憐憫啊！……自己從

前對榮譽的在意，以及將世俗的榮譽認為是榮譽的虛妄，讓她感到悲嘆。現在她在世人所謂的榮譽中，只看見一個大謊言，而世界仍因為這樣的謊言受害著。從上而來的光明讓她發現，在真正的榮譽中沒有一點虛假，對榮譽忠誠就是尊敬那真正值得尊敬的，並將任何會腐朽或是違背上帝旨意的事物視作虛無，或連虛無都不如……當她看見嚴肅的人、祈禱的人、追求榮譽的人，就覺得好笑，她現在對這些人感到極深的鄙視。他們假裝這樣的行為才與他們階級的高貴相宜，而且這樣使得他們對別人更有益處。但她知道，假如他們為了對神純粹的愛而輕視自己階級的高貴，他們在一天內所做的，會比為了保留這種高貴而在十年內所做的更多……她因為自己生命中曾經有一階段考慮金錢，並追求金錢而嘲笑自己…… 喔，假如人類可以一致同意將錢視為無用的糞土，那麼世界會變得多麼和諧！假如我們對榮譽與錢財的興趣會在世界消失，我們對彼此的對待將會變得多麼友善！就我自己而言，我覺得這似乎可以成為一切人類禍害的良藥。㊲

因此，密契狀態可以使靈魂在她受到鼓舞的方向上更有活力。但這只有在鼓舞爲眞的情況下，才會有所助益。假如鼓舞是錯誤的，力量就會錯得更多，而且誤用。所以，我們又一次面對在〈聖徒性的特質〉那一講的最後所提到的眞僞問題。你還記得我們轉向密契主義的討論，正是希望更了解眞僞的問題。那麼，密契主義的狀態能否爲聖徒生活之根源的宗教情感確立其眞實性呢？

雖然密契經驗拒絕明確的自我描述，但一般說來，它仍有一種非常清楚的理論趨向。我們可以將它大部分的結果以明確的哲學取向表達出來。這些項之一是樂觀主義，另一個是一元論(monism)。我們由普通意識進到密契狀態，好像是一種由少進入多，由微小進入廣大，以及同時由不安進入安定的過程。我們覺得它是一個調和、統一的狀態，訴諸於肯定的功能(yes-function)，甚於否定的功能(no-function)。在其中，無限將有限吸納，平和地結帳。它否定你可能提出，認爲可以適用於終極眞理的任何一個形容詞。就像《奧義書》(*Upanishads*)說，祂(He)、自我(the Self)、大我(the Atman)只能以「不！不！」這樣的方式來形容。㊳從表面來看，這似乎是一個否定功能，但這是一個爲了更深的肯定所發出的否定。當任何人指稱任何特定的事物爲絕對，或說它就是**這個**，似乎隱隱約約地否認了它會是**那個**時——就好像把絕對性減低了。所以我們否定「這個」，否定我們所暗示的否定，是爲了我們所擁有的更高的肯定態度。大法官戴奧尼斯(Dionysisus the Areopagite)是基督教密契主義的源頭。他只以否定詞來描述絕對的眞理。

> 一切事物的源頭不是靈魂，也不是智性；它沒有想像、觀點、理性或是智力；它既不是理性，也不是智力；它無法說出，也無法思考。它不是數、不是序、

不是大、不是小、不是等量，亦非不等量，不是相似，也不是不相似。它不站立、不移動，也不止息……它既不是本質、不是永恆，也不是時間。即使理智的接觸也非它所有。它既不是科學，也不是真理。它甚至不是忠誠或智慧，不是一，不是合一，不是神聖或是良善，甚至也不是我們所知道的精神。諸如此類，可以一直說下去。㊴

但戴奧尼斯否定這一些性質，並不是眞理不如它們，而是因爲眞理無限地超過了它們。眞理在它們之上。眞理是**超**光明(*super*-lucent)、**超**燦爛(*super*-splendent)、**超**重要(*super*-essential)、**超**崇高(*super*-sublime)，**超越任何**可以言明的性質。就像黑格爾的邏輯，密契者只有經由「絕對否定的方法」(Methode der Absoluten Negativität)走向眞理的正極(positive pole)。㊵

所以，密契主義的作品中有許多弔詭的表達。就像當艾克哈特(Eckhart)說到上帝的寂靜沙漠，「在那裡永遠看不見差別，既不是聖父、聖子，也不是聖神，那裡沒有一個居住者，但在那兒，靈魂的火花比在它自己內更加平安。」㊶當玻米(Boehme)（譯註②）描寫最初的愛：「它可以合宜地與**空無**(Nothing)相比，因爲它比任何**事物**(Thing)更深刻，對一切事物來說，它像是空無，因爲任何事物都無法領會它。而且因爲它不是個別的任何事物，也就從一切事物中超脫出來。它是那唯一的善，這個善，人無法表達或是說出它是什麼，因爲沒有可以與之相比、用以表達它的東西。」㊷或是當安傑拉‧奚樂西斯(Angelus

Silesius)吟唱：

神是純粹的空無，
祂不可觸摸，
沒有現在，也不在這裡；
你越要抓住祂，祂就越要掙脫你。㊸

與理智將否定做爲通往更高之肯定這個辯證相關的，是個人意志的範疇內最微妙的道德部分。因爲在宗教經驗中，對有限自我與其需要的否定，以及各種形式的苦行，是通往更高、更幸福生命唯一的門徑，所以在密契主義的作品中，道德的密契與理智的密契相互交纏、連結。玻米接著說：

愛是空無，因為當你從受造物以其一切可見的事物中離開時，對所有自然與受造物來說，你就變成了空無。你就居於永恆的「一」中，也就是神內，然後你將會在你內感受到愛的最高德性……靈魂寶藏中的寶藏是從萬事萬物走向空無，一切事物都由空無而生。靈魂在這裡說，**我一無所有**，因為我完全被剝奪而赤裸裸；**我什麼也不能做**，因為我沒有任何力量，只像水一般滔滔流出；**我是空**

無，因為我只是存有(Being)的一個影像，對我來說，只有神才是「自有者」(I Am)；所以，居於我的**空無**之內，我將榮耀歸於永恆的存有，所以神會願意**充滿**我內；對我來說，神是我的上主，以及一切。㊹

用保羅的話來說，我生活，但不是我活，而是基督在我內生活。只有當我變成空無，神才能進入我內，祂的生活與我的生活才沒有任何差異。㊺

這種對個人與絕對者之間一般障礙的克服，是偉大的奧妙成就。在密契狀態中，我們與絕對合而為一，我們也可以意識到這種合一。這是密契經驗傳統恆常而成功的部分，幾乎不受地域或教條的差異而改變。在印度教、新柏拉圖主義、蘇菲主義、基督教密契主義以及惠特曼主義，我們都會看到反覆出現的主題。所以，密契的言語有一種永恆的一致性，這種一致性應該讓論者停下來想一想；而且，如同我們說過的，這種一致性使得密契主義的古典作品既沒有生日，也沒有故鄉。不斷地敘說人與神之間的合一，他們的言語先於一切語言，他們也不會過時。㊻

《奧義書》說：「那是你！」而吠陀學派更進一步說：「不是『那個』的一部分，也不是『那個』的一個樣態，而就是『那個』，意即世界的絕對精神。」「就像倒入清水中的清水還是維持原來的樣子，因此，喔，喬答摩(Gautama)，一個了悟的思考者之自我也是如此。如同水裡的水，火裡的火，氣中的氣，沒有人可以分別開來；同樣地，一個心靈已經進入自我的人也是如此。」㊼蘇菲主義者谷山拉茲(Gulshan-Râz)說：「任何人當他的心不再爲任何懷疑所動搖，確切知道除了『一』，沒有其他事物存在……在祂神聖的威嚴中，見不到**我**、**我們**，或是**你**，因爲在『一』中沒有任何區別。每一個已經消解，並與自己全然分離的存在，從外面聽到這個聲音與回聲不斷響起：『**我是神**』，他永遠存在，不再死亡。」㊽柏泰尼斯(Plotinus)在對上帝的靈視中，說：「看見的不是我們的理性，而是先於並優於我們理性的東西……這樣的看見並不是一般的看見，並不區分，也不想像兩個事物。他改變了，不再是他自己，也不爲自己保留什麼。含納於神之中，他和神成爲一體，就像一個圓的中心與另一個圓的中心重疊一樣。」㊾蘇索寫道：「在這裡，精神死去，卻又完全活於神的奇蹟中……並消失於光耀炫目的無明，以及赤裸與單純的合一之靜謐中。正是在這個無形**之地**，我們找到最高的幸福。」㊿安傑拉・奚樂西斯再度吟唱：「我就像上帝那麼大，祂也像我那麼小；祂不能在我之上，我也不能在祂之下。」(51)

在密契主義文學中，我們會一直遇見這種自相矛盾的詞語，例如「炫目的無明」、「無聲的低語」、「擁擠的沙漠」。這證明了道出密契的真理最好的媒介不是概念的語言，而是音樂。其實，許多密契主義的經典幾乎只是樂曲。

> 要聽到那答(Nada)的聲音，那「無聲之聲」，並領會它，就必須知道執持攝念

(Dhârânâ)的本質……當他對自己的形象感到虛妄，就像醒來時對夢中所見一切形象的感受一樣；當他不再聽見那眾多聲音，他可以明辨那個「一」——那個消抹外在聲音的內在之聲……因為在那時，靈魂會聽見，也會記得。而且在當時，靜默之聲(THE VOICE OF THE SILENCE)會對著內心之耳說話……此刻你的**自我**(Self)消失在那個本我(SELF)中，**你**(thyself)消逝於那個你(THYSELF)之中，你沒入那個使你初次放射光芒的自我之中……看哪！你已經成為那個光，你已經變成那個聲音，你就是上主，你就是神。你就是自己尋求的那個目標；萬古迴響的不斷之聲，從變化中解脫，從罪愆中解脫，七音合為一，寂靜之聲。**唵答薩**(Om tat Sat)。52

如果你聽到這些話而沒有發笑，那麼，它大概觸動了你內在同時可以爲音樂與言語感動的心弦。音樂傳遞給我們的本體訊息是非音樂的批評所無法駁斥的，雖然這些批評可能會嘲笑我們對於音樂的看重。心靈有一個邊界，常常爲這些東西所縈繞，從那裡傳來的低語與悟性的運作混合在一起，就像大海將其潮水沖向岸邊的礁石而激起浪花一樣。

我們站在這裡，
伸展至世界盡頭的海洋的開端。

我們能否知道，這些閃閃發亮的波浪之上，下一個滿潮的水位線？
我們應該知道，人類自古所未知，人眼自古所未覺察的……
喔，但在這裡，心兒跳躍，以冒險的歡樂渴望幽暗，
在海岸的盡頭，整個海潮向前流動。[53]

例如，「永恆是超越時間的」，或是「倘若我們居於永恆之中，我們的不朽與其說存於未來，不如說就在現在」這些我們常常在今日的某些哲學主張中找到的信條，可以從那密契深處湧出的「聽呀！聽呀！」或是「阿們！但願如此！」中得到支持。[54]我們聽到進入密契界的暗語時都可以認出來，但我們自己不能使用這些暗語；只有密契界自身可以保存這個「原初的暗語」(the password primeval)。[55]

現在我已爲密契意識的一般特質勾勒出一個輪廓，它極爲簡短，極爲不足，但我已盡力在容許的時間內給它一個公平的描述。**大體說來，它是樂觀的、泛神論的，或至少它是悲觀主義的相反。它是反自然主義的**(anti-naturalistic)**，並與二度降生以及出世**(other-worldly)**的心態最爲調和**。

我的下一個任務是要探究，究竟我們能否說它是可靠的？它能否**證明**它所傾向之二度降生、超自然性與泛神論的**眞實**呢？我必須盡量簡明地回答這問題。

簡言之，我的回答如下，我將把它分爲三部分來討論：

1.當密契經驗充分發展時，對於得到此經驗的人，通常有而且也有理由成爲絕對可靠的經驗。

2.對於那些沒有直接經驗的人，這些密契經驗沒有任何權威要他們毫無批判地接受這些經驗的啓示。

3.他們打破非密契意識或理性意識的權威，因爲後者只立基於智性與感官作用。他們顯示並不是只有一種意識狀態。他們開啓了其他層次之眞理的可能性；在那裡，只要我們之內的任何部分對它活潑地做出回應，我們就可以自由地繼續我們對它的信仰。

接著我要逐一地討論這些論點。

一、明顯而強烈的密契狀態通常對於擁有這些經驗的人具有權威，這是一個心理事實。⑯他們曾身歷其境，所以知道。理性主義即使對它發牢騷，也是徒勞。如果臨到一個人身上的密契眞理能夠成爲他生活依靠的力量，我們其他人有什麼權利要求他以另一種方式生活呢？我們可以把他送進監獄，或是瘋人院，但我們無法改變他的心靈，通常只會讓他更固執地依附於原來的信念。⑰它嘲笑我們最大的努力，事實上，而且就邏輯而言，它絕對在我們權力的管轄之外。我們自己那些更爲「理性」的信念所根據的證據，在本質上與密契者所引用的證據相似。也就是說，我們的感官讓我們確定某些特定的事實；但密契經驗對那些經驗者來說，也是一種對事實的直接知覺，就像我們有的任何感官經驗一樣。記載顯示，即使在這些經驗中五官停止作用，但就其認識的性質而言，它絕對是知覺的，如果我可以用一種奇異的方式來表達，我要說，這些經驗是那些像是直接存在的事實之面對面的呈現。

簡言之，密契者是**刀槍不入的**(invulnerable)，無論是否願意，我們都必須讓他們不受侵擾地享受他們的信念。托爾斯泰說，信仰是人類賴以維生的。就實際而言，信仰狀態與密契狀態，也是可以交互使用的名稱。

二、但我現在要接著說，如果我們是局外人，也沒有感受到那種私人的召喚，密契者並沒有權利宣稱我們應該接受他們特殊經驗的陳述。他們對我們能夠提出的最大要求，只是承認他們建立了一種可能性(presumption)。他們形成公論，有個明確的結果。密契者或許會說，如果這種經驗的一致性被證明爲全然的錯誤，這會很奇怪。但是，終究這只是訴諸於數量來證明，就像理性主義者訴諸於其他方式來證明一樣；並且，訴諸於數量也缺乏邏輯的力量。如果我們認可它，那也是基於「暗示」，而非基於邏輯的理由：我們遵從多數人，因爲這樣的做法適合我們的生活。

然而，即使建立於密契者的一致性，這樣的可能性還是不夠充分。把密契狀態的特性視爲泛神的與樂觀的等等，恐怕是對事實的過度簡化。我這樣做是爲了說明的方便，並盡量貼近古典的密契經驗傳統。必須承認的是，古典宗教的密契主義只是一個「擁有特權的例子」(privileged case)。它是一種**選粹**(extract)，從選擇最適合的種類，將之保存於「學派」中，才使它符合於類型。它從一個原來大上許多的群集中切下來；如果我們對這個大群集也給予認眞的考慮，如同宗教的密契主義在歷史上受到的對待，我們就會發現所謂的一致性大部分都消失了。首先，即使是宗教的密契主義，那些累積傳統與生成學派的密契主義，也比我們承認的一致性要少得多。在基督教會內，密契主義就已經既是苦行的，又是不守**戒律**的自我**縱慾**。⑱它在數論派(Sankhya)是二元論，在吠陀(Vedanta)哲學卻是一元論。我把它稱爲泛神論，但偉大的西班牙密契者絕不是泛神主義者。除了少數例外，他們並不具備形上學的思路，對他們來說，「人格範型」(the category of personality)是絕對的。人與神的「合一」對他們來說比較像是一個偶然的奇蹟，而不是原始的同一狀態。⑲瓦特・惠特曼、愛德華・卡本特、理查・傑佛瑞(Richard Jefferies)，以及其他的自然主義泛神論之間，除了共通的快樂以外，他們的密契主義與特屬於基督宗教的密契主義是多麼不同！⑳事實是，密契狀態所感受到的擴大、合一與解放的感覺，並沒有自己特定的理智內容。它可以與最歧異的哲學與神學所提供的材料相結合，只要哲學與神學可以在密契主義特殊的框架中，爲它特有的情懷找到自己的位置。因此，我們沒有權利訴諸於其威望來維護任何特定的信仰，無論它是絕對的觀念論，或是絕對一元的同一性，或是世界的絕對美善。密契經驗只是相對地傾向這一切信仰——他們由共同的人類意識出發，朝向這些信仰的方向。

關於合宜的宗教密契經驗，我們就討論到此。但我們還有其他必須討論的內容，因爲宗教密契主義只佔密契主義的一半。另一半除了教科書談論瘋狂所提供的之外，並沒有累積下來的傳統。翻開任何一本這樣的教科書，你將會發現許多實例，在其中他們將「密契觀念」引述爲衰弱或迷妄之心靈特有的徵候。在妄想式的瘋狂（他們有時稱之爲偏執狂）裡，我們也許會有一個**魔鬼的**(diabolical)密契主義，某種宗教密契主義的顚倒。他們同樣對最微小的事情感到無可言喻的重要，同樣在文本和詞語上看見新意義，同樣聽見聲音、看見幻象、得到指引與使命，同樣爲外部的力量所控制；只是在瘋狂的例子中，情緒是悲觀的；沒有安慰，只是孤獨不安；其意義是可怕的，它的力量也與人生爲敵。從他們的心理機轉來看，古典密契主義與這些低層次的密契主義源於相同的心靈層次，也就是那科學開始承認其存在，但實際上所知甚少的那個廣大的閾下意識(subliminal)區域，或說是超越意識邊緣(trans-marginal)的區域。這個區域包含各式各樣的內容：「天使與蛇」並排住在一起。從那裡而來的都沒有絕對無誤的憑信。所有來的都必須被過濾、考驗，而且必須經過與經驗的全部背景對質的挑戰，就像由外在感官世界所感受到的一樣。

所以，我再次強調，非密契者並沒有義務承認密契狀態由其經驗者所賦予的更高權威。㉛

三、可是，我也要再強調，密契狀態的存在，徹底推翻了我們將非密契狀態視為唯一與終極信仰對象的主張。一般說來，密契狀態只是在意識的普通外部資料加上一層超感官的意義。它們是類似戀愛或是野心這一類的情緒，也是對我們精神的贈禮。由於密契狀態客觀呈現於我們面前的事實得到一種新的意味，也與我們的生活有了一種新聯繫。這些狀態並不與事實相牴觸，或是否認任何我們感官直接領受的事物。[62]在這爭論中扮演否認者角色的，反而是理性主義的批評者；但他們的否認並沒有力量，因為假如人心升到一個更寬廣的視野，沒有什麼事實的狀態是不能為之加上新意義的。難道密契狀態不能成為這種更高的視野，經過它，心靈可以看見一個更廣闊、更豐富的世界？這永遠是一個沒有定論的問題。由不同的密契之窗可以看見不同的景觀，並不妨礙我們做這樣的假定。如果是這樣，只不過證明那更寬廣的世界有和這個世界一樣的混雜組成罷了。它會有它天堂與地獄的區域、它的誘惑與救贖的時刻、它的真實經驗與虛假經驗，就像我們的世界一樣；但無論如何，它還是一個更寬廣的世界。我們應該以選擇、從屬、替換這些方式來利用這些經驗，就像我們在普通的自然世界慣常的做法一樣；我們應該會犯錯，就像我們現在一樣；但是，將這個更寬廣的世界之意義納入思量，並認真地處理它，無論這個工程多麼令人煩亂，它是朝向最終圓滿之真理所不可或缺的階段。

我想，我們必須在這樣的情況下結束我的主題。固然，密契狀態並不能單純地由於是密契狀態就獲得任何權威。但較高層次的密契狀態，指出了甚至是非密契者都會傾向的宗教情懷。它們訴說至高的理想、訴說廣大、訴說合一、訴說安全，也訴說平靜。它們提供我們**假設**，這些假設我們也許可以故意忽略，但身爲思考者的我們卻無法將之推翻。它們使我們相信的超自然主義與樂觀主義，無論如何闡釋，畢竟是對生命意義最眞實的領悟。

「啊，多那麼一點，它就變得多麼豐富；少那麼一點，多少世界都將失去！」也許這一類的可能(possibility)和容許(permission)，是我們宗教意識所賴以持續的全部資糧。在我最後的演講，我將試著說服你們事情就是如此。但現在，我相信對許多讀者來說，我提供的還不夠豐富。你們會想，如果超自然主義以及與神聖的內在合一是眞的，那麼應該不是容許相信，而是非信不可。哲學一直宣稱以強制的辯論來證明宗教的眞理；而且建構這一類的哲學一直是宗教生活看重的功能之一，如果我們所謂的宗教生活，是在較大的歷史意義上來說。但宗教哲學是一個龐大的主題，在下一講裡，我只能在容許的限度內做一個簡短的瀏覽式討論。

註釋

①紐曼(Newman)的 *Securus judicat orbis terrarum* 是另一個例子。

②「美索不達米亞」(Mesopotamia)是一個常見的好笑例子——有一位優秀的德國老太太，從前常常旅行，曾經告訴我她的願望到現在還是造訪費城(Philadelphia)，因為這個奇妙的地名始終在她的想像中縈繞。有人說，「單字」（例如 chalcedony，石髓之意）或是古代英雄的名字，對約翰．佛斯特來說有一種強烈的吸引力。「任何時候**隱士**(hermit)這個字都會使他無限神往。」**樹林**(woods)與**森林**(forests)這些字會引起他最強烈的情緒。參見 *The Life and Correspondence of John Foster*, by J. E. Ryland, New York, 1846, p.3 and fn。

③參見"The Two Voices"。在一封給 Mr. B. P. Blood 的信中，丁尼生這樣說他自己：

「我從來不曾藉著麻醉藥來獲得任何啓示，但我常常經驗一種清醒的出神狀態——我這樣說，因爲缺乏更好的字眼來表達——從我孩提開始，當我獨自一人時。這種狀態的來臨是經由我不斷地默念自己的名字，一直到突然間，彷彿自我意識的強度消失，自我感似乎融解、褪去，進入一個無邊無際的存在，而且這不是一個混亂的狀態，而是最清楚、最最確定、全然超越言語可以描述的狀態，在這種狀態中，死亡成了幾乎可笑的不可能，人格的喪失彷彿不是消滅，而是唯一眞正的生命。我對自己無力描述這些而感到自慚。我不是說過，這狀態是全然超越言說的嗎？」

廷德爾(Tyndall)教授在一封信裡記得丁尼生說過這樣的情形：「以全能上帝之名，這件事並不是虛妄！它不是朦朧的忘我，而是一種超絕奇妙的狀態，伴隨著絕對清明的心智。」參見 *Memoirs of Al-*

fred Tennyson, ii, 473。

④ *The Lancet*, July 6 and 13, 1895, reprinted as *The Cavendish Lecture on Dreamy Mental States*, London, Baillière, 1895. 最近的心理學對此狀態有許多討論，例如 Bernard-Leroy: *L'Illusion de Fausse Reconnaissance*, Paris, 1898。

⑤ *Charles Kingsley's Life*, i. 55, quoted by Inge: *Christian Mysticism*, London, 1899, p.341.

⑥節錄自 H. F. Brown: *J. A. Symonds, a Biography*, London, 1895, pp. 29-31。

⑦克里頓—布朗(Crichton-Browne)明白地表示，惜蒙的「最高神經中樞多多少少被這些如夢的精神狀態弄得虛弱或是損傷，這些狀態使他如此悲傷」。然而，就他大腦多方面的效率而言，惜蒙是個怪物，而且他的批評者對他奇怪的觀點並不提供任何客觀的根據，他們只說惜蒙就像所有敏感而富野心的人一樣，有時候也會抱怨，抱怨自己懶散，以及對自己生命之使命的不確定。

⑧一個完美的存在將一切他者(otherness)吸入自身，這樣的意念支配黑格爾整個哲學。有哪一位黑格爾的讀者會懷疑，這個意念的發生不是由於在黑格爾的意識中，這種密契心境很明顯的緣故，而這種心境對大多數人來說都埋在下意識中。這個意念完全是密契層次的特徵，而且，使黑格爾的理智去擔當說明這個意念之任務的，一定是密契情感。

⑨摘自 Benjamin Paul Blood: *The Anæsthetic Revelation and the Gist of Philosophy*, Amsterdam, N. Y., pp. 35, 36。布拉得先生數度嘗試描述這種由麻醉藥所帶來的啓示，他把這些經驗寫在一種稀有文學作品的小冊子裡，由私人印製，並由他自己在阿姆斯特丹發行。有一位哲學家紀諾・克拉克(Xenos

Clark)也爲這些啓示感動。克拉克在一八八〇年間於阿姆斯特丹去世，當時還很年輕，認識他的人都相當惋惜。他曾經寫信跟我說：「首先，布拉得先生和我都同意，這個啓示無論如何都不是情緒性的。它非常平淡。就像布拉得先生說的，它是『對於爲什麼(why)，或是如何(how)，現在由過去所推動，又由未來之眞空所吸進這件事唯一而充分的領悟。它的無可避免使得一切要中止它或說明它的企圖都失敗。它是所有的前導與前提，對它的質疑總是太晚。它是**過去的開端**(initiation of the past)。』眞正的秘密是「現在」(the now)不斷從自身剝落，又始終逃不出去。的確，什麼使得存在剝落呢？任何事物的形式存在，其邏輯定義是靜態的。從純粹的邏輯來看，每個問題都蘊涵自身的答案——我們只要把挖出的泥塡回洞裡去。爲什麼二乘二得四，因爲，實際上，四就是二乘二。因此，邏輯在生命中找不到推進力，而只有動力。它移動，是因爲它正在移動。但啓示還加上這個觀點：它移動，因爲它現在正在移動，**過去**也已經在移動。好像你在啓示中繞著自己行走。一般哲學就像獵犬追趕著自己的蹤跡，越要追趕，就要走得越遠，但牠的鼻子始終追逐不到牠的腳跟，因爲鼻子總是在腳跟之前。所以，現在已經是一個過去的結論，而我總是來不及了解它。但當我從麻醉藥中醒來時，就在那一刻，**生命開始之前**，我，可以這樣說，瞥見自己的腳跟，瞥見永恆的過程開始的那一刹那。眞相是這樣，我們走在一條出發之前就已經完成的路上；而且哲學眞正目的的完成並不在於我們到達終點之時，而是當我們停留在我們的終點時（我們已經在那裡了）——當我們停止理智的詢問時，這就可能發生。也就是爲什麼當我們看見啓示時，我們看見一張笑臉。它告訴我們，我們總是慢了半秒鐘，就是這樣。它說：『只要你知道秘訣，你可以親吻自己的唇，盡情享受。如果它們可以停在那兒，直到你繞到它們面前，如此一切就太完美了。爲什麼你不設法這樣做呢？』」

對於上面這些混雜的話，具備辯證心靈的讀者，至少可以認出布拉得先生的思想區域而覺得熟悉。在他最後一本小册子《丁尼生的出神狀態與麻醉藥的啓示》(*Tennyson's Trances and the Anaesthetic Revelation*)中，把他對人生的價值描述如下：

「麻醉藥的啓示就是人進入存在的公開秘密——自古以來的奧秘，這個奧秘被啓示爲無可避免的連續漩渦。的確是無可避免。它的動機是固有的，它是必須發生的事。不爲了愛或恨，不爲歡樂或悲傷，也不爲好或壞。關於終點、開始或目的，它完全不知道。

「它不提供事物的變異或繁殊的內容；但它對歷史與神聖的認識，加上一種對於自然與存在動機之世俗與私人的洞見——這些洞見似乎具有回憶的性質，彷彿已經呈現，或將要呈現給每個從此參與的人。

「雖然它的莊嚴在一開始令人吃驚，但它立刻變成當然之事——如此老式，與諺語類似，它激發喜悅而非恐懼，以及安全感，就像與原始和宇宙合一。沒有文字可以形容這種當事者領悟這種原初、亞當式生命的驚奇時的確信。

「經驗再度重複時也是一樣，就好像不可能是別的樣子了。當事者恢復正常意識時，只能部分而間歇地回憶起所發生的事，並嘗試說明這種令人困惑的經驗——只留下一個令人安慰的感想：就是它已經明瞭最古老的眞理，也不再需要關於人類之起源、意義與命運的理論。他在精神方面的事物不再需要教導。

「這個教訓就是中心的安全：天國就在我們內。每一日都是審判日：但並沒有永恆重要時期的目的，也沒有整體的計劃。天文學家擴大其度量單位，好把擾亂人的數字縮減，所以，我們也可以將事物令人分心的繁雜化約為我們每一人所代表的統一。

「自從我知道這個，它已成為我道德的食糧。我在第一次印行的小冊子中宣稱：『世界不再是人們教導我的那種外來的恐怖。趕走愁雲慘霧，以及暴烈的、耶和華的雷聲剛轟過的城堞。我的灰鷗揚起翅膀，對抗日落，並以無懼的眼睛加入陰暗的聯盟。』現在，在這經驗過後的二十七年，當我重新宣稱並加倍強調，翅膀雖變得較為灰白，但眼光還是無懼。我知道，就像我已經知道的，生存的意義：宇宙的穩健中心——同時是靈魂的驚奇與保障——對此理性的語言除了麻醉的啓示外，還沒有適當的名稱。」——我已經刻意刪減索引的文字。

⑩節錄自上引書，pp.78-80。我要在這裡加上（也是經過節錄）另一個有趣的麻醉藥啓示經驗，是由一位英格蘭的朋友給我的手稿。當事者是位有才華的女士，她因為動手術而使用醚。

「我懷疑自己是否在監牢裡受酷刑，以及為什麼我記得聽到有聲音說人『透過受苦而學習』，根據當時所見，我深深覺得這句話並不合宜，所以我大聲喊：『受苦**就是**學習。』

「接著我又失去意識，作了最後一個夢之後我馬上醒來，這個夢只持續幾秒鐘，但對我來說卻極為生動與真切，雖然也許很難用言語將它說明白。

「一個偉大的存有或是力量正行旅過天際，祂的腳踩在一種閃電上，就像車輪在軌道上一樣，那是祂的行徑。這閃電完全由無數互相靠近的人的靈魂做成，而我是其中之一。祂以直線前進，這閃電的每一部分只有在祂通過時才會獲得短暫的意識。我似乎直接就在神的腳底下，而且我認爲祂正從我的痛楚中磨盡自己的生命。接著，我看見祂試著傾其全力要完成的是要**改變路程**的方向，要**彎曲**祂腳綁著的這條光線，轉向祂想要去的方向。我覺得自己很柔順、無助，而且我知道祂會成功。祂把我扭彎，以我的痛楚來轉向，我所承受的痛楚是一生中都沒有經歷過的，就在最痛的那一點，當祂通過時，**我看見了**。我在刹那間了解了一些我現在已經遺忘的事，當人在清醒時不可能記得的事。祂轉向的角度是鈍角，我記得當我醒來時還想說如果那是一個直角或銳角，我會受更多苦，也會『看見』更多，而我說不定就死掉了。

「祂繼續走，我醒來。在那個時刻，我的一生從我面前經過，包括每一個微小、無意義的苦惱，而且我**了解**這些事。**這**就是每件事的意義。**這**就是一切事物都要參與的工程。我沒有看見上帝的目的，我只看見祂的專意，以及手段上的毫不留情。祂忽視我的痛苦，就像一個人開酒瓶時不會想到瓶塞的痛苦，或是開槍時不會想到子彈痛苦一樣。然而，當我醒來時，我第一個感覺，帶著眼淚而來的感覺，就是『主，我不配』，因爲我曾被提升至一個我的微小所不配的位置。我意識到在那半個鐘頭被醚麻醉的時刻，我對神的服事比起我一生中所做過的或是我想做的，都還要清楚和純潔。我是祂成就及啓示的工具，這與我忍受痛苦的能力成正比，雖然我不知道這啓示是什麼或針對誰。

「當我恢復意識時，覺得很奇怪，既然我曾經到過那麼深的境界，爲什麼我全然看不見聖徒所謂的上帝之**愛**，只見祂的毫不留情。然後我聽到一個答覆，我只能聽到說：『知識和愛是一體的，其**丈**

量就是受苦的程度。』——這是我聽到的話。然後，我終於醒來（進入這個與自己剛剛離開的實在相比，彷彿是夢境的地方），了解到這些經驗的『原因』原來是在不足的醚麻醉下的一個小手術，在靠窗的一張床上進行，只是一個平常城市街邊的一個平常窗邊。如果要把當時瞥見的事物勾勒出來，它大概是像這樣：

「我受苦永遠的必要性及永遠的代償性(vicariousness)。最嚴重的痛苦之隱蔽與不可言傳的性質——天才的被動，他基本上是一個工具，沒有防禦能力，被動，而非自動，他必須做他所做的事——沒有任何發現不需要付出代價——最後，受苦的「預言家」或天才所償付的，比他世代中的人所獲得的更多（他就像以血汗與生命去掙足夠的錢，以拯救地方的人免於饑荒，當他蹣跚地走回去，雖然垂死但感到滿足，帶著十萬盧比要去買穀子，上帝卻把這十萬盧比拿走，丟下一盧比，說：『那個你可以給他們，那是你爲他們掙得的，剩下的都是**我**的。』）我還以難忘懷的方式，看見超乎我們能證明的事。

「我還有其他等等！——這些事對你們來說可能是妄覺，或是陳年老套；但對我來說，它們是隱密的真理，而讓它們變成這些言語的力量，是經由一個乙醚引起的夢境給我的。」

⑪ *In Tune with the Infinite*, p.137.

⑫ 此時較大的神也可能吞沒較小的神。我從斯塔伯克所收集的手稿中摘錄出下面的敘述：

「我從來沒有失去上帝臨在的意識，一直到我站在尼加拉瓜的馬蹄鐵瀑布下面。我眼睛所見的景物如此龐大，因此我失去了祂，我也失去了自己，覺得自己就像個原子一樣，因爲太小而得不到上帝的留意。」

我從斯塔伯克的收集中再加上這個類似的例子：

「那時，上帝的鄰近之感有時臨於我身上。當我說上帝時，是在描述一個無法描述的對象。我也許會說，那是一個臨在(presence)，這樣的說法又過於暗示是一種人格，而在我提到時並沒有人格之感，但某些在我內的東西讓我感到自己是一個更大東西的一部分，我為它所統治。我覺得自己與草、樹、鳥、蟲，所有在自然中的事物合為一體。我對僅僅活著的這個事實，因為我是這一切——毛毛雨、雲朵的陰影、樹幹等等的一部分而歡躍。在接下來的幾年裡，這些時刻仍持續到來，但我時常需要它們。我體會過這種讓自我喪失於更高的力量與愛中的滿足，我因為那樣的知覺並不經常出現，而覺得不快樂。」我在第三講中所引述的例子，仍然是這種型態較好的例子。她的文章"The Loss of Personality," in *The Atlantic Monthly* (vol. lxxxv, p.195), Ethel D. Puffer 解釋說，在這些狂喜的經驗中，自我感的消失，以及與對象的直接合一之感，是源於慣常中介於意識的恆久背景（也就是自我）以及在前景中的對象（無論那是什麼）之間動作適應的消失。我必須請讀者參考這篇極富啓發性的文章，對我來說，它使我更了解心理狀態，雖然它沒能從當事者的眼光來說明其經驗的狂喜與啓示價值。

⑬見上引書，i., 43-44。

⑭ *Memoiren einer Idealistin*, 5te Auflage, 1900, iii. 166. 由於唯物主義的信仰，她有好多年無法祈禱。

⑮惠特曼在另一處以較沉靜的方式表達自己有過的，或許像是一種慢性的密契知覺的經驗。他寫道：

「在每一個卓越的人身上，除了純理智外，還有一種奇妙的東西，不靠辯論，通常也不靠所謂的教育（雖然我認爲這是所有教育的目標和頂點，如果教育有資格被稱爲教育的話）——而達到一種對於繁多的整體、愚人的歡悅、不可置信的自欺與普遍的不安，也就是我們稱之爲這個世界，在時間與空間內絕對平衡的直覺；一種對於神聖的端倪與無形線索的靈魂知見，這線索掌握一切事物的聚集，所有的歷史與時間、所有的事件，無論它們多麼細瑣、多麼短暫，就像一隻用皮帶拴住的狗，牽在獵人手中一樣。關於這種靈魂的知見以及心靈的根源中心，樂觀主義只能解釋它的表面。」惠特曼反駁卡萊爾(Carlyle)，說他缺乏這種知覺經驗。參見 *Specimen Days & Collect*, Philadelphia, 1882, p.174。

⑯節錄自 *My Quest for God*, London, 1897, pp.268, 269。

⑰節錄自上引書，pp.256, 257。

⑱ *Cosmic Consciousness: a study in the evolution of the Human Mind*, Philadelphia, 1901, p. 2.

⑲見上引書，pp. 7, 8。我的引文遵照巴克(Bucke)在較大的書出版前私人印製的小册子，其文字與後來出版的正文有些不同。

⑳我的引述來自 Vivekananda, *Raja Yoga,* London, 1896。關於瑜珈最詳盡的資料來源是由 Vihári Lála Mitra 所翻譯的作品 *Yoga Vasishta Maha Ramayana,* 4 vols., Calcutta, 1891-99。

㉑一位來自歐洲的見證者，在謹愼地比較瑜珈的結果與那些經由人爲方式刻意引發之催眠或睡夢狀態後，說道：「瑜珈使得它眞正的門徒成爲良善、健康與快樂的人……經由瑜珈信徒對自己的思想與

身體獲致的自主性，他養成一種『品格』。

「由於他將衝動與慾望置於意志的控制之下，以及把意志專注於良善的理想上，他的性格變得難以被他人影響，所以，他也幾乎與我們一般想像的『靈媒』或『通靈者』的性格相反。」參見 Karl Kellner: *Yoga: Eine Skizze*, München, 1896, p. 21。

㉒我沿用下列書中的敘述：C. F. Koeppen: *Die Religion des Buddha*, Berlin, 1857, i. 585 ff。

㉓要知道關於他更詳細的敘述，參見D. B. Macdonald: The Life of Al-Ghazzali, in the *Journal of the American Oriental Society*, 1899, vol. xx., p.71。

㉔節錄自 A Schmölders: *Essai sur les écoles philosophiquez chez les Arabes*, Paris, 1842, pp. 54-68。

㉕ Görres's *Christliche Mystik* (4 vols., 1836-1842)對此事實有詳細的描繪。也可參見 Ribet's Mystique Divine, 2 vols., Paris, 1890。另一個更有系統的現代作品是*Mystica Theologia of Vallgornera*, 2 vols., Turin, 1890。

㉖雷西亞(M. Récéjac)在他最近的書中把感覺意象視爲重要的。他將密契主義定義爲：「**藉著象徵的幫助**，靠近那道德上的絕對之傾向。」見 *Essai sur les Fondements de la Connaissance mystique*, Paris, 1897, p. 66。但無疑也有一些密契狀態，其中的知覺象徵並不扮演任何角色。

㉗ Saint John of the Cross: *The Dark Night of the Soul*, book ii. ch. xvii., in *Vie et Œuvres*, 3me édition, Paris, 1893, iii. 428-432. 書中第二卷第六章(Saint John's *Ascent of Carmel*)專述感覺意象的使用對於密契生活的害處。

㉘我特別不提視覺與聽覺的幻覺、文字與圖形的自動書寫，以及如「騰空」、聖傷顯現(stigmatization)、疾病治癒等奇特的現象。這些密契主義者常常表現（或說人們相信他們這樣表現）的現象並沒有本質上的意義，因爲當它們發生於不具備密契心靈的人身上時（事情也經常如此），並不伴隨明悟的意識。對我們來說，明悟意識是密契狀態的基本記號。

㉙ *The Interior Castle*, Fifth Abode, ch. i., in *Œuvres*, translated by Bouix, iii. 421-424.

㉚ Bartoli-Michel: *Histoire de Saint Ignace de Loyola*, I, 34-36. 其他人也有這種對於創造物的領悟，例如雅各伯・玻米(Jacob Boehme)。在他二十五歲時，「爲神聖的光輝所包圍，並充滿天界高超的知識；在果立茲(Görlitz)時，當他外出到田間，到花園裡，坐在那裡，看著田間的藥草與草叢，從其內在的光輝中，經由它們的外貌、形態與特徵，他看透它們的本質、用處與性質」。還有一個比較後期的經驗，他寫道：「在一刻鐘內我看到的與知道的，比起我在大學裡那許多年所看到與知道的還多。因爲我看見並知道一切萬物的存有(being of all Things)、底部與深淵(Byss and Abyss)、聖三的永恆世代、世界的起源與傳承，以及經過神聖智慧的萬事萬物。在我身上我知道並看見三個世界的全部，外在與可見的世界是內在世界與精神世界的外部創生。我還看見並知道在邪惡與良善中所有的運作本質，以及相互的起源和存在；我也看見並知道那豐富的永恆孕育子宮如何生產。所以我不但對它感到十分驚奇，也感受到莫大的喜樂。（雖然）我的外在很難理解這件事，我也很難用筆把它表達出來。因爲我徹頭徹尾看到宇宙，就像在渾沌中，一切事物都埋伏著、被包藏著，但我無法解釋它。」參見 *Jacob Behmen's Theosophic Philosophy*, etc., by Edward Taylor, London, 1691, pp. 425,

427。還有喬治・佛克斯的經驗：「我達到亞當墮落之前的狀態。世界萬物在我眼前開展；並且神指示給我看，一切事物如何遵照其本質與德性被賦予名字。當時我感到猶疑，是否應該為了世人的好處而行醫，因為神使我那麼明白地看見一切受造物的本質與德性。」參見*Journal*, Philadelphia, no date, p. 69。當代的「千里眼」(Clairvoyance)也充滿類似的啓示。例如 Andrew Jackson Davis 的宇宙生成論(cosmogonies)，以及 *Reminiscences and Memories of Henry Thomas Butterworth*(Lebanon, Ohio, 1886)一書中描述的經驗。

㉛ *Vie,* pp.581, 582.

㉜同上引書，p. 574。

㉝聖德勒莎區分身體所感受到的痛楚與純粹精神的痛楚(*Interior Castle*, 6th Abode, ch. xi)。就神聖的喜樂中所包含的肉體痛楚而言，她說那就像「穿透骨髓，但人世的快樂只作用於感官的表面」。她接著說：「我想這是一個公道的描述，我無法再描述得更好。」*Ibid.*, 5th Abode, ch. i.

㉞ *Vie*, p.198.

㉟*Œuvres*, ii. 320.

㊱同上，p. 35。

㊲ *Vie*, pp. 229, 200, 231-233, 243.

㊳ Müller's translation, part ii. p.180.

㊴ T. Davidson's translation, in *Journal of Speculative Philosophy*, 1893, vol. xxii., p. 399.

㊵「神因爲優越，並非不配稱爲空無。」("Deus propter excellentiam non immerito Nihil vocatur.")Scotus Erigena, quoted by Andrew Seth: *Two Lectures on Theism*, New York, 1897, p. 55.

㊶ J. Royce: *Studies in Good and Evil*, p. 282.

㊷ Jacob Behmen's *Dialogues on the Supersensual Life*, translated by Bernard Holland, London, 1901, p. 48.

㊸ *Cherubinischer Wandersmann*, Strophe 25.

㊹節錄自上引書 pp. 42, 74。

㊺從一本法文書中，我摘錄下面這段關於神居住在靈魂內之喜樂的密契性描述：

「基督已經居住在我心中。與其說這是居住、連結，不如說這是一種融合。喔，這嶄新而幸福的生活！每天都變得更加光明的生活……在我面前的牆壁，前幾刻仍是陰暗的，此時由於陽光的照射變得光輝燦爛。凡是太陽所照射的地方都射出一片榮光；最小的玻璃碎片閃閃發光，每一顆沙粒射出火光；我的心中響起一曲榮耀的勝利之歌，因爲神就住在那裡。我的日子一天天接續，昨天是個晴朗的藍天；今天是個遮雲的太陽；又一個充滿奇異夢境的夜晚；但當眼睛再度睜開，意識再度恢復，生活似乎又重新開始，在我眼前總是看到同樣的形象，在我心裡也總是充滿同樣的臨在……從前因爲沒有神，日子很陰鬱，我常在醒著的時候爲各式各樣憂愁的意念所侵襲，在我的道路上，我也尋不著祂。如今祂與我同在，覆罩在事物上的淡淡雲霧並不能成爲我與祂感通的障礙。我感到祂手的觸壓，我還感到另外一個東西使我充滿清明的喜樂；我敢把它說出來嗎？是的，因爲這是我所經驗的眞實表達。聖神不只是造訪我，這不只是令人眩惑的鬼魅，一下子張開翅膀，一下子又在夜裡離開，這是一種永久的居留。只有帶著我走，祂才能離開。更甚於此，祂不是我以外的別人，祂與我合而爲一。這不是並置，而是穿透，一種我本性的深刻改造，一種存在的新方式。」引自MS. "of an old man" by Wilfred Monod: *Il Vit: six méditations sur le mystère chréten*, pp. 280-283。

㊻比較 M. Maeterlinck: *L'Ornement des Noces spirituelles,* de Ruysbroeck, Bruxelles, 1891, Introduction, p. xix。

㊼ *Upanishads*, M. Müller's translation, ii. 17, 334.

㊽見上引書，Schmölders , p. 210。

㊾ *Ennéads*, Bouillier's translation, Paris, 1861, iii. 561. 比較 pp. 473-477 與 vol. i. p. 27。

㊿ Autobiography, pp. 309, 310.

(51)見上引書，Strophe 10。

(52) H. P. Blavatsky: *The Voice of the Silence*.

(53) Swinburne: On the Verge, in "*A Midsummer Vacation*."

(54)比較這一講所摘錄布克的兩段引述。

(55)我所知道企圖認眞地協調密契世界與推論式生活的是一篇討論亞里士多德Unmoved Mover的文章，參見 F. C. S. Schiller, in *Mind*, vol. ix, 1900。

(56)我排除掉狀態比較不那麼強烈的例子，而且在那些書內已經記載很多的例子中，主事者（通常不是當事者）仍然懷疑這些經驗是否出自於魔鬼。

⑤⑦例如，約翰・尼爾遜對於自己因為宣講衛理公會的教理而被監禁的事這樣說：「我的靈魂就像是澆過水的花園，我可以終日對神唱著讚美的詩歌，因為祂將我的拘囚變為歡樂，並讓我在木板上也能安息，就像躺在柔軟的床上。現在我可以說：『神的服事就是完全的自由。』並且我常常這樣祈禱，希望我的仇敵也能夠從神豐厚地賜給我的同一條和平之河中飲水。」參見 *Journal*, London, no date, p.172。

⑤⑧Ruysbroeck在Maeterlinck翻譯的作品裡，有一章用來反對信徒的不守戒律。H. Delacroix的書（*Essai sur le mysticisme spéculatif en Allemagne au* ⅩⅣ *Siècle*, Paris, 1900）也充滿不守戒律的史料。另請參見 A. Jundt: *Les Amis de Dieu au* ⅩⅣ *Siècle, Thése de Strasbourg*, Paris, 1879。

⑤⑨比較 Paul Rousselot: *Les Mystiques espagnols*, Paris, 1869, ch. xii。

⑥⓪參見 Carpenter's *Towards Democracy*，尤其後面的部分，以及 Jefferies's *The Story of My Heart* 當中奇妙與精采的密契狂想曲。

⑥①在他的作品《墮落》的第二卷第一章中，馬克思・諾道(Max Nordau)嘗試以揭露較低層次之密契主義的弱點來推翻所有的密契主義。對他而言，密契主義意味著對任何事物隱藏意義之突然知覺。他認為這些知覺是由許多不完全的聯想在退化的腦中所引起的經驗。它們給擁有這經驗的人一種模糊而廣大的感覺，使他想要繼續往前聯想，但它們並不能為他的思想帶來任何明確或有用的結果。這個解釋可適用於某些感覺的意義，其他的精神病醫師（例如 Wernicke, in his *Grundriss der Psychiatrie*, Theil ii, Leipzig, 1896）曾經以聯想官能的衰退來解釋偏執的情況。但較高層次的密契經驗，帶有積

極與突然的特性，當然不是這種只限於消極情況的產物。把它們理解爲我們尚不了解的潛意識大腦活動的侵入，似乎合理得多。

(62)它們有時會把主觀的**所見所聞**加在事實上，但由於它們通常被解釋爲超越塵世(transmundane)，所以並不改變知覺到的事實。

譯註

①俗稱笑氣。

②玻米(Jacob Boehme, 1575-1624)爲德國鞋匠與密契者，對密契主義有深遠的影響。他的姓氏有很多不同的拼法，包括 Behmen、Behme、Bohme、Böhme 與 Boehme。

宗教哲學

Philosophy

・心靈與意志和神聖之心靈與意志的合一並不是宗教的未來希望與目標，
而是它在靈魂內的初始及誕生。

——約翰・開爾德(John Caird)

・宗教生活的進步不是朝向無限，而是內在於永恆領域內。
宗教的進步並不是徒勞而無止境地進行有限的增加與累積，
以擁有無限的財富，它是一種藉著精神活動的恆常運動，
來努力獲得我們已經擁有的無限遺產。
整個宗教生活的未來在其開端就已經給予了，
但那是暗中的給予。

——約翰・開爾德(John Caird)

〈聖徒性的特質〉這個主題讓我們面對下列問題，即神聖臨在之感是不是對於某種客觀存在對象的感受？我們首先轉向密契主義以求解答，發現雖然密契主義完全願意證實宗教，它的說法卻太屬於私人層次（分歧也太多），難以達到普遍的權威。然而，哲學所發表的結果如果是有效的，它就宣稱其普遍的有效性，所以現在我們要將問題轉向哲學。哲學能否對宗教人的神聖感給予實在性的保證呢？

我想你們中間的許多人這時候會開始揣度我的目的傾向。你們會說，我已經動搖密契主義的權威，我的下一步也許是企圖破壞哲學的權威。你們會期待我做出結論，認為宗教只是一種信仰，立基於模糊的情感，或是我在第二講與〈密契主義〉那一講的許多例子中，對於不可見的實在鮮明的感受。宗教主要屬於私人的、個人主義的範疇，它總是超越我們言詞表達的能力。雖然人們總想將宗教的內容倒入哲學的模型，但這些努力終究是一種次級作用，無法增加這些情懷的權威性，或保證其真實性；他們從這些情懷得到刺激，並獲得任何他們可以擁有的堅信熱情。簡言之，你們懷疑我計劃捨棄理性而為感覺辯護，想要恢復原始與無反思功能的地位，想要讓你們放棄因哲學之所以配稱為哲學而給人的希望。

就某種程度而言，我必須承認你們的猜測是對的。我的確相信感覺是宗教更深的源頭，以及哲學與神學的說法是次級產物，就像把一個文本翻譯為另一種語言。但這一切說法因為過於簡短，很容易造成誤導。所以，我要用接下來的一個小時向你們解釋我眞正的意思。

當我說神學的說法是次級產物時，我的意思是說，在一個從不存在任何宗教情感的世界裡，我懷疑人是否還會建立什麼哲學式的神學。我懷疑對宇宙冷靜的理性靜觀，如果排開內心的不快樂、得救的需要，以及神秘的情懷，還會產生我們現在擁有的宗教哲學嗎？在那樣的世界，人對自然事實會先採取泛靈論的解釋，然後以科學的解釋批駁掉之前的解釋，就像人們實際上所做的一樣。在科學的領域裡，他們會留下一定份量的「靈學研究」，就像現在人們大概必須重新承認某種程度份量的靈學一樣。但是像信理神學(dogmatic theology)或唯心論神學(idealistic theology)那種高遠的玄思，不覺得有與這樣的靈界交往的必要，所以並沒有動機做這樣的冒險。在我看來，這些玄思必須被歸類為超信仰(over-beliefs)，由理智朝著情緒最初指引的方向所建構出來。

但是，即使宗教哲學需要情緒做為它的前導，難道它不能對情緒所指引的事物以更高級的方式來處理嗎？情緒是私人而沉默的，它無法說明自身。它容許神秘與謎樣的結果，拒絕以理性的方式為自己辯護，甚至有時還寧願其結果被誤視為矛盾與荒謬。哲學恰恰採取相反的態度。它的志願是收回神秘與矛盾所觸及的任何領地。從模糊而任性的個人信心逃脫，達到對一切會思考的人來說都有效的客觀眞理，一直是理智最珍視的理想。將宗教從不健全的私我性中救出，給予它的表說一個公共的地位與普遍的權利，向來是理性的工作。

我相信哲學總是有機會致力於此。①我們是思考的存有者，不能阻擋理智參與任何功能中的一項。即使我們自言自語，我們也以理性的方式組織我們的感覺。我們個人的理想以及宗教與密契經驗，必須與我們的思考所處的景觀性質相合。我們不可避免地受到所處時代之哲學氛圍的影響，我們也必須與他人有感情的交流，在這樣做時，我們必須說話，並且以一般與抽象的語言來表述。因此，概念與章法成了我們宗教的必要部分。哲學做爲假設之間衝突的緩頰，以及人們對於彼此的設想所下之批評的調解者，永遠有好多事可以做。如果我駁斥這樣的想法，那會顯得很奇怪，因爲我所有的演講（從現在起，你們會看得更淸楚）就是努力要從宗教經驗的私我性中，汲取一些可以用公式定義，人人都同意的一般性事實。

換言之，宗教經驗自然不可避免地產生神話、迷信、教義、信條、形上學的神學，以及以上這些東西各派之間彼此的批評。近年來，在信條之間交涉所發生的指責與詛咒之外，公平的分類與比較已經開始成爲可能。我們開始有所謂的「宗教學」(Science of Religions)；如果這些演講可以對這樣的科學有少許的貢獻，我將會感到非常快樂。

可是，所有這些理智的運作，無論是建構的、比較的或批評的，都要有直接經驗做爲主題。它們是詮釋與歸納的運作，以事實爲基礎的運作，是宗教情感的結果，而非與之對等，它們不能從自己探查的對象獨立開來。

我所要推翻的宗教理智主義(intellectualism)自認爲與上面所描述的東西都不同。它假裝自己可以單獨從邏輯理性的資源，或是邏輯理性從非主觀的事實所得之嚴格推論，來建構它的宗教對象。它稱自己的結論爲信理神學，或是絕對的神學，隨情況而不同；它不稱自己爲宗教學。它以先驗(a priori)的方法達到自己的結論，並保證其眞實性。

有保證的系統永遠是懷著熱望的靈魂所渴望的東西。包羅一切，但又簡單；高貴、乾淨、明亮、穩定、嚴格、眞實；對一個被感官世界之凡俗與偶然性所困惑的靈魂來說，還有什麼比這系統所能提供的避難所更理想？因此，我們發現今日的神學各學派幾乎與從前的神學一樣，教導人們輕視僅具可能性的眞理，以及只有私人保證可以把握的結果。經院學派和唯心論的學者都表達了這種輕蔑。例如，約翰・開爾德(John Caird)（譯註①）校長在他《宗教哲學概論》(*Introduction to the Philosophy of Religion*)中這樣說：

宗教固然是屬於內心的事，但為了將它從主觀的無常與任性中提升，並區辨宗教中真實與虛假的部分，我們必須訴諸客觀的標準。進入內心的事必須由理智鑑別為**眞**。它必須被認為在本性上有統治感覺的**權利**，並構成判斷感覺的原則。

②在估量個人、國家或民族的宗教特徵時，首要的問題不是他們覺得如何，而是他們想什麼、相信什麼——不是去問他們的宗教是否表現為或多或少猛烈與熱切的情緒，而是引起這些情緒的神與神聖事物的**概念**。對宗教而言，感覺是

必要的，但決定宗教特徵和價值的不是感覺，而是宗教的**內容**或是理智基礎。③

紐曼主教(Cardinal Newman)（譯註②）在他的作品《大學之理念》(*The Idea of a University*)中，更強烈地表達這種對於情感的輕視。④他說，就科學嚴格的意義來說，神學也是一種科學。他還說，神學不是什麼，它不是證明上帝的「物理證據」，不是「自然宗教」，因爲這些都只是模糊的主觀闡釋。他接著說：

> 假如至高上帝的能力只像望遠鏡所顯示的能力一樣，假如祂的巧妙只像顯微鏡一樣，假如祂的道德律只由動物形體的物理過程就可以確定，或是祂的意志只由人類的當前事務就可知曉，如果祂的本質只如宇宙一樣高深寬廣；如果實際上是這樣，那麼我將會承認並沒有特別關於上帝的科學，神學只是一個名稱，而且為神學辯護就是矯情偽善。那麼，雖然在華美的實驗與抽象的推理中思考祂顯得虔誠，但這種虔誠只是一種思考的詩意，或是一種語言的裝飾，一種有的人有、有的人沒有的對於自然的見解；一種出自天才的心靈，別人認為極好而聰明，如果採取的話，所有的人都會有更好的見解。它只是自然的神學，就像我們談到歷史**哲學**或是歷史**傳奇**，或是童年的**詩意**，或是如畫的，或是感傷的，或是幽默的，或是任何天才與狂想、時下的風尚，以及世人共享的，從其

觀想的對象中認出的任何抽象性質。我看不出聲明上帝不存在，與暗示我們不能確知有關上帝的任何事物二者之間，有什麼巨大的差別。

我所謂的神學都不是指這些事情。我只是指關於**上帝的科學**，或是把我們所知道的關於上帝的真理，構成一個系統，就像我們有關星球的科學，稱之為天文學，或是有關地球表面的科學，稱之為地質學一樣。

這兩段引述都把下列論點說得很清楚：把只對個人爲眞的感覺與普遍有效的理性對立起來。檢驗的標準就是淸楚明白的事實。立基於純粹理性的神學，必須在實際上使人普遍地信服。如果不能的話，它還有什麼勝過別人的地方？如果它只形成教派與學派，就像情感與密契主義一樣，它又如何達成將我們從個人的無常與任性中擺脫出來的計劃呢？哲學主張將宗教建立於普遍理性，這種明確實在的檢驗標準使得我現在的任務變得簡單。我不需要藉由辛苦地批評哲學的論證來破壞它。我只需讓你們看見，就歷史而言，哲學並不能對自命達到客觀之信服力提出證明，這就夠了。事實上，哲學眞的無法這樣證明自身。它並不能破除歧異；它和感覺一樣產生學派與宗派。事實上，我相信人類在神聖領域內理性邏輯的作用，與在愛情、愛國主義、政治或其他生活較大的事件中的作用一樣，在其中，激情與神秘性的直覺都預先決定了我們的信仰。理性爲我們的信念找到論證，因爲它**必須**找到。理性擴大並界定我們的信仰，增加其威嚴，並使得它得到語言表述的能力與合理性。但它卻不曾產生信仰；它現在也無法得到信仰。⑤

我要提一提某些舊式系統神學的論點，請注意。你們可以在新教與天主教的手冊中找到它們，其中最好的是，教宗李歐(Pope Leo)建議人研讀聖湯瑪斯之後出版的無數教科書。我首先要概略討論的是，信理神學證明上帝存在的論證，再討論它證明上帝之本質的論證。⑥

上帝存在的論證已經建立了數百年，期間一直有不信者的批評浪潮，企圖反對這些論證。不信者的批評從沒有眞正破壞這些論證在信者心中的地位，但就整體而言，這些批評已經緩慢而確切地動搖這些論證的骨架。如果你已經有一個信仰的上帝，這些論證可以幫助你確定信仰。如果你是無神論者，這些論證也無法改變你。證明有各式各樣的方式。所謂「宇宙論的」(cosmological)論證從世界的偶然性推論到一個第一因(First Cause)，這個第一因必須涵括世界自身包含的一切完美。「設計的論證」(argument from design)從自然律是數學的這個事實，以及自然界的各部分善意地彼此適應這件事推論，第一因是兼具理智與慈愛的。「道德的論證」(moral argument)認爲道德法則必然假設一個道德制定者的存在。「普遍一致的論證」(argument ex consensu gentium)則認爲對上帝的信仰如此普遍，它根植於人類的理性本質，因此應該挾有權威。

就像我說過的，我不會對這些論證進行專門的討論。單就自康德以來，所有觀念論者都覺得有資格輕視或反對這些論證的事實，就可以證明它們不夠牢靠，不足以做爲宗教的充分根據。絕對非個人的理由應該能夠表現更普遍的說服力。原因論的確是一個過於模糊的法則，不足以承擔整個神學的結構。就設計的論證來說，則可以看看達爾文的演化論如何把它推翻。以我們現在的眼光來看，就像從無數的毀滅過程中幸運地躲避，我們在自然界所看到的善意的適應，是一個與這個早期論證所勾勒的形象很不一樣的上帝。⑦事實上，這些論證不過是依循事實以及我們感覺的聯合暗示。它們並沒有嚴格地證明什麼，只是證實了我們原來的偏見。

如果哲學在證明上帝存在上能夠做的只有這麼少，它在界定上帝之性質上面又如何呢？看看系統神學在這方面做的努力是值得的。

這個科學中的科學說，既然上帝是第一因，祂與一切由祂所造的受造物不同，因為它是一個擁有自身(a se)的存在。從上帝這個「自我存在」(a-se-ity)的性質，神學單憑邏輯演繹出祂其他的完美性質。例如，祂必須同時是**必然**與**絕對的**，不能、且不能以任何方式由其他事物決定。這使得祂絕對不受外在的限制，也不受內在的限制；因為限制就是非存有，而上帝是存有自身。上帝的無限性使得祂無限完美。並且，上帝是**一**，以及**唯一**，因為無限完美並不能有同伴。祂是**精神的**(Spiritual)，因為如果祂由物質的部分組成，那就必須有一個其他的力量來把這些部分組成整體，這就與祂的自我存在相牴觸。因此，祂的本質既是單一的，又是非物質的。從形上學而言，祂也是**單一的**，也就是說，祂的本質與祂的存在並不能彼此區分，不像有限的物質之間共享形式上的本質，只在物質層面有自己的特性。因為上帝是一以及唯一，祂的**本性**與祂的**存在**必須一毫揮就。這使得上帝超越有限事物的世界常見的分別，例如在可能與實然、實質與偶然、存有與活動、存在與屬性之間的區分。誠然，我們可以談論上帝的能力、作為以及屬性，但這些區分只是「虛擬的」(virtual)，而且是從人類的觀點出發。對上帝而言，這所有的觀點都歸入一種絕對的同一性。

上帝沒有可能性的這一點，使得祂必定是**不變的**。祂是徹徹底底的實然。如果祂有任何可能性，祂就會因為可能性的實現而有所增損，而任何增損都與祂的完美有所牴觸。因此，上帝不能變化。並且，祂是**無限的**、**無邊無際的**；因為祂可以受空間的限制，祂就是組合而成的，這與祂**不可區分**的性質互相矛盾。因此，它是**無所不在的**，不可分割地在那裡，在空間的每一點。同樣，祂也是存在於時間的每一點——換言之，祂是**永恆的**。因為祂若起始於時間的某一點，祂就需要一個較先前的原因，這也與祂的自我存在相牴觸。如果祂有終結的時候，又與祂的必然性互相矛盾。如果祂經過任何連續的時刻，這也與祂的不變性有所衝突。

上帝有**智性**和**意志**，以及所有受造物的完美，因為**我們**有這些完美，而**結果不能超出原因**(effectus nequit superare causam)。然而，在祂而言，這些完美絕對而永遠地發生效果，而且它們的**對象**只能是上帝自身，因為上帝不能為任何外物限制。所以，祂從永遠不可分割的行動中理解自己，也以一種無限的自我愉悅來驅動自己。⑧就邏輯的必然性而言，祂必須這樣愛自己以及意欲自身，祂不能被稱為擁有內在的(ad intra)自由，像有限的受造物所擁有的相反的自由。但是，就外在(ad extra)而言，相對於祂的受造物，祂是自由的。祂不會**需要**(need)去創造，因為祂在存有與快樂這兩方面都是圓滿的。所以，祂**願意**(will)創造，是出於絕對的自由。

因為上帝是具有理智、意志與自由的實體，祂是一個**位格**(person)；而且祂是一個**活生生的**位格，因為祂同時是自己活動的主體與對象，而這是有生物與無生物的區別。因此，祂是絕對的**自足**(self-sufficient)：祂的**自知**(self-knowledge)與**自愛**(self-love)都是無限而充足的，不需要外在的條件來使其圓滿。祂是**無所不知的**，因為祂知道自己是第一因，祂可以由關係的牽連知曉其他的受造物。因為祂遍在於所有時間，所以祂的知識是**先見的**。即使是我們的自由行動，他也預先知道，否則祂的智慧就會隨著連續的時間而增益，這就與祂的不變性產生衝突。對一切不牽涉到邏輯矛盾的事，祂是**全能的**。祂可以製造**存有**——換言之，祂的能力包括創造。如果祂是從自己的實質來創造一切，那麼，祂的受造物在本質上就必須是無限的，如同祂的實質一樣；但受造物是有限的，所以受造物的性質必定是非神聖的。如果受造物是由一種永恆存在的物質製造，例如上帝在手邊發現的某樣東西，而上帝只是賦予這個東西形體，這將與上帝做為第一因這個定義互相衝突，使得祂只是一個既存之物的推動者。所以，祂是從無(ex nihilo)中創造萬物，並賦予萬物絕對的存有，做為祂自己之外許多有限的實體。祂在這些受造物身上所銘刻的形體具有祂理念的原型。但因為在上帝之中沒有繁多這樣一件事，而這些理念對我們而言是多面的，我們必須區分在上帝之中的觀念，以及我們的心靈從外在所模仿的觀念。我們必須只以**終結的**(terminative)意義把這些觀念歸於祂，就好像從有限的觀點所看到的，上帝獨特性質的不同面向。

上帝當然是神聖、良善，以及公正的。祂不能做惡，因為祂是正向的存有之圓滿，而惡是負面的。固然祂在某些地方創造物理上的惡，但只是做為更大的善的手段，因為全體的福利凌駕部分的福利(bonum totius præeminet bonum partis)。但祂不能意欲道德的惡，無論做為目的或手段，因為這會與祂的神聖互相衝突。由於創造了自由的受造物，祂只是容許惡，祂的公正與祂的良善都不能使祂預防自由的接收者不誤用這個自由的賞賜。

至於上帝創造的目的，主要的原因只能是行使祂的絕對自由，來對他人顯示祂的榮光。因此，其他人必須是理性的存有，首先有認識、愛與崇敬的能力；其次要有快樂的能力，因為對於上帝的知識與愛是幸福的主要原因。所以，到此為止，我們可以說上帝創造的次要目的是**愛**。

我不會進一步討論更多這些形上學的性質，例如上帝三位一體的神秘，而讓你們感到疲倦。我上面所說的已經可以做為天主教與新教之正統哲學神學的樣本。紐曼懷著滿腔熱情繼續列出上帝的完美性質，在我們引述的那段文章之後接著好幾頁充滿華美修辭的段落，使我幾乎忍不住想把它們加進來，而不管會佔我們多少時間。⑨他首先鏗鏘有力地列舉上帝的屬性，接著讚頌祂擁有天上地下的一切，以及所有發生的事情都仰賴祂容許的旨意。紐曼給我們一種「渲染著情緒」的經院哲學，而任何哲學若希望被正確地了解，都要沾染一些情緒。所以，就情緒而言，信理神學對具有紐曼這類心懷的人來說，是具有某些價值的。如果我在這裡做一個短短的離題討論，對我們估計祂在理智上的價值是有所幫助的。

上帝所接合在一起的，人不要把它分開。歐陸哲學太常忽略人的思考與其行為有機連結的這個事實。對我來說，不斷注意有機連結這個觀點的，是英國與蘇格蘭的思想家，這也是他們的主要優點。英國哲學的指導原則事實上就是：每一個差異必定**造成**不同的結果，每一個理論上的差異也會在某處形成實際上的差異。討論理論觀點的最好方式就是去看看，假如這個理論正確，或是那個理論正確的話，會帶來什麼實際的差異。所爭論的特定眞理怎樣被**認識**？它產生怎樣的事實？就特殊經驗而言，它的兌現價值如何？這是典型英國式思考問題的方式。你們應該記得，洛克(Lock)也是以這樣的方式思考個人同一性的問題。他說，所謂的意思只是你們特定記憶的鎖鏈。這是同一性唯一可被具體證實的部分，其他相關的觀念，例如它所立基之精神體的一或多的問題，都缺乏可被理解的意義；與這些命題有關的觀念可以被肯定，也可以被否定，都沒有關係。柏克萊(Berkeley)在思考「物質」的問題時也是用這樣的方法。物質的兌現價值就是我們的物理知覺。那是它被認識的方式，也是我們能夠具體證明此概念的全部方式。因此，這就是「物質」一詞的全部意義，任何其他誇稱的意義只是空話。休謨(Hume)在思考「因果關係」時也是用這樣的方法。因果關係是我們所習慣在之前發生的事，隨後期待某種事情必然跟著發生的傾向。休謨說，除了這個實際的意義，它沒有其他的意義，而且其他論說因果關係的書都可以燒掉。道格・史都華(Dugald Stewart)與湯瑪斯・布朗(Thomas Brown)、詹姆斯・彌爾(James Mill)，約翰・彌爾(John Mill)，以及貝因(Bain)教授多多少少都沿用一樣的方法。薛德渥・漢居森(Shadworth Hodgson)也很明顯地使用這些原則。總而觀之，將「批判方法」——唯一使哲學成爲值得認眞的人思考的方法——介紹到哲學裡的，不是康德，而是英國與蘇格蘭的哲學家。因爲，如果哲學的命題從來不能由我們的行動所造成看得見的差別下手，那麼，對這些命題的辯論還有什麼重要性呢？假如一切命題都沒有實際上的差別，那麼，我們同意把某個命題稱之爲對或錯，又有什麼關係呢？

一位具有卓越原創力的美國哲學家查理・山德・皮爾斯(Charles Sanders Peirce)，將這些人依直覺所遵循的原則從其特殊應用裡爬梳出來，將它視爲一種基本的原則，冠予一個希臘的專有名詞。他將這個原則稱爲**實用主義**(pragmatism)，對它的辯護大致如下：⑩

> 進行中的思想唯一可能的動機就是達到信仰，或是靜止的思想。只有當我們對某個對象的思考在信仰中得到平靜時，我們針對此對象的行動才能安穩地展開。簡言之，信仰是行動的法則；思考的全部功能只是產生活動習慣的一個步驟。如果思考的任何部分對思考的實際結果不造成什麼差異，那部分就不是這個思想意義的合宜部分。因此，要發展一個思想的意義，我們只需找出它可以產生怎樣的行為；對我們來說，那個行為就是其唯一意義；所有思想差別之根源的明確事實就是：這些差別沒有一個會純粹到缺乏實際的可能差異。所以，要讓我們對一個對象的思考達到完全的明白，我們只需考慮對這個對象可能帶來的知覺，無論它是立即的或是遙遠的，以及在這個思考對象為真的情況下，我們

要準備怎樣的行動。我們對這些實際結果的概念就是我們對此對象的全部概念，只要這個概念有積極的意義。

這就是皮爾斯的原則，實用主義的原則。這個原則可以幫我們在這裡決定，在經院哲學所列舉上帝各式各樣完美的屬性中，是否有些屬性遠遠不如其他屬性有意義。

換句話說，如果我們將實用主義的原則應用到嚴格說來與上帝的道德屬性有別的形上學屬性，我認爲即使被一種強制的邏輯強迫要相信，我們還是要說這些形上的屬性沒有一點可被理解的意義。以上帝的自我存在爲例，或是祂的必然性、祂的非物質性、祂的單一性，即超越有限存有的那種內在變異性與連續性；祂的不可分割性，以及缺乏存有與活動、實質與偶然、可能與實然等等內在的區分；祂拒絕被歸於一個類屬的特性；祂實現的無限性；祂除了道德性質以外所有的「性格」(personality)；祂與惡的關係是容許存在而非積極創造；祂的自足、自愛以及在己內的絕對幸福——坦白說，像這樣的性質如何與我們的生活發生確定的關係呢？而且，如果它們不能各自喚起我們不同的行爲適應，那麼，它們是眞是假，對於一個人的宗教又可能帶來什麼重要的差別呢？

就我來說，雖然不願意說任何可能刺激敏感聯想的話，但必須坦白承認，即使這些屬性都是用毫無錯誤的方式演繹出來的，我也無法想像，如果它們其中任何之一爲眞的話，對我們在宗教方面有任何影響。我能做怎樣的特定祈禱行爲，使自己更適應上帝的單一性?或者，理解到祂的幸福是絕對完全的，如何幫助我計劃自己的行為呢?梅尼・黎德(Mayne Reid)（譯註③）是十九世紀中葉撰寫戶外冒險書籍的偉大作家。他一直讚美獵人與觀察動物習慣的野地觀察者，並不斷發火攻擊謾罵那些他所謂「私室內的博物學家」，也就是採集者、分類者以及骨骸和毛皮的處理者。當我還是個小男孩時，曾經認為私室內的博物學家一定是天底下最下流的小人。然而，若我們採用黎德對這詞的理解，系統神學家當然是神祇的私室內的博物學家。他們對於上帝形上學屬性的演繹，只不過是一種以學究的形容詞字典來進行的洗牌配對，遠離道德，遠離人類的需要，這種洗牌配對，假如由一個當代的天才以黃銅與木頭設計出的邏輯機器，單以「上帝」這個詞來操作，也可以得到和血肉之軀的人類所得到的結果一樣好。在他們之上，我們看得見誘惑之蛇的蹤跡。人們覺得在神學家的手裡，他們只是一套由同義詞的機械操弄所得到的頭銜；咬文嚼字取代了正見，專業氣息取代了生活。我們沒有得到麵包，卻得到了石頭；我們沒有得到魚，卻得到蛇。這種抽象辭彙的混合眞的能夠給予我們神聖知識的精髓嗎?固然神學的學派可以不斷增生，但宗教，尤其有活力的宗教卻要從世界飛走了。使宗教前進的，是那些抽象定義和連鎖形容詞的系統以外的東西，也是有別於神學以及神學家之官能的東西。這些都只是後果，只是次級的，附加於那些與不可見的神聖有活力的交感現象之上的東西，我已經舉過許多例子，這些例子也**萬世不絕地**復現於卑微的個人生命中。

對於上帝的形上學屬性，我們就討論到這裡。從實用宗教的觀點來看，它們提供這個形上學怪物，對我們的信仰而言，只是學院派心靈一個毫無價值的發明。

對於道德的屬性，我們又要怎麼說?從實用的角度來看，它們處於完全不同的地位。它們正面地決定恐懼、希望與期待，也是聖人生活的基石。只需看一眼，就可以理解它們多麼重要。

例如，上帝的聖潔：由於聖潔，除了善以外，祂不能意欲其他的事。由於無所不能，祂可以保證善的得勝。由於無所不知，祂可以看見我們在黑暗中的行爲。由於公正，祂可以據祂所見來懲罰我們。由於慈愛，祂也可以寬恕我們。由於不變，我們可以安全地信靠祂。這些性質與我們的生活有所連結，所以知道它們是極其重要的事。上帝創世的目的是爲了彰顯祂的榮光，這也是與我們實際的生活有明確關係的一個屬性。在其他衆多屬性中，這個屬性使得一切基督教國家的崇拜具有一種明確的特性。如果信理神學眞的證明擁有這些屬性的上帝存在無疑，它就可以宣稱給了宗教情懷一個堅實的基礎。但事實上，它的論證如何呢?

這種論證與主張上帝存在的論證一樣不行。不只後康德主義的觀念論者(post-Kantian idealists)徹底排拒這些論證，而且一個明白的歷史事實是，任何由經驗到的世界道德面貌，推論一個良善的上帝不會創造這樣的世界的人，從來沒有因爲這些論證而皈依上帝。以經院哲學的論證——上帝的本質沒有無有(non-being)——來證明上帝的良善，從這樣的人看來，只是愚蠢。

不！〈約伯記〉把這整件事斷然地細查過。相對來說，推論是走向上帝較爲膚淺而不實在的路徑：「我只好用手摀口；我從前風聞有祢，現在親眼看見祢。」理智混亂而困惑，但還是信賴地感受到上帝的臨在——這是對自己並對事實眞誠，而依然有信仰的人的情況。⑪

因此，我認爲我們必須對信理神學做最後的告別了。我由衷地認爲我們的信仰必須不依靠那些保證。我再說一次，當代的觀念論已經向這種神學永遠說再見。當代的觀念論能夠給予信仰一個更好的保證嗎?或是信仰仍需依靠自己來作見證嗎?

當代觀念論的基礎是康德統覺之超驗自我(Transcendental Ego of Apperception)的學說。康德這個可怕的名詞只是指陳一個事實，就是「我思考它」的這個意識，必定（可能地或實際上）伴隨著我們的一切對象。以前的懷疑論也這樣講，但它們所謂的「我」指的是個人的我。康德把這個我抽取出來，去人格化，使它成爲他的範疇中最普遍的一個，雖然對康德來說，這個超驗的自我並沒有神學上的意涵。

繼康德之後的人把康德的「根本意識」(Bewusstsein überhaupt)，或是抽象意識，轉變成一個無限的具體自我意識，它是世界的靈魂，我們個別的自我意識也都存在於這個意識之內。即使我要簡短說明這個變化實際上如何作用，也牽涉到許多專門問題。我只需要說，現在深深影響英美思想界的黑格爾學派在這個轉變上首當其衝的兩個原理。

這兩個原理的第一個就是，同一性(identity)的舊邏輯只能給我們一種**殘缺肢體**的死後解剖，而且，只有承認：每一個我們思考的對象都牽涉到其他對象的一些觀念，而這些觀念一開始似乎否定原來我們思考的那一個對象，這樣，思考才能真正分析生命的全部。

第二個原理是，對一個否定的意識，已經等於對這個否定的超越。只是提出問題或是表達不滿，就證明答案或是滿意已經接近了；領悟到有限之爲有限，就已經是可能的(in posse)無限了。

應用這些原理，我們似乎得到一種主張每件事物之自我同一性的普通邏輯所無法獲得的推進力。現在我們思考的對象在我們的思想內**作用**，就像在經驗中作用的對象一樣。它們會變化、會發展，並引進某樣自身以外的其他東西，「其他」最初只是理想的或可能的，不久就證明也是眞實的。它接替了預先被假定的事物，一方面確認它，一方面修正它，好讓圓滿的意義得以開展。

這個程序是很棒的；世界**就是**這樣一個地方——事物件隨著其他會修正它們，並使其圓滿的其他事物；一個給予我們這種事實之移動的邏輯，遠比傳統的學院邏輯更能表達眞理；傳統的邏輯從來不能由一件事和諧地進入另一件事，它只能記錄、預測與涵攝，或是靜態的相同與相異。再也沒有其他方法比信理神學更不像這種新邏輯的方法。讓我引述已經提過的那位蘇格蘭超驗主義者開爾德校長的幾段文字來說明。他說：

> 我們如何理解一切智慧所憑依的實在？有兩件事可以不費力地證明，就是：這個實在是一種絕對精神，反過來說，只有與這個絕對精神或智慧互相感通，有限的精神才能實現它自己。它是絕對的，因為如果不假設智慧與思想的絕對實在，人類智慧連最微弱的運行都會被阻擋。連懷疑與否認自身也都預設這個絕對精神，並間接地肯定它。當我斷定任何事為真時，固然是相對於思想而言，但不是相對於**我的**思想，或是任何其他人的思想。我可以撇開所有心靈的存在，我可以在思想上將它們排開。但我不能在思想上排開的，是在其獨立與絕對性中的思想或意識自身，換言之，我不能排開絕對思想或自我意識。

在這裡，你看到開爾德校長做了康德沒有做的轉變：他把使得眞理在任何地方都成爲可能的條件，亦即一般意識的無所不在，轉變爲一個無所不在的普遍意識，並且認爲這個意識就是上帝的具體化。他接著用「承認你的限度就是超越你的限度」這個原理轉到個人的宗教經驗，他的說法如下：

如果人只是一種暫時的知覺與衝動，一串不斷來來往往的直覺、幻想與感覺的生物，那麼，對人而言，就不會有任何具備客觀真理或實在的事物。但這是人精神性質的特權，也就是他可以將自己委身於一個比他無限大的思想與意志。的確，做為一個有思想與自我意識的存有，就其本質而言，他可以說是居於普遍生命(Universal Life)的氛圍裡。由於我是一個思考的存有，我可以在我的意識內壓制鎮服每一個自我肯定之衝動，每個只為我所有的觀念和意見，每個屬於我這個特殊自我的慾望，變成普遍思想的純粹媒介——簡言之，不再過自己的生活，而是讓我的意識由無限與永恆的精神生命所擁有與充滿。可是，正由於我這樣捨棄了自我，我才真正地得到自己，或是實現我本質最高的可能性。從某個意義來說，當我捨棄自我時，是要過普遍與絕對的理性生活，但我們所委身的，實際上是我們比較真實的自我。絕對理性的生活並不是外於我們的生活。

然而，開爾德校長接著說，就我們能夠從外在實現此主張而言，它能夠給予的慰藉還不完全。無論我們**可能**(in posse)如何，我們**實際上**(in actu)最好的部分也遠遠不是絕對神聖的。社會道德、愛，甚至自我犧牲，只是將我們的自我沒入其他有限的自我。這並不使我們與無限完全同一。這樣看來，人的理想前途就抽象邏輯來說是無限的，但就實際而言是永遠無法實現的。開爾德校長接著說：

那麼，理想與實際之間的衝突是否無解呢？我們回答，有解答，但為了得到這個解答，我們必須超越道德的領域，進到宗教的領域。我們可以說宗教有別於道德的基本特徵，在於宗教把期望變為成就，把期待變為實現。宗教不使人無窮盡地追逐一個即將消逝的理想，它使得人成為那無限或神聖生命的實際參與者。無論我們從人類的角度或是神聖的角度來看宗教——認為人的靈魂委身於上帝，或是上帝的生命在靈魂內——宗教的本質在於：無限不再是一個遙遠的願景，它已經變成一個當前的實在了。當我們正確地理解其意義，精神生活的第一個脈動，就是神與其對象之間界線的消泯，理想已成為現實，有限已達到其目標，變成無限者之臨在與生活所充滿的生命了。

心靈與意志和神聖之心靈與意志的合一並不是宗教的未來希望與目標，而是它在靈魂內的初始及誕生。進入宗教生活就是停止掙扎。構成宗教生命之開端的那個行動——無論我們稱之為信仰、信賴、自我委身，或者其他你喜歡的說法——總是和有限與永恆實現之生命的合一有關。的確，宗教生活是前進的；但由上述的觀念來看，宗教生活的進步不是**朝向**無限，而是**內在於**永恆領域內。宗教的進步並不是徒勞而無止境地進行有限的增加與累積，以擁有無限的財富，它是一種藉著精神活動的恆常運動，來努力獲得我們已經擁有的無限遺產。整個宗教生活的未來在其開端就已經給予了，但那是暗中的給予。進入宗教生活的人，其邪惡、錯誤與不完美並不真正屬於他，這些都是與他的真實本性沒有關聯的贅生物；它們已經等於被壓抑與消滅了，就像它們將會在實際上被壓抑與消滅一樣，而且就在被消滅的過程中，它們成了精神進步的手段。雖然他不能免於誘惑與衝突，但在其真實生命所仰賴的那個內在領域裡，掙扎已經結束，勝利已然獲得。精神所過的生活不是有限的，而是無限的。它生命的每一個脈動，都是神之生命的表達與實現。⑫

你會欣然同意，對於宗教意識之現象的描述，沒有比這位已故的宣教士兼哲學家說得更好的了。他重新道出我們聽過那些皈依關頭的狂喜，說出神秘者感覺到但無法說明的東西；而聖徒如果聽到這些話，就會認出這是他自己的經驗。見到宗教內容的報告這麼一致，眞令人感到愉快。但總而言之，開爾德校長——我只把他當作這樣思考的人的一個例子——是否越過個人直接經驗與感覺的領域，將宗教的基礎建立在不偏不倚的理性上？他是否以非信不可的推理來達到宗教的普遍性，將宗教從一個私人的信仰變成公衆的確定之事？他是否將宗教從模糊與神秘中拯救出來，以獲得其確定性？

我相信他並沒有做這樣的事，他只是以較爲普遍的語彙重新肯定個人的經驗。再一次，你們可以原諒我不以專門的方式來證明，超驗哲學的推理並不能使宗教獲致其普遍性。因爲我能指出一個簡單的事實，即大部分的學者，即使是有宗教傾向的學者，也堅持不認爲這些推論具有說服力。人們可以這樣說，整個德國都積極拒絕黑格爾式的辯證。至於蘇格蘭，我只需要指出你們很多人都熟悉的佛雷澤教授與普林歌—派特森(Pringle-Pattison)（譯註④）教授值得注意的批評。⑬再一次，我問，如果超驗觀念論如其所自負的一樣客觀與絕對理性，它可能這樣極端地缺乏使人信服的力量嗎？

你必須記得，宗教所報告的內容，目的總是希望成爲經驗的事實：宗教說，神確實存在，而且祂和我們之間給予與接受的關係也是眞實的。假如這種對於事實的明確知覺都無法成立，當然抽象的推理更不能給予它所需的支持。概念的作用可以分類事實，給予它們定義與闡釋；但不能產生事實，也無法再現它們的特性。總是有一種額外的**附加**(plus)，一種特定的**這樣**(thisness)，只有感覺能夠與之相符。因此，在這個領域中，哲學是次級功能，無法保證信仰的確實性。所以，我又回到這個演講開始時我所宣稱的論點。懷著惋惜而誠實的心，我想我們必須下結論，要以純粹理智的作用來證明直接宗教經驗之陳述的眞實性，是絕對無望的一種嘗試。

然而，把哲學留在這種否定的判決下，對它來說是不公平的。因此，讓我最後簡短地列舉它**可以**爲宗教做的事。如果它可以拋棄形上學與演繹法，改用批判與歸納，並坦白地將自己由神學轉變爲宗教學，它就可以讓自己變得十分有用。

人的自發理智總是將所感覺到的神聖，以與自己暫時的理智假設互相協調的方式來定義。哲學可以用比較的方法從這些定義剔除局部與偶然的成分，可以將教義與崇拜中歷史的外加部分去掉，以自然科學的結果來對抗自發的宗教建構，哲學也可以把今日科學看來荒謬或不一致的那些教義革除掉。

用這樣的方式淘汰沒有價值的主張，哲學可以留下一些至少是可能的概念。它可以把這些可能的概念當作**假設**來處理，以各式各樣、無論正面或負面，所有假設曾被檢驗過的方法來檢驗它們。它可以由於發現某些假設的爭議性較大，藉以減少假設的數目。也許它可以擁護自己所揀選出來，最能夠被確認與證實的那一個假設。它可以精練這個假設的定義，把其中無害的過度信仰與表達的象徵形式，與應該精確理解的部分區分開來。這樣一來，它就可以爲不同信仰者提供調停，並幫助他們得到一致的觀點。這個任務做得越成功，就越能把所比較的信仰中共同的與本質上的要素，與個別和局部的元素區分開來。

我看不出爲什麼這種宗教的批判科學，最後不能與物質科學一樣贏得普遍公眾支持。即使沒有宗教信仰的人也可以信賴地接受它的結論，就像盲人可以接受光學的事實一樣——他們可能覺得不接受是一種愚蠢。然而，就像光學在一開始必須從看得見的人所經驗的事實取材，之後也必須藉著這些經驗不斷證實；同樣地，宗教學也要以個人經驗的事實爲原始材料，它整個批判的重建過程也都要與個人的經驗相合。它永遠無法從具體的生活離開，也不能在概念的眞空中運作。它永遠必須承認，就像每一種科學都承認的，自然的微妙之處總是飛在它的前頭，它的公式只是一個近似值。哲學活在語言內，但眞理與事實以超乎語言表達的方式湧入我們的生活。在活生生的知覺運作中，總是有些搖曳閃爍而無法被捕捉的東西，思考總是追趕不上。沒有人比哲學家更明白這樣一件事；他必須從其概念的槍膛發射新的語言子彈，因爲職業屬性注定要他做這種工作，但他又暗中知道這種任務的空虛與不當。他的說法就像實體鏡或萬花筒的相片，把它們放在工具的外頭看時，缺乏深度、動態與活力。尤其在宗教的領域，認爲語言公式是眞實的這種信仰，永遠無法取代個人經驗的地位。

在下一講裡，我要試著完結我對宗教經驗的粗略描述；接著在最後一講，我要嘗試盡一己之力，以概念的方式明確地陳述經驗所見證的那些眞理。

註釋

①比較 Professor W. Wallace's Gifford Lectures, in *Lectures and Essays*, Oxford, 1898, pp. 17 ff。

②節錄自上引書，p.174。

③同上，p.186，節錄，黑體字是我所加的強調部分。

④*Discourse* II., §7.

⑤關於產生宗教信仰時，理性建構的次級特徵以及感覺和直覺的首要性，參見 H. Fielding 驚人的作品，*The Hearts of Men,* London, 1902。我在寫完本文後才看到這本書。作者說：「教義是宗教的文法，教義之於宗教，就像文法之於語言。語言是我們需要的表達，文法是語言發生之後才形成的理論。語言從來不由文法而生，反之才是。當語言因爲未知的原因進步與變化時，文法必須隨之而變。」(p. 313)這整本書非常貼近具體的事實，幾乎只是我文中觀點的擴充。

⑥爲了便利起見，我參照 A. Stöckl's *Lehrbuch der Philosophie*, 5te Auflage, Mainz, 1881, Band ii。B. Boedder 的 *Natural Theology* (London, 1891)是一本方便使用的英文天主教手册。但幾乎同樣的學說也見於新教神學家的著作，例如 C. Hodge: *Systematic Theology* (New York, 1873) 或 A. H. Strong: *Systematic Theology*, 5th edition (New York, 1896)。

⑦我們不要忘了，從設計論證的觀點來看，世界上任何形式的**失序**都暗示了一個創造那種失序世界之上帝的存在。事實是，任何可以被命名的事態在邏輯上來說，都可以被賦予目的論的解釋。例如，里斯本(Lisbon)的地震廢墟：所有的過往歷史都必須被設計成恰如其樣，才能在時期內完成那些石造建築、家具以及曾經活著的軀體之殘骸的特殊列置。任何其他序列的原因都不充分。關於其他好的或壞的，事實上由之前的情況所產生的安排也可以這樣說。爲了避免這種悲觀的結果，並保留其仁慈的設計者，設計的論證又提出另外兩個在應用上有所限制的原理。第一個原理是物質的，大自然的力量只會自己傾向於失序與破壞、團堆與廢墟，但不會自己產生結構。這個原理乍看之下好像爲眞，但從近代生物學的眼光來看，已經越來越不必然了。第二個原理是一種神人同形論(anthropomorphic)的解釋。沒有一種對**我們**而言失序的安排可以成爲設計的對象。這個原理當然只是爲了神人同形之有神論的便利而做的假設。

當我們不以偏於這樣或那樣的特定神學偏見來看世界時，可以看到我們所認爲的秩序或失序，完全是人類的發明。我們對特定型態的安排感到關切，不管是有用的、美的或是合乎道德的，所以，每當看到它們的實現，就特別引起我們的注目。結果就是我們對世界的內容選擇性地發展。從我們的觀點來看，世界充溢著失序的安排，但由於秩序是我們唯一關心並注視的東西，經由選擇，我們總是可以在任何混亂中看到某種有序的安排。如果我把一千顆豆子任意地灑在桌上，無疑地，我可以撇開一些豆子不看，而從其他豆子看到任何你提出的幾何形狀，然後，你可以說那個形狀是事先就預定的，而其他的豆子不重要，只是用來塡空的。我們對自然的看待就是這樣。自然是一個廣大的充實體(**plenum**)，我們的注意力在其中循著無數的方向描繪任意的線條。我們爲任何一條勾勒的特定線條計算並命名，其他未被勾勒的事物或線條就不予計算或不爲之命名。在世界上，彼此不適應的事物遠多於互相適應的事物；事物之間具有不規則關係的數量，也遠多於具有規則關係的數量。但我們只尋求有規則的事物，並巧妙地發現這一類事物，將之保存於記憶當中。我們將各種有規則關係的事物累積起來，一直到它們充滿我們的百科全書。但在它們之間與周圍，有無數人們從未把它們聯想在一起的無名混亂事物，還有無數從未引起我們注意的關係。

因此，物質—神學的辯證所發軔的有秩序的事實，很容易被解釋爲只是任意的人爲產物。既然這樣，儘管這並不會帶來反對上帝存在的論證，但其結果就是：這樣的論證並不能做爲證明上帝存在的關鍵證明。這個論證只對那些根據其他基礎已經相信上帝存在的人有說服力。

⑧對經院學家而言，意欲的官能(facultas appetendi)包括感覺、欲求，與意志。

⑨同上引，*Discourse* III., §7。

⑩參見"How to make our Ideas Clear," in the *Popular Science Monthly for January*, 1878, vol. xii. p. 286。

⑪從實用的觀點來看，上帝最重要的屬性是祂施罰的公正。但是，關於此觀點，當前的神學意見是，誰敢說地獄之火或是其他類似的事物可以由純粹邏輯確定爲眞?神學自身將這個教義大部分立基於啓示上；而且，在討論時，越來越傾向以世俗的刑法觀念代替先驗的理性原理。但有著星球、風、會笑的天空與海洋的輝煌宇宙，是按照專門的刑法來理解與架設其樑柱的這個觀點，對我們當代的理解來說是不足爲信的。如果將宗教放在這樣的基礎上進行辯論，將會削弱它的眞實性。

⑫節錄自 John Caird: *An Introduction to the Philosophy of Religion*, London and New York, 1880, pp.246-250 and 291-299。

⑬ A. C. Fraser: *Philosophy of Theism,* second edition, Edinburgh and London, 1899, especially part ii, chaps. vii and viii. ; A. Seth [Pringle-Pattison]: *Hegelianism and Personality, Ibid.*, 1890, *passim.*
我所知道主張一個具體的個人性世界靈魂的論證中，最令人信服的是出自我的同事鍾席・羅思(Josiah Royce)在他的 *Religious Aspect of Philosophy*, Boston, 1885; *Conception of God*, New York and London, 1897；最後是他的 Aberdeen Gifford Lectures, *The World and the Individual*, 2 vols., New York and London, 1901-02。無疑地，對有些讀者來說，我似乎逃避了這一講加諸於我身上的哲學討論的職責，

因為我甚至沒有試著清楚地面對羅思教授的論證。我承認這種暫時的躲避。我將現在的演講定位為通俗形式的演講，它似乎沒有容納微妙的形上學討論的空間。為了策略起見，既然哲學認為自己可以將宗教轉變為一個普遍令人信服的科學，只要指出沒有任何宗教哲學實際上使得大部分的思想家都信服，這就夠了。同時，我要說，如果我有時間寫的話，希望這本書之後還有另一本書，在那本書中，不只是羅思教授的論證，還有其他一元論絕對主義者的論證，我都會根據其重要性給予充分討論。此時，我願意被指責為膚淺而保持消極不動的姿態。

譯註

①約翰・開爾德(John Caird, 1820-1898)，蘇格蘭神學家，曾任格拉斯哥大學(Glasgow University)校長。他以黑格爾的觀念論詮釋宗教。曾於一八九四—一八九五年與一八九五—一八九六年受邀至基佛講座演講。

②紐曼主教(Cardinal John Henry Newman, 1801-1890)，英國神學家、作家。出生於英國國教的家庭，後來皈依為天主教，並當了神父，最後成為樞機主教。

③梅尼・黎德(Mayne Reid, 1818-1883)，美國愛爾蘭裔作家。他的作品均是適合年輕男孩閱讀的廉價小說。

④普林歌—派特森(Andrew Seth Pringle-Pattison, 1856-1931)，蘇格蘭哲學家。曾於一九一一—一九一二年與一九一二—一九一三年受邀至基佛講座演講。

宗教經驗的其他特徵

Other Characteristics

如果我們不能在你我的房屋內，
在路旁或海邊，在剛冒出的新芽或盛開的花朵中，
在白天的任務或夜晚的沉思裡，在衆人的笑容或私下的哀傷裡，
在不斷地來臨、莊嚴地過去而消逝的生命過程中看見神，
我不相信我們可在伊甸的草地上，
或是在革責瑪尼的月光下更清楚地認出祂。

——馬提諾(Martineau)

在我們離題討論密契主義與哲學之後，又繞路回到原來的主題，也就是宗教的功用、宗教對信奉者的用處，以及這個信奉者對於世界的用處，是辯論宗教含有眞理最好的論證。我們回到經驗哲學的主張，即運作得最好的就是眞的，即使我們總是要加上「大致說來如此」的但書。在這一講裡，我們又要回到描述的工作，對於宗教意識的其他特徵稍微著墨，以完成我們爲它勾勒的圖像。接著，在最後一講，我們就可以自由地做一個一般性的回顧，並提出我們的獨立結論。

我要說的第一點就是，美感生活在決定人的宗教選擇上所扮演的角色。我不久前說過，人類會不由自主地將其宗教經驗理智化。他們需要信仰的公式，就像他們在崇拜時需要同伴一樣。因此，我之前對於著名的經院學派的看法，認爲他們關於上帝屬性所羅列的清單，從實用主義的眼光看來毫無用處，我的口氣顯得過於輕蔑，因爲我忽略了他們的一個用處。在紐曼列舉這些屬性時①所寫的動人心弦篇章中，讓我們看到這個用處。他吟詠這些屬性，彷彿他在教堂的崇拜中所做的吟詠，讓我們看到這些屬性的美學價值。我們單純的虔敬因爲加上這些高超而神秘的語言宣示而變得更豐富，就像教堂因爲加上風琴與舊銅管樂器、大理石、壁畫與彩繪玻璃而變得更華美一樣。性質的形容詞使我們的奉獻獲得一種氣氛與弦外之音。這些詞語就像讚頌的詩歌與光榮的儀式，越是難以理解，也許就越顯得崇高。像紐曼這種人的心靈②非常珍視這些詞語的光榮，就像異教的司祭珍視他們偶像身上發光的珠寶與裝飾一樣。

在人類心靈自然而然耽迷於宗教附屬品的這個現象中，我們永遠不可忘記美感的動機。我承諾過不在這些演講裡對教會組織發表什麼談話，但也許你們可以容許我在這裡，對於他們如何以滿足特定美學需要的方式來操縱人性這一點說一些話。雖然有些人最重視的目標是理智的純粹與簡單，但對其他人而言，**豐富**是最高的想像上的需要。③假如一個人的心靈強烈反應屬於這種型態，個人式的宗教就很難滿足他的目的。他的內心需求比較屬於制度性與複雜的那一類，各部分之間有宏偉的差序關係，權威一層一層而下，每一層都有神秘與光鮮的形容詞可以描述的對象，他們最後的憑藉都是源自整個系統之根源與頂點的神。這樣，他覺得自己好像面對一個鑲嵌著珠寶的巨大作品或建築；他受到繁複的禮拜儀式吸引；他從四面八方感受到讚頌的振動。在這個高貴的複雜體之中，上升或下降的移動似乎並不妨礙其穩定性，當中的每一部分，無論多麼微小，都不是沒有意義的，因爲它由其他壯麗堂皇的組織維持其地位。與它相比，福音派的新教顯得多麼平淡；那些孤立的宗教生活，自誇「人在叢莽中可以遇見上帝」，其氛圍又顯得多麼貧枯。④那是將光華堆疊起來的結構粉碎與剷平！對一個習慣於尊貴與榮耀之視野的心靈來說，赤裸裸的福音架構似乎把宮殿換爲救濟院了。

這很像在古老帝國內成長的人的愛國情操。如果要他放棄尊貴的頭銜、深紅的光輝與銅管的鳴響、金色的刺繡、有羽毛裝飾的軍隊，以及那種恐懼與顫慄，而代之以一位穿著黑色外套、和你握手的總統，他也許來自一個在草原或牧場的「家」，家中有一個起居室，還有一本《聖經》放在起居室中間的桌上——這會使多少人的情緒受到挫折！這使得君主制的想像變得多麼貧乏！

在我看來，無論新教在精神深度上比天主教優越多少，這些美感情操的強度，使得新教在今日不可能從那更莊嚴的教會中爭取更多的改宗者。天主教在想像上提供了更爲豐富的園地與樣態，就像有許多的蜂窩，儲藏著不同的蜂蜜，所以它的繁殊得以吸引人性。從天主教的眼光來看，新教始終看起來像是救濟院一樣貧乏。新教那種充滿苦味的消極，對天主教的心靈來說是無法理解的。對天主教的知識分子而言，許多教會贊成的古老信條與實踐，如果當眞，他們也會和新教徒一樣覺得幼稚。但這個幼稚含有可喜「赤子般」(childlike)的涵義，天眞可親，而且如果顧慮到一般智力尚未發展完全的人的情況，這特質是值得我們投以微笑的。相反地，對新教徒來說，這種幼稚是一種愚蠢的虛僞。他們必須將這種幽微與討喜的累贅撲滅，他們的認眞給予天主教徒一種毛骨悚然之感。以天主教徒來看，新教徒的陰鬱彷彿是一種冷眼、痲木而單調的爬蟲類。這兩種人永遠無法了解彼此，因爲他們情緒能量的中心太不同了。嚴格的眞理與人性的複雜永遠需要一個彼此的通譯者。⑤關於宗教意識中美感的繁殊，我們就討論到這裡。

在許多論及宗教的書中，都認爲宗教有三個基本要素，即犧牲(sacrifice)、懺悔(confession)與祈禱。雖然只能簡短地說，我仍必須依次對這三個要素說一些話。先說犧牲。

對神犧牲遍存於原始崇拜中，但是隨著崇拜的逐漸精緻化，燃燒的祭品與公羊血就被本質上更具精神性的犧牲所取代。猶太教、伊斯蘭教與佛教並不需要儀式性的犧牲；除了在基督爲人贖罪之奧秘中保留此觀念的變相形式之外，基督宗教也是一樣。這些宗教以心靈的奉獻，與內在自我的捨棄來代替那些虛妄的祭品。在伊斯蘭教、佛教與古基督宗教所鼓勵的苦行實踐中，我們看到某種犧牲是宗教修行這個觀念之牢固不破。在談到苦行的時候，我曾提到苦行做爲犧牲之象徵的意義，它是任何以奮鬥的方式對待生命時所需要的。⑥由於我對這種犧牲已討論過，而且這些演講清楚地避開早期宗教的習慣與來歷的問題，我將離開犧牲這個主題，轉而討論懺悔這個主題。

關於懺悔，我也必須以最簡短的方式討論，只論其心理層面，而不涉及歷史部分。懺悔沒有犧牲那麼普遍，它相當於一種更爲內在與更爲道德階段的情操。懺悔是一般滌罪與淨化系統的一部分，個人爲了與自己的神建立正確的關係，所以覺得需要它。對懺悔的人來說，欺瞞終止而眞實發軔；他將自己的腐敗暴露出來。即使他並沒有眞正地擺脫它，至少他不再以一種僞善美德的外表來模糊它——至少，他活在誠實的基礎上。懺悔行爲在盎格魯—撒克遜(Anglo-Saxon)社會的完全衰退有點難以解釋。對教皇制度的反動當然是一種歷史解釋，因爲在教皇制內，懺悔與悔罪、赦罪儀式以及其他不被許可的行爲相連在一起。但對罪人而言，好像這個需要太大了，應該不能接受人們如此急迫地拒絕任他滿足這個需求。人們會認爲，對多數人來說，秘密的外殼必須打開，幽禁的膿瘡必須破裂，以得到舒緩，即使聽取懺悔的人並不配。天主教會以很明顯實用的理由，讓對一個神父耳語懺悔來代替在公衆面前懺悔之激烈行爲。我們這些說英文的新教徒，由於本性中自我仰賴與孤僻的特性，似乎覺得只要對上帝透露我們的秘密就夠了。⑦

我必須討論的下一個主題是祈禱，而且對這個主題我要多說一些。近來我們已經聽過很多反對祈禱的說法，尤其是反對祈求好天氣或是病人痊癒。關於爲病人祈禱，如果有一些靠得住的醫學事實，也就是說，在某些特定的環境下，祈禱對於治療有其貢獻，那麼祈禱就應該被鼓勵，視爲一種治療方式。祈禱是個人精神健康的一個正常因素，如果不祈禱將有害處。而對天氣來說就不同了。雖然相反的信仰是近來的事，⑧每個人現在都知道旱災與暴風雨源於物質原因，精神的祈求並不能改變。但是，祈求式的祈禱只是祈禱的一種；如果我們以更寬廣的方式來理解祈禱的意義，也就是與神聖力量的內在感通或對話，我們可以很容易看到，科學的批評並不能動搖它。

這種廣義的祈禱是宗教的靈魂與核心。一位自由派的法國神學家說：

> 祈禱是一個在痛苦中的靈魂與這個靈魂的命運所仰賴的神秘力量之間的交流，這是一種有意識而自願的關係。這種與神的交流由祈禱者所實現。祈禱是實踐的宗教，也就是說，祈禱是真正的宗教。祈禱使得宗教與其類似或鄰近的現象，

即純粹道德或美感情操有所區別。如果宗教不是全部的心靈藉著攀附於自己生命所從出的根源，以拯救自己的這種根本行動，那它就什麼都不是了。這種根本行動就是祈禱，我所說的祈禱並不是言語上虛妄的演練，也不是反覆背誦某些神聖的文句，而是靈魂的運動自身，靈魂將自己置於一種與自覺其臨在之神秘力量所接觸的私人關係中——這種祈禱甚至發生在靈魂尚未為此神秘力量命名之前。只要缺乏這種內在的祈禱，就不存在宗教；反之，只要祈禱興起，靈魂震動，即使沒有形式或教義，也都是活生生的宗教。從這個觀點來看，我們可以看到為什麼所謂的「自然宗教」並不是真正的宗教。自然宗教使人無法祈禱，它使人與神彼此遠離，沒有親密的交流，沒有內在對話，沒有交換，沒有神對人的作用，也沒有人對神的回報。歸根究柢，這種自認為是宗教的自然宗教只是一種哲學。它誕生於理性主義以及批判探究的時代，從頭到尾只是一種抽象的概念。做為一種造作而死氣沉沉的創造，檢視它的人無法從他身上發現宗教應有的特性。⑨

對我來說，我們全部的演講都在證明撒巴提耶(Sabatier)之論點的眞確。宗教現象如果被視爲一種內在的事實來探究，撇開教會制度或神學的附加現象不論，已經證明了它在任何地方，以及每個階段，都在於個人自覺他與一個和他有關且更高的力量之間的交流。

這種交流在彼此主動與共通時發生。如果它沒有發生效果；如果它不是一個施與受的關係；如果在它發生時，並沒有**任何東西眞正被處理**；如果這個世界不因爲它的發生而有什麼不同；那麼，祈禱以其有某種東西被處理的這個廣義而言，就會被覺得只是一種虛幻；而宗教就其整體來說，也會被認爲不只是包含妄想的成分——毫無疑問，這種成分到處存在——而是全然植根妄想之中，就像唯物論與無神論一直認爲的。當祈禱者的經驗被排斥爲虛妄的見證時，最多剩下的是某種推論式的信仰，認爲全體萬有必定有個神聖的原因。但這種觀想自然的方式，雖然對有虔誠傾向的人來說覺得可喜，這卻使得他們只能成爲一齣戲的觀衆；但在實踐式的宗教與祈禱的生活中，人們似乎覺得自己是演員，並不是在戲裡，而是在非常重要的現實裡。

因此，宗教的眞實性與祈禱意識是否爲錯覺這個問題分不開。對於某種東西眞的在這個意識中被處理的信念，是活生生的宗教核心。至於什麼東西被處理，則是見仁見智。曾經有人認爲，這種不可見的力量，可以完成一些爲現在受過啓蒙洗禮的人覺得不相信的事，現在還是有人這樣認爲。事實很可能證明，祈禱的影響只限於主觀領域，而且被直接改變的只是祈禱者的心態。但無論我們對祈禱功效的看法會如何受到批評的限制，就這一系列的演講想要探討的宗教根本意義來看，宗教必須隨著其效果是否眞正發生來決定它是眞實或虛妄。宗教堅信經由祈禱可以使一些用其他方法不能促成的事情實現：除了祈禱以外，不能驅動的力量經由祈禱而獲得解放，而在眞實世界的某個部分——無論是主觀還是客觀的——開始運作。

已故的邁爾斯(Frederic W. H. Myers)在一封給朋友的信裡把這個假定表達得很生動，他的朋友同意我引用其內容。它說明了祈禱的本能與一般教義的複雜多麼沒有關係。邁爾斯說：

> 我很高興你向我問到關於祈禱的問題，因為對這個主題我有很堅強的想法。首先讓我們看看事實是什麼。在我們周圍有一個精神的世界，並且那個世界與物質世界存在著真實的關係。從精神世界發出一種力量來支持物質世界；這個力量形成個人精神的生命。我們的精神就是藉著不斷吸收這個力量而得到支持，而且吸收的強度一直在變化，就像我們吸收物質的營養程度也時時變化一樣。我把這些稱為「事實」，是因為我認為只有這樣的一個架構才與我們真實的證據互相符合；這些證據過於複雜，無法在這裡做一個總結。那麼，我們對於這些事實應該採取怎樣的**行動**呢？很清楚地，我們必須盡量從精神生活吸收能量，也必須將心靈調整為任何經驗告訴我們有利於這種吸收的態度。**祈禱**就是這種開放而熱切期待之態度的一般名稱。如果我們接著問，我們要向**誰**祈禱，答案是（很奇怪）向**誰**祈禱並沒有很大的關係。祈禱固然不是一個全然主觀的事件——它意味著對於精神力量或恩寵吸收強度的實際增加——但我們對於精神世

界到底發生了什麼並沒有足夠的了解，所以也不知道祈禱究竟如何運作——**誰**在鑒察祈禱，或是恩寵藉著何種管道給予。最好讓小孩子向基督祈禱，無論如何，祂是我們所知最崇高的個人精神。但如果要說基督本人**聽到我們**的祈禱，就顯得太武斷了；然而，說是**上帝**聆聽我們的祈禱，這也只是重複第一個原理，亦即恩寵是由無限的精神世界所流入。

讓我們將「祈禱是吸收力量」這個信念的眞僞留到下一講中，因那必須下一個定論——如果我們眞能有定論的話——再討論。這一講我們還是要限制在對於現象的描述上。爲了給祈禱生活一個極端表現的具體例子，讓我舉一個你們大部分人都很熟悉的，也就是俾立斯托的喬治・慕勒(George Müller of Bristol)。他死於一八九八年。慕勒的祈禱屬於較粗鄙的請求那一類。從他早年起，就決意把《聖經》中的特定承諾由字面上的意義改作眞實的意思，而且他讓上主的手來供給自己，而非自己世俗的先見。他有一個非常活躍而成功的生涯，其成果包括散發超過兩百萬册，以不同語言翻印的《聖經》；設立了數以百計的傳教所；發行了超過一億一千一百萬本與《聖經》有關的書籍、論文以及小册子；蓋了五個大型孤兒院，教養了幾千名孤兒；最後，設立學校，教育了十二萬一千名青年與成年的學生。在這些工作的過程中，慕勒接受並處理過將近一百五十萬英鎊，並旅行過二十多萬浬的海路旅程。⑩在他傳教生涯的六十八年中，除了個人的衣服與家具，他從未擁有其他的私人財產。在他八十六歲去世時，只留下一百六十鎊的產業。

他的方法是讓大衆知道他的一般需要，但不讓人知道他暫時所需的細目。為了救助這些需要，他直接向上主祈求，相信一個人只要有足夠的信心，早晚祈求都會被應許。他寫道：「當我丟掉像鑰匙這類東西時，我請求上主引領我找到它，並且我尋找對我祈禱的答覆；當一個和我有約的人沒有在約定的時間前來，因而帶給我不方便時，我祈求上主催他到我這裡來，並且尋求上主的答覆；當我不明白《聖經》其中一段上主的話語時，我全心歸向上主，祈禱祂派遣聖神來指導我；我期待被教導，雖然我沒有設定什麼時間，以及要如何被教導；當我將要開始傳佈福音，我尋求上主幫助，並且……不畏懼，因為我尋求它的協助而歡欣。」

慕勒習慣不賒帳，即使賒帳一個星期也不行。「因為上主每日賜贈給我們……一個星期的帳需要償付時，可能我們沒有錢可以清償；與我們交易的人可能因而不便，我們也違犯了上主的誡命：『不要欠任何人任何東西。』從今天開始，一直到未來，當上主賞賜我們每日所需時，我們決心買每樣東西時就立刻付錢，並且無論我們多麼需要一件東西，或是無論與我們交易的人多麼願意我們一個星期之後再付帳，除非我們能夠立即付錢，否則我們絕對不買任何東西。」

慕勒所說的必需品指的是孤兒院的食物、木炭等等。不曉得為什麼，他們常常快要沒有東西吃，但卻很少真的斷糧。「有時在早餐之後，還不知道用什麼方法讓超過一百人吃到晚餐，或是在晚餐之後，沒有錢喝茶；然而，上主卻提供我們茶，這一切並不需要事先告訴任何人我們的需要，我從來沒有比這些時候更感受到上主偉大而清楚的臨近……藉著恩寵，我的心靈完全確信上主的信實，所以在極端匱乏之中，我也可以平安地進行其他工作。事實上，要不是上主給我這些平安（這是信賴祂的結果），我將會幾乎無法工作；因為我現在很少有哪一天不是缺少工作所需的這部分或那部分。」⑪

慕勒單純以祈禱與信心來建造他的孤兒院，他肯定最主要的動機是：「要有某件做為可見的證據，來證明我們的神與天父一直是和祂以前一樣，同樣信實的神——在今日，就像過去一樣，對那些信賴祂的人就像從前一樣願意證明自己是一個活生生的神。」⑫因這個緣故，他拒絕為他經營的任何事業借錢。「如果我們以自己的方式搶在上主面前先行，那會怎樣呢？我們的信仰必定會減弱，而不是增強；而且每一次我們以自己的方法這樣救渡自己，一定會發覺變得越來越難信賴上主，一直到最後我們完全依靠自己自然的墮落理性，而充滿對上主的不信任。如果一個人能夠等待上主自己的時機，並單憑祂的幫助和救渡，事情會是多麼不同啊！當幫助終於到來，也許是在多年的祈禱之後，這是多麼甜美，多麼即刻的補償啊！我親愛的基督徒讀者，如果你還未在這條順服的道路上行走，請你現在就開始，那麼你將會由實驗得知其結果喜樂的甜美。」⑬當供應來到但很緩慢時，慕勒總是認為這是為了考驗他的信心與耐心。當他的信心與耐心被試驗夠了，上主就會送來更多的東西。我從他的日記摘錄這段話：「今天我得到兩千零五十鎊，其中兩千鎊是為了某個房子的建築基金，而五十鎊是為了當前的需要。當我收到這筆捐獻時，內心對神的喜悅實在是難以形容。我既不興奮也不驚訝；因為我**留心等待**上主對我祈禱的答覆。**我相信神會聆聽我的祈禱**。但我的心裡充滿喜悅，我只能**坐**在上主面前，讚美祂，就像〈撒母耳記〉下第七章中的大衛(David)一樣。最後我平伏於地，將臉朝下，因為上主神聖的供給，我心中爆發著對祂的感謝，並重新把我的心交付給祂。」⑭

喬治・慕勒的例子從各方面來看都是很極端的，尤其是其智識水準的狹隘更是極端。如同他經常說的，他的神是他的事業夥伴。對慕勒來說，這個神似乎只是一個超自然的教士，關心俾立斯托的那些商人以及其他做爲祂聖徒的人，也關心孤兒院以及其他的企業，但缺乏人類想像力在別處所賦予祂那些更寬廣、更理想的屬性。簡言之，慕勒完全缺乏哲學式的思考。他對自己與神之關係的概念是極爲私人、極爲實用的，持續了最原始的人類思考傳統。⑮當我們把像他這樣的心靈拿來跟像愛默生或菲力浦・布魯克這樣的心靈相比時，可以看見宗教意識所涵蓋的範圍。

關於對祈求的祈禱的答覆，有相當多的文獻。傳教的日記充滿這一類的記載。也有書籍專門討論這個主題，⑯但對我們來說慕勒的例子就夠了。

其他無數的基督徒則是過著不那麼頑強的乞丐式祈禱生活。這種人說，恆久地依靠全能者的支持與引導，會得到上帝臨在與積極活動的證據，這些證據很明顯，也非常微妙。接下來這一段關於「被指引」之生活的描述，出自一位我引用過的德國作家，無疑對各地無數的基督徒而言，看起來會像是從他們的個人經驗抄下來的。希堤(Hilty)博士說，一個人可以從這種被指引的生活中發現：

書籍、話語（有時候是人）會在個人剛好需要它的時候到來；個人會閃躲過重大的危險，彷彿當他閉起眼睛時，對於可能驚嚇到他或使他走入歧途的事物毫無覺察，一直到災難過了才發現——當個人遭遇到虛榮與肉慾的誘惑時尤其如此；個人不應該前往遊蕩的道路，就彷彿由長滿荆棘的圍籬攔住；但另一邊路上的重大障礙則突然間被移開；當完成某件事的時刻來到，個人突然有了一種前所未有的勇氣，或是覺察到某件事原本隱藏的根源，或是發現自己擁有不知從何而來的思想、才能，甚至某些知識與洞見；最後，人們好像違反自己的意願一樣來幫助我們或是不幫助我們，偏袒我們或拒絕我們，所以，往往那些對我們冷淡甚至不友善的人給我們最大的服務與贊助。(神常常從那些祂所帶領的人的手中拿走世俗的利益，就在這些利益快要阻礙他們追求更高利益的時候。)

除此之外，還有其他值得注意的事情發生，但並不容易描述。無疑地，無論個人怎麼走，都持續走過「開放的門户」與最易行走的路上，而且是你所能想像最沒有負擔與困難的方式來經過。

然後，個人會發現自己可以不早不晚地處理好事情，而從前這些事情即使預備妥當也會因為不合時宜而失敗。除此之外，在做這些事時心中保持完全的鎮靜，幾乎覺得他們是毫不重要的事，就像替別人辦事一樣，通常我們會表現得比處理自己的事時更加鎮定。並且，個人會發現自己可以有耐心地等待任何事物，而這是人生的偉大藝術之一。個人也會發現一件事接著一件事，每件事都適時地來到，所以個人在踏出下一步之前有時間先將自己的腳步站穩。因此，每件事都在恰當的時候發生，例如正在我們應該去完成它的時候發生，等等。這些事情的發生令人印象深刻，彷彿有個第三者替我們看顧這些我們很容易遺忘的事情一樣。

經常，人們也在適當的時機被派到我們身邊，來供應或詢問我們的所需，以及我們從來不會有勇氣或決心來自動擔當的事情。

經由這所有的經驗，個人會發現自己對他人可以親切而容忍，即使這些人是令人厭惡的、輕慢的，或是不懷好意的；因為他們也是神手中的工具，而且通常是極有效率的工具。如果沒有這些思想，即使是我們中間最好的人，也難以一直保持我們的平靜。但當個人知覺到神聖的引導，他看待生命中許多事的眼光也會與其他情況下的眼光大為不同。

所有這些事情都是對他們有經驗的人所**知道**的；從當中也可以舉出最生動的例子。世俗智慧的最高資源，也無法達到神聖的引導所自動帶給我們的智慧。⑰

像這樣的描述逐漸變化，轉變成另一種信仰，特定事物不再由一個管理監督的庇護者調節來符合我們、做爲我們對祂仰賴的報償，而是藉著培養我們與創造萬物的力量那持續的連結感，來調節我們自己，以接受萬事萬物的面貌。自然的外在面貌不需要改變，但它所表達的意義改變了。自然曾經死去，現在又活過來了。這就像是不懷愛意來看待一個人與懷著愛意看待同一個人的差別。在後者的情況下，彼此的交流湧出新的活力。所以，當一個人的情感與世界的創造者之神聖性接觸時，恐懼與自私心態褪去，並且在隨之而來的寧靜中，個人會發現在接下來的時刻內，有一連串純然善意的機會。這就像所有的門都開了，每一條路也剛剛整平。當我們以這種祈禱者所傾注的精神來看舊世界時，我們看見的是一個新的世界。

這正是馬可思•奧勒留與伊比克提圖(Epictetus)的精神。⑱這是心靈醫治者、超驗主義者，以及所謂「自由派」基督徒的精神。我要從馬提諾(Martineau)的宣講中引述一段話，來表達這樣的精神：

今天我們所看到的宇宙與一千年前所看到的一樣：米爾頓(Milton)的清晨讚美詩訴說的，只不過是我們所熟悉的太陽籠罩於世界最早的田野與花園中的美麗。我們看見所有祖先看見的一切。而且，如果我們不能在你我的房屋內，在路旁或海邊，在剛冒出的新芽或盛開的花朵中，在白天的任務或夜晚的沉思裡，在眾人的笑容或私下的哀傷裡，在不斷地來臨、莊嚴地過去而消逝的生命過程中看見神，我不相信我們可在伊甸的草地上，或是在革責瑪尼(Gethsemane)(譯註①)的月光下更清楚地認出祂。依靠它，使得我們將一切神聖推到我們無法企及的遙遠地方，它不是缺少偉大的神蹟，而是缺乏那可以讓我們感受到神蹟已賜給我們的靈魂。虔信者感受到凡是神的手所在的地方，就有奇蹟：只有不虔誠的人，才會認為只有神蹟所在的地方，才是神的手真正照料之處。在我們眼中，神的慣常確實比祂的異常更為神聖；至高者永不厭倦的老習慣也必然比那些祂沒有喜愛到令之重複的奇異事物更為神聖。一個在任何早晨起來，在陽光之下領悟到全能者支持之手的人，也能夠得到亞當在樂園中注視著第一個黎明時那甜美而敬畏的驚奇之感。不是外在的變化，也不是時間或空間的變遷，而是心地純潔者那摯愛的冥思，能夠把我們的靈魂從睡眠中重新喚醒永恆——再度使神成為真實，並且為祂再一次宣稱祂那「活生生的神」(the Living God)的古老名號。⑲

當我們在一切事上看見神，並將一切歸於祂時，我們就可以在平常的事物上讀到更高深的意義。習俗賦予熟悉事物的死氣沉沉消失了，存在的整體也現出了榮光。從痲木遲鈍中覺醒的心靈在以下文字中表達得極好，這是我從一位朋友的信中摘錄出來的：

> 如果我們著手計算所有優先賦予我們的慈悲與恩惠，我們就會為它們的數目感到驚奇（這數目如此龐大，以至於我們可以想像，連開始檢閱**我們**想得到自己所缺乏之事物的時間也**沒有**）。將這些慈悲與恩惠合計，我們領悟到**自己實際上已經爲上主的仁慈所征服了**，沒有這些仁慈，一切都將墮落。難道我們不應該愛這樣的仁慈嗎？難道我們不覺得自己被這永恆的臂膀所舉揚嗎？

有時候，感受到事物並非平常，而是由神聖所賜予的這種領悟偶然興起，就像密契經驗一樣。葛列特黎神父給了我們一個例子，發生於他年少的憂鬱時期：

有一天，因為遭逢了在我看來似乎理想而完美的一件事，我擁有片刻的慰藉。有一個可憐的鼓手在巴黎的街頭敲鼓。當時我走在他的後面，那是一個假日的晚上，我正在回到學校的路上。他擊鼓的方式，至少在那一刻，使惱怒的我都無可挑剔。要想像比這個鼓聲更有力量、更有精神、更好的速度或韻律、更清晰或豐富，是不可能的。就此而言，我的理智已經不能要求得更多了。我被這個聲音迷住，也從其中得到安慰；這個卑微動作的完美給我帶來益處。我說，善至少是可能的，因為理想有時可以這樣具體地表現出來。⑳

在西納古(Sénancour)的《歐柏曼》(*Obermann*)小說中，記錄了一段類似的、短暫的、遮蔽之幕被揭開的經驗。在巴黎街頭的一個三月天，他偶然看見一朵盛開的花，那是一朵黃水仙：

它是慾望最強烈的表達：它是今年最初的香氣。我感受到一切注定要賦予人類的幸福。這種靈魂之間不可言說的和諧、理想世界的魅影，在我心中完全地升起。我從來不曾感受過如此偉大而又立即的事物。我不知道究竟是什麼形影、什麼比擬、什麼關係中的秘密，使我得以在這朵花中看到無盡的美……我永遠無法將這個力量，這種沒有任何事物可以表達的無限，這種沒有任何事物可以

> 包含的形式，這種人們感受到，但自然界卻未曾實現的一個較好世界的理想，含納於一個概念之中。[21]

我們在前面的演講中提過皈依者在覺醒之後可能看到的、充滿生氣的世界的容貌。[22]一般說來，宗教人通常會假定：任何與他們的命運有關聯的自然事實，對於他們活著的神聖目的來說都是重要的。經由祈禱，他們可以確信這個通常是隱而不顯的神聖目的；而且如果它是某種「試煉」的話，也得以有足夠的力量來承受這個考驗。因此，在祈禱生活的每一個階段，我們都發現這種信心，也就是在感通的過程中，能量從高處流溢以回應需要，這個能量也會在現象界發揮作用。假如這個作用被認定爲眞，那麼無論其立即的效果是主觀或是客觀的，都沒什麼實質的差別。基本的宗教要旨是：在祈禱中，原本潛伏的精神力量實實在在地活躍起來，並且某種精神功效也眞實地發揮作用。

關於廣義的、指稱任何感通形式的祈禱，我們就說到這裡。做爲宗教核心的祈禱，我們將在下一講中回到這個主題。

關於宗教生活我所要討論的最後一個面向，就是宗教生活的表現屢屢與我們生活的潛意識部分相連。你們也許還記得我在第一講[23]中所說的，關於在宗教傳記中普遍存在病態氣質的那些話。事實上，很難找到任何一種類型的宗教領袖，在他生平沒有自動現象(automatisms)的記載。我說的不只是原始人的司祭與先知，他們的信徒相信自動言說與行動就等同於神啓(inspiration)；我所指的包括思想的領袖以及受過理智薰陶的信徒。聖保羅見過異象，有過出神的經驗，也有靈語的天賦，雖然他認爲這種天賦不怎麼重要。大批的基督宗教聖徒與異教的聖者，包括那些最偉大的，例如伯納、羅耀拉、路德、佛克斯、衛斯理，也都有他們的異象、神語、出神狀態、引導的意念以及「開啓」(openings)的經驗。他們因爲具備高度的感受能力，所以擁有這些經驗，而具有高度感受能力的人傾向於擁有這些經驗。這種傾向也對神學起了作用。凡有自動現象做爲佐證的，信仰就會增強。從超越意識區域之邊緣所傾注的力量，有加強信念的奇特能力。對於神之臨在的初始感比起概念有無限強大的力量，但是無論它多麼強大，也很少能夠與幻覺的佐證匹敵。實際看見或聽見救主的聖徒才達到保證的頂點。動作的自動現象雖然很罕見，但假如發生了，甚至比感覺更令人信服。有這種經驗的人，被超越他們意志的力量所支配。這種證據是有力量的，上帝或神使得他們體內的每一個器官都動了起來。㉔覺得自己成爲更高力量之工具的一個大領域，當然就是「神啓」現象。

區分慣常有神啓經驗的宗教領袖與沒有神啓經驗的宗教領袖是很簡單的。在佛陀、基督、聖保羅（除了其靈語的天賦）、聖奧古斯丁、胡司(Huss)、路德、衛斯理的教導中，自動或半自動的作品只是偶爾有之。但相反地，希伯來先知、穆罕默德、某些亞歷山大教派、許多天主教的次要聖徒、佛克斯與約瑟・史密斯(Joseph Smith)等人的自動現象似乎很常見，有時是習慣性的。我們看到他們明白宣稱自己受到一種外來力量的導引，而充作這個力量的代言人。關於希伯來先知，一個詳細研究過他們的作者寫道，很奇特的是：

> 在〈先知書〉中，一個接一個，同樣的特性重複地出現。這些特性與先知憑藉自己天才的試驗與努力，而獲致對於精神事物之洞見的過程總是有極大的不同。這些特性有強烈明晰與突然的特質。當它到來時，先知可以明確地知曉。並且，它總是以一種外來的、令人無法抵抗的形式來到，即使掙扎抗拒，也是徒然。例如，聽聽耶肋米亞(Jeremiah)先知書的開頭。同樣，也讀讀厄則克耳(Ezekiel)先知書的頭兩章。
>
> 然而，先知並不只是在其生涯的開端才經歷那明顯不是自我招致的難關。在先知全部的書寫中，散佈著那些強烈而不可抗拒的衝動來到他身上的描述，這些衝動決定他對其時代事件的態度，束縛他的發言，使他的話語成為承載更高意義的媒介。例如，依撒意亞(Isaiah)先知說：「**上主以一隻強而有力的手這樣對我說**」——這是強調的措辭，意指此種衝動壓倒性的性質——「**並教導我不該依著這個民族的路行走**」……或是從厄則克耳先知書中這樣的話語：「**上主的手臨於我**」，「**上主的手重壓在我身上**」。先知的一個持續特徵就是，他藉著耶

和華的權威發言。正因為如此，所有的先知在開始他們的宣講時都如此自信，說那是「**上主的話語**」或是「**上主這樣說**」。他們甚至膽敢以第一人稱來發言，就像耶和華親自說話一般。就像依撒意亞先知書中：「那個要以雅各的名自稱，並自稱為以色列。我是（耶和華），我是首先的，我也是末後的」等等。先知的性格完全隱沒到背後，他覺得自己是當時全能上帝的發言人。㉕

我們必須記得先知是一種專業，先知們也形成一個專業的業種。有先知學校，先知們的天賦在其中得到正規的陶成。一群青年環繞於某位指揮人物——一位撒母耳(Samuel)或是一位依力沙(Elisha)——而且不僅記錄或散佈其言行的知識，並且設法得到其神啟的一部分。在他們的訓練中，音樂似乎扮演一定的角色……很清楚地，並不是所有這些先知的門徒都成功地得到自己所尋求天賦的大部分。假冒的先知是很有可能的。有時這種假冒是故意的……但是當錯誤的訊息被宣示時，並非所有的宣示者都知道自己在做什麼。㉖

我們再舉另一個猶太人的例子。亞歷山大的費羅(Philo of Alexandria)這樣描述自己獲得神啓的經驗：

有時候，當我空空地前來工作時，頓時變得充滿。觀念無形中澆灌在我身上，並從高處植入我心。因此，由於神聖啟示的影響，我變得十分激動，不知道自己身在何處、不知道誰在場、不知道自己、不知道自己說了什麼，也不知道自己寫了什麼，因為當時我知覺到一種詮釋的豐富，一種在光明中的愉悅、一種最深刻的洞悟、一種對於所有應該完成之事物極為明顯的能力；這對我心靈的影響就像是最清楚的視覺呈現對眼睛的影響一樣。㉗

如果我們轉到伊斯蘭教，就會發現穆罕默德的啟示全部來自潛意識的區域。關於他如何獲得這些啟示這個問題：

據說穆罕默德回答說，有時他聽到彷彿來自喪鐘似的鈴聲，這對他產生了最劇烈的影響；當天使離開時，他就得到了啟示。有時他與天使交談，如同和人交談一樣，很容易了解天使的言語。但是，後來的權威人士……又區分出其他的類型。在《依干》(*Itgan*)第一〇三段中列舉了下面種類：*1.*伴隨著鈴聲的啟示，*2.*由聖神在穆罕默德心中所啟發的靈感，*3.*由現為人形的加百利(Gabriel)天使啟示，*4.*由神直接啟示，或者在清醒時（例如他在往天堂的途中），或者在睡夢中……在《阿瑪瓦依・阿拉度尼亞》(*Almâwahib alladunîya*)中列舉的種類有：*1.*夢境，*2.*加百利天使在先知的心中所啟發的靈感，*3.*加百利天使現為「達西雅」

(Dahya)的形狀，*4.*伴隨著鐘聲，等等，*5.*加百利天使以神人型態(in propriâ personâ)（只出現過兩次），*6.*來自天上的啟示，*7.*神親身顯現，但以幕遮掩，*8.*神直接顯現，沒有遮掩。其他人又加上另外兩個階段：*1.*加百利天使以其他人的形式顯現，*2.*神親自顯現於夢境中。㉘

在這些例子中，沒有一個例子的啓示是有明顯的動作的。在約瑟夫・史密斯的例子中（他有過無數的先知性啓示，還有集結於摩門教典中對於金版[gold plates]的啓示性翻譯），也許有著動作的成分，但其神啓主要都是知覺性的。他藉著自己發現（或是他自認或宣稱發現）的「窺視石」(peep-stones)的幫助來開始他的翻譯。這塊石頭是和金版一起發現的，很明顯這是一個「水晶球占卜」(crystal gazing)的例子。他使用窺視石來得到某些啓示，但他似乎通常請求上帝給予他更直接的教導。㉙

其他的啓示被描述爲「開啓」。例如佛克斯所得到的啓示，很清楚就是今日降神派(spiritistic circles)所謂的「銘印」(impressions)。就像所有改革的有效推動者多少都活在這種心理病態的層次中，亦即對於新眞理的突然感知或信念，或是強烈地感到必須付諸行動以發洩的衝動。對於這個常見的現象，我就不再說什麼了。

除了這些神啓的現象，當我們把宗教的密契主義列入考慮，回憶在皈依現象中所看到的一個衝突的自我，驚人而突然地得到合一，並且當我們回顧在〈聖徒性的特質〉中所見的溫柔、純淨與自苦等過度的衝動，我想我們不得不做出下面的結論，也就是在宗教裡，我們有一部分的人類本性與意識之外或是閾下意識(subliminal)的領域有非常密切的關係。如果「閾下意識」這個詞冒犯了你們任何一位，因爲它帶有太多靈學研究或是其他旁門左道的意味，你可以用任何你願意的方式來稱呼它，以別於完全清晰明澈的意識狀態。如果你喜歡，就把後者稱爲人格中的甲區，而其餘部分稱爲乙區。那麼，乙區很明顯佔了每一個人心靈的較大部分，因爲它是一切潛伏事物的居所，也是一切未被記錄或未被觀察之事物的儲藏所。例如，它包含了我們所有暫時不活動之記憶這類事物，它還儲存著我們所有模糊推動著的激情、衝動、喜好、厭惡與偏見。我們的直覺、假設、幻想、迷信、信仰、信念以及所有一般非理性的作用，都由它而來。它是我們夢的來源，而且很明顯地，夢也會回到它的區域。任何我們可能會有的神秘經驗，以及我們的自動化現象，無論是知覺還是動作的，都由它而生；如果我們有催眠或是類似催眠的狀態，我們在其中的生活也是由它來；如果我們是歇斯底里的病患，我們的妄想、僵固觀念，以及歇斯底里的發作也是由它來；如果我們有心電感應的能力，那超越常態的認知狀態也是由此而來。這個區域也是培養宗教生活的多數泉源。這是我的結論，在有深刻宗教生活的人身上（到目前爲止，我們已見過許多），通向此區域的大門似乎不尋常地開敞；無論如何，藉著進入那個門所得到的經驗對於宗教歷史的塑造，已經產生了顯著的影響。

藉著這個結論，我回到第一講中所開啓的那個圈口，並將它合攏。這樣，我就把當時所宣稱的，在已發展並能清晰表達自身的人身上所看到的宗教現象之檢閱做個結束。如果時間允許，我可提供更多的資料以及我對它們之間的區別，但我相信，一個概略的討論本身更好，而且我認爲，我們所討論的主題其中最重要的特徵都已經呈現在眼前了。在下一講，也就是最後一講，我們必須嘗試從這許多材料提出一些審愼的結論。

註釋

①*Idea of a University*, Discourse III. §7。

②紐曼的想像天生傾向教會系統，以至於他寫道：「從十五歲開始，教義就是我宗教的基本原理：我不知道其他的宗教；我也無法進入任何其他種類的宗教。」約莫三十歲時，他又寫道：「我很喜歡感受到自己在主教目光的注視下，就如同那是上主的目光一樣。」參見 *Apologia Pro Vita Sua*, 1897, pp. 48, 50。

③理智上的差異與個性上的差異就實際重要性而言是相等的。在聖徒性的特質這個主題上，我們看到有些獨具個性的人如何厭惡混亂，而必須活在純淨、協調與簡單的生活中。相對地，對其他人來說，過多、過大的壓力、刺激以及許許多多的表面關係卻是不可或缺的。有一些人，如果你把他的債務都還清了、幫他守住所有的約定、讓他把信都回了、窘境解除、所有的義務通通履行，甚至包

括在他眼前淨空的桌子上，沒有任何東西可以阻礙他立刻履行那一件事，他反而會暈過去。對這種人而言，日子被這樣剝得精光是很可怕的。同樣地，安逸、高雅、情感的讚頌、社會敬仰這些事物，有些人所需要的數量在其他人看來，只是一堆虛假與世故。

④在紐曼關於稱義論(Justification)的演講中（第八講第六節），有一段關於這種以美學的方式領略基督宗教體系的極佳表達。可惜太長了，不能在這裡引述。

⑤試著比較新教不看重形式的態度與天主教奉獻中講究的「業務」態度。在前者，「善的謙恭愛好者」單獨與他的上帝探訪病人，只是爲了病人的緣故；對後者而言，它帶有所有複雜業務伴隨而來的社會刺激。一個基本上擁有世俗心態的天主教婦女，可以純粹爲了獻媚的緣故探訪病人。隨著告解師與神師的鼓勵，她的「功德」累積更多；她的守護聖人、她與上帝特殊的關係，由於她是奉獻的專家而得到注意。她明確的「靈修」(exercises)，使她在教會中的地位被認可。

⑥見第十四、十五講中論苦行的那一段。

⑦在 Frank Granger: *The Soul of a Christian* (London, 1900, ch. xii)這部優秀的作品中，有關於懺悔更詳盡的討論。

⑧例如：「桑柏里(Sudbury)的教士在波士頓的週四演講中，聽到主持儀式的牧師祈雨。當禮拜一結束，他走到祈雨者跟前說：『波士頓的教士們，當你窗前的鬱金香枯萎時，就馬上到教堂祈雨，一直到康闊(Concord)與桑柏里全部都積水爲止。』」參見R.W. Emerson: *Lectures and Biographical Sketches*, p. 363。

⑨節錄自 Auguste Sabatier: *Esquisse d'une philosophie de la religion*, 2me éd., 1897, pp. 24-26。

⑩這些統計數字是根據論及慕勒的小書，參見 Frederic G. Warne, New York, 1898。

⑪ *The Life of Trust: Being a Narrative of the Lord's Dealings with George Müller*, New American edition, N. Y., Crowell, pp.228, 194, 219.

⑫同上書，p. 126。

⑬節錄自上引書， p. 383。

⑭同上書，p. 323。

⑮我忍不住想要引用一段更原始之宗教思想的表達。參見 Arber 的 *English Garland*, vol. vii. P. 440。萊德(Robert Lyde)是一個英國水手，他與另一個英國男孩於一六八九年成為一艘法國船的俘虜。船上有七名法國船員，萊德將其中兩名殺死，俘擄了其他五人，並把船開回英國。萊德描述了在這場壯舉中，他發現自己的上主是患難中及時的助手：

「當他們其中三個人和另外一人拚命地要把我摔到地上時，由於上主的幫助，我挺住了。我覺得掛在我身上的那個法國人很重，就對男孩說，『繞過羅盤櫃，把掛在我背上的那個人打倒。』於是男孩在他頭上一擊，他就倒了……接著我四處搜尋，想要找索釘或是其他東西來打倒其他人。但什麼也找不到，我說：『主啊，我該怎麼辦？』接著我眼睛往左看，看到一支索釘掛在那裡，我急忙伸出右手去抓住它，並把釘尖四度刺進抓住我左手臂那人的頭蓋，約有四分之一吋那麼深。其中一個法國人把索釘從那人的頭上拉走。但由於上帝神奇的眷顧，索釘從他手裡掉出來，或是他把它扔掉，就在此時，全能的上帝給我足夠的力氣以單手抓住一個人，並把他抛到另一人的頭上。我又想找東西打倒他們，但什麼也看不見，我說：『主啊，我現在該怎麼辦？』這使得上帝喜悅，提醒我口袋裡有把小刀。雖然有兩個人抓住我的右臂，但全能的上帝給我力氣，使我能夠把右手伸進右邊的口袋，拿出小刀與刀鞘……把它放在兩腳之間，拔出刀子，向背朝向我胸口那人的喉嚨割過去，他馬上倒下去，此後幾乎動也不動。」——我稍微縮減萊德的敘述。

⑯例如：*In Answer to Prayer*, by the Bishop of Ripon and others, London, 1898; *Touching Incidents and Remarkable Answers to Prayer*, Harrisburg, Pa., 1898(?); H. L. Hastings: *The Guiding Hand or Providential Direction*, illustrated by Authentic Instances, Boston, 1898(?)。

⑰ C. Hilty: *Glück*, Dritter Theil, 1900, pp. 92 ff.

⑱伊比克提圖(Epictetus)說：「天哪！對一顆謙卑而感激的心靈來說，受造物中的任何一個就足以顯示神的眷顧。光說由草製造出牛乳，由牛乳製造出乳酪，由羊皮製造出羊毛；是誰造出這一切、計劃這一切呢？無論我們挖掘、深耕或是飲食，難道我們不應該對上帝高唱讚美歌嗎？上帝多麼偉大！供給我們這些犁田的工具；上帝多麼偉大！供給我們雙手以及消化器官；上帝多麼偉大！讓我們不知不覺地成長，並在睡眠中仍能呼吸。我們應該永遠慶祝這些事……然而，因為你們大部分人是盲目而麻痺的，必須有人來就這個位置，代表並領導所有的人歌頌上帝；因為像我這樣一位跛腳的老人，除了歌頌上帝之外，我還能做什麼呢？如果我是一隻夜鶯，我就做夜鶯該做的事；如果我是一隻天鵝，我就做天鵝該做的事。但既然我是有理性的生物，讚美上帝就成了我的義務……我並

且召喚你們來加入吟唱這同樣的讚歌。」摘錄自*The Works of Epictetus*, book i. ch. xvi., Carter-Higginson translation。

⑲ James Martineau: end of the sermon "Help Thou Mine Unbelief," in *Endeavours after a Christian Life*, 2d series。請將這一段與論〈聖徒性的特質〉那一講中摘自弗塞(Voysey)的話以及巴斯卡(Pascal)與辜揚夫人(Madame Guyon)的話做比較。

⑳ *Souvenirs de ma Jeunesse*, 1897, p.122.

㉑同上引書，Letter XXX。

㉒同上，p. 243 ff. Compare the withdrawal of expression from the world, in Melancholiacs, p.148。

㉓同上，pp. 37-38。

㉔我有一個朋友，是第一流的心理學家，他也有自動書寫現象。他告訴我，當他自動書寫時，他的手臂像是受到一種獨立力量的驅策，這感覺如此清楚，迫使他放棄之前相信的一個心理物理學(psychophysical)的理論——認為我們對自主運動中樞所發出的神經衝動沒有感覺。他認為，我們在正常時必定對此有感覺，否則在自動書寫經驗中，**失去這種知覺的感受**不會這麼強烈。就我所知，在宗教史上發展完全的自動書寫是很罕見的。像安東妮・布希農(Antonia Bourignon)所說的：「我只是把我的手與精神借給一個我以外的力量。」從其脈絡來看，所指的是靈感，而非直接的自動書寫。在某些古怪的教派裡，自動書寫發生過。最明顯的例子也許是那本名為《歐斯俾，以耶和華與其天使的話語寫成的新聖經》(*Oahspe, a new Bible in the Words of Jehovah and his angel ambassadors*, Boston and London, 1891)的巨册，由紐約的鈕伯(Newbrough)博士經由自動書寫的方式寫作與繪製插圖。據我所知，他現在或是最近，是新墨西哥沙藍(Shalam)之靈學會的首領。我所知道最近一本經由自動書寫方式寫成的書是 Zertoulem 的 *Wisdom of the Ages: Revelations from Zertonlem*, by George A. Fuller, Boston, 1901。

㉕節錄自 W. Sanday: *The Oracles of God*, London, 1892, pp.49-56。

㉖同上引書，p. 91。這位作者也引用了摩西在〈出埃及記〉第三章與第四章與依撒意亞在〈依撒意亞先知書〉第六章中被派遣的段落。

㉗引自 Augustus Clissold: *The Prophetic Spirit in Genius and Madness*, 1870, p. 67。克立索是一位斯維登保主義者(Swedenborgian)。斯維登保無疑是以所見所聞做爲宗教啓示之基礎的明顯例子。

㉘ Nöldeke, *Geschichte des Qorâns*, 1860, p.16. 試比較 Sir William Muir's: *Life of Mahomet*, 3d ed., 1894, ch. iii 中更詳盡的敘述。

㉙摩門教的神治一直是由上帝給予其教會之首長以及使徒的直接啓示來統治。一八九九年有一位著名的摩門教徒親切地寫了一封信給我，我從其中摘錄如下：

「你可能會有興趣知道，摩門教的首長斯諾(Snow)先生宣稱自己最近得到幾個來自上天的啓示。要完全解釋這些啓示是什麼，就必須知道，做爲一個群體，我們相信耶穌基督的教會已經藉由上天派遣的使者重新建立。這個教會的領導者是一位先知、預見者與啓示者，他帶給人上帝神聖的旨意。藉著啓示這個方式，上帝的旨意直接而充分地傳達給人。這些啓示透過睡眠時的夢境或是清醒時心靈所見的異象，透過沒有異象的聲音，或是眼睛所見上帝神聖臨在的實際顯現而獲得。我們相信上帝已經親自前來，並對我們的先知與啓示者說話。」

譯註

①耶穌被出賣並被捕之地。

結論

Conclusions

・當我們面對的是宇宙和普遍的事物時，
我們處理的只是現實界的象徵，
但當我們面對的是私我與個人的現象時，
我們處理的就是「現實」這個名詞最完全意義之下的現實。

・無論任何與我們個別命運有關的問題會如何被答覆，
只有當我們承認它們都是真正的問題時，
並生活在這些問題所開展的思考範圍內，我們才能變得深刻……

・我們不該因爲祖先犯了許多事實的錯誤，
並將這些事實與宗教混在一起，就因此停止信仰宗教。
經由信奉宗教，我們在那些只給予我們接管的現實之處得以建立自身，
並獲得終極的真實。

我們對於人性探討的素材，現在全部呈現在面前；在這即將分別的最後時刻，不需再做描述的工作，我們可以談到理論與實際的結論。在第一講裡，我為經驗法則辯護時曾預先說到，無論我們對宗教、對人生意義的衡鑑得到什麼結論，都只能由精神性的判斷得到一個整體的結論。我們的結論無法像教義性的結論一樣明確，但當時刻到來，我會以盡可能明晰的方式來勾勒它們。

把我們所看到的宗教生活的特徵以最寬廣的方式來做一個總結，它包括下列信念：

1. 有形世界是一個更具精神性之世界的一部分，有形世界並且由精神界獲得它的主要意義；

2. 與這更高之精神世界的合一或是和諧關係是我們活著眞正的目的；

3. 祈禱，或是與精神世界（無論它是「神」或是「法則」）的內在交流，都是由實際工作完成的過程，在這過程中，精神的能量流入現象世界，帶來心理或是物質的效果。

宗教也包含下列心理特徵：

4. 一種新的熱情，猶如天賜般加入生命中，以抒情的魅力或是藉由熱誠、英勇之形式表現。

5. 一種安全的保證與平安的性情，並且在與他人的關係中，親愛的情感勝過一切。

在引用資料說明這些特徵時，我們曾經眞實地浸潤於情感之中。在重讀我的手稿時，我幾乎被其中所包含的情緒數量嚇倒。經過了這麼多的情緒，我們不妨在接下來有待完成的工作中，保持一種較爲冷淡與較少同情的態度。

我所引用的文獻帶有那麼豐富的感情，是由於我所找的文獻是那些情感表現過度的例子。假如你們當中的任何人反對我們的先人所謂的熱情，而此刻你還繼續聽我的演講，也許你會覺得我所選擇的例子有時幾乎是乖僻的，並且希望我可以保持引用一些較爲冷靜清醒的例子。我的回答是，我之所以引用這些較爲極端的例子，是因爲它們可以提供我們更深刻的訊息。要知曉任何科學的秘密，我們必須請教內行的專家（即使他可能是怪人），而不找平常的學生。並將他們告之的和我們的智慧結合在一起，形成我們獨立的判斷。對於宗教也是這樣。現在可以確定，像我們這樣窮究極端的表現而知道宗教的秘密，就像任何一個從他處得到對宗教知識的人所知道的那樣眞切。接著，我們每個人都要爲自己回答另一個實際的問題：在人生中，這種宗教元素的危險有哪些？如果要達到合適的平衡，必須以其他的元素和怎樣的比例來牽制它？

但這個問題還帶來另一個問題，我要馬上回答，好將它拋掉，因爲它已經不僅一次困擾我們了。①這個問題就是，我們該不該假設，對所有人來說，宗教與其他元素的混合比例應該一樣？我們應該假定所有人的生活，應該表現同樣的宗教元素嗎？換句話說，這許多宗教型態、宗派與信條的存在，是一件值得惋惜的事嗎？

對於這些問題的答案，我要大聲地說：「不！」我的理由是，我不明白處於如此不同位置，擁有不同能力的人們，如何能有絕對相同的功能與義務。在我們之中，沒有任何兩個人有同樣的困難，我們也不該期待他們以同樣的答案來解決。每一個人從其特殊的觀察視角，面對特定領域的事實與困難，必須以獨一無二的方式來處理。爲了更容易對自己被分派的位置辯護，有的人必須變得柔軟，有的人必須更堅強；有的人必須退一步，有的人必須站穩立場。如果愛默生被強迫變成衛斯理，或是慕迪(Moody)被強迫變成惠特曼，整個人類的神聖意識將會受到損害。神聖不會只有單一的性質，它必然包括一整批的性質；不同的性質在不同的人身上輪流得到優勢，每個人都可以發現對他來說具有價值的使命。每種態度只是人性全體訊息中的一個音節，需要人類全體才能把這些訊息的意義完全表達出來。因此，一個「戰鬥之神」必須可以成爲某種人的神，一個和平、天堂與家庭之神也可以成爲另一種人的神。我們必須坦承，我們生活在分裂的衆多系統中，在精神領域裡，這些分裂的系統並不能彼此替換。如果我們是暴躁而好妒的，那麼自我的毀滅就必須成爲我們宗教的一個元素；如果我們從一開始就是良善而有同情心的，爲什麼我們還需要毀滅自我呢？如果我們的靈魂是病態的，我們就需要一個救贖的宗教；但如果我們擁有健全的心態，爲什麼還會那麼需要救贖呢？②毫無疑問，宗教領域就像社會生活一樣，有些人擁有較完全的經驗與較高的使命；但是，讓每個人留在他自己的經驗內，無論這經驗是什麼，並且讓他人容忍他停留其中，無疑是最好的。

你也許會問，如果我們全部擁護宗教學，把它當作我們的宗教，難道這種偏頗不會得到補救嗎？要回答這個問題，我必須再度回到理論生活與實際生活的一般關係中來討論。

對於一件事的知識並不等同於這件事本身。你還記得阿爾－葛札里在〈密契主義〉中告訴我們的——像醫生那樣理解酒醉的原因，並不等於酒醉。科學也許可以理解關於宗教的所有原因與元素，甚至能夠決定某些性質，因其與知識其他部分的協調，可以被認定為眞理；但這種科學中最好的學者，也許就是發現自己最難投入宗教的人。「**理解一切就是寬宥一切**。」當人想到知識的廣博可能只是讓人在各種可能性中賞玩，還使人信仰的敏銳度變弱時，無疑地會想到雷南的名字。③如果宗教的功能是要使神的旨意或人的目標得到眞正的推進，那麼活於其中的人——無論多麼狹隘，總比那只是知道的人——無論所知多麼廣博，都更能成為好的服事者。對於生活的知識是一回事，在人生中有效地佔據一個位置，讓生命活動的潮流通過你的存在，又是另一回事。

由於這個原因，宗教學並不等同於活生生的宗教；而且，如果我們深入這個學科的內在困難，我們就會走到一個地方，在這個地方，探究者必須拋棄純粹理論的態度，或者讓纏繞著的糾結依舊，或者必須以積極的信仰把這些糾結斬斷。要了解這點，假設宗教學的成立已經是一個事實，假設它已經消化所有必須的史料，並由這些史料提煉出其本質，而得到與我之前宣稱相同的結論。假設它同意，宗教只要是活動的，總是有關於理想臨在的信仰，並且相信，當我們與此臨進行祈禱式的交流時，④眞的有工作在完成，並且有眞實的事情發生。現在，這個學科必須進行其批判活動，並且從其他科學與一般哲學的觀點來看，決定這樣的信仰在何種程度內可以被視爲**眞**。

要獨斷地對此做出決定，是一個不可能的任務。這不只是因爲其他科學與哲學尚未盡善盡美，也由於就其現狀來看，它們還充滿著許多矛盾。自然科學對於精神性的臨在一無所知，而且就整體而言，自然科學也與一般哲學所傾向的理想的概念，沒有任何實際交流。所謂的科學家，至少在他進行科學工作的時候，是非常唯物主義的，所以我們可以說，就整體而言，科學的影響與宗教應該被認可的這個觀念是衝突的。而且這種對於宗教的反感也在每一種宗教學中得到迴響。熟悉宗教學的人不得不認識許多下流與可怕的迷信，因此在其心中很容易引起一種專斷，認爲任何關於宗教的信仰大概都是虛妄的。在野蠻人與他們所承認的亂七八糟的神祇作「祈禱的交流」時，我們很難看出這可以完成什麼眞正的精神上的工作，即使那工作只與野蠻人那種黑暗的義務有關。

這樣的結果就是，宗教學對於「宗教的本質是眞的」這個主張，反對的程度與擁護的程度相等。我們現在有一個流行的觀念，認爲宗教也許只是落伍的一種遺俗，一種已被更開化的人性所超越之思考模式的故態復萌，而且，我們現在的宗教人類學家對於這樣的觀點並不怎麼反抗。

因爲現在這個觀點如此流行，在我進到自己的結論之前，必須先以淸楚的方式來討論它。爲了簡短起見，讓我把這種觀點稱爲「遺俗說」(Survival Theory)。

我們所探究的這種宗教生活的樞紐，在於個人對其私人命運的關切。簡言之，宗教是人類自我主義(egotism)的歷史中值得紀念的一章。無論是野蠻人所信仰的神祇，或是智性受過鍛鍊的人所信仰的神祇，在承認個人請求這一點是相同的。宗教思想是藉著性格(personality)的方式嬗遞，此點在宗教世界中是一個基本事實。今日，就如同任何過去的時代一樣，宗教人會告訴你，神是在他個人關切的基礎上與他相遇的。

反之，科學終究是完全拒斥個人觀點的。它爲不同的元素分類、記錄其法則，對於這些結果會導致怎樣的目的並不關心；它建構它的理論，而不管這些理論對於人類渴望與命運的關係爲何。雖然科學家個人也許會信奉某個宗教，並在不司其職的時刻抱持有神論，但我們可以說，對科學而言，天空宣揚神的榮耀，穹蒼表現神的手工這種時代已經過去了。我們的太陽系以及它的和諧，現在只不過被看作某種天體移動平衡的一個偶然例子，是那沒有生物可以生存的、令人驚駭的廣渺世界中一個特殊的意外。以宇宙存在的長度來計算，只要一小時的時間，太陽系就會消逝。達爾文關於偶然發生，以及接下來或快或慢的毀滅這個觀點，適用於最小的事物，也適用於最大的事物。就目前科學想像的傾向來看，要在宇宙原子的流動中——無論它作用於普遍或是特殊的範圍內——除了找到一種無目的、生生滅滅、不完成什麼歷史，也不留下任何結果的氣象之外，是不可能發現其他事物的。自然界並沒有一種清晰可辨的最終趨勢，可以使人對它有所同情。從科學的心思來看，自然在其發生過程的大韻律中，似乎也把自己取消了。那些令我們的祖先感到滿意的自然神學書籍，在我們看來似乎非常怪誕，⑤這些書籍所呈現的是：一個把自然界最偉大的事物順從於我們最微末之私人需要的神。科學所承認的，必須只是普遍法則的神，只做批發而不做零售生意的神。祂不能把自己的過程調整至適合個人的方便。覆蓋在暴風雨的大海上面那些浪花的泡沫，只是一個飄浮不定的插曲，由風和水的力量生成、毀滅。我們私人的自我就像這些泡沫，只是一種附帶現象（我相信這是來自克里弗[W. K. Clifford]的雋語）；這些私人自我的命運在世界不可挽回之事變狂瀾中無足輕重，不能決定任何事情。

你可以看到，從這個觀點出發，將宗教只視爲一種遺俗是多麼自然的事，因爲宗教的確是接續最原始思想的傳統。在悠遠的過往年代裡，逼迫神靈或是收買它們，使它們站在我們這一邊，是我們對付大自然的一個重要目標。對我們的祖先來說，夢境、幻覺、啓示以及荒誕不經的故事等，都與現實相互交雜，難分難解。一直到最近之前，實證與揣測、私人與非個人存在向度的區分，都還是難以猜想或設想的事。任何可以生動地想像的、任何被認爲應該是眞實的，都可以被自信地肯定其眞實；並且任何被肯定的事物，也會爲其他同伴所相信。眞理就是尙未被反駁之事；大多數的事之所以被接受，是因爲其他人的暗示，並且人們只專注於事情的美感與引人注目的那些面向。⑥

其實，事情怎麼可能不是這樣呢？科學所使用的數學與機械式的概念，在解釋與預測上有非凡的價值，這些價值是在事先無法想到的。重量、移動、速度、方向、位置，都是多麼單薄、蒼白而無趣的概念啊！爲什麼大自然更豐富、更帶有靈性的那個面向，使得現象得以生動驚人或是充滿表情的特點與奇異，不能被哲學挑出並遵循，把它當作到達自然生活知識更有希望的路徑？宗教喜歡浸淫於其中的，還是這些較豐富的、充滿靈性與戲劇性的面向。能夠持續感動宗教心靈的，並不是事物所遵循的物理法則，而是現象的恐怖與美麗，黎明與彩虹的「承諾」、雷的「聲響」、夏雨的「柔和」以及星辰的「崇偉」；而且就像昔日一樣，虔誠的人會告訴你，在他房室的寂靜裡或是於田野的孤獨中，他仍能感到神聖的臨在，爲答覆他的祈禱，有援助潺潺流入，並且爲了這個不可見的實在所做的犧牲，讓他充滿安全與平和。

遺俗說認爲，這些只是純粹的落伍！這種落伍只能藉著把想像去人格化(deanthropomorphization)來矯治。我們越不把私人世界與宇宙混雜在一起，越居住在普遍與非個人的世界，就越能成爲科學的繼承者。

雖然科學態度所訴諸的這種客觀性造就了某種寬宏，但我相信它是膚淺的，而且我可以用幾句話來說明我的理由。這理由就是，當我們面對的是宇宙和普遍的事物時，我們處理的只是現實界(reality)的象徵，**但是，當我們面對的是私我與個人的現象時，我們處理的就是「現實」這個名詞最完全意義之下的現實**。我想我可以很簡單地把這些話解釋清楚。

我們所經驗的世界總是包含兩個部分，客觀部分與主觀部分。客觀部分也許比主觀部分寬廣無數倍，但主觀部分卻是永遠不能被抹殺或是壓抑的。客觀部分是我們任何時刻所思考的總和，主觀部分是這個思考發生時的內在「狀態」。我們所想的也許很廣大，例如宇宙的時間和空間，而內心狀態也許是最難以捉摸與細微的心靈活動。宇宙的對象就來自經驗這一點而言，只不過是某個事物的理想圖像，它不為我們的內在所擁有，而只指向外界；但內在狀態卻是我們的經驗自身，其眞實性與我們經驗的眞實性是相同的。一個知覺的場域**加上**所感受或思考的對象，**加上**對此對象的態度，再**加上**擁有此態度的自我感——這種具體的個人經驗也許只是一點點，但只要它還持續著，它就是可靠的，不是空洞的，也不是經驗中僅為抽象的部分，就像僅僅做為對象時那樣抽象。它是**完全的**事實，即使它只是一個微不足道的事實；它所有眞實所隸屬的**那一種**事實；世事的潮流通過像這一類的事實，它位於眞實事件與眞實事件交接的線路上。我們每個人感受到的，那種獨有的、覺得個人命運在命運之輪上碾轉的壓迫感，也許因為其自我中心而被貶抑，也許因為不夠科學而被輕蔑，但它卻是唯一能夠充實我們具體現實的事物。而且，任何人如果缺乏這樣的感受，或是類似的東西，他的現實就只是完成了一半。⑦

如果這是對的，那麼像科學所說，認為經驗中自我的元素應該被貶抑的觀點就是荒謬的。現實的軸線只通過這些源於自我的點，它們像珠子一般串在這個軸線上。要描述這個世界，而把個人對於命運之壓迫的種種感受，以及所有形形色色的精神態度排除在外，就好像給人一張印刷的菜單來代替實際的一餐一樣。宗教不犯這種錯誤。個人的宗教也許是自我中心的，它持續接觸的那些私人現實也許是狹隘的；但無論如何，就其範疇而言，它的空洞與抽象遠遠不及那以不考慮任何私人層面而引以為豪的科學。

一張有著一顆眞的葡萄乾在上頭的菜單，而不只是印著「葡萄乾」之字樣的；一張有著一顆眞正的蛋在上頭的菜單，而不只是印著「蛋」之字樣，也許不是合宜的一餐，但至少是眞實事物的開端。遺俗說主張我們應該完全堅持非個人的元素，就好像要我們永遠對閱讀空無一物的菜單感到滿意。所以我認為，無論任何與我們個別命運有關的問題會如何被答覆，只有當我們承認它們都是眞正的問題時，並生活在這些問題所開展的思考範圍內，我們才能變得深刻；但是，像這樣地生活，也就是在過著宗教的生活；所以，我毫不猶豫地駁斥宗教的遺俗說，認為這樣的說法是建築在巨大的錯誤之上。我們不該因為祖先犯了許多事實的錯誤，並將這些事實與宗教混在一起，就因此停止信仰宗教。經由信奉宗教，我們在那些只給予我們接管的現實之處得以建立自身，獲得終極的眞實。畢竟，我們的責任所關切的是自己個人的命運。⑧

現在你們可以看到，為什麼在這些演講中我這麼強調個體性(individualistic)，還有為什麼我似乎傾向於恢復宗教中的情感元素，而將其理智元素置於次要的地位。個性植根於情感，並且只有在情感深處，在個性更隱晦與盲目的層次，才是我們在世界中得以掌握正在發生的事實，以及直接理解事件如何發生、工作如何完成的地方。⑨與這個包含著生動的個人情感的世界相比，理智所觀想的普遍化的客觀世界並不可靠，也沒有生氣。就像把實體鏡或萬花筒的圖案放在筒外來看一樣，三度空間、運動和有活力的部分都失去了。我們看到的是一張假設正在移動的快車的美麗圖片，但是，就像我聽到一個朋友說的，圖片中那每小時五十哩的動力在哪兒呢？⑩

那麼，就讓我們同意，宗教由於關切個人命運，並使我們與我們唯一知曉的絕對實在保持接觸，必定在人類歷史上扮演一個永恆的角色。下一個要解決的問題就是，宗教對於這些命運揭露了什麼，或是它是否揭露任何足夠清楚、可以被視爲針對人類的普遍訊息。就像你所看到的，我們已經完成初步的工作，現在可以開始做最後的總結。

我很清楚，經過我所引述那些令人悸動的資料，以及我前面的演講所開展的、一切激發情緒的制度與信仰的觀點之後，我此刻所要進行的枯燥分析對你們大多數人來說，看來就像是一種陡降，把我們的主題變得越來越小、越弄越平，而不是繼續提高它的趣味和結果。我不久以前說過，新教徒的宗教態度對天主教徒的想像來說，看起來貧乏困窘；恐怕對你們當中有些人來說，我對於這個主題的總結剛開始看起來更爲貧乏困窘。因此，我祈求你們記住，現在要討論的這個部分，我明白地試著將宗教簡約到能夠被接納的最低程度，在那裡，它脫除了所有個人的衍生物，只留下所有宗教都包含的核心，並且希望所有的宗教人士都可以同意。這個最低程度一旦確立，我們就可以得到一個也許微小、但至少可靠的結果；在它之上或在其周圍，可以接枝上那些個人因其冒險而獲致之更鮮活的附加信念，並隨意而豐富地使之繁盛。我將會加上我自己的額外信念(over-belief)（我承認這個後天加上去的信念有點蒼白，但它正適合一個批判的哲學家），而且我希望，你也加上你自己的額外信念，這樣一來，我們就可以很快地到達具體宗教建構所形成的繽紛世界。此時，就讓我以枯燥的方式進行這個工作的分析部分。

思想與感覺二者都是行爲的決定因素；同樣地，行爲可以出自情感，也可以源於思想。當我們檢視宗教的全部領域時，發現普及於其中的思想有很大的變化，但其中的情感與行爲則幾乎始終相同，因爲斯多噶學派、基督宗教與佛教聖者的生活實際上是無法區別開來的。宗教所衍生的學說由於有這麼多變異，因此只是次要的；如果你想要掌握其本質，就必須檢視情感與行爲，因爲它們是宗教中較爲恆常的元素。也就是在這兩個元素之間存在著持續其主要功能的捷徑，而觀念、象徵與其他制度則形成可以完成與改進的迴路，這些迴路也許有一天會聯合成爲一個和諧的系統，但這些迴路並不需要被視爲具備不可或缺之功能的器官，爲了宗教生活的持續而任何時候都需要。這一點對我來說，是從我們所探討的現象中所得到的第一個結論。

下一步要描繪這些情感的特徵。它們屬於哪種心理種類呢？

無論如何，這些情感綜合的結果是康德所謂「旺盛的」(sthenic)情感，一種興高采烈、擴散的、「激發動力」(dynamogenic)的激奮，就像任何能夠增進我們活力的補藥。幾乎在我們的每一場演講裡，尤其是論及皈依與聖徒性的地方，我們已經看見了這種情緒如何克服憂鬱的性情，給予人耐力，或是使人生中的平常事物多了一種興味、一種意義，或是一種魔力與榮光。⑪羅拔教授把這種情緒叫作「信仰狀態」(faith-state)，說得眞好。⑫它是一種心理狀態，也是一種生理狀態，托爾斯泰把信仰歸類於**人的生活**所依憑的力量，是十分正確的。⑬完全沒有信仰的狀態，亦即「快感喪失」(anhedonia)，⑭就是精神的崩潰。

信仰狀態所涵括的理智內容也許只有一丁點。我們在那些感受到神聖之臨在的突發狂喜狀態中，或是在巴克博士所描述密契經驗的來襲中看到這樣的例子。⑮它也許只是一種模糊的、一半精神的、一半生理的熱情，一種勇氣以及對於偉大與奇妙之事即將來臨之預感。⑯

可是，如果這種信仰狀態與某個積極的理智內容連結起來，它就根深柢固地銘刻在這個信仰內容中。⑰這可以解釋爲什麼每個地方的宗教人，都對他們極爲不同的信條中最微末的細節懷有熱情的忠誠。如果我們認爲宗教是由信條與信仰狀態所組成，並將它們視爲純粹主觀的現象，而且不論其眞假與否的問題，只考慮它們對於行動與耐力那非常的影響，我們就不得不把它們歸於人類最重要的生物功能之列。它們刺激與痲醉的效果如此強大，以至於羅拔教授在他最近的一篇文章裡⑱甚至認爲，只要人們可以**利用**他們的神，就對於神究竟是誰或到底神存不存在這種問題不怎麼關心。羅拔說：「關於此點的眞實情形可以這樣說，**神並非被認識，也不是被理解；祂是被使用**——有時是食物的提供者，有時是道德的支持者，有時是朋友，有時是愛情的對象。假如神能夠證明自己是有用的，宗教意識除此之外就別無所求了。神眞的存在嗎？祂如何存在？祂是什麼？這些都是不相干的問題。分析到最後，宗教的目的並不是神，而是生活，更多的生活，一個更廣大、更豐富、更令人滿意的生活。對生活的愛在發展過程的任何階段都是宗教的推力。」[19]

因此，按照這種純粹主觀的評價，就某方面來說，宗教應該被視爲已得到證明，而免於其批評者的攻擊。這樣看來，它就不能只是一種落伍或是遺俗，而必須能夠發揮恆久的功能，無論它有沒有理智的內容，如果有的話，也無論它是否爲眞。

接下來，我們必須越過僅爲主觀功用的觀點，來探討理智的內容本身。

首先，在信條的這些差異中，有沒有一個讓它們得到一致證明的共同核心？

其次，我們該不該認爲這些證明是眞的？

我要先討論第一個問題，並立即給予它肯定的答覆。不同宗教之間神靈以及公式的爭戰固然使它們互相抵銷，但仍然存在著所有宗教看來都一致的特定主張。它包含兩部分：

1. 某種不安。
2. 它的解決。

1.這種不安，以最簡單的話來說，是一種當我們在自然狀態下，感受到**自身某種不對勁**的狀態。

2.它的解決就是經由與更高力量的適當聯繫，而從這種**不對勁中得到解救的感覺**。

對那些我們研究過、心智較爲發展的人來說，這種不對勁有一種道德的性質，而其解救也帶有密契的色彩。如果我們將宗教經驗的本質以下列方式陳述，我想我們就應該把討論限定在這些心靈共同的範圍內：

個人因爲自己的不對勁而受苦並對之加以批判的程度有多少，他有意超越此苦境的程度就有多少；而且，如果眞有一位較高者存在，至少他有可能與之接觸。除了這個不對勁的部分外，他仍然有一個較好的部分，即使這較好的部分只是一個最無力的初芽。在這個階段，他還不清楚這部分就是他的眞我。但是，當第二階段（解決或是解救的階段）來臨，⑳個人就與自我這個初生的、較高的部分產生認同，而且是以下列方式與之認同：**他明白自己較高的那部分與一個和他同性質，但在他之外的宇宙中運作的更高者，是相接而連續的。他可以和這個更高者進行有效的接觸，而且當他所有較低的部分在沉淪的過程中毀壞的話，他可以用某種方式攀上這個更高者而拯救自己**。

對我來說，好像所有的現象都可以用這些非常簡單而普遍的詞語來精確地描述。㉑這些描述顧慮到分裂的自我與其掙扎；它們也牽涉到個人中心的移轉以及較低自我的臣服；它們表達了援助力量的外在形貌，也顧及了我們與之合一的感受；㉒它們還讓我們完全有理由感到安全與快樂。在我引述的所有自傳資料裡，大概沒有一個例子是這些描述所無法適用的。我們只需把適合於各種神學與個人性情的特定細節加進去，就可以把各式各樣的經驗以個人的形式重構出來。

然而，分析到目前為止，這些經驗都還只是心理現象，而它們擁有巨大的生命力量。當一個人擁有這些經驗時，他的精神力量真的提高了，新的生活在他眼前開展，而且對他來說，這些經驗彷彿是兩個世界之力量的匯流處；然而，儘管有這些效果，這可能只是他感受事物的主觀方式，與一種出於幻想的心情。現在我要接著討論第二個問題，就是這些經驗內容的客觀真實性何在？㉓

這個內容裡面與真實與否的問題最有關的，就是那個「同性質的更高者」，在這經驗中，我們更高的自我與它發生和諧而有效的關係。這個「更高者」只是我們的想法，或是真的存在呢？假如真的存在，它以怎樣的方式存在？它是不是不但存在，而且行動呢？宗教天才如此確信的、與它的「合一」，又是怎樣的形式呢？

就是在回答這些問題時，不同的神學家正進行他們的神學工作，而他們彼此的分歧也最清楚。他們都同意這個「更高者」的存在，雖然他們當中有些認為它是以人格神或神靈的方式存在，有些則滿足於將它設想成埋藏與世界永恆結構中的一股理想潮流。此外，他們也都同意這個更高者不只存在、行動，而且當你把生活交付在其手中時，真的會成就一些更好的事物。當他們在處理「合一」這個經驗時，他們理論上的差異最明顯。

關於此點，泛神論與有神論，自然降生與二度降生，功果、恩寵與業力，永生與輪迴，理性主義與密契主義之間，仍持續著頑強的爭論。

我在〈宗教哲學〉那一講的最後，㉔曾提出一個觀點，認為一個不偏不倚的宗教學也許可以從各宗教的歧異中過濾出一個共同的信條，也可以把這個信條以物理科學不需要反對的方式陳述出來。我說，宗教也許可以採納這個共同的信條，把它當作調停折衝的假說，並推薦它成為一般的信仰。我還說我將在最後一講裡親自嘗試建構出這樣一個假說。

現在已經是做這個嘗試的時候了。當我們說「假說」時，也就是放棄逼迫別人接受其論點的野心。因此，我能夠做到的，也就是提供一個容易符合事實的假說，而這個假說也讓科學邏輯找不到可能的藉口，來否決你認可其眞實性的衝動。

我們所謂的「更高者」，以及我們與之「合一」的意義，是我們探究的核心。這些名詞可以用什麼明確的描述來說明？它們又代表什麼特定的事實呢？我們不能隨便地把自己置於某個神學的特定立場，例如基督教神學，立刻把「更高者」定義為耶和華，並把「合一」理解為將基督的正義賦予我們。這對其他的宗教不公平，而且從我們現在的立場來看，這是一種額外加上去的信仰內容(over-belief)。

一開始，我們必須採取較不特殊化的詞語來討論；而且，由於宗教學的任務之一就是保持宗教與其他科學的聯繫，我們最好先找到一種描述「更高者」的方式，可以讓心理學家認可其眞實性。**下意識的自我**(subconscious self)現在已經是被公認的心理實體，而且我相信它正是我們所需要的中介概念。拋開宗教的說法，在我們完整的靈魂中，確實存在著比我們任何時候可以知覺到還多的生命。我們尙未對意識之外的領域進行認眞的探索，但邁爾斯在他一八九二年討論下意識的那篇文章㉕，其論點到現在還是正確的。他說：「我們每人其實都活在一個比我們所知道的、更廣邈的心理世界，它具有一種獨特的個性，永遠無法以肉體的方式完全表達。這個自我以有機體來表現，但總是還有某個沒有被表現出來的部分，而且似乎總是有某種暫時中止或是保留起來的有機體的表現力量。」㉖這個襯托出我們的意識的大背景，其大部分的內容都是不重要的。不完全的記憶、天眞的蠢語、抑制性的羞怯、種種邁爾斯所謂「解離潰散」(dissolutive)的現象佔了它的大部分。但是，許多天才的創作似乎也源於其中；並且，從我們對皈依、密契經驗與祈禱的研究中，我們也看到了由這個區域來的影響，在宗教生活上扮演了多麼重要的角色。

因此，讓我們提出一個假設，在宗教經驗中我們感受到與之有所聯繫的「更高者」，無論從**較遠**的那一邊看來它是什麼，從**較近**的這一邊看來，它是我們意識生活中下意識的延續。從這個已被認可的心理事實出發，將它當作基礎，我們似乎與「科學」保持了某種一般神學家所缺乏的聯繫。同時，神學家所主張的、認爲宗教人士是由一種外在力量所感動的論點也得到證明，因爲以客觀的方式呈現自身，並讓主體感受到外來的控制，是下意識作用的特點之一。在宗教生活裡，個人感受到這種控制來自「更高者」；然而，由於我們的假設認爲這種控制來自我們隱藏心靈的更高能力，所以與一個在我們之上的力量合而爲一的感受，不只是明顯地感受到某種東西，而且確切眞實地感受到這對象的存在。

對我而言，由此入口進入我們的主題對宗教學來說是最好的，因爲它可以調停諸多不同的觀點。然而，它也只是一個入口，當我們越過它而詢問，假如我們跟隨越過疆界的這些意識到達意識較遠的那一邊，它可以把我們帶得多遠？我們馬上就遇到了困難。在這裡，額外加上去的信仰內容也開始構作，在這裡，密契主義、皈依的極樂狀態、吠陀哲學以及超驗觀念論都帶入它們的一元論解釋，㉗並告訴我們有限的自我與絕對自我再度結合，因爲有限的自我本來就始終與神合一，並與世界的靈魂是同一的。㉘在這裡，所有不同宗教的先知帶入他們的異象、天語、狂喜狀態以及其他開啓(openings)的經驗，每個先知都假定這些經驗可以證實他自己獨特的信仰。

沒有因個人的恩寵而得到這些啓示的人，必須全然做個局外人，並且至少就目前而言，斷定這些啓示因爲用來證明互不相容的神學主張，它們彼此抵銷，而不帶來一定的結果。如果我們其中任何一個主張，或是我們信從哲學的理論，而站在非密契的基礎上接受一元的泛神論，我們就是在運用個人自由的基礎上做這樣的選擇，並且以與我們個人感受性最相合的方式建立起我的宗教。理智在這些感受性中扮演關鍵的角色。雖然宗教問題首先是生命的問題，即是否生活於與那開放自己、做為贈禮賜給我們者更高的合一之中，但是除非個人對某個特定的信念或是觀念所觸動，否則這個贈禮所帶來精神上的振奮就難以影響個人。㉙因此，觀念對個人的宗教來說是很根本的，這等於說各式各樣的額外信仰內容是絕對不可少的，只要它們不是偏狹的，我們就該以溫和與寬容的方式看待。就像我在其他地方提過的，關於一個人最有趣與最有價值的部分，通常就是他的額外信仰內容。

拋開額外信仰內容，只討論共同與一般的部分，我們看到的事實是：**有意識的個人與一個更廣大的自我相連，救贖的經驗由此而來，**㉚對我來說，**這個宗教經驗的實際內容就其範圍而言是眞實而客觀的**。如果現在我進一步陳述我關於人格擴展更遠之邊界的假設，我就是在發表自己的額外信仰內容——雖然我知道對你們當中有些人來說，我的額外信仰像是可憐的不夠格信仰(under-belief)——關於此點，我只能請求你們的容忍，就像反過來說我也應該容忍你們的額外信仰一樣。

對我來說，我們存在更遙遠的那一個區域，伸展進一個與可知覺與僅能被了解的世界全然不同的存在向度。你願意把它稱爲密契領域，或是超自然領域都可以。就我們理想的衝動源自此領域而言（我們大部分理想的衝動的確源自這個領域，因爲這些衝動以一種我們無法淸楚說明的方式佔有我們），我們歸屬於此領域的程度更深於我們歸屬於可見世界的程度，因爲凡是我們的理想所歸屬的地方，就是我們最深刻的歸屬之地。然而，這裡所說的無形領域不只是理想之地，因爲它可以在世界產生作用。當我們與之感通時，我們有限的人格實際上已經產生改變，因爲我們已經變成一個新人，隨著我們的更生所帶來的變化，有形的自然世界也會產生行爲的改變。㉛但是，在另外一個實在界產生作用的，也必須被稱爲一種實在界，所以我覺得我們沒有哲學上的藉口，把這不可見的世界或是密契的世界視爲不眞實。

至少我們基督徒看來，「上帝」是這個至高的實在很自然的一個稱呼，所以我將把這個世界較高的部分稱爲上帝。㉜我們與上帝之間有事務的往來，當我們向祂的影響敞開自己時，我們最深的命運也得到圓滿。這個世界，就我們的存在構成的那一部分來說，變得更好或是更壞的程度，與我們每一個人完成或是逃避上帝的要求的程度成比例。就此點而言，我大概可以得到你們的同意，因爲我只是把人類出於本能的信仰轉譯爲一種概要的語言：因爲上帝帶來眞實的作用，所以祂是眞的。

這裡所說的實在作用，就我承認的範圍來說，是在不同的主體身上的個人能量中心運作的，但是被這些作用影響的大部分人，都自然地相信這個影響比作用於這個中心還廣。大部分的宗教人士相信（或是「知道」，如果他們是密契主義者的話）不只他們自身，而是所有相信上帝存在的人，都安穩地居於上帝照拂之中。他們確信，雖然存在著地獄之門與對現世不利的那些表象，但就某個意義與某方面而言，我們全部的人**都是**得救的。上帝的存在是那些應該被永遠保存之理想秩序的保障。誠然，這個世界也許會像科學所確信的那樣，有一天遭到燒毀或是凍結；但如果這是它本身秩序的一部分，那些古老的理想就必然會在另一個地方開花結果，因此凡是上帝所在之處，悲劇就只是暫時的、局部的，而且毀滅與潰散也不會是必然的結局。對我來說，只有當人對上帝採取更進一步的信仰，而且有預測遙遠之客觀事物的作用，宗教才能擺脫最初的立即主觀經驗，而使得**眞正的假設**可以運作。在科學中，一個好的假設除了能夠直接解釋所提出之現象，還需要其他的特質，否則就無法帶來足夠的結果。上帝的意義若只是關於宗教人士的合一經驗，就不足以成爲這種更有用的假設。祂必須與更寬廣的宇宙連結，才能爲信仰者的絕對信賴與絕對平安提供支撐的理由。

從我們邊界之外自我出發的位置爲起點，而與這個自我遙遠的那一邊交流的上帝，應該是這個世界絕對的統治者；這個想法當然是個額外信仰。但它雖然是額外信仰，卻幾乎是每個人的宗教都擁有的額外信仰。大部分的人以某種方式假裝這樣的信仰立基於我們的哲學，但其實哲學是靠這樣的信仰所支撐。我們說的這一切，只不過是在說明：當宗教的功能完全發揮時，它不只是使人了悟已在別處給予的事實，也不只是一種像愛一樣，賦予事物樂觀色彩的熱情。就像我們看到的許多例子，宗教固然是如此，但宗教不只是如此，也就是說，宗教還是嶄新**事實**的任命者(postulator)。以宗教的方式來理解的世界，並不是將物質世界以改變了的表達方式重新解釋；它必然要超越這種新的表達方式，而成爲與物質世界在某些地方截然不同的**一種自然的構成**(a natural constitution)。它必須可以讓人對它期待不同事件的發生，或是可以要求不同的行動。

這種對於宗教全然「實用主義」的觀點，經常被一般人視爲理所當然。他們將神聖的奇蹟摻補進自然界，他們在墳墓上建立了一個天堂。只有超驗主義的形上學者才會認爲無須對自然界添加或是刪減任何具體細節，只要單純地將自然界稱作絕對精神的表達，就可以讓如其所是的自然界變得更神聖。我相信實用主義是以較深刻的方式來看待宗教。它賦予宗教靈魂，也賦予它肉體。它使得宗教得以宣稱某個特定領域的事實是屬於宗教的，就如同每個眞實的事物都會這樣宣稱。除了在信仰狀態以及祈禱狀態中能量的眞實灌注之外，我並不知道還有什麼更具代表性的神聖事實。但是，我個人準備好冒險承認的額外信仰認爲這種事實是存在的。我所受過的全部教育都使我相信我們現有意識的世界，只是許多存在的意識世界之一，而且其他的世界必然也包含對我們生命有意義的經驗；雖然基本上那個世界的經驗與我們世界的經驗是分隔的，但在某個特定點上這兩個世界可以相連，而且較高的能力也滲透進來。根據我的淺見，藉著對這個額外信仰的忠實，我彷彿變得更清醒，也更眞實。當然，我**可以**採取偏狹科學家的態度，清楚地想像那個知覺的世界與科學定律以及物體的世界就是全部的世界。但每當我這樣設想時，我就在內心聽到克里佛曾經說過的話在我耳邊低語：「瞎說！」縱然取得科學的名號，瞎說還是瞎說。我以客觀的方式看到的人類經驗全貌，都以無敵的力量逼迫我超越這種狹隘的「科學」限制。眞實世界無疑具有一種獨特的性質，是比物質世界更複雜的構作。因此，我客觀與主觀的良心都使我保有我所說過的額外信仰。誰能說個人在塵世對其淺陋之額外信仰的忠實信守，不能夠反過來幫助上帝對其更偉大的任務更加有效地信守奉行呢？

註釋

①例如，本書第一六七、一九五、四〇六頁。

②從此觀點來看，我在前面演講裡所說的健全心態與不健全的心態之間，以及一度降生與二度降生兩種型態之間的對比，就不是許多人認爲的絕對敵對關係。二度降生輕視一度降生對於人生採取的直覺態度，認爲那「只是道德」，而非眞正的宗教。一位正統的教士據說曾經說過：「章寧博士由於其性格超凡的正直，因此被排除於最高形式的宗教生活之外。」二度降生對於人生的展望——因爲它解決比較多惡的部分——的確較寬廣也較完全。生命以「英雄」或「莊嚴」的方式迎向它們，這是一種無論健全心態或是不健全心態都同時參與和結合更高層次的綜合。它們並不逃避兇惡，而是在更高層次之宗教歡樂中排除了惡。但每一種型態最終到達與神聖合一的意識，對每個人來說都有同樣的實質意義，因此盡可能讓每個人以最適合其氣質而開展的途徑來達到最終的意識。在第四講

裡關於心靈醫治型態的健全心態那些引例，我們看到許多更生過程的例子。在這個過程中，危機的嚴重性是程度的問題。一個人要繼續待在兇惡中多久，以及他何時會開始截斷並摒除它，也是數量與程度的問題。因此，把一個個體歸於一度降生或二度降生的類別，都只是任意而為的。

③與第二講中所引述的雷南(Renan)的話做比較。

④「祈禱的」(prayerful)意義在此指的是第十九講中說明較廣泛的意義。

⑤我們會問，像吳爾夫(Christian Wolff)這樣枯燥無味的人，頭腦裡面充滿十八世紀初期的學問，怎麼會保有這種嬰兒式的信仰，認為自然界具有位格與人性的特徵？所以，在他關於自然事物之用處的作品裡，他詳細討論了自然的運作，例如下文中他對太陽及其用處的說明：

「我們看到上帝創造了太陽，是要使得地球多變的情況保有一種秩序，所以一切生物，包括人與野獸，可以安居於地球的表面。因為人類是最有理性的生物，能夠從對世界的冥思中推論上帝不可見的存在。就此而言，太陽對於創世的首要目的是有貢獻的：沒有太陽，人種就不能保存，不能繼續……太陽不只在我們的地球，也在其他星球製造光線。日光對於我們來說極為有用，因為藉著日光我們可以方便地進行許多在黑夜中完全無法完成，或是無論如何，非要花錢在人造光上才能完成的事務。野地裡的野獸可以在白日覓到夜裡覓不到的食物。而且，由於日光我們才能看見一切地球表面的事物，不只近處，還包括遠處的事物，並能根據其物種認出或近或遠的事物，這一點對我們來說也有多方面的用處，不只是對人類生活必要的事務有用，對旅行有用，對自然的科學知識也有用，因為這類知識大部分依靠視覺的觀察，如果沒有日光，就不可能有視覺。任何人如果想要深刻地了解自己由太陽得到的巨大好處，只要讓他想像自己整整一個月活在夜晚，沒有白天，看看這樣對他的事業帶來什麼影響，他就會了解了。他將會由於這些經驗充分地相信，尤其如果他在街市或是田裡有許多工作有待完成的話……藉著太陽的幫助，人們可以發現子午線……但子午線是日晷的基礎，一般而言，如果沒有太陽，就不會有日晷。」參見*Vernünftige Gedanken von den Absichter der natürlichen Dinge*, 1782, pp. 74-84。

或是閱讀德罕(Derham)《物理神學》(*Physico-Theology*)中論及上帝在全世界人的臉孔、聲音以及筆跡的千變萬化中顯示其神恩的文字。這本書在十八世紀很流行。德罕博士說：「如果人的身體是按照任何無神論的藍圖，或是任何異於世界永恆上主之計劃的其他方式來製造，將不會有這些充滿智慧的變化。人的臉會被造得一模一樣，或是沒有什麼差別的模子，他們說話的器官聽來都相同，或是不會發出這麼多不同的聲音；由於肌肉與神經結構的相同，手在書寫時的方向也會相同。如果是這樣，世界會永遠遭受多大的混淆、困擾以及禍害啊！我們的生命沒有安全，我們的財產沒有保障，不能好好享受；人與人之間沒有正義；善與惡、敵與友、父與子、夫與妻、男與女沒有分別；因爲被暴露於嫉妒與兇惡的敵意中、惡棍和盜匪的欺騙與暴力中、巧妙的詐欺僞造、放蕩者虛弱的色慾之中，所以一切都要顛倒混亂。我們伸張正義的法庭可以充分證明，誤認人的面孔、冒充人手以及僞造筆跡將會帶來可怕的後果。但是，現在由於無限智慧的創造者與統治者主宰了這一切，每個人的臉可以在光中有所區別，他的聲音也可以在黑暗中被認出，即使他的筆跡也可以在他缺席時代表他，做他的見證，使得他的契約在後代仍然有效。這是神聖至高的治理與管理的表現，也是可讚美的標記。」

一個如此小心，照顧到連銀行支票與契約的簽名都不會被認錯的上帝，真的是很有十八世紀英國國教的風格。

省略掉大寫，我再加上德罕的文章〈以山谷的創立爲上帝辯護〉，以及吳爾夫非常具有廚房風味、論水之設置的文章：

吳爾夫說：「水對人生的用處顯而易見，不需長篇大道來論說。水是人類與野獸普遍的飲料。雖然人類爲自己製造了人工飲料，但沒有水的話這些飲料也做不成。啤酒是由水與麥芽釀成的，但可以止渴的只有啤酒裡的水。葡萄酒由葡萄製成，而葡萄若沒有水的幫助也無法成長；在英國與其他地方由水果製成的飲料也是如此……所以，既然上帝將世界設計成人獸居於其中，並從之中得到一切爲了生活所需與便利所需的事物，祂也創造了水，讓水成爲地球乃極佳居所的一個工具。假如我們再想想水在清洗家用器皿、清洗衣物以及其他方面爲我們帶來的好處，這個道理就更明顯了……如果我們到磨坊裡去，看到磨石總是要保持濕潤，對於水的用處我們就會有更多的了解。」

德罕在讚美山谷的美麗之後，這樣說：

「有些人的體格實在是很強壯、很健康，因此無論對什麼地方或什麼氣溫都不在乎。有些人則是如此虛弱，無法忍受一個地方，但可以在另一個地方過得適意。對有些人來說，最適合待在山中精妙美好的空氣中，一到大城市骯髒濃濁的空氣中就凋萎欲死，即使在山谷中與河水旁較溫暖與潮濕的空氣中也一樣。相對地，有人則是在山中的環境覺得衰弱不堪，在山谷較溫暖的空氣裡才覺得健康強壯。

「所以這種把我們的住所從山上遷到溪谷的機會，對於羸弱無力的人來說是極好的和緩、充電機會，也有很大的好處。這使得那原本生活悲慘、憔悴與日漸衰退的人得以過輕鬆舒適的生活。

「對於大地這種有益健康的構造，我們還可以多加一個山丘的極大便利，那就是山丘提供我們很舒適的住所（如一個有名的作者說過的），『山丘可以抵擋北方與東方寒冷刺骨的風，並反射和煦與珍貴的日光，使我們的住所在冬天更令人覺得舒適暢快』……

「最後，是在山丘上泉水有了發源地，河流也有了運輸的通道……因此，這些巨大的團塊與高聳的突起並不像人所抨擊的，是我們醜陋的地球上無用、異常的東西，相反地，它們是自然界極好的工具，由無限的造物主設計安排，來完成祂最有用的工作之一……因爲假如地球的表面是均勻平坦的，而島嶼和大陸的中央部分不是像現在的高聳突出，那就必定沒有河流的下坡道，也沒有河川的通道；如果河流不是順著那些高地的斜坡溜下，一直到海裡，它們就會停滯，也許還會發臭，並淹沒地面上大片的土地……

「因此，山丘與溪谷對疲乏而好抱怨的旅行者來說也許既不方便又麻煩，但它們仍然是偉大的造物主壯麗的作品，爲了我們塵世的好處，祂賢明地創設了它們。」

⑥這種思考方式一直到十七世紀都還盛行。我們只需回想亞里士多德對於機械問題戲劇性的討論，例如他對於槓桿作用能使小重量舉起大重量之能力的說明。對他來說，槓桿作用是源於圓形以及所有圓周運動普遍具備的神奇性質。圓形既是突起也是凹陷，它由一個定點及一條移動的直線所形成，

二者互相對峙；凡是在圓上運動的都循著相反的方向運動。然而，圓周運動是最「自然」的運動；槓桿中的長臂因爲循著較大的圓周移動，所以有較大的自然動量，也就需要較少的力。我們也可以回憶希羅多德(Herodotus)對於冬天太陽位置的解釋。太陽在冬天移到南邊，是因爲寒流將它驅至利比亞(Libya)上空溫暖的區域。或是我們也可以聆聽聖奧古斯丁的理論：「誰賦予粗糠保存埋於其下的雪凝凍不化的能力，以及溫暖青果、使之成熟的能力呢？誰能解釋火自身奇特的性質，雖然它自身是光亮的，卻使一切被它燃燒的東西變黑，而且雖然火自身擁有最美麗的色彩，卻使一切被它接觸餵養的東西黯然失色，並把燦爛的薪炭化爲污穢的灰燼？……還有，木炭具有多麼神奇的特質啊，它如此易碎，輕輕一碰就斷裂，稍稍使力就粉碎，但它又如此強韌，沒有濕氣可以腐蝕它，時光也不能令其腐朽。」參見 *City of God*, book xxi, ch. iv。

事物的這些特性，它們的自然與不自然，表面性質的交感與互斥，它們的古怪、它們的明亮、強韌與破壞性等等，不可避免地成爲最初吸引我們注意力的方式。

如果你打開中世紀早期的書籍，你會看到交感魔術幾乎在每一頁都被提起。例如那有名的，據說由巴哈塞爾蘇斯(Paracelsus)發明的治傷油膏。因爲這種油膏包含各式各樣的成分，通常包括人的脂肪，公牛、野豬或是熊的脂肪，搗成粉末的蚯蚓、**烏絲尼亞**(usnia)，或是絞刑犯風化的頭骨上面的苔，以及其他同等令人感到不愉快的材料——如果可能的話，整個製作過程需要在金星之下進行，而永遠不可以在火星或土星之下進行。還有，用一塊沾有病患血液的木片，或是傷了這個病患沾有血跡的武器浸入這油膏裡，並將傷口緊緊包住，傷口必定痊癒——我在此引用的是范荷門(Van Helmont)的說法。因為在武器或是木片上的血跡含有傷者的靈魂，一旦跟油膏接觸，就被激發活化，這就為它帶來治癒其手足（在病患體內的血）的能力。它藉著將受傷部位的痛苦與異物感吸出方式達到此效果。但為了達到這個效果，它必須訴諸公牛脂肪，以及油膏內其他成分的協助。公牛脂肪之所以這麼有力量，是因為公牛被宰殺時心中充滿隱隱的不甘與報復的怨氣，所以牠死的時候比起其他動物有更高的復仇氣焰。這個作者說，因此我們清楚地看見。油膏極好的效用並不來自撒旦的從旁協助，而只是源自深印於油膏之內的血與凝結的脂肪中那**死後報復**的力量。參見 J. B. Van Helmont: *A Ternary of Paradoxes,* translated by Walter Charleton, London, 1650。在我的引述裡面，我把原文刪減很多。

這個作者接下來藉著許多其他自然界事實的比喻，來證明遙遠的事物之間彼此交感的作用是上述例子的眞正原理。他說：「如果由女巫所宰殺的馬的心臟從散發臭氣的屍體裡取出，然後以箭刺穿、燒烤，這個女巫馬上會感受到一種無法承受之痛苦的折磨，如火之酷刑一般。假如這不是**女巫**與**馬**之**靈魂**的接合，絕不會發生。女巫的**靈魂**被禁錮在這散發臭氣卻還在心臟內喘動，刺穿的箭使得靈魂無法逃逸。同樣地，不是還有許多被謀殺的屍體，當驗屍官審問、兇手臨到時，傷口就重新出血或裂開嗎？這血就好像當靈魂從肉體被迫離開的那一剎那，被報復謀殺者的銘記所激怒與挑撥而感到盛怒。所以，假如你有水腫、痛風或是黃疸，把你的溫血放在蛋殼的蛋白內，以溫火加熱，並與一塊肉混在一起，再把這塊肉給餓狗或是豬吃，你的病馬上會從你身上傳到這隻動物身上，完全離開你。同樣地，如果把一隻母牛或是一位婦女的乳汁燒掉，她們的泌乳腺就會乾掉。有一個來自**布**

魯塞斯(Brussels)的人在一次打鬥中鼻子被割掉，但著名的外科手術醫師**塔格里寇茲**(Tagliacozzus)，用**波隆納**(Bologna)一個**門房**手臂上的皮膚爲他做了一個新鼻子。當他回到自己國家十三個月之後，這個移植的鼻子變冷、化膿，幾天之後掉下來，之後發現，這個門房幾乎在同一時間也死掉了。」范荷門接著說：「在**布魯塞斯**還可以找到這件事的目擊證人，請問，在這件事裡有什麼迷信或是崇高的**想像**呢？」

當代心靈醫治的文獻，例如慕浮・普蘭提斯(Prentice Mulford)的作品，就充滿了交感魔術的例子。

⑦參考羅茲(Lotze)的主張，他認爲我們能夠以事物「自身」(in itself)的方式爲事物賦予意義的唯一方式，就是把這個事物理解爲「**爲**它自身」(for itself)。也就是說，將它視爲完滿的經驗，帶有一種對於個人的重要性，或是一種伴隨著的內在活動。

⑧即使是事實的某些錯誤，也可能不像科學家所假定的那麼全面。在第四講裡我們看見，對許多心靈醫治學派的人來說，他們對於世界的宗教概念是在日積月累的經驗事實中得到驗證的。「經驗事實」(experience of fact)是一個包含諸多事物的領域，因此偏狹的學者有系統地拒絕承認像心靈醫治信徒以及其他人在這方面的經驗，將這些經驗歸於「無稽」、「腐敗」或「愚蠢」等類別，當然不會去考慮許多事實資料，這些資料若不是因爲宗教人士對於個人向度的事實懷有持續不懈的興趣，也不會被記錄下來。我們知道這在一些例子裡是如此，在其他事例上或許也是如此。神蹟治療一直是超自然主義者販售的貨品之一，也一直被科學家視爲想像的無稽之談而不予考慮。可是科學家在催眠術方面所受的遲緩教育，最近給他一種理解這種現象的統覺群，因此他現在承認這樣的治療也

許存在——倘若你明白地將這樣的效果稱爲「暗示作用」。以這個辭彙來理解，即使是聖方濟手腳上的十字架聖傷也可能不是無稽之談。同樣，按照這樣的觀點，歷史悠久的魔鬼附身現象也快要被科學家承認爲事實了，科學家現在以「歇斯底里魔鬼症」(hysterodemonopathy)這樣的名稱來了解它。沒有人知道這種將神怪現象以新造的科學名稱使之合法化的工作，會進展到什麼地步——即使「預言」，即使「物體飄浮」，都有可能進入科學的領域被討論。

因此，科學事實與宗教事實二者的離異並不必然像第一眼所看到的那樣恆久；原始思維將世界人格化與浪漫化的表現，也不一定是不能因爲成長而被丟棄的事。簡言之，人類的最後觀點也許以某種現在無法預知的方式回到更爲私人的思考方式，就像任何進步的途徑也許是以螺旋方式而非直線方式前進。如果眞是如此，那麼科學嚴格的非個人觀點也許有一天會被視爲一種暫時有用的古怪觀點，而不是偏狹的科學家目前以非常自信的口吻所宣稱的，佔有必然勝利的地位。

⑨休謨的批判已將因果論逐出物理世界，「科學」則完全可以接受將原因以相隨的變化來定義。請參閱Mach、Pearson、Oswald的著作。因果概念的起源是源於我們的內在經驗，也只有在那裡，「原因」一詞的古老意義可以直接被觀察與描述。

⑩當我在關於宗教的文章中讀到像下列這樣的文字——也許關於神我們能夠說的最好的話，就是上帝是**不可避免之推論**(Inevitable Inference)——時，我看到讓宗教在理性的話語中消散的趨勢。難道殉道者會僅爲了一個推論，無論多麼必然，而在燒死他們的火焰中高歌嗎？具有創造力的宗教人士，像聖方濟、路德、玻米等，通常反對理智干涉宗教的事務。然而，任何理智入侵之處，也處處顯示

出理智所帶來的膚淺效果。我們可以看看衛理公會的原始精神如何在那些像包尼(Bowne)教授這樣的哲學家所寫的絕妙的理性主義小冊子中消散。包尼教授的著作請參見*The Christian Revelation, The Christian Life, The Atonement*: Cincinnati and New York, 1898, 1899, 1900。我們也可以看看所謂哲學積極的排他目的：

法歇霍(M. Vacherot)寫道（參見*La Religion*, Paris, 1869, pp. 313, 436, et passim）：「宗教所回應的是人性中變動不居的狀態或境況，而不是永恆的定性，宗教只是爲想像所支配的那一發展階段的人心智的表現……基督宗教遺產的最後繼承者只可能有一位，也就是科學哲學。」

李伯(Ribot)教授（參見*Psychologie des Sentiments*, p. 310）以更激進的口氣描述宗教的消散。他以一個公式來總括它的看法——理性的智性成分逐漸佔優勢，情緒的成分逐漸消退，情緒成分越來越被吸納入理性情操的集團內。「所謂正確的宗教情操，最後殘存的只是對於某個未知對象的模糊崇敬（這是恐懼的最後遺存物），以及受到理想的特殊吸引（這是愛的最後遺存物），二者是宗教發展歷程中早期的特性。簡單說來，**宗教傾向於轉變爲宗教哲學**——二者從心理學的觀點來說是完全不同的事物，一個是理智話語的理論建構，一個是一群人或者一個偉大的、受靈感啓發的領袖的活躍作爲，整個人的思考與感覺都活動起來的作爲。」

我在包德溫教授的作品（參見*Social and Ethical Interpretation*, in Mental Development, ch. x）以及馬修(H. R. Marshall)先生的作品（參見*Instinct and Reason*, chaps, viii, to xii）中發現他們企圖將宗教視爲一種純粹的「保守社會勢力」，兩人都沒有認識到，宗教的中心與根據就在個體性(individuality)。

⑪例如，參見 pp. 170, 181, 184, 186, 203-208, 222-224。

⑫參見 *American Journal of Psychology*, vii. 345。

⑬同上，p.156。

⑭同上，p.127。

⑮同上，p.313。

⑯例如，皮荷維(Perreyve)寫信給葛列特黎(Gratry)說：「我不知道如何處理今天早晨你給我帶來的喜悅。我被這些喜悅淹沒；想要**做**點什麼事，但卻什麼事也不能做，最好什麼事也不要做……我渴望做**大事**。」在給他許多靈感的會談之後，他寫道：「我朝家裡走，被喜悅、希望與力量所迷醉。我想要遠離人群，在孤獨中咀嚼我的快樂。那時天色已晚，但我不予理會，沿著一條山徑像瘋子一般走去，我只看著天空，沒有理會路面。突然間，我感到一個本能的力量要我趕快退回去──我已走到一個懸崖的邊緣，再一步就會掉下去。我嚇了一跳，放棄我的夜遊。」參見 A. Gratry: *Henri Perreyve*, London, 1872, pp. 92, 89。

在信仰狀態中，那種越過指引、模糊的擴張衝動在惠特曼的詩中表達得很好(*Leaves of Grass*, 1872, p.190)：

「啊，像樹木與動物一樣，面對夜晚、風暴、飢餓、嘲笑、變故、挫折……／親愛的夥伴！我承認自己曾經驅策你與我一同前行，而且還在驅策你，即使絲毫不知道我們的目的地何在，／也不知道我們終將成功，或是一敗塗地。」

這種預備好面對偉大事物，以及這種世界因它的重要與奇妙等，很適合偉大事物之發生的感受，似乎是所有更高信仰尚未分化的幼芽。相信我們野心的夢想，或信賴我們國家擴張的命運，以及對於神之眷顧的信仰，全部發源於我們滿懷希望之衝動的那種奔放感，以及可能性超越實在性的那種感覺。

⑰參見 Leuba: *Loc. cit.*, pp. 346-349。

⑱參見 The Contents of Religious Consciousness, in *The Monist*, xi. 536, July, 1901。

⑲節錄自 *Loc. cit.*, pp. 571, 572。也請參照這位作者對「宗教主要是尋求解決世界智性的神秘」這個觀點非常正確的批評。比較班德(W. Bender)所說的：「宗教並不是關於上帝的問題，也不是對於世界之來源與目的的探究，而是關於人的問題。所有宗教對於人生的看法都是以人類爲中心的(anthropocentric)。」「宗教是人類自我保存衝動的一種活動，藉此活動，當人們到達自己力量的限度時，可以從世界的秩序與支配力量中自由地提高自己，以反抗世界與之敵對的壓力，並實踐他生活根本的主要目的。」參見 *Wesen der Religion und die Grundgesetze der Kirchenbidung*, Bonn, 1888, pp. 85, 38。整本書大概就是這些話語的延伸。

⑳要記得對有些人來說，這個階段突然來臨，對其他人來說逐漸來臨，還有一些其他的人幾乎一生都在享受這個階段的境界。

㉑實際上的困難有：一、體驗到自己更高部分的「實在性」，二、將自我與此部分完全認同，三、認同此部分就是理想事物其餘的全部。

㉒當密契活動到達最高點時，我們發現意識被兩種立即的存在狀態所佔據，一方面**超出**(excessive)其自我，一方面又**等同**(identical)於其自我：偉大到可以成爲上帝，卻又深入內在，與**我**等同。在此情形下，此種意識狀態的「客觀性」應該被稱爲**溢出**(excessivity)或是超出(exceedingness)。參見Récéjac: *Essai sur les fondements de la conscience mystique*, 1897, p.46。

㉓「眞實」在這裡的意思是指人生價值以外的某些事物，雖然人的自然傾向相信，凡是對於生命有重大價值的都可被確定爲眞。

㉔同上，p. 355。

㉕參見 *Proceedings of the Society for Psychical Research*, vol. vii. p. 305。要更完整了解邁爾斯的主張，請參閱它的遺著 *Human Personality in the Light of Recent Research*，由Messrs所發表，Longmans, Green & Co.出版中。邁爾斯是第一個將全面探索意識之外的領域視爲普遍心理學課題的人，首先對此領域的結構提出方法學的步驟，將一大堆只被視爲奇怪的孤立事實當作下意識事實的自然系列，並給予它們系統的學術命名。這個探索的重要性在追隨邁爾斯所開展的道路之後將會顯示出來。請參考前述(*Proceedings*)中我的文章〈邁爾斯對心理學的貢獻〉(Frederic Myers's Service to Psychology), part xlii., May, 1901。

㉖請參考第十九講所提到的觀點，以及第十講中提到的下意識自我。

㉗參考第十九講。

㉘我再引一個關於此信仰的例子，好讓讀者更了解這個：

「如果一個房間已爲黑暗充塞數千年之久，你進入後，開始哭泣呻吟：『哎呀，這麼黑！』黑暗會因此而消失嗎？拿燈進來，劃一根火柴，房間立刻就亮了。所以，如果你一輩子都在想『唉，我做了惡事，我犯了許多錯』，這對你有什麼好處呢？這無須鬼來告訴我們。帶進光明，邪惡立刻就離開了。堅強你的眞本性，建立你自己輝煌的、燦爛的、永遠純潔的部分，從你見到的每一個人身上喚起這些部分。但願我們每個人都達到一種境界，即使見到最惡劣的人，也能看見他心中的上帝，不去譴責他，而是說：『起來，光明的你，起來，永遠純潔的你，起來，不生不死的你，起來，全能的你，彰顯你的本性。』……這是阿衛塔(Advaita)所教導的最高祈禱。這是唯一的祈禱：記住我們的本性……」「爲什麼人到外面去尋求上帝呢？……在跳躍著的是你的心，但你不知道，你誤以爲那是外在的事物。他是所有靠近者中的最靠近者，我的自我、我生命的實在、我的身體與我的靈魂——我是你，你是我。那就是你自己的本性。肯定它、彰顯它。不是要變得純潔，你已經是純潔的了。不是要變得完善，你已經是完善的了。你據以思考或行動的每一個善念就好像是揭開幃幕，讓背後的純潔、永恆與上帝彰顯自身——它是一切事物永恆的主體，宇宙中永恆的見證者，你本身的自我。知識就像是較低級的階層，一種墮落。我們本身已經是知識，如何知道它呢？」節錄自Swami Vivekananda: *Addresses*, No. XII, "Practical Vedanta," part iv. pp. 172, 174, London, 1897；and *Lectures*, The Real and the Apparent Man, p. 24。

㉙例如，有一個人從出生後就耳濡目染基督宗教的觀念，但必須等到這些觀念以招魂論的(spiritistic)方式表現，才得到救贖的經驗：

「就我而言，可以說聖靈主義(spiritualism)救了我。它在我生命中的一個關鍵時刻顯現給我，如果沒有它，我不知道當時要怎麼辦。它教導我從塵世的事務中脫離，將希望寄託於未來之事。藉著它，我學習把所有人，即使是最兇惡的罪犯，或是使我受苦最多的人，當作我應該幫助、愛護與寬恕的未成長的弟兄。我學到了不對任何事發脾氣，不輕視任何人，並爲所有人祈禱。最重要的是，我學會了祈禱！而且，雖然在這個領域我仍有許多有待學習的事物，但祈禱不斷帶給我更多的力量、安慰與舒適。我比以前更覺得自己只是在漫長的路途中前進了幾步；但我看著這條漫漫長路並不沮喪，因爲我有信心，總有一天我所有的努力都會得到報酬。因此，聖靈主義在我的生命裡佔有重大的地位，事實上，它是我生命中最重要的。」參見 Flournoy Collection。

㉚「（巧妙地被稱爲安慰者的）聖神的作用是一種實際經驗，就像電磁現象一樣實在。」參見 W. C. Brownell, *Scribner's Magazine*, vol. xxx, p. 112。

㉛對某些人來說，開放自我的交流過程，又稱祈禱，是一件非常明確的事，這在我們前面的演講裡屢見不鮮。我再舉另一個具體的例子，以加強讀者的印象：

「人們可以學習超越這些（有限思考的）限制，而憑藉自己的意志力獲得力量和智慧……神聖的臨在是經由經驗得知。轉向一個較高的層次是意識明確的行動。它不是一個模糊、朦朧或半意識的經驗。它不是心醉神迷，也不是恍惚失神；它不是吠陀學派所指的超意識(super-consciousness)；它不是源於自我催眠；它是一種絕對平靜、清明、健全、理性、基於常識的意識轉移，將意識從感覺與知覺的現象界轉移到靜觀的層次，從自我的思考轉移到一個明明白白較高的領域……例如，假如較低層次的自我感到焦急、憂慮、緊張，人們可以在短短時間內使它安定下來。這不只是用一個字就做得到。我再說一次，這不是催眠。它是經由能力的行使而完成。人們明確地感受到平安的精神，就如同在夏天感受到熱氣一樣。這種能力可以發揮，就如同日光可以聚焦，使火燃燒一樣。」參見*The Higher Law*, vol. iv. pp. 4, 6, Boston, August, 1901。

㉜超驗主義者喜歡用「高靈」(Over-soul)這個詞，但大體而言他們的用法是一種智性上的意義，代表一種感通的媒介。而「上帝」不只是一個感通的媒介，也是產生結果的原因，這是我所要強調的面向。

後記

在〈結論〉那一講裡，我必須力求簡潔，因此擔心對於我的一般哲學立場說得不夠充分，會讓一些讀者幾乎看不懂。於是我增加了這個〈後記〉，來彌補一些缺點，雖然這個後記也必須盡量簡短。在我以後的書中，也許可以把我的立場再說得更詳細、更明白。

在這樣的領域不能期待會有什麼原創性，因爲所有可能的態度與性質早已呈顯於文獻當中，因此任何新的作家也可以立刻被歸類到某個名目之下。如果要把所有的思想家區分爲自然主義者與超自然主義者，無疑我應該跟隨大多數的哲學家，歸到超自然主義者這一支。但是，超自然主義有較細緻的，也有較粗糙的，而現在大部分的哲學家是屬於較細緻的這一種。即使他們不是一般的超驗觀念論者，至少他們也遵循康德的哲學進路，會將理想界先擱置在外，不讓它干涉現象界的因果發展。細緻的超自然主義是普遍論的超自然主義，而針對較「粗糙的」這一支，「零碎的」超自然主義也許是它更好的名稱。它與較古老的神學連在一起，現在人們認爲它只流行於教育程度較低的民衆之間，或是少數幾個過時的哲學家之間，還主張已被康德推翻的二元論。這支超自然主義承認神蹟與命定指引的存在，並且不覺得把理想界和實在界相混，把理想界的作用插置於決定實在界的因果力量中間，會造成什麼理智上的困難。對細緻的超自然主義者而言，這樣是把不同向度的實在混淆。他們認為理想界並沒有足以產生效果的因果作用，也不會在特定的點突然進入現象界。對他們來說，理想界不是事實的世界，而是事實之意義的世界，它是判斷事實之觀點。它屬於不同的「學」(-ology)，並且處於和存在判斷完全不同向度的範疇中。它不能降至經驗層次的平面，並將自己零碎地插置於自然界的各個部分當中，就像某些人認為必須如此，例如那些相信神聖的助佑會答覆人的祈禱的人。

雖然我無法接受通俗的基督教或經院哲學的有神論，但假定因為自己相信在與理想界的感通之中，新的力量會進入世界，並為這個世界帶來新的變化，使我必須被歸類到零碎的或粗糙的超自然主義這一派。對我來說，普遍主義的超自然主義對於自然主義似乎太輕易就投降了。它接受自然科學的表面價值，完全接受自然主義所發現的生命法則，即使這些法則帶來的結果並不好，也不認為存在補救的希望。它將自己限制於把生命視為整體來關照的情懷，這些情懷也許令人讚佩，令人崇拜，但不必要如此，有系統的悲觀主義之存在就可以證明此點。以這種普遍主義的方式看待理想界，實用宗教的本質對我來說似乎就消散了。從本能與邏輯的理由來看，我發現很難相信存在著什麼不影響事實的原則。①但是，所有的事實都是特殊的事實，而對我來說，上帝是否存在這個問題的重要性就在於：如果上帝存在的話，它爲特定事實所帶來的結果爲何。對我來說，上帝的存在不能爲具體的特定經驗帶來任何改變，幾乎是個不可能的命題；然而，這卻又是細緻的超自然主義所執著的（無論它如何含蓄地執著）。它說，絕對者只與整體(en bloc)經驗發生關係，它絕不降格與細部的事實發生關係。

我對佛教並不清楚，所說的也需要修正。我提到佛教，只是爲了更清楚地描述我的一般觀點。原則上我同意我所理解的佛教因緣論(doctrine of Karma)。所有超自然主義者都承認事實要受更高法則的判斷；但對我所理解的佛教，以及對那些不被超驗主義形上學所削弱的一般宗教而言，「判斷」一詞的意義，並不是吠陀學派或當代絕對主義者的系統所了解的學術上的判斷，或是柏拉圖式的認識。相反地，它帶有**執行**的意義，在事中(in rebus)，也在事後(post rem)，並且以部分因素的方式在因果地作用於整體事實。用其他方式來說，宇宙變成單純的靈知論。②但判斷與執行相隨的這個觀點是粗糙的超自然主義思考方式，所以就大體而言，本書應該歸類於這種主義的另一種表現。

我這麼直率地陳述，是因爲學術界的思潮與我對立，我覺得自己就像是一個如果不願意開著的門被關上鎖上，就必須趕快將背頂著門的人。雖然對於流行的學術胃口來說，零碎的超自然主義糟透了，但我相信對這個主義加以公平的考量，並對其所有形上學的關係加以詳盡的討論，將會顯示它是滿足最多數合理要求的假設。這種討論當然必須以另一本書來完成；但我現在所說的，已經足夠讓有哲學基礎的讀者了解我的立場。

假如有人問，因爲上帝的存在，所帶來的實際上的不同究竟爲何，我必須說，就一般而言，除了「祈禱的感通」這個現象（特別是某種由下意識區域入侵的作用也參與其中時）直接暗示的以外，我沒有其他的假設。由這個現象的顯示來看，好像有某種理想的事物實際上發揮了效力，這個理想的事物一方面來自我們，另一方面又不源於自身，它提高我們個人能量的中心，也產生由其他方式得不到的更新效果。因此，假如在我們日常意識之外存在一個更寬廣的實在界，假如那個世界有力量對我們帶來斷續的影響，假如激發這個力量的其中一個條件是打開下意識的門檻，我們就有指向宗教現象之可能性的理論元素。我深感這些現象的重要性，因此，我採取了它們自然而然所暗示的假設。我要說，至少在這些地方，似乎有超越世俗的力量，如果你願意的話，說那是上帝也無妨，它爲這個包含我們其餘經驗的自然世界帶來直接的作用。

我猜，大部分人認爲上帝的存在爲自然事實所帶來的第一個不同，應該就是個人的不朽(immortality)。事實上，宗教就多數人類來說即意味著不朽，此外無它。上帝是不朽的創造者，任何對不朽有所懷疑的人無須經過審判，就可以被判定爲無神論者。在我的演講裡，我並沒有提到不朽以及對不朽的信仰，因爲對我來說那只是次要的。如果我們的理想只在「永生」中得到照料，我看不見任何理由讓我們不願意將這個照料的責任交到別人手中。然而，我對於這種想要參與的衝動感到同情，並且在這些既模糊又高尚的衝動的衝突中，不知道要怎麼辦。對我來說，這主要是有待事實去驗證的事情。雖然我對邁爾斯、哈菊森(Hodgson)以及伊斯洛(Hyslop)諸君耐心的工作深感敬重，並有點被他們肯定的結論打動，但我想還沒有能夠證實「靈魂來歸」(spirit-return)的事實。

我們覺得自身與之有所聯繫的理想力量，亦即一般人的上帝，都被普通人與哲學家賦予某些特定的形上學特質，這些特質我在〈宗教哲學〉那一講中並不看重。他們假定上帝必然是「一且唯一」(one and only)與「無限」的，而有許多有限的神這樣一個概念，幾乎沒有人認爲它值得考慮，更不用說支持。然而，爲了理智思考起見，我覺得有必要說明，我們所探討的宗教經驗並不能毫無疑義地支持無限論這個信仰。唯一能夠毫無疑義證實的，只是我們能夠經驗到與一個比我們大的**某個對象**(something)的合一，在這個合一中，我們找到最大的平安。哲學以其對合一的熱愛，密契主義以其單一意想(monoideistic)之傾向，二者都走到極限，並認爲這個對象就是獨一無二的上帝，包被世界的靈魂。通俗的想法因爲尊重哲學與密契主義的權威，便遵循它們的觀點。

同時，對我來說，相信在每個人之上，存在一個更大的力量，這個力量以某種方式和他連結，對他與他的理想充滿善意，這樣的信念可以充分滿足宗教的實際需要與經驗。這個事實所需要的只是這個力量必須外於且大於我們意識的自我。任何更大的事物都可以，只要它大到讓我們可以依靠它前行。它不需要是無限的，也不需要是唯一的。它甚至可以只是一個較大的、神性的自我，現在的自我只是這個自我殘缺的表現，而且世界也可以是這些具有不同程度之含納性的自我的集合，而其中並沒有絕對的合一。③這樣我們就回到某種多神論的主張；我並不打算在此爲這種多神論辯護，因爲我現在的目的只是要讓宗教經驗的證明不超出其適當的範圍之外（參閱〈病態的靈魂〉那一講中，論惡與一元論、多元論關係的地方）。

支持一元論的人對於這種多神論（順帶一提，這種多神論始終是一般人的眞正宗教，到現在還是）會說：除非存在一個無所不包的上帝，否則我們的保障就不夠完備。在絕對者中，而且只有在絕對者中，所有一切才能得到救贖。如果有不同的神祇，每個神祇只照料自己的部分，我們有些部分可能就得不到神聖的保護，我們宗教上的慰藉因此就不完全。這又回到我們在〈病態的靈魂〉那一講所說的，關於宇宙的某些部分萬劫不復的可能性。一般人的常識不像哲學與密契主義慣於要求的那麼全面性，它可以忍受這個世界一部分得救、一部分喪亡。一般道學的心態認爲：世界的得救是依靠世界的每一部分各盡其本分而成。抽象來說，部分與條件式的得救其實是人們最熟悉的觀念，唯一的困難只在於細節如何決定。有些人甚至並不在意，只要使他們相信自己所致力的運動會流行，就願意成爲不得救的那一邊——當我們活動激奮的程度夠高時，所有人都會情願如此。其實，我認爲一個可爲定論的宗教哲學，必須比現在它所願意的更嚴肅考慮多元論的假設。因爲無論如何，在實際的生活中，有得救的**機會**就足夠了。人類本性最有代表性的事實，就在於他願意爲機會而活。就像愛德蒙・葛尼(Edmund Gurney)所說的，機會的有無造成對生活認命或對生活懷抱希望的差別。④這些陳述由於太簡短，都令人不滿意，我只能說，希望在另一本書裡繼續討論相同的問題。

註釋

①超驗觀念論當然會主張它的理想界造成這個差異，即事實的存在。由於絕對者，我們才能有事實的世界。一個事實的世界！這正是問題所在。世界的整體是絕對者可以處理的最小單位，然而，對我們有限的心靈來說，要讓世界更好，就應該要在世界之內，一點一點地完成改進的工作。我們的困難與我們的理想都是零碎的事件，但絕對者不能爲我們處理這些零碎的事物；因此，我們這些可憐的靈魂所希望的利益都祈求得太遲。我們應該早些提出來，在這個世界尚未誕生時，祈求另一個截然不同的世界。我有一個朋友說，看見基督宗教思想最後轉進這個死角，它的上帝無法舉起任何特定的重量，不能在我們個人的負擔上給予幫助，不只站在我們這一邊，也站在敵人那一邊，是很奇怪的一件事。從大衛的詩篇演進到這樣的上帝，眞是怪哉。

②參見我的作品 *Will to Believe* (1897, p.165)，以及其他關於大衆哲學的文章。

③這個觀點是我在英格索演講中《論人之不朽》(Ingersoll Lecture on *Human Immortality*, Boston and London, 1899)時所提出的。

④參見 *Tertium Quid*, 1887, p.99，亦見 pp. 148, 149。

十六劃

穆罕默德（Mohammed）32, 34, 209, 409, 415, 577
穆立歇先生（Murisier, M.）449
衛斯理（Wesley, John）278, 300, 574, 591

十七劃

禮卡恩（Lycaon）106
邁爾斯（Myers, Frederic W. H.）283, 285, 562, 606, 624, 632

十八劃

藍普生，佛立德瑞克・洛克（Locker-Lampson, Frederick）44

十九劃

羅拔（Leuba）58, 246, 248, 270, 295-6, 298, 303, 601
羅迪貴，阿芳索（Rodriguez, Alfonso）373, 375
羅思，鍾席（Royce, Josiah）551-2
懷特菲爾（Whitefield, George）300, 378

二十劃

蘇索，漢立奇（Suso, Heinrich）365-8, 449, 495

聖德勒莎（Teresa, Saint）12, 16, 19, 420, 452, 483, 486-7, 489, 515, 570
奧勒留，馬可思（Aurelius, Marcus）43, 47, 49, 570
道威（Dowie, J. A.）153
葭門，布朗詩（Gamond, Blanche）344
葛列特黎神父（Gratry, Father A.）177, 571, 622
葛尼，愛德蒙（Gurney, Edmund）633
漢彌爾頓爵士，威廉（Hamilton, Sir William）3, 251
雷辛，高特葛黎・伊佛蘭（Lessing, Gottgried Ephraim）378
雷西亞（Récéjac）513, 624
雷南，約瑟夫・恩尼斯（Renan, Joseph Ernest）41-2, 592, 613
路伏拉，一個回教徒（Lutfullah, a Mohammedan）201
路德，馬丁（Luther, Martin）160, 169, 293-4, 404, 421, 460, 574, 620
《路史佛，馬可》（*Rutherford, Mark*）91

十四劃

碧森，安妮（Besant, Mrs. Annie）22, 207
歌達博士（Goddard, Dr. H. H.）132, 149
歌德，約安・烏伏崗（Goethe, Johann Wolfgang von）169
鞏查加的聖路易（Louis, Saint, of Gonzaga）423
維爾尼先生（Vianney, J. b. M.）359, 361
維卡南達，史瓦米（Vivekananda, Swami）625

十五劃

熱那亞的聖家琳（Catharine, Saint, of Genoa）345
德罕醫師（Derham, Dr.）614-5
墨德斯黎（Maudsley, Dr. H.）17-8
墨林諾司，米谷（Molinos, Miguel de）162
墨特奇，康特・黑慕奇（Moltke, Count Helmuch von）321, 436
摩諾（Monad, A., and W.）15, 292, 309
慕爾公爵，威廉（Muir, Sir William）585
慕浮，普蘭提斯（Mulford, Prentice）619
慕勒，喬治（Muller, George）563-7, 582
黎德，梅尼（Reid, Mayne）538
黎比（Ribet）513
撒巴提耶（Sabatier, Auguste）33, 560

凱德，愛德華（Caird, Edward）151
凱爾那，卡爾（Kellner, Karl）513
開爾德，約翰（Caird, John）
論宗教感覺（on the feeling in religion）526
論絕對的本我（on absolute self）542
他沒有證明，但加強了宗教的觀點（He does not prove, but reaffirms religion's dicta） 544-5
森尼克，約翰（Cennick, John）358
菲爾丁，亨利（Fielding, Henry）549
富樂，瑪格麗特（Fuller, Margaret）46
辜揚夫人，摩德（Guyon, Madame de al Mothe）341, 392
黑勒博士，愛德華・伊佛芮（Hale, Dr. Edward Everett）102
黑格爾（Hegel, G. W. F.）492, 505, 541, 546
強斯頓女士（Johnston, Miss）306
喬登，伏諾斯（Jordan, Furneaux）420, 449
斯科比立夫將軍（Skobeleff, General）387-8
斯塔伯克（Starbuck, E. D.）85, 102, 244-5, 249-53, 261, 298, 300, 302, 306, 310, 312, 325, , 389, 396, 450, 510-1
斯圖渥特，度加（Stewart, Dugald）3
惠特曼，瓦特（Whitman, Walt）103-7, 470, 500, 511-2, 591, 622

十三劃

愛克曼夫人，路薏絲・薇多琳（Ackermann, Madame Louise Victorine）76
愛狄，瑪麗・貝克（Eddy, Mary Baker）127
愛德華茲，強納生（Edwards, Jonathan）18-9, 279-80, 288, 297, 300, 308, 331, 335, 404
愛立思，哈維洛克（Ellis,Havelock）54, 92
愛爾吾，湯瑪斯（Elwood, Thomas）349
愛默生，雷夫・瓦道（Emerson, Ralph Waldo）36, 38, 59, 67, 228, 308, 404, 566, 591
聖奧古斯丁（Augustine, Saint）42, 210, 214, 240, 431, 574, 617
聖葛楚（Gertrude, Saint）419
聖十字的聖若望（John, Saint, of the Cross）361, 482, 488
聖保羅（Paul, Saint）12-3, 210, 301, 429, 494, 574
聖皮耶（Saint-Pierre）99, 147
聖伯弗（Sainte-Beuve, Charles, Augustin）317-8, 395

席斯（Seth, A.）551
哈德里（Hadley, S. H.）246, 324
哈蒙（Hamon）453
哈菊森（Hodgson, R.）632
哈那克，阿道夫（Harnack, Adolf von）150
迦丁納上校（Gardiner, Colonel James）270, 301, 326-7
約伯（Job）47, 91, 340
洛維爾，詹姆斯・羅素（Lowell, James Russell）78
范貝黎，阿米尼斯（Vambery, Arminius）447

十劃

亞理士多德（Aristotle）517, 616
亞爾的教區神父（Ars, le Cure d'）359
亞西西的聖方濟（Francis, Saint, d'Assisi）12, 338, 380, 620
亞歷山大的費羅（Philo of Alexandria）576
高，約翰（Gough, John B.）248
高登，路益士（Gourdon, Louis）228
勒瓊（Lejeune, P.）152, 395
馬修（Marshall, H. R.）621
馬提諾（Martineau, James）570
馬塞，卡騰（Mather, Cotton）360
納朵頓（Nettleton）258, 263
紐曼主教（Newman, J. H.）504, 527, 534, 555, 580-1
泰納，希波立（Taine, Hippolyte A.）10
泰勒，哈山（Taylor, Hudson）310
特略佛（Trevor, J.）470

十一劃

寇爾（Call, A.P.）394
寇伊，喬治（Coe, George A.）289
章寧（Channing, W. E.）357-8, 612
康士坦，本雅明（Constant, Benjamin）387
康德，艾曼鈕（Kant, Immanuel）66-7, 529, 536, 540, 542, 628
荷馬（Homer）105
莫森布，瑪畢達（Meysenbug, Malwida von）469
惜蒙（Symonds, John Addington）462, 467-8, 505
梭羅，亨利・大衛（Thoreau, Henry David）329, 392
崔尼（Trine, R. W.）151, 468
韋佛，理查（Weaver, Richard）335

十二劃

畢裘（Beecher, H. W.）312
普斯，威廉（Booth, William）261
普林歌－派特森教授（Pringle-Pattison, Professor）546, 551
普佛（Puffer, Ethel D.）511

杜拉蒙，亨利（Drummond, Henry）271, 320
杜馬（Dumas, Dr.）334
沙雷的聖方濟（Francis, Saint, de Sales）25
希堤（Hilty, C.）147, 392, 567
李伯（Ribot）176, 621
杉得（Sanday, W.）585
廷德爾教授，約翰（Tyndall, Professor John）356, 504
吳爾夫，克里斯庭（Wolff, Christian）613, 615
吾爾曼，約翰（Woolman, John）351

八劃

阿契利（Achilles）106-7
阿拉克，馬格麗特・瑪麗（Alacoque, Margaret Mary）395, 417-8, 488
阿黎（Ali ibn-abi-Talib）447
阿雷因，約瑟夫（Alleine, Joseph）279
阿萊因，亨利（Alline, Henry）191, 212, 214, 248, 267, 270, 291, 301
阿瓦拉・德帕茲（Alvarez de Paz）135
阿米爾（Amiel, Henri Frederic）468
阿爾－葛札里（Ghazzali, Al）477, 592
阿普漢（Upham, T. C.）394
芭許可瑟，瑪麗（Bashkirtseff, Marie）147
芬尼（Finney, C. G.）258, 261, 301, 303
佛斯特（Foster, John,）216, 260, 504, 546
佛雷澤（Fraser, A. C.）2, 551
佛克斯・喬治（Fox, George）8, 12-3, 322, 348-9, 409, 515, 574
雨果，維多（Hugo, Victor）209
依納爵・羅耀拉（Ignatius Loyola）324, 338, 372, 482, 485, 487, 488, 574
金士黎，查理（Kingsley, Charles）462, 505
拉諾教授（Lagneau, Professor）340
拉瑪克里希納（Ramakrishna）431, 453
拉提本，阿芬西（Ratisbonne, M. Alphonse）274, 306
帕頓，約翰（Paton, John G.）451
法歇霍（Vacherot, M.）621

九劃

玻米，雅各伯（Boehme, Jacob）130, 492-3, 514, 620
恰普曼（Chapman, J. J.）396

史賓塞，赫伯特（Spencer, Herbert）77, 427, 443
史賓諾莎，巴魯赫（Spinoza, Baruch）10, 159
史蒂文生，羅柏·路易斯（Stevenson, Robert Louis）170, 353
史崔翰（Strahan, S. A. K.）200
史文博尼，阿格農·查理（Swinburne, Algernon Charles）517
尼爾遜，約翰（Nelson, John）252, 518
尼采（Nietzsche, Friedrich Wilhelm）43, 440-2
皮克先生的例子（Peek, Mr., case of）303
皮爾斯，查理·山德（Peirce, Charles Sanders）536-7
皮荷維，亨黎（Perreyve, Henri）622

六劃

安傑拉·奚樂西斯（Angelus Silesius）492, 495
艾克哈特，約哈尼（Eckhart, Johannes）492
多德，阿逢思（Daudet, Aphonse）206
多文斯基，安德列（Towianski, Andre）393
弗雷郃（Fletcher, Horace）150, 218
弗塞先生（Voysey, Mr.）330, 584
伏勞諾教授（Flournoy, Professor）79, 93, 626
伏爾泰（Voltaire）40
伊比克提圖（Epictetus）570, 583
伊斯洛（Hyslop, Mr.）632
朱芙瓦，希歐多爾（Jouffroy, Theodore）215, 260
米爾（Mill, J. S.）261
西禮（Seeley, J. R.）92
西納古（Senancour, Etienne Pivert de）572
西格勒（Sighele）386
托爾斯泰，里歐（Tolstoy, Leo）180-4, 187-9, 191, 221-2, 224, 226, 230, 270, 499, 601
伍德，亨利（Wood, Henry）149-50

七劃

伯納丁，聖皮耶（Bernardin de Saint-Pierre, J. H.）147
步傑（Bourget）386
克拉克，紀諾（Clark, Xenos）505-6
克里梭得，奧古斯塔（Clissold, Augustus）585
克里頓－布朗伯爵，詹姆士（Crichton-browne, Sir James）461-2, 505-7
杜列塞（Dresser, H. W.）149-50, 152, 394

人名索引

二劃

丁尼生（Tennyson, Alfred）461, 504, 507

三劃

大法官戴奧尼斯（Dionysius areopagiticus）491-2

四劃

巴克（Bucke, R. M.）103, 148, 473, 512, 601
巴特華茲，亨利・湯瑪斯（Butterworth, Henry Thomas）515
巴斯卡（Pascal, Blaise）340, 393, 584
丹揚（Young, Dan）312
牛津的畢業生（Oxford graduate）270, 274, 276

五劃

包德溫（Baldwin, J. M.）449, 621
包尼，柏登・帕克（Bowne, Borden Parker）621
布蕾衛斯基，艾琳納・碧特娜夫人（Blavatsky, Madame Elena Petrovna）517
布拉得，本雅明・保羅（Blood, Benjamin Paul）504-5
布倫哈，約安・克里斯多（Blumhardt, Johann Christoph）153
布高（Bougaud）418
布希農，安東妮（Bourignon, Antoinette）381, 584
布冷納，大衛（Brainerd, David）255, 291, 310
布雷，比利（Bray, Billy）297, 305, 346-7
布朗，湯瑪斯（Brown, Thomas）3, 535
布朗聶（Brownell, W. C.）626
布倫，法蘭克（Bullen, Frank）343
布楊，約翰（Bunyan, John）189-90, 200, 221, 224, 226-7, 248, 270
卡萊爾，湯瑪斯（Carlyle, Thomas）12-3, 356, 512
卡本特，愛德華（Carpenter, Edward）251, 396, 500, 518
史密斯，約瑟夫（Smith, Joseph）574, 578

可能是膚淺的（it may be shallow）434
《歐柏曼》（西納古的小說）（*Obermann* [Senancour]）572
撒旦（圖）（Satan）55
德意志神學（*Theologica Germanica*）48

十六劃

機會（Chance）633
獨斷主義（論）（Dogmatism）24, 407
激動的效果（Excitement, its effects）243, 334, 385, 387
衛理公會的教義（Methodism）278, 287
衛斯理教派的自我斷絕（Wesleyan self-despair）130, 254
戰鬥性格（Military type of character）433, 441
戰爭（War）435-7, 440
樸獷者的感覺（Pagan feeling）105
「凝想」（"Recollection"）135, 345
閾限（Thresholds）166

十七劃

《薄伽梵歌》（*Bhagavad-Gita*）431
環境（Environment）444
醚引發的密契效果（Ether, mystical effects of）508-10
（物質的）繁榮（Luxury）435
臨在的感知（"Presence," sense of）69-78
總統的焦慮（Presidential anxieties）240

十八劃

醫學唯物論對宗教的批評（Medical criticism of religion）487-8
醫學唯物論（Medical materialism）12-3, 16-7, 27

十九劃

懷疑主義（論）（Skepticism）13, 402, 406ff

二十劃

懺悔（Confession）559
蘇菲門徒（Sufis）477, 480, 495

二十一劃

犧牲（Sacrifice）327, 360, 558-9

二十四劃

靈魂（Soul）241, 618
靈魂來歸（Spirit-return）457, 632

罪，罪惡（Sin）160, 165-6, 253, 260, 450
暗示（Suggestion）132, 285
煙草（Tobacco）325, 346-7
「道德行動會」（"Union Morale"）220
《奧義書》（*Upanishads*）491, 494
瑜珈（Yoga）475, 512-3

十四劃

精神情感的價值判斷標準（Criteria of value of spiritual affections）16
精神判斷（Spiritual judgments）5, 6, 13, 15
精神狀態，價值的判斷（Spiritual states, tests of their values）16
惡（Evil）
  爲健全心態所忽視（ignored by healthy-mindedness）108, 128, 162, 612
  源於事物或是源於本我（due to things or to the Self）166, 228
  惡的眞實性（its reality）195
瘋狂與天才（Insanity, and genius）16
  瘋狂與快樂（and happiness）234
對上帝忠誠（Loyalty, to God）417
對衝動說「不要」的功能（No-function）319-21, 335, 464, 491
對不存在之物的感知（Unreality, sense of）75-6
對衝動說「要」的功能（Yes-function）319-21, 355, 464
「實用主義」（"Pragmatism"）536, 611, 630-1
與神合一（Union with God）483-4, 492, 500, 544, 604, 607
  亦見皈依（*See also* Conversion）
「與神交感」（"Theopathy"）417, 439

十五劃

憤怒（Anger）218-9, 321
「潛意識的腦部思考作用」（"Unconscious cerebration"）251
潔淨（Cleanliness）128
熱切（Earnestness）321
「賜贈」（"Gifts"）53, 182
衝動（Impulses）319, 369
暴躁（Irascibility）321
憂鬱（Melancholy） 第 5、6 講
  憂鬱的案例（cases of）179-80, 183-7, 246-8
憂慮（Worry）117, 218-21
摩門教的啓示（Mormon revelations）578, 585
樂觀主義（Optimism）
  系統性的（systematic）109, 116
  與進化論的關係（and evolution）111

超自然界（Supernatural world）17, 32, 611
超驗主義（Transcendentalism）36, 46, 115, 630

十二劃

絕對，與絕對合一（Absolute, oneness with the）494
貴格會信徒（Quakers）8, 347, 349, 351, 412
飲酒（Drink）324, 326
統覺的自我（Ego of apperception）540
進化論的樂觀主義（Evolutionist optimism）115
智性，宗教的次要力量（Intellect, a secondary force in religion）439
黑格爾的邏輯（Logic, Hegelian）492
悲慘閾限（Misery-threshold）167, 172
痛苦閾限（Pain-threshold）166
順受（Resignation）44, 340
強健的靈魂（Soul, strength of）328
斯多噶主義（Stoicism）47-50, 174-5, 345

十三劃

源於非理性之衝動的信仰（Belief, due to non-rationalistic impulses）90
慈悲，慈愛，溫情，和善（Charity, Love, Tenderness, Kindliness）318, 328, 333-4, 426
意識場域（Consciousness, fields of）241, 281-4
  閾下意識（subliminal）251, 283, 501, 579
愛你的仇敵（Enemies, love your）337-8, 333, 426
過度的虔敬（Extravagances of piety, Excesses of piety）415-7
感覺比智性更深刻（爲宗教而言）（Feeling, deeper than intellect in religion）524
嫉妒（Jealousy）244, 334
跳脫愛情的例子（Love, cases of falling out of）230
路德式的自我斷絕（Lutheran self-despair）128, 254
意識的邊緣（Margin of consciousness）282-4
聖徒性（Saintliness）
  聖伯弗（Sainte-Beuve on）317
  聖徒性的特徵（its characteristics）326, 390, 438
  對聖徒性的批判（criticism of）401ff
聖人的行爲（Saintly conduct）427-446
經院學派對於神的論證（Scholastic arguments for God）164, 529-30

基督的贖罪（Christ's atonement）160, 293-4
《基督模仿者》（*Imitation of Christ*）50
基督新教的神學（Protestant theology）292
基督爲罪人而死（Sinners, Christ died for）160
教會（Churches）
　藉著「牡蠣、冰淇淋與歡樂」來維持的教會（"oysters, ice-cream and fun"）453
教會精神（Ecclesiastical spirit, the）409, 412
酗酒、酒醉（Drunkenness）14, 260, 246-8, 326, 464, 478, 592
情緒（Emotion）
　改變生命的價值（as alterer of life's values）182
　性格的情緒（of the character）242, 318-9, 334
紳士的特徵（Gentleman, character of the）337, 443
健全心態（Healthy-mindedness）第 4、5 講
　惡的哲學（its philosophy of evil）160
　與病態心境的比較（compared with morbid-mindedness）195, 591
僞善（Hypocrisy）413
黃水仙（Jonquil）572
部落的領袖（Leaders of tribes）440
密契狀態，效果（Mystic states, their effects）18-20, 485
密契經驗（Mystical experiences）15, 78-87
密契領域的經驗（Mystical region of experience）609
密契主義（Mysticism）第 16、17 講
　特性（its marks）458
　理論後果（its theoretic results）498
　不能確保眞理（it cannot warrant truth）518
　與合一感的關係（its relation to the sense of union）604
理性主義（Rationalism）88-9
　它的權威被密契主義所推翻（its authority overthrown by mysticism）502
救贖（Redemption, Salvations）191, 205, 450, 633
捨棄（Renunciations）422
「敏銳精明」（"Shrew"）420
莊嚴（Solemnity）43, 54
超自然主義的兩種型態（Supernaturalism, its two kinds）529
　對於普遍論之超自然主義的批判（criticism of universalistic）630

迫害（Persecutions）412, 416
看到聲音（Photisms）301
後來被採用的科學概念（Scientific conceptions, their late adoption）616-9

十劃

酒精（Alcohol）464
原因（Cause）620
個人能量核心（Centres of personal energy）242, 324, 631
個人的能量（Energy, personal）242
　密契狀態可以提高個人能量（mystical states increase it）490
個體性（Individuality）598, 621
疾病（Disease, Illness）118, 153
恐懼、懼怕（Fear）32, 117-8, 192, 238, 194, 320, 329, 334, 442, 621
恐懼閾限（Fear-threshold）166-7
恩寵的運作（"Grace," the operation of）280
　恩寵的狀態（the state of）317
高等批判（Higher criticism）5, 6
高靈（Over-soul, higher spirit）17, 627
修道院（Monasteries）353, 440
病態，與健全心態的比較（Morbidness, compared with healthy-mindedness）591
　亦見憂鬱（*See also* Melancholy）
氧化亞氮（俗稱笑氣）（Nitrous oxide）465
病態的靈魂（Sick souls）第 6、7 講
哲學（Philosophy）第 18 講
　必須有說服力（must coerce assent）525
　經院學派的（scholastic）531
　觀念論的（idealistic）540
　無法給予信仰一個理論上的保證（unable to give a theoretic warrant to faith）546
　它能夠給予宗教的眞正協助（its true office in religion）546
哲學的系統（Systems, philosophic）525
虔敬（Piety）20, 35, 318ff, 401, 413
原始人的思考（Primitive human thought）595
純淨（Purity）328, 345, 422, 431
悔罪（Repentance）159-162
眞實、眞理（Veracity）8, 349

十一劃

麻醉藥品所引發的啓示（Anæsthetic revelation）464-9
部落酋長（Chiefs of tribes）440
基督科學（Christian Science）127

布冷納的皈依（Brainerd's）
255-7
阿萊因的皈依（Alline's）
267-270
牛津畢業生的皈依（Oxford graduate's）270-4
拉提本的皈依（Ratisbonne's）
274-7
頃刻的皈依（instaneous）278
皈依是自然的現象嗎？（is it a natural phenomenon?）279
突然轉變的例子中下意識的作用（subliminal action, in sudden cases） 285-6
皈依的結果（fruits of）287
宗教的結果（of religion）401
聖徒性的結果（of saintliness）425
皈依的重要性（its momentousness）288
也許是出自超自然的力量（may be supernatural）290
附隨現象（its concomitants:）
爲更高力量支配之感（sense of higher control）290
皈依的快樂（happiness）295
自動作用（automatisms）300
看到光的現象（luminous phenomena）303, 310
恆久的程度（its degree of permanence）305-6
皈依的神奇性（Miraculous character of conversion）277
皈依的下意識活動（Subconscious action in conversion）285, 290-1
勇氣（Courage）343, 387
貞節（Chastity）369
枯竭（Dryness）249
柔弱（Effeminancy）434, 436
爲什麼我們採用極端的例子（Extreme cases, why we take them）
590
信仰（Faith）21, 295-6, 601
信仰狀態（Faith-state）295, 601, 611
指引（Guidance）567
英勇精神（Heroism）433, 589
哈那克論耶穌（Jesus, Harnack on）
150
柔軟的心境（Melting moods）324
科學忽略性格與目的（Science, ignores personality and teleology）
593
科學的「事實」（her "facts"）
597-8
約翰・亨利・紐曼論信理神學（Newman, John Henry, on dogmatic theology）527-8, 534
想像的型態（his type of imagination）555
省略，「省略是一種藝術」（Omit, "to omit is one art"）353

神（God）36
對神之臨在的感知（sense of his presence）79-87, 329ff, 390-1
對於神的觀念在歷史上的變化（historic changes in idea of him）89, 403ff, 595, 613-6
心靈醫治信徒對神的觀點（mind curer's idea of him）119-21
以否定詞來描述（described by negatives）492-3
經院學派對於神之屬性的證明（his attributes, scholastic proof of）529
形上學的屬性對我們來說沒有意義（the metaphysical ones are for us meaningless）537-9
道德屬性也沒有得到良好的推論（the moral ones are ill-deduced）539
不只是一個推論（he is not a mere inference）599-600
是被使用的對象，而不是了解的對象（is *used*, not known）601
祂的存在必然帶來現象的改變（his existence must make a difference among phenomena）609, 629
祂與下意識領域的關係（his relation to the subconscious region）290-1
祂的任務（his tasks）610
可能是有限而多元的（may be finite and plural）632
神貧、清貧（Poverty）82, 374-5, 436-7
神的「臨在」（"Presence," of God）77-88, 390-1, 329ff, 472, 494, 516
神之臨在的修練（the practice of）135
信仰復興（Revivalism）131-2, 258, 279
皈依至貪婪（Conversion, to avarice）219
皈依（Conversion）
弗雷卻的皈依（Fletcher's）218-221
托爾斯泰的皈依（Tolstoy's）222-224
布楊的皈依（Bunyan's）224-226
一般的皈依（in general）第 9、10 講
布雷德利的皈依（Bradley's）235-239
與自然道德成長的比較（compared with natural moral growth）243
哈德里的皈依（Hadley's）246, 260
皈依的兩種型態（two types of）250ff

佛教密契主義（Buddhist mysticism）475
性格轉變的原因（Character, cause of its alterations）240
　說明性格差異的架構（scheme of its differences of type）244, 257, 262-3
　分歧的原因（causes of its diversity）318
　性格的平衡（balance of）413
性格（Personality）
　被科學的解釋所消除（explained away by science）139, 593
　歧異（heterogeneous）207-8
　性格的轉變（alterations of）240, 254ff
　是眞實的（is reality）597
性格的革新（Reformation of character）381
性的誘惑（Sexual temptation）325
性，宗教的原因（Sexuality, as cause of religion）24
奉獻（Devoutness）415
狗（Dog）190, 393, 512
花（Flowers）572
幸福快樂（Happiness）54-6, 97-8, 296, 333
歧異的性格（Heterogeneous personality）208, 240
制度宗教（Institutional religion）34, 409
某些聖人智性的貧弱（Intellectual weakness of some saints）439
尙武精神（Militarism）435-6
服從（Obedience）369-74
祈禱（Orison, Prayer）481, 557-567
　定義（its definition）557
　本質（its essence）557
　懇求的祈禱（petitional）563
　效果（its effects）569-73, 631
額外信念（Over-beliefs）608-9
放鬆所獲得的新生（Regeneration, by relaxation）131
　亦見皈依（*See also* Conversion）
放鬆所獲得的救贖（Relaxation, salvation by）115, 129
　亦見交付（*See also* Surrender）
招魂論（Spiritism）115, 625
金錢崇拜（Wealth-worship）434

九劃

苦行主義（Asceticism）327, 338-369, 430-6, 443
神的屬性（Attributes of God）530-4
　美學價值（their aesthetic use）555
神的因果作用（Causality of God）609, 630
神聖（Divine, the）36, 38
神的榮光（光榮）（Glory of God）415

被視爲一種生存的方式（considered to be a "survival"）175
與憂鬱的關係（its relations to melancholy）411
可能與世俗的情感結合（worldly passions may combine with it）436
主要特徵（its essential characters）589
與祈禱的關係（its relation to prayer）559-62
斷言的是事實，而非理論（asserts a fact, not a theory）593
眞理（its truth）22, 446, 593
與宗教學不同，宗教堅持的是具體事實（more than science, it holds to concrete reality）619-20
嘗試將它發散至哲學中（attempts to evaporate it into philosophy）599, 621
關切個人命運（it is concerned with personal destinies）592, 599-600
感覺與行爲（with feeling and conduct）600
是一種旺盛的情感（is a sthenic affection）600
是爲了生活，而非爲了知識（is for life, not for knowledge）601
基本內容（its essential contents）602
任命事實的發生（it postulates issues of fact）610-1
宗教情緒（Religious emotions）11, 13, 32, 323, 326, 334
宗教領袖，常常精神不穩定（Religious leaders, often nervously unstable）7ff, 35
宗教領袖的孤單（Their loneliness）409
「宗教情懷」（"Religious sentiment"）31-2, 37, 503
「宗教學」（"Science of Religions"）525, 547-8, 591-593, 605, 607
宗教的遺俗說（Survival theory of religion）593, 596, 598
宗教的眞理如何驗證（Truth of religion, how to be tested）446
宗教的眞實是什麼（what it is）604, 624
密契的知覺（mystical perception）457, 485
事物對環境的適應（Adaption to environment, of things）550
聖人對環境的適應（of saints）443, 446
佛教（Buddhism）36, 38, 219, 338, 403, 630

自我的合一（Unification of Self）222
宇宙意識（Cosmic consciousness）473
宇宙論的思想（Cosmological speculations）529
死亡（Death）118, 173, 186, 434
衣服染色（Dyes, on clothing）351
伊比鳩魯學派（Epicureans）174-5
有用之假設的條件（Hypothesis, what makes a useful one）610
存在判斷與精神判斷（Judgments, existential and spiritual）5, 6
因緣（Karma）630
多元論（Pluralism）163, 633
多神論（Polytheism）163, 633
交感魔術（Sympathetic magic）617-9
老虎（Tiger）201, 320

七劃

「快感喪失」（"Anhedonia"）176, 601
完美的行爲（Conduct, perfect）425
抑制（Inhibitions）319ff
判斷宗教價值的方法（Method of judging value of religion）16, 402-3
泛神論（Pantheism）119, 163, 491, 497, 607
希伯來的先知（Prophets, the Hebrew）575
系統神學家（Theologians, systematic）529
吠陀學派（Vedantism）120, 476, 494, 500, 607, 630

八劃

宗教的美學元素（Aesthetic elements in religions）362
宗教的效果（Effects of religious states）18
宗教經驗的本質（Experience, religious, the essence of）603
宗教（Religion）
由其結果，而非其起源判斷（to be tested by fruits, not by origin）10ff, 401-2
定義（its definition）31-2, 35
宗教的莊嚴（its solemn）42
與斯多噶主義的比較（compared with Stoicism）46
宗教的獨特功能（its unique function）57
宗教對象的抽象性（abstractness of its objects）66
依性情而異（differs according to temperament）90, 166
而且應該相異（and ought to differ）139, 593, 597

世界的合一（Unity of universe）163
心靈醫治（Mind-cure）
來源與歷史（its sources and history）114-6
對恐懼的觀點（its opinion of fear）117
案例（cases of）120-6, 140, 143
訊息（its message）128
方法（its methods）132-143
證明（its uses verification）140-4
心理狀態的來源不是其價值的標準（Origin of mental states no criterion of their value）12ff
心理病態與宗教（Psychopathy and religion）20ff

五劃

古怪，見精神病態（Crankiness. *See* Psychopathy）21
犯罪性格（Criminal character）386
平靜（Equanimity, Tranquility）45, 339
失敗（Failure）170
古希臘人的悲觀（Greeks, their pessimism）160, 173
永生、不朽（Immortality）631
生命意義（Meaning of life）182
生理狀態決定所有的心理狀態（Organism determines all mental states whatsoever）12
生活的悲劇（Tragedy of life）433
以否定詞的方式描寫神（Negative accounts of deity）493
由交付所獲得的救贖（Surrender, salvation by）128, 252, 255

六劃

自我存在，神（自存性，神）（Aseity, God's）529, 537
自動書寫（Automatic writing）74, 459, 574, 584
自動作用（Automatisms）284-5, 300-1, 573-8, 584-5
自我分裂（Divided self）第 8 講
聖奧古斯丁的例子（case of : Saint Augustine）210-1
阿萊因的例子（and H. Alline）212-4
自然神學（Natural theology）595
自然主義（Naturalism）173, 205-6, 629
自然人對於聖徒的厭惡（Saints, dislike of natural man for）439
自我斷絕（Self-despair）130, 161, 254
自我交付（Self-surrender）90, 130, 250-5, 262-7, 278, 339
自殺（Suicide）187

名詞索引

一劃

一致性（Consistency）352
一元論（Monism）163-4, 466, 491, 500, 633
「一度降生」的類型（"Once-born" type）99, 102, 175, 205, 432, 612
一毛錢（Penny）384

二劃

人格轉換（Alternations of personality）240, 284
二度降生（Second-birth）99, 189, 197, 205-6, 432-3
「二度降生」的類型（"Twice-born" type）175, 205-6, 432, 612

三劃

大我，或是宇宙靈魂（Atman or Universal Soul）491
上帝存在之「設計的論證」（Design, argument from）529, 594, 614
上帝的慈愛（Love of God）330
下意識的生活（Subconscious life）134, 244, 251, 254, 326
下意識自我，做爲本我與神的媒介（Subconscious self, as intermediary between Self and God）290, 606

四劃

不良習慣，治療（Bad habits, cure of）326
不容異己（Intolerance）416
不抵抗（Non-resistance）335, 425, 445
天主教與基督新教的比較（Catholicism and Protestantism, compared）100, 133, 278, 403-4, 557
天才與瘋狂（Genius and insanity）16
天佑的引領（Providential leading）567
反皈依（Counter-conversion）215, 229
世界的失序（Disorder in contents of world）549-50
世界的秩序（Orderliness of world）549-50
世界的陌生面貌（Strange appearance of world）182

內容簡介

威廉・詹姆斯的《宗教經驗之種種》自一九〇二年出版以來，旋即登上暢銷書榜。華特・克拉克(Walter H. Clark)在《今日心理學》(*Psychology Today*)中提到：「它是宗教心理學領域最著名的一本書，或許也將成為二十世紀宗教論著中最有影響力的一本書。」

藉著對許多宗教經驗主題的探討，如皈依、悔改、密契主義等等，並以許多思想家——如伏爾泰、惠特曼、愛默生、路德等人——的宗教經驗為例，本書作者主張構成宗教生活骨幹的並不是宗教教義，而是個人的宗教經驗。

本書討論的是嚴肅的宗教哲學論題，作者藉著對大量傳記資料的引用與分析，卻使得本書充滿小說的趣味，相當具有可讀性。無論讀者有沒有宗教信仰，本書都可以為讀者提供豐富的啟發與挑戰。

本書作者威廉・詹姆斯(William James, 1842-1910)是美國心理學之父，及知名的實用主義哲學家。他在心靈與宗教領域的研究極為特別，是「美國心靈學研究會」（一八八五年成立）的主要創立者，終其一生都在探討超個人的心理現象與超心理學，認為人的精神生活有不能以生物學概念加以解釋的地方，可透過某些現象來領會某種「超越性價值」；並強調人有巨大的潛能尚待開發，人的意識只有很少一部分為人所利用。他曾參與類似禪坐的靜坐活動，表示靜坐是一種喚起深度意志力的方法，可以增加個人的活力與生命力，也做靈媒的實證研究。

此外，威廉橫跨哲學、心理學與精神醫學界，對超意識的自動書寫很感興趣，曾大量收集案例，並發現青少年最能藉此表達內心的糾葛與人格之衝突，他還注意到自動書寫有時能解開罪犯的犯罪癥結，但並非人人能自動書寫，必須透過催眠或其他方法。有趣的是，新時代大師《賽斯書》的作者珍・羅伯茲(Jane Roberts)曾收到過威廉死後的信息，並透過珍的自動書寫出版《一位美國作家的死後生存：威廉・詹姆斯的世界觀》(*The Afterdeath Journal of an American Philosopher*, 1978)一書，此書除具有深度評論外，並兼論美國歷史、心靈學、心理學與民主方面的問題。

譯者

蔡怡佳

台灣大學心理學系碩士。美國杜根大學(Duquesne University)心理學系碩士。
美國萊斯大學(Rice University)宗教學研究所博士候選人。

劉宏信

台灣大學心理學系碩士。美國杜根大學(Duquesne University)心理學系碩士。
台灣大學心理學研究所博士班肄業。天主教善牧基金會萬華少年服務中心主任。

校對

李鳳珠

台灣大學中文系畢業，專業校對。

責任編輯

馬興國

中興大學社會系畢業，資深編輯。

國家圖書館出版品預行編目(CIP)資料

宗教經驗之種種/ 威廉・詹姆斯(William James)作；蔡怡佳、劉宏信譯 -- 二版 -- 新北市：立緒文化, 民111.08
面；　公分. --（新世紀叢書）
譯自：The varieties of religious experience : a study in human nature
ISBN 978-986-360-194-4（平裝）

1.宗教心理學

211.4　　　　111011164

宗教經驗之種種

The Varieties of Religious Experience

出版——立緒文化事業有限公司（於中華民國 84 年元月由郝碧蓮、鍾惠民創辦）
作者——威廉・詹姆斯（William James）
譯者——蔡怡佳、劉宏信

發行人——郝碧蓮
顧問——鍾惠民

地址——新北市新店區中央六街 62 號 1 樓
電話—— (02) 2219-2173
傳真—— (02) 2219-4998
E-mail Address —— service@ncp.com.tw
劃撥帳號—— 1839142-0 號 立緒文化事業有限公司帳戶
行政院新聞局局版臺業字第 6426 號

總經銷——大和書報圖書股份有限公司
電話—— (02) 8990-2588
傳真—— (02) 2290-1658
地址——新北市新莊區五工五路 2 號
排版——辰皓電腦排版有限公司
印刷——尖端數位印刷有限公司

法律顧問——敦旭法律事務所吳展旭律師

分類號碼—— 211.4
ISBN —— 978-986-360-194-4
出版日期——中華民國 90 年 11 月～ 108 年 8 月初版 一～七刷（1 ～ 7,300）
中華民國 111 年 8 月二版 一刷（1 ～ 800）

定價◎ 499 元（平裝）

宗教與靈修

強勢宗教
宗教基要主義已展現全球格局

Gabriel A. Almond、
R. Scott Appleby、
Emmanuel Sivan◎著

ISBN:978-986-7416-70-4
定價：390元

下一個基督王國
基督宗教全球化的來臨
下一波十字軍
基督徒、穆斯林、猶太人
Philip Jenkins◎著

ISBN:978-957-0411-78-2
定價：350元

耶穌在西藏：耶穌行蹤成謎的歲月
追尋耶穌失蹤的十七年
Elizabeth Clare Prophet◎編著

開卷版本周書評
ISBN:978-986-6513-69-5
定價：320元

近代日本人的宗教意識
宗教亂象之深層省思
山折哲雄◎著
誠品好讀書評推薦

ISBN:957-8453-39-6
定價：250元

德蕾莎修女：一條簡單的道路
和別人一起分享，
和一無所有的人一起分享，
檢視自己實際的需要，毋須多求。

ISBN:978-986-6513-50-3
定價：210元

沒有敵人的生活
世界各大宗教的對話
Michael Tobias等◎編

ISBN:978-986-7416-93-3
定價：350元

全球倫理與宗教對話
沒有宗教之間的和平
就不會有世界的和平

ISBN:957-0411-22-8
定價：250元

年度好書在立緒

文化與抵抗
- 2004年聯合報讀書人最佳書獎

威瑪文化
- 2003年聯合報讀書人最佳書獎

在文學徬徨的年代
- 2002年中央日報十大好書獎

上癮五百年
- 2002年中央日報十大好書獎

遮蔽的伊斯蘭
- 2002年聯合報讀書人最佳書獎
- News98張大春泡新聞2002年好書推薦

弗洛依德傳
（弗洛依德傳共三冊）
- 2002年聯合報讀書人最佳書獎

以撒・柏林傳
- 2001年中央日報十大好書獎

宗教經驗之種種
- 2001年博客來網路書店年度十大選書

文化與帝國主義
- 2001年聯合報讀書人最佳書獎

鄉關何處
- 2000年聯合報讀書人最佳書獎
- 2000年中央日報十大好書獎

東方主義
- 1999年聯合報讀書人最佳書獎

航向愛爾蘭
- 1999年聯合報讀書人最佳書獎
- 1999年中央日報十大好書獎

深河(第二版)
- 1999年中國時報開卷十大好書獎

田野圖像
- 1999年聯合報讀書人最佳書獎
- 1999年中央日報十大好書獎

西方正典(全二冊)
- 1998年聯合報讀書人最佳書獎

神話的力量
- 1995年聯合報讀書人最佳書獎

大旗文化 閱讀卡

姓　名：

地　址：□□□

電　話：(　　)　　　　　　傳　眞：(　　)

E-mail：

您購買的書名：________________________

購書書店：__________市（縣）____________書店

■您習慣以何種方式購書？

□逛書店 □劃撥郵購 □電話訂購 □傳真訂購 □銷售人員推薦
□團體訂購 □網路訂購 □讀書會 □演講活動 □其他________

■您從何處得知本書消息？

□書店 □報章雜誌 □廣播節目 □電視節目 □銷售人員推薦
□師友介紹 □廣告信函 □書訊 □網路 □其他____________

■您的基本資料：

性別：□男 □女　婚姻：□已婚 □未婚　年齡：民國______年次

職業：□製造業 □銷售業 □金融業 □資訊業 □學生
□大眾傳播 □自由業 □服務業 □軍警 □公 □教 □家管
□其他________________

教育程度：□高中以下 □專科 □大學 □研究所及以上

建議事項：

愛戀智慧 閱讀大師

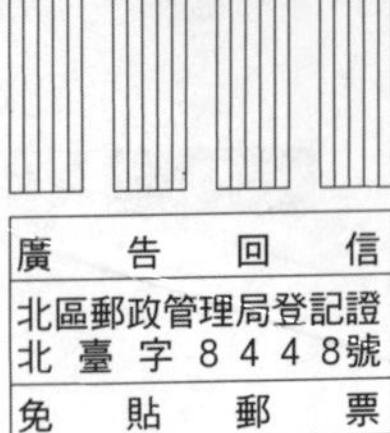

立緒文化事業有限公司 收

新北市 2 3 1

新店區中央六街62號一樓

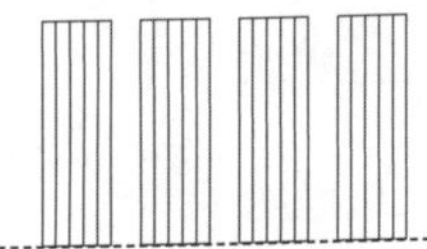

請沿虛線摺下裝訂，謝謝！

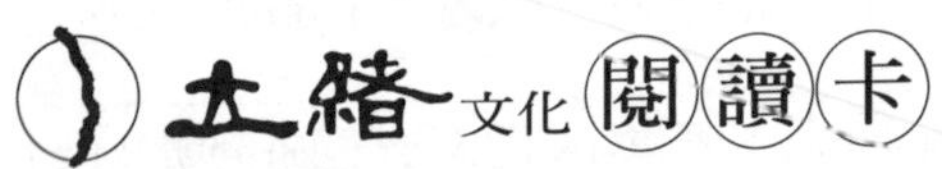

感謝您購買立緒文化的書籍

為提供讀者更好的服務，現在填妥各項資訊，寄回閱讀卡（免貼郵票），或者歡迎上網http://www.facebook.com/ncp231即可收到最新書訊及不定期優惠訊息。